1타 강사의 속성 과외!

토익
850+
벼락치기

10일 완성 LC+RC

토익 850+ 벼락치기 10일 완성 LC+RC

초판 1쇄 인쇄 2020년 10월 14일
초판 1쇄 발행 2020년 11월 1일
초판 7쇄 발행 2024년 6월 28일

지 은 이 | 주지후, 천성배
펴 낸 이 | 박경실
펴 낸 곳 | **PAGODA Books** 파고다북스
출판등록 | 2005년 5월 27일 제 300-2005-90호
주   소 | 06614 서울특별시 서초구 강남대로 419, 19층(서초동, 파고다타워)
전   화 | (02) 6940-4070
팩   스 | (02) 536-0660
홈페이지 | www.pagodabook.com

저작권자 | ⓒ 2020 주지후, 천성배

ISBN 978-89-6281-860-4 (13740)

파고다북스   www.pagodabook.com
파고다 어학원   www.pagoda21.com
파고다 인강   www.pagodastar.com
테스트 클리닉   www.testclinic.com

| 낙장 및 파본은 구매처에서 교환해 드립니다.

1타 강사의 속성 과외!

토익 850+ 벼락치기

10일 완성 LC+RC

PAGODA Books

목 차

표현 중심 LC

전략 중심 RC

이 책의 구성과 특징

표현 중심 LC

핵심 유형과 전략 소개

1타 강사가 소개하는 반드시 출제되는
빈출 고난도 문제 유형과 핵심 전략 학습 단계

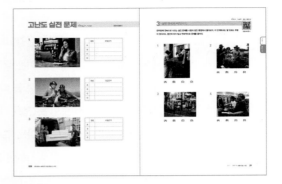

고난도 실전 문제

앞서 학습한 전략을 토대로 1타 강사가 선별한
적중율 100%의 실전 문제를 풀어보는 단계

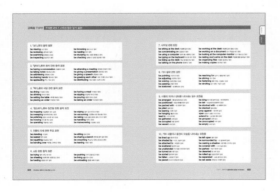

고득점 TIP

고득점을 위한 어휘, 표현 등 1타 강사가 알려주는
필수 암기 사항을 정리하는 단계

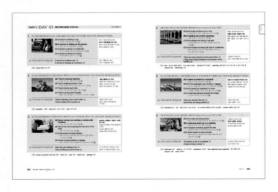

고난도 실전 문제 해설

왜 정답인지 또는 오답인지를 명쾌하게
짚고 넘어가는 단계

★ **MP3 파일 무료 다운로드:** www.pagodabook.com
교재 내 큐알 코드를 스캔하면 바로 듣기가 가능합니다.

전략 중심 RC

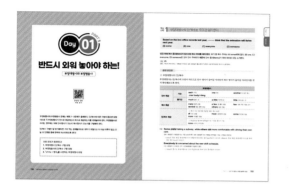

핵심 유형과 전략 소개

1타 강사가 소개하는 반드시 출제되는
빈출 고난도 문제 유형과 핵심 전략 학습 단계

고난도 실전 문제

앞서 학습한 전략을 토대로 1타 강사가 선별한
적중율 100%의 실전 문제를 풀어보는 단계

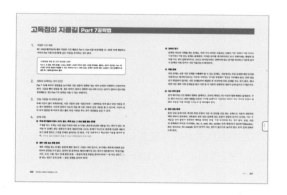

고득점의 지름길: Part 7 공략법

고득점에 도달하기 위한 필수조건! Part 7!
1타 강사의 Part 7 전략 제시

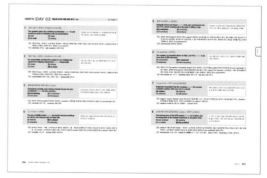

고난도 실전 문제 해설

왜 정답인지 또는 오답인지를 명쾌하게
짚고 넘어가는 단계

★ 시험 전 총정리를 위한 **적중 실전 모의고사 2회** 제공

해설지 및 MP3 파일 무료 다운로드: www.pagodabook.com(QR코드 스캔)

★ **850 UP 고득점 필수 어휘집** 별책 제공

효율적인 **10일 벼락치기로 목표점수 달성**

무료 동영상 강의
큐알코드를 스캔해서 볼 수 있습니다.

이제 혼자 공부하지 마세요! 교재를 열심히 공부하고, 문제까지 다 풀었다면! 그런데 해설지를 봐도 알쏭달쏭한 문제들이 있다면, 이제 파고다 대표 강사들의 무료 동영상 강의로 모든 궁금증을 해결하세요!

토익 모의고사 추가 2회분 무료 다운로드
cafe.naver.com/pagodatoeicbooks 〈파고다 토익 – 부가자료 → 온라인 실전 모의고사〉

토익 전문가들이 만든 실제 시험과 유사한 토익 모의고사 2회분을 무료로 다운로드 받을 수 있습니다. 문제지, 해설지, 무료 동영상 강의까지! 토익 시험 전 마무리 모의고사 놓치지 마세요!

LC/RC 파트별, 유형별 문제 무료 다운로드
cafe.naver.com/pagodatoeicbooks
〈파고다 토익 – 부가자료 → 공용 LC 자료실/공용 RC 자료실〉

토익 어휘만 공부하실 건가요! 토익 시험의 파트별 연습 문제를 무료로 다운로드 받아 연습해 보세요. 토익 전문가들이 파트별 문제 유형을 분석하여 만든 엄청난 양의 문제를 다운로드 받으세요.

토익에 관한 모든 질문! 파고다 토익 카페

〈cafe.naver.com/pagodatoeicbooks〉

혼자 공부하는 혼공족들! 더 이상 외로운 혼공족이 아닙니다! 모르는 게 있어도, 해설지를 봐도 도저히 이해가 안가는 경우, 누구한테 질문할 수 있을까요? 파고다 토익 카페에 오시면 현직 토익 강사와 R&D 전문가들의 실시간 답변을 들을 수 있습니다.

단어장 무료 다운로드

www.pagodabook.com 에서 단어장을 무료로 다운로드 받으세요. 휴대폰으로 들고 다니면서 외우는 스마트한 단어장을 무료도 다운로드 할 수 있습니다.

자동 단어 시험지 생성기

www.pagodabook.com 〈각 교재별 단어시험 생성기 클릭〉

단어를 외우기만 할 건가요? 외우고 나서 테스트를 해봐야죠. 파고타 토익 VOCA의 자동 단어 시험지 생성기로 시험지를 만들어 테스트 해 보세요. 그룹 스터디 하는 학생들도 유용하게 활용할 수 있답니다.

다양한 토익 무료 컨텐츠

유튜브에서 〈Pagoda Books〉를 검색하세요.

파고다 어학원의 1타 선생님들의 다양한 토익 강의가 무료로 제공됩니다. 높은 품질의 수업을 무료로 수강하면서 목표점수를 향해 매진하세요!

1타 강사의 **10일 벼락치기 권장 학습 스케줄**

★ **단어장 다운로드 / 단어 시험지 자동생성기:** www.pagodabook.com

Day 1	Day 2	Day 3
• LC Day 01 • RC Day 01 • Day 01 동영상 강의 학습 • Day 01 단어장 암기 • Day 01 셀프 단어 시험 • 오답노트 작성	• LC Day 02 • RC Day 02 • Day 02 동영상 강의 학습 • Day 02 단어장 암기 • Day 02 셀프 단어 시험 • 오답노트 작성	• LC Day 03 • RC Day 03 • Day 03 동영상 강의 학습 • Day 03 단어장 암기 • Day 03 셀프 단어 시험 • 오답노트 작성

Day 6	Day 7	Day 8
• LC Day 06 • RC Day 06 • Day 06 동영상 강의 학습 • Day 06 단어장 암기 • Day 06 셀프 단어 시험 • 오답노트 작성	• LC Day 07 • RC Day 07 • Day 07 동영상 강의 학습 • Day 07 단어장 암기 • Day 07 셀프 단어 시험 • 오답노트 작성	• LC Day 08 • RC Day 08 • Day 08 동영상 강의 학습 • Day 08 단어장 암기 • Day 08 셀프 단어 시험 • 오답노트 작성

★ **공통 학습사항**

10일에 걸쳐 시간이 나는 대로 아래 〈고득점의 지름길: Part 7 공략법〉을 학습합니다.

고득점의 지름길: Part 7 공략법
단일지문 공략법 / 복수지문 공략법

> 반드시 교재 내용을 철저히 학습하고
> 문제를 다 푼 다음, 채점까지 하고 왜 틀렸는지
> 다시 한번 리뷰를 한 후
> 동영상 강의를 봐주세요.

Day 4	Day 5	1주차 보충학습
• LC Day 04 • RC Day 04 • Day 04 동영상 강의 학습 • Day 04 단어장 암기 • Day 04 셀프 단어 시험 • 오답노트 작성	• LC Day 05 • RC Day 05 • Day 05 동영상 강의 학습 • Day 05 단어장 암기 • Day 05 셀프 단어 시험 • 오답노트 작성	★ 파고다 토익 카페에서 다운로드 • Part 1 추가 문제 풀이 • Part 2 추가 문제 풀이 • Part 5-6 빈출문제공략

Day 9	Day 10	1주차 보충학습
• LC Day 09 • RC Day 09 • Day 09 동영상 강의 학습 • Day 09 단어장 암기 • Day 09 셀프 단어 시험 • 오답노트 작성	• LC Day 10 • RC Day 10 • Day 10 동영상 강의 학습 • Day 10 단어장 암기 • Day 10 셀프 단어 시험 • 오답노트 작성	★ 파고다 토익 카페에서 다운로드 • Part 5-6 실전문제공략 Actual Test 1~10 문제 풀이 • Part 7 독해기초공략 문제풀이 • Part 7 이중지문공략 문제풀이

★ **공통 학습사항 → 파고다 토익 카페에서 다운로드** ⟨cafe.naver.com/pagodatoeicbooks⟩
　　10일에 걸쳐 시간이 나는 대로 아래 실전모의고사를 풀어봅니다.

　　온라인 실전모의고사 1 풀이
　　온라인 실전모의고사 2 풀이

PART 1

1 벼락치기 전략

– 파트 1에 자주 출제되는 사진의 상황별 빈출 표현들을 정리하여 암기한다.
– 파트 1에서는 정답을 찾기보다 오답을 소거해야 한다. 오답 소거 연습을 반복하여 훈련한다.

2 오답 소거법

❶ 혼동되는 상태 동사와 동작 동사를 이용한 오답

(A) He is **wearing** glasses. 남자는 안경을 착용한 상태이다. ⭕
(B) He is **putting on** glasses. 남자는 안경을 착용하고 있는 중이다. ❌

★ wear와 put on은 한국어로는 둘 다 '입다, 착용하다'로 해석이 되지만 wear는 착용한 상태를 나타내고 put on은 착용하는 동작을 나타내므로 주의해야 한다.

❷ 사진에 없는 사람, 사물, 동작을 연상시키는 오답

(A) He is **holding a lid** of a machine. 남자는 기계의 덮개를 손으로 잡고 있다. ⭕
(B) He is **putting some papers on a machine**.
남자는 기계 위에 서류를 놓고 있다. ❌

★ 복사하기 위해서는 복사기 위에 서류를 놓아야 한다는 것을 연상해 (B)를 답으로 고를 수 있지만, 사진에 papers(서류)가 없기 때문에 답이 될 수 없다.

❸ 혼동되는 유사 발음의 단어를 이용한 오답

(A) She is **riding** bicycles. 여자는 자전거를 타고 있다. ⭕
(B) She is **writing** on a notepad. 여자는 메모장에 무언가를 쓰고 있다. ❌

★ 맞는 표현은 is riding bicycles(자전거를 타고 있다)이지만 riding과 유사한 발음의 writing을 이용하여 전혀 다른 내용의 함정이 나온다.

❹ 여러 가지 의미가 있는 다의어를 이용한 오답

(A) The man is **pushing a stroller**. 남자가 유모차를 밀고 있다.
(B) They are walking toward the **car park**. 사람들이 주차장 쪽으로 걸어가고 있다.

★ park라는 단어만 듣고 사진의 공원을 연상해서 (B)를 답으로 고를 수 있는데, park의 다른 의미를 이용한 함정 문제이다. park는 주차와 관련된 의미로도 많이 출제된다.

1 벼락치기 전략

- 질문의 앞 세 단어를 집중적으로 듣는 연습을 한다. 앞 세 단어에 정답 힌트가 다 들어 있다.
- 가장 까다로운 파트인 파트 2 역시 질문의 키워드에 어울리지 않는 오답을 소거하는 연습이 필요하다.
- 집중력이 가장 필요한 파트이다. 집중해서 25문제를 끝까지 푸는 연습을 해야 하고, 앞 문제에 신경 쓰느라 다음 문제를 놓치는 실수를 하지 않도록 훈련한다.
- "잘 모르겠습니다"류의 답을 암기해 두자.

2 오답 소거법

❶ 의문사 의문문에 Yes/ No 등으로 답하는 오답

> **Q** **When will Mr. Kim return from the conference?** Mr. Kim은 언제 콘퍼런스에서 돌아오나요?
> (A) He was in the meeting this morning. 아침에 회의에 있었는데요 ◎
> (B) **Yes**, he will participate in the **conference**. 네, 그는 콘퍼런스에 참가할 거예요. ✗
>
> ★ conference가 반복되어 (B)가 정답처럼 들리지만, 의문사로 시작하는 의문문에는 Yes나 No로 답할 수 없다.

❷ 똑같은 발음 또는 유사한 발음을 이용한 오답

> **Q** **Have you reviewed the report?** 보고서를 다 검토했나요?
> (A) I just got back from my vacation. 휴가에서 막 돌아왔어요. (그래서 아직 검토하지 못했다) ◎
> (B) It has a nice **view**. 전망이 참 좋네요. ✗
>
> ★ (B)는 내용상 전혀 상관없는 오답이지만 질문의 review와 발음이 비슷한 view를 이용한 함정이다. 똑같은 발음 또는 유사한 발음이 들리면 왠지 정답처럼 들리지만, 오답 함정인 경우가 대부분이므로 주의해야 한다.

❸ 연상되는 어휘를 이용한 오답

> **Q** **Where is the museum?** 박물관은 어디에 있나요?
> (A) It is on 5th Avenue. 5번가에 있어요.
> (B) It was a great **exhibit**. 아주 멋진 전시회였어요.
>
> ★ (B)는 질문과는 상관없는 오답이지만 질문의 museum(박물관)을 듣고 연상되는 exhibit(전시회)를 이용한 함정이다. 의미상 관련이 있는 어휘가 보기에서 들리면 왠지 정답처럼 들리지만, 오답 함정인 경우가 많으므로 주의해야 한다.

❹ 질문과 응답의 주어 불일치 오답

> **Q** **How did you enjoy your stay at our hotel?** 저희 호텔에서의 숙박은 어떠셨나요?
> (A) It was great. 아주 좋았어요. ◎
> (B) **He** stayed late. 그는 늦게까지 있었어요. ✗
>
> ★ stay라는 같은 단어가 반복되어 (B)가 정답처럼 들리지만, 질문에서의 주어가 you였기 때문에 답이 I로 나와야 한다. (B)는 주어가 he라서 답이 될 수 없다. 질문은 you(2인칭)에 대해 묻고 있지만, he(3인칭)로 대답한 오답이다.

PART 3

1 벼락치기 전략

- 내용어 위주로 들으면서 답을 바로바로 골라내는 연습을 해야 한다.
- 패러프레이징 문제가 반 이상이 출제되므로 문제를 풀면서 패러프레이징 된 표현들의 짝을 정리하여 외워 둔다.
  파트 4도 마찬가지이다.
- 화자 의도 파악 문제는 화자가 말한 문장의 문자적인 해석이 아니라 대화의 전반적인 흐름 이해가 필요하다. 평소 단순 듣기에서 벗어나 대화의 전반적 흐름을 이해하는 훈련이 필요하다. 하지만 난이도가 가장 높은 문제이기 때문에 잘 모르겠으면 빨리 포기하고 다음 문제에 집중하는 것도 전략 중 하나이다. 파트 4도 마찬가지이다.

2 공략법

❶ 대화를 듣기 전에 문제를 먼저 읽는다. 문제를 미리 읽으면서 키워드에 표시해둔다. 이는 파트 3와 파트 4 공통이다.

> • **What** are the speakers mainly **discussing**? 화자들은 주로 무엇을 논의하고 있는가?
>   ➡ 주제를 찾는 문제임을 미리 파악한다.
>
> • **What** is **special** about the **product**? 그 제품에 대해 특별한 점은 무엇인가?
>   ➡ 어떤 제품에 대해 특별한 점을 들을 준비를 한다.

❷ 문제의 순서와 문제에 대한 힌트가 나오는 순서는 대개 일치하므로 대화를 들으면서 세 문제에 대한 힌트 표현들을 바로바로 포착하여 차례대로 답을 체크해 나가야 한다. 마찬가지로 파트 3와 파트 4 공통이다.

대화 전반부		첫 번째 문제 힌트
⬇		(보기를 보고 있다가 힌트가 들리면 바로 정답 체크!)
대화 중반부		⬇
⬇		두 번째 문제 힌트
대화 후반부		(보기를 보고 있다가 힌트가 들리면 바로 정답 체크!)
		⬇
		마지막 문제 힌트
		(보기를 보고 있다가 힌트가 들리면 바로 정답 체크!)
세 문제를 읽어주고		
정답 고를 시간을 준다.		★ 대화가 끝남과 동시에 정답 체크를 끝내고,
(각 문제 간격 8초)		남는 약 24초 동안 다음 문제를 미리 읽기 시작한다.

1 벼락치기 전략

– 문제로 출제되는 담화의 종류는 정해져 있다. 방송, 광고, 연설 등 각 **담화의 종류별로 정해져 있는 화제 전개 방식**을 익혀두면 앞으로 나올 내용을 쉽게 예측할 수 있다.

– 각 글의 종류별로 **정답 힌트가 나오는 시그널 표현들**이 있으므로 그 시그널 표현을 반드시 익혀 둔다.

2 공략법

❶ 각 담화의 종류별로 정해져 있는 화제 전개 방식을 익혀 둔다.

- **Questions 71-73 refer to the following announcement.** 71번–73번은 다음 안내방송을 참조하시오.
  ➡ 디렉션에서 announcement(안내방송)이라는 담화의 종류를 파악하자 마자 안내방송의 전형적인 화제 전개방식을 떠올린다. 안내방송은 장소에 따라 세부적인 내용에는 차이가 있지만, 전반적인 전개방식은 화자의 자기소개, 청자나 장소에 대한 정보, 공지의 주제 언급 후, 관련 세부 사항 전달 당부나 요청 사항 전달 순으로 전개된다.

❷ 각 문제별로 정답 힌트가 나오는 시그널 표현들은 익혀 두었다가 나오면 바로 정답을 고를 준비를 한다.

- **Where is the announcement taking place?** 안내방송이 어디에서 이루어지고 있는가? (장소문제)
  장소를 묻는 문제가 나오면
  Welcome to 장소. 장소에 오신 것을 환영합니다.
  Thank you for coming to [join / attend] 장소. 장소에 와 주셔서[함께해 주셔서 / 참석해 주셔서] 감사합니다.
  와 같은 표현들이 정답이 나오는 시그널 표현이 된다.

- **Who is the speaker?** 화자는 누구인가? (화자의 정체 문제)
  화자가 누구인지를 묻는 문제가 나오면
  I'm/My name is 이름. 저는/제 이름은 이름입니다.
  I'm a 직업/직책. 저는 직업/직책입니다
  As 직업/직책, I ~. 직업/직책으로서, 저는 ~
  와 같은 표현들이 정답이 나오는 시그널 표현이 된다.

- **What are listeners instructed to do?** 청자들은 무엇을 하도록 지시 받는가? (요청, 지시사항 문제)
  요청, 지시사항을 묻는 문제가 나오면
  Please ~. ~해주세요.
  I would you like to ~. 당신이 ~해 주셨으면 합니다.
  와 같은 표현들이 정답이 나오는 시그널 표현이 된다.

1 벼락치기 전략

– 무조건 해석부터 하지 말고 선택지를 보고 [문법 문제/어휘문제/접속사, 전치사 문제] 중 **어떤 문제인지부터 파악**한다. 문법 문제는 해석 없이도 답이 나오는 문제가 대부분이므로 최대한 시간을 절약할 수 있는 방법으로 풀어나가야 한다.

– 고득점을 얻기 위해서는 한 단어를 외우더라도 **품사, 파생어, 용법을 함께 암기해야** 한다. 예를 들어, announce와 notify를 똑같이 '알리다'라고 외워두면 두 단어가 같이 선택지로 나오는 어휘 문제는 풀 수 없다. notify 뒤에는 사람만이 목적어로 나온다는 사실을 꼭 알아 두어야 한다.

2 공략법

❶ 문법 문제

한 단어의 네 가지 형태가 선택지로 나오는 문제들이다. 문법 문제는 빈칸이 [주어, 동사, 목적어, 보어, 수식어] 중에 어떤 자리인지를 파악해서 선택지 중 알맞은 품사나 형태를 고르는 문제이다.

> • **Billy's Auto Repair has ------- with 15 different parts suppliers.**
> (A) contracting   (B) contracts   (C) contractor   (D) contract
>
> ➡ 빈칸은 목적어 자리로 명사가 들어가야 하는데 보기에 명사가 세 개나 나와 있다. 이런 문제들은 자리만 찾는 것으로 끝나지 않고 한 단계 더 나아가 명사의 특성을 알고 있어야 풀 수 있는 문제이다. 한정사 없이 가산 단수 명사는 쓸 수 없으므로 복수명사 (B)가 답이 되는 문제이다.

❷ 어휘 문제

같은 품사의 네 가지 다른 단어가 선택지로 나오는 문제이다. 어휘 문제는 해석을 해야만 풀 수 있고, 어려운 문제의 경우에는 가산/불가산 명사의 구분, 자/타동사의 구분과 같은 문법 사항까지 같이 포함되어 출제되기도 한다.

> • **I have enclosed a copy of my résumé for your ------- and look forward to hearing from you soon.**
> (A) explanation   (B) participation   (C) reference   (D) consideration
>
> ➡ 빈칸은 전치사 for의 목적어 자리에 어떤 명사 어휘를 넣을지 고르는 문제인데 '당신의 고려를 위해 제 이력서를 첨부합니다' 정도는 해석해야만 정답 (D)를 고를 수 있는 문제로 어형 문제보다는 훨씬 난이도가 높다.

❸ 접속사/전치사

종속접속사, 등위접속사, 전치사, 부사 등이 선택지에 같이 나오는 문제를 문법 문제라고 한다. 접속사/전치사 문제는 그 문장의 구조를 파악하여 구와 절을 구분하고 절이라면 어떤 절인지를 파악해야 하는 어려운 문제들로 대부분 해석까지도 필요하다.

> • **We need more employees on the production line ------- production has increased by 60 percent.**
> (A) although   (B) since   (C) because of   (D) so
>
> ➡ 빈칸은 두 개의 절을 연결하는 종속 접속사자리이다. 전치사인 (C)와 등위접속사인 (D)는 답이 될 수 없고, 접속사 (A)와 (B) 중에서 '생산이 증가했기 때문에 추가직원을 고용해야 한다'는 의미에 맞는 (B)를 답으로 고르는 문제이다.

1 벼락치기 전략

- 파트 5처럼 단순히 문장 구조나 문법을 묻는 문제도 출제되지만, 전체적인 내용이나 앞뒤 문장 내용과 연결되는 어휘 나 시제, 접속부사를 묻는 문제들이 주로 출제된다는 것에 유의한다.
- 접속부사가 적어도 두 문제는 꼭 출제되므로 접속부사 리스트를 완전히 외워 두어야 한다.
- 문맥상 적절한 문장 고르기 문제는 빈칸 앞뒤 문장의 대명사나 연결어 등을 확인하고 상관 관계를 파악한다.
- 지문의 길이가 짧기 때문에 전체 내용을 파악하는 데 많은 시간이 걸리지 않으므로 정독해서 읽으면 오히려 더 쉽게 해결할 수 있다.

2 공략법

❶ 어휘 문제
파트 5 어휘 문제와는 달리 그 한 문장만 봐서는 여러 개가 답이 될 수 있을 것 같은 선택지들이 나온다. 따라서 파트 6 의 어휘 문제는 앞뒤 문맥을 정확히 파악하여 답을 골라야 한다. 파트 6에서는 특히 어휘문제가 어려우므로 전체 맥락을 파악하여 신중히 답을 고른다.

❷ 문법 문제
한 단어의 네 가지 형태가 나오는 문제가 문법 문제이다. 파트 5와 마찬가지 방법으로 풀면 되지만, 동사 시제 문제는 문 맥을 파악하는 까다로운 문제로 출제된다.

❸ 문장 고르기 문제
파트 6에서 가장 어려운 문제로 전체적인 문맥을 파악하고, 접속부사나, 시제 등을 종합적으로 봐야 답을 고를 수 있다.

❹ 접속사/전치사 문제
접속사/전치사 문제는 파트 5와 같이 보통 문장의 구조를 파악하여 구와 절을 구분하는 문제로 출제된다. 평소에 전치사 와 접속사, 접속부사의 품사를 철저하게 외워 두어야 한다. 같은 접속사들끼리 선택지에 나와 고르는 문제들은 어휘 문제 가 되므로 역시 해석이 필요한 문제들이다.

1 벼락치기 전략

– 파트 7은 RC에서 반 이상을 차지하는 중요한 파트이므로 빠르고 정확한 독해력이 필요하다. 어휘력을 쌓고 문장의 구조를 파악하는 훈련을 통해 독해력을 뒷받침하는 기본기를 다져야 한다.
– 문자 메시지나 온라인 채팅은 난이도가 비교적 높지 않다. 그러나 구어체적 표현이 많이 나오고 문자 그대로의 사전적인 의미가 아닌 문맥상 그 안에 담겨 있는 숨은 뜻을 찾는 화자 의도 파악 문제가 꼭 출제되기 때문에 평소 **구어체 표현을 숙지**하고 대화의 흐름을 파악하는 연습을 한다.
– 질문의 키워드를 찾고 질문이 요구하는 핵심 정보를 본문에서 신속하게 찾아내는 연습이 필요하다.
– 본문에서 찾아낸 정답 정보는 선택지에서 다른 표현으로 제시되므로 같은 의미를 여러 가지 다른 표현들(paraphrased expressions)로 전달하는 연습이 필요하다.

2 공략법

❶ 지문 순서대로 풀지 말자.

파트 7은 처음부터 또는 마지막부터 순서대로 풀지 않아도 된다. 15개의 지문 중에서 당연히 쉬운 것부터 먼저 풀고 어려운 문제는 시간이 남으면 푼다는 마음으로 풀어야 한다. 다음과 같은 순서로 문제를 풀어 보도록 한다.

- **난이도 하:** 광고, 온라인 채팅, 양식(청구서, 주문서, 초대장 등), 웹페이지
- **난이도 중:** 이메일, 편지, 회람, 공지, 첫 번째 이중 지문, 첫 번째 삼중 지문
- **난이도 상:** 기사, 두 번째 이중 지문, 나머지 삼중 지문

❷ 패러프레이징(Paraphrasing)된 정답을 찾는 것이 핵심이다.

같은 어휘는 절대 반복되지 않는다. 정답은 지문에 나온 표현을 다른 말로 바꿔 나온다. 문제를 풀면서 패러프레이징 된 표현들의 짝을 정리하여 외워 둔다.

❸ 지문 내용에 기반하여 정답을 찾는다.

정답은 반드시 지문 내용에 기반하여 사실인 것만 고른다. 절대 '그럴 것 같다, 그렇겠지'라고 상상하여 답을 고르면 안 된다. 파트 7 문제 유형 중에는 추론해야 하는 문제들이 많이 나오기는 하지만 아무리 추론 문제이더라도 지문에 있는 근거 문장을 패러프레이징한 보기를 찾는 문제일 뿐이다. 추론 이상의 상상은 금물이다.

1타 강사의 시험 당일 **20분 벼락치기 꿀팁!**

토익 시험은 오전 시험과 오후 시험에 따라 아래와 같이 진행된다.

오전 시험	9:30~9:45	9:45~9:50	9:50~10:05	10:05~10:10	10:10~10:55	10:55~12:10
오후 시험	2:30~2:45	2:45~2:50	2:50~3:05	3:05~3:10	3:10~3:55	3:55~5:10
	15분	5분	15분	5분	45분	75분
	답안지 작성 Orientation	수험자 휴식 시간	신분증 확인 (감독교사)	문제지 배부, 파본 확인	듣기 평가(LC)	읽기 평가(RC) 2차 신분확인

오전 9시 30분부터 9시 50분까지(오후 시험일 경우는 오후 2시 30분부터 2시 50분까지) 20분간은 답안지 작성에 대한 오리엔테이션과 휴식 시간이다. 이 시간에 처음으로 시험을 보는 학생이 아니라면 오리엔테이션 내용을 귀담아 들을 필요는 없다. 처음 시험을 보는 학생들도 OMR 카드 작성은 그렇게 어려운 일은 아니다. 이 시간에 충분한 벼락치기가 가능하다! 이 시간에는 LC보다는 RC 내용을 정리하면서 벼락치기 하는 것이 효율적이다.

1. 접속사, 전치사, 접속부사 표를 다시 한 번 보면서 정리한다.
2. 가산 명사와 불가산 명사 표를 보면서 다시 한 번 정리한다.
3. 자동사+전치사 표를 보면서 특정 전치사가 붙는 자동사들을 다시 한 번 외운다.
4. 빈출 접속부사 표를 외워 둔다.
5. 가장 시험에 많이 출제되는 전치사 리스트를 보고 다시 외운다.
➡ 별책 부록인 『850 UP 고득점 필수 어휘집』 별책 부록 학습

1타 강사와 **소통**하며 **토익 공부** 하세요!

〈KBS 해피투게더〉에서
3일만에 벼락치기 강의로 150점 이상을 올려낸 두 남자!
여러분들의 850점 10일 벼락치기도 책임지겠습니다!
천쌤&주쌤과 함께 해요!

LC 1타 강사 주지후 선생님

RC 1타 강사 천성배 선생님

지후쌤의 속 시원한 사이다 강의 지후영어 TV

1타 토익 강사의 토익에 관한 모든 팁! 천쌤

〈유튜브에서 **지후영어TV** 검색〉

〈유튜브에서 **토익 천성배** 검색〉

DAY 01 출제위원의 함정은 여기에 있다. 오답 소거 전략

Part 1에서 1인 사진의 경우, 매회 평균 1~2문제가 출제된다. 보기의 주어는 동일하게 출제되므로 인물의 행동 및 상태를 묘사하는 동사를 중점적으로 들어야 한다. 1인 이상 사진의 경우도, 매회 평균 1~2문제가 출제되며, 개인의 행동보다는 집단의 행동 및 상태를 묘사하는 정답이 자주 출제된다. 이때, 제시되는 보기의 주어가 다를 수 있으므로 주어와 동사 모두 주의 깊게 들어야 한다.

최근 들어, 사물 및 풍경 사진에서 현재 시제가 정답으로 출제되는 경향이 높아졌다. 이 유형은 생소한 어휘 표현(encircle, overlook, run 등)으로 인해 수험생들이 까다로워하는 유형으로 오답 소거 전략을 통해 문제를 해결해야 한다.

또한, 인물이 없는 사진에서 현재 진행 수동태를 사용한 보기는 95% 이상 오답으로 출제된다. 이 문제 유형은 현재 완료 수동태와 함께 자주 출제되므로 인물이 없는 사진에서는 현재 진행 수동태와 사람을 주어로 한 보기를 소거할 준비를 하고 문제에 접근하는 습관을 기르도록 하자.

Day 01 인물 사진	
900점대	97%
800점대	96%
700점대	92%
0% ~ 100% (정답률)	

Day 01 인물 + 사물 사진	
900점대	96%
800점대	93%
700점대	87%
0% ~ 100% (정답률)	

Day 01 사물 및 풍경 사진	
900점대	91%
800점대	88%
700점대	84%
0% ~ 100% (정답률)	

현재 진행 수동태를 사용한 보기는 95%이상 오답으로 출제된다.

PART 1

Day 01

출제위원의 함정은 여기에 있다.

오답 소거 전략

DAY 1 음원
바로 듣기

동영상 강의
바로 보기

Part 1은 총 6문제! 문항수만 보면 정말 비중이 작다. 그러나 전체 LC 시험의 페이스를 결정짓는 출발점이기 때문에 6개를 다 맞히는 것을 목표로 하는 것이 여러모로 도움이 된다.

Part 1에서는 전혀 모르는 단어가 등장하거나 출제위원이 함정을 파서 걸리는 두 가지 오답패턴이 있다. 첫 번째는 어쩔 수 없다고 해도 두 번째는 대체 어떻게 피해갈 수 있는지 그들의 머릿속을 보여주겠다.

이런 문제가 출제된다!
1. 다 지워야 해!
2. 너 또 나왔니?

핵심 전략 1 아예 없는 것을 일단 날려라.

Part 1에서 출제위원들이 오답을 뻔뻔하게 낼 때는 아예 사진에 없는 단어를 던진다. 이것은 거의 시력과 청력 테스트이다. 괜히 이 분위기에 그런 것도 사진 밖에 있겠지 이런 상상력을 발휘하면 안 된다. 객관식 시험의 최대 적은 상상력이다.

유형 1 2인 이상 사진

🎧 Day 01_1.mp3

(A)　　　(B)　　(C)　　(D)

사진에서 등장하지 않는 인물 및 사물이 들리면 소거하고, 사물의 상태 또는 인물의 상태 및 동작을 알맞게 묘사한 표현이 정답으로 출제되니 보기의 동사들을 집중해서 듣는다.

(A) They're reading a document. ··· 사진에 서류가 있으므로 정답 ⭕	그들은 서류를 읽고 있다.
(B) One of the women is checking her watch. ··· 사진에 시계가 없으므로 오답 ❌	여자들 중 한 명이 그녀의 시계를 확인하고 있다.
(C) They're typing on a keyboard. ··· 사진에 키보드가 없으므로 오답 ❌	그들은 키보드에 타자를 치고 있다.
(D) One of the women is looking in a drawer. ··· 사진에 서랍장이 없으므로 오답 ❌	여자들 중 한 명이 서랍 안을 보고 있다.

어휘 document(=papers) 서류　check 보다, 확인하다　type (컴퓨터로) 타자 치다, 입력하다　look in/into(=review, check, examine, watch, study, view) ~을 조사하다/살펴보다　drawer 서랍

아니 이렇게 대놓고 없는걸 내는데 이걸 고를 수가 있는가? 이런 생각하는 분들! 막상 시험장에 들어가면 별 헛것이 다 보인다. 미리 연습하자!

 drawer란?

(A)   (B)   (C)   (D)

사진에서 등장하지 않는 인물 및 사물이 들리면 소거하고, 사물의 상태 또는 인물의 상태 및 동작을 알맞게 묘사한 표현이 정답으로 출제되니 보기의 동사들을 집중해서 듣는다.

(A) A man is using a lawn mower.   남자가 잔디 깎는 기계를 사용하는 중이다.
⋯→ 사진에 잔디를 깎는 기계가 보이지 않으니 오답 ✗

(B) A window is being washed with water.   창문이 물로 씻기고 있다.
⋯→ 사진에 창문에 뿌리는 물은 없으므로 오답 ✗

(C) Some trees are being trimmed.   나무들이 다듬어지고 있는 중이다.
⋯→ 사진에 다듬어지는 나무가 없으니 오답 ✗

(D) A man is watering some plants.   **남자가 식물에 물을 주고 있다.**
⋯→ 사진에 남자가 물을 주고 있으므로 정답 ◯

어휘   mow the lawn 잔디를 깎다   trim 다듬다   water 물을 주다

여기서 잠깐!   lawn mower란?

(A)   (B)   (C)   (D)

사진에 등장하지 않는 인물이나 사물에 대한 말이 들리면 바로 지운다. 둘이 같이 취하고 있는 동작이나 둘 중 한 사람만 하는 동작, 특징 등이 정답으로 나올 수 있다.

(A) A crate has been set on the shelf.
···→ 사진에 나무 상자가 없으므로 오답 ✗

(B) They are holding some items.
···→ 사진에 상품들을 들고 있으므로 정답 ⭕

(C) Some baskets are being emptied.
···→ 사진에 바구니가 없으므로 오답 ✗

(D) They're reading a label.
···→ 사진에 라벨이 없으므로 오답 ✗

나무 상자가 선반 위에 놓여있다.

그들은 상품들을 들고 있다.

바구니들이 비워지는 중이다.

그들은 라벨을 읽고 있다.

어휘 crate 나무 상자, (플라스틱이나 철제) 상자   item 상품   empty 비우다

 crate란?
운송·저장용 나무,
플라스틱, 철제 상자

핵심
전략 **2** 헛소리를 하지 않는지 잘 들어라.

나와 있는 사람이나 사물은 언급이 되었지만 동사가 엉뚱한 게 나오는 경우가 있다. 이런 경우는 과감하게 지워주고 자주 출제되는 동사들을 미리 알아두자.

유형 **1** **1인 이상 사진**

🎧 Day 01_4.mp3

   (A)   (B)   (C)   (D)

1인 사진은 is나 are을 쓰고, -ing로 현재진행형을 묘사할 때가 많다. 실제로 그런 행위를 하는 중인지를 자세히 봐야 한다.

⊙ **상태 또는 동작 묘사**

동작을 묘사하는 동사를 현재진행형으로 썼을 때는 반드시 그 행동을 하는 사람이 사진에 보여야 하는데 이미 그 동작을 완료한 상태인 사람에 이 표현을 써서 우리를 헷갈리게 만드는 경우가 있다.

(A) A woman is sitting at a table.
   ···▶ 현재 앉아 있는 상태이므로 정답 ⊙

(B) A woman is drinking a cup of coffee.
   ···▶ 여자가 커피를 마시는 동작이 아닌 커피잔을 앞에 두고 있는
   사진이므로 오답 ✕

(C) A woman is putting on sunglasses.
   ···▶ 여자가 이미 선글라스를 착용한 상태이므로 오답 ✕

(D) A woman is opening a book.
   ···▶ 여자가 책을 펴고 있는 중인 동작이 아니므로 오답 ✕

> 여자는 테이블 앞에 앉아 있다.
>
> 여자는 커피를 마시는 중이다.
>
> 여자가 선글라스를 쓰고 있는 중이다.
>
> 여자는 책을 펼치는 중이다.

어휘 put on ～을 입다/쓰다/끼다/걸치다(동작) cf. wear ～을 입다/쓰다/끼다/걸치다(상태)

아니 이렇게 대놓고 없는 걸 내는데 이걸 고를 수가 있는가? 이런 생각하는 분들! 막상 시험장에 들어가면 별 헛것이 다 보인다. 미리 연습하자!

 wear vs. put on

여자가 이미 선글라스를 착용한 상태(is wearing)

여자가 현재 선글라스를 착용 중인 동작(is putting on)

유형 ② **사물 및 풍경 사진**   🎧 Day 01_5.mp3

   (A)   (B)   (C)   (D)

사람이 등장하지 않는 사진의 경우에는 보기에 being이라는 단어가 들리면 99% 오답이다.

⊙ **현재 진행 수동태 [be + being + p.p.]**

현재 진행 수동태는 누군가로 인해 어떤 동작이 행해지고 있는 중임을 묘사한다. 그런데 사진에 사람이 없다면 당연히 누구도 어떤 동작을 행할 수 없으므로 오답이다. 아! 물론 사람이 없어도 예외적으로 정답으로 쓸 수 있는 경우가 있다.

e.g. **사람 없이도 [be being p.p.]가 정답이 될 수 있는 경우**
Some items **are being displayed.** 상품들이 진열[전시]되어 있다.
Shadows **are being cast.** 그림자들이 드리워져 있다.
Some plants **are being grown.** 식물들이 자라고 있다

어디까지나 해당 동사들의 특징 때문에 정답이 되는 것이다. 진열/전시는 어디에 깔아 놓으려면 그것이 진행되고, 그림자는 사람이 없어도 생기며, 식물 등이 자라는 것도 자연현상에 의한 것이다.

(A) Some lampposts are being installed. ⋯ 누군가가 설치하고 있는 행위 중이라는 끔찍한 소리니 바로 오답 ❌	가로등들이 설치되는 중이다.
(B) Some flowers on the walkway are being picked. ⋯ 누군가가 꽃을 꺾고 있다는 소리이므로 바로 오답 ❌	길에 있는 꽃들이 꺾이고 있다.
(C) Tree branches are being lifted off the road. ⋯ 누군가가 나뭇가지들을 땅에서 들어올리는 중이라는 말이므로 오답 ❌	길에서 나뭇가지들이 들려지고 있다.
(D) Some flowers are hanging on the railing. ⋯ 꽃들이 난간에 걸려 있는 상태를 적절히 표현했으므로 정답 ⭕	**꽃들이 난간에 걸려 있다.**

어휘 road (차가 다닐 수 있는) 도로   walkway 길(사람들이 지나다녔거나 만들어서 생긴 작은 길)   branch 나뭇가지   railing 난간

walkway란?
사람들이 다니는 작은 길

유형 3 **2인 이상 사진**

🎧 Day 01_6.mp3

(A)　　　(B)　　　(C)　　　(D)

2인 이상 사진은 치사하게 그 중에 한 명만 하고 있는 행위를 여러 명이 하고 있다고 묘사하거나 여러 명이 하고 있는 행위를 한 명 또는 몇몇만 하고 있다는 식으로 장난을 친다.

(A) The tablecloth has been rolled. ⋯ 식탁보가 아주 반듯하게 펴져 있으므로 당연히 오답 ❌	식탁보가 말려져 있다.
(B) A coat has been left on the chair. ⋯ 의자에 남겨진 코트가 없으므로 오답 ❌	코트가 의자에 남겨져 있다.
(C) People are looking at a screen. ⋯ '사람들'이 아닌 한 명만 쳐다보고 있으므로 오답 ❌	사람들이 화면을 쳐다보고 있다.
(D) Some people are seated at the dining table. ⋯ 사람들이 앉아있는 상태를 묘사했으므로 정답 ⭕	**사람들이 식탁에 앉아있다.**

어휘 tablecloth 식탁보   leave (어떤 상태, 장소 등에 계속) 있게 만들다/그대로 두다

고난도 실전 문제

🎧 Day 01_7.mp3

정답 002페이지

1

	정답	오답근거
A		
B		
C		
D		

2

	정답	오답근거
A		
B		
C		
D		

3

	정답	오답근거
A		
B		
C		
D		

앞에서 학습한 전략을 토대로, 아래 오답 근거 표를 작성하며 문제를 풀어 보자.

4

	정답	오답근거
A		
B		
C		
D		

5

	정답	오답근거
A		
B		
C		
D		

6

	정답	오답근거
A		
B		
C		
D		

7

	정답	오답근거
A		
B		
C		
D		

8

	정답	오답근거
A		
B		
C		
D		

9

	정답	오답근거
A		
B		
C		
D		

10

	정답	오답근거
A		
B		
C		
D		

11

	정답	오답근거
A		
B		
C		
D		

12

	정답	오답근거
A		
B		
C		
D		

1. 『보다』류의 동작 표현

be viewing 보고 있다
be reviewing 검토하고 있다
be examining 살펴보고 있다
be inspecting 점검하고 있다

be browsing 둘러 보고 있다
be reading 읽고 있다
be studying (메뉴 등을) 살펴보고 있다
be checking 살펴보고 있다, 점검하고 있다

2. 『말하다』류와 회의 관련 동작 표현

be having a conversation 대화하고 있다
be taking notes 메모하고 있다
be addressing 연설하고 있다
be shaking hands 악수하고 있다
be applauding 박수 치고 있다

be attending a meeting 회의에 참석하고 있다
be giving a presentation 발표하고 있다
be giving a speech 연설하고 있다
be greeting each other 서로 인사를 나누고 있다
be distributing (자료 등을) 나눠주고 있다

3. 『먹다』류와 식당 관련 동작 표현

be dining 식사하고 있다
be drinking 마시고 있다
be setting the table 식탁을 차리고 있다
be placing an order 주문하고 있다

be having a meal 식사하고 있다
be sipping (조금씩) 마시고 있다
be pouring (물을) 따르고 있다
be taking an order 주문 받고 있다

4. 『청소하다』류와 집안일 관련 동작 표현

be mopping (대걸레로) 닦고 있다
be sweeping (빗자루로) 쓸고 있다
be polishing (윤이 나도록) 닦고 있다
be mowing 잔디를 깎고 있다
be operating 작동하고 있다

be wiping (행주 등으로) 닦고 있다
be vacuuming 진공청소기로 청소하고 있다
be raking (낙엽 등을) 갈퀴로 긁어 모으고 있다
be handling 다루고 있다
be maneuvering 조종하고 있다

5. 인물의 자세 관련 주요 표현

be standing 서 있다
be seated 앉아 있다
be squatting 쪼그리고 있다
be bending over 허리를 구부리고 있다

be sitting 앉아 있다
be sharing a bench 벤치에 같이 앉아 있다
be crouching 쪼그리고 있다, 웅크리고 있다
be leaning 기대고 있다

6. 쇼핑 관련 동작 표현

be trying 입어 보다, 해 보다
be wheeling (바퀴 달린 것을) 밀고 있다
be loading (짐을) 싣고 있다

be pushing (카트 등을) 밀고 있다
be lining up 줄 서 있다
be unloading (짐을) 내리고 있다

이렇게 생각하면 쉽다! who / where / when / what / which 정도는 단어만 또는 구만 가지고도 대답을 할 수 있지만 why와 how는 대부분이 구 또는 문장 그리고 일반 의문문, 부정/부가 의문문, 제안/요청/평서문 등은 모두 '문장' 형태로 대답해야 한다.

의문문별 보기의 정답 형태	
문제 유형	**답변 형태**
의문사 의문문	구, 문장
Yes / No 의문문 청유의문문 간접의문문 평서문	문장

Q **Who** was in Paris for a business trip? ···→ 의문사 의문문(Who)
누가 Paris에 출장 갔죠?

A Ms. Fonda. ···→ 구 형태로 답변

A Ms. Fonda was in Paris for a business trip. ···→ 제대로 문장 형태로 답변

Q **Why** was Ms. Fonda in Paris? ···→ 의문사 의문문(Why)
Fonda씨가 왜 Paris에 있었나요?

A For a business trip. ···→ 구 형태로 답변

A Ms. Fonda was in Paris for a business trip. ···→ 제대로 문장 형태로 답변

유형 1 **의문사 의문문**

의문사 의문문은 쉽게 말해 누구/어디/언제/무엇/어느 것이 ~을 하냐/했냐/~이냐/~였냐는 질문이다. 그래서 간단하게 '누구/어디/언제/무엇/어느 것' 등은 단어나 구로만 대답을 해도 괜찮고 why와 how의 경우 몇몇 경우를 제외하고는 문장 형태로 답을 해야 한다. 또한, 매우 당연한 것이지만 누가(who), 언제(when), 어디서(where), 무엇을(what), 어떻게(how), 어느 것을(which), 왜(why)를 묻는 의문사 의문문에서는 Yes / No는 답이 될 수 없다.

Q 넌 이름이 뭐니?
A 네 ✖ / 아니오 ✖

🎧 Day 02_1.mp3

Q. (A)   (B)   (C)   **귀로 풀 때 전략**
(A) 의문사 의문문에 Yes / No로 답변
(B) 구 형태, Who 의문문에 대한 답변
(C) B가 확실한 정답, 들을 필요 없음

Q. Who will be speaking at the company workshop this week?

(A) Yes, finally.

⋯▶ 의문사 의문문에서 Yes를 듣는 순간 오답 ✗

(B) The marketing director.

⋯▶ 구 형태이며, who 의문문에 대한 답변(직책 명)이므로 정답 ⭕

(C) It is not in this shop.

⋯▶ It이 지칭하는 것이 문제의 the company workshop 뿐인데 문맥상 어색하고 workshop과 shop을 억지로 엮으려 했으므로 오답 ✗

이번 주 회사 워크숍에서 누가 연설을 할 것인가?

네, 마침내.

마케팅 부장님.

그건 이 가게에 없어요.

어휘 **workshop** 워크숍, 연수회   **marketing** 마케팅

유형② Yes / No 의문문

Yes / No 의문문은 질문을 한 사람이 뱉은 '동사'에 대한 사실여부를 답으로 요구하는 의문문으로 일반, 부정, 부가 의문문 등이 여기에 속한다. 핵심은 동사에 있으니 동사에 집중한다.

ⓠ **Do** I have to revise this slide? ⋯▶ 일반 의문문
제가 이 슬라이드를 수정해야 하나요?

ⓐ **No**, Mr. Choi could do it. ⋯▶ 제대로 된 문장 형태로 답변
아니요, 최씨가 할 수 있어요.

ⓠ Ms. Ayuki left a message for me, **didn't she**? ⋯▶ 부정 부가의문문
Ayuki씨가 저에게 메시지를 남기셨죠, 그렇지 않나요?

ⓐ **Yes**, we got one. ⋯▶ 제대로 문장 형태로 답변
네, 저희가 하나 받았어요.

🎧 Day 02_2.mp3

Q. (A)   (B)   (C)

귀로 풀 때 전략
(A) 구 형태, 유사 발음 함정
(B) 동일 발음 함정
(C) Yes를 듣고 정답!

Q. Weren't the client accounts added to the online database?

(A) The savings account.

⋯▶ 동사가 없는 구 형태로 답변한 오답 ✗

(B) A client told me.

⋯▶ 문제의 client를 반복한 동일 발음 함정으로 오답 ✗

(C) Yes, Adriana said that they were.

⋯▶ 동사에 대해서 Yes / No를 묻는 부정의문에 Yes로 답변한 정확한 정답 ⭕

고객 계정들이 온라인 데이터베이스에 추가 되지 않았나요?

예금계좌.

한 고객이 저에게 말했어요.

네, Adriana가 그렇다고 말했어요.

어휘 **savings account** 저축 예금/계좌

청유의문문

청유의문문이란 어떠한 것을 제안하는 의문문으로 발화자가 언급한 '동사'를 할 것인지 안 할 것인지 최대한 공손하게 '수락' 또는 '거절'한 표현이 정답이 된다.

Q **Could you help** me move these boxes to the supply cabinet? ····› 청유 의문문
이 상자들을 비품 캐비닛으로 옮기는 것을 도와주실 수 있나요?

A Sure, I can do that for you. ····› 제대로 된 문장 형태로 대답
그럼요, 제가 해드릴 수 있어요.

🎧 Day 02_3.mp3

Q. (A)　　(B)　　(C)

> **귀로 풀 때 전략**
> (A) 유사 발음 함정
> (B) 구 형태, 청유의문문 답변으로 부적절
> (C) Sure를 듣고 정답

Q. Could you hand out the brochures for me?
나 대신에 브로셔 좀 나눠줄 수 있어?

(A) No, a **hand** sanitizer.
····› 문제의 hand 발음을 억지로 반복한 함정! 오답 ✖
아니요, 손 세정제

(B) After lunch.
····› 수락도 거절도 없고 문장 형태도 아닌 오답 ✖
점심 식사 후에

(C) Sure, are they in your bag?
····› 발화자의 동사를 제대로 듣고 거기에 대해 수락한 정답 ◎
물론이지, 네 가방 안에 들어있니?

어휘 hand out 나누어 주다　hand sanitizer 손 세정제

유형❹ **평서문**

평서문은 질문이 아니다. 화자의 의견이나 어떠한 사실을 기술하는 말에 불과하다. 따라서 듣는 사람은 거기에 맞게 다시 문장을 만들어서 되물어 보거나 맞장구를 치거나 역으로 무언가를 제안해야 한다.

Q We **offer** a special discount for this item this summer.
저희가 올 여름에 이 제품에 특별할인을 제공합니다.

A Can you post it on your company Web site?
그걸 웹사이트에 게시해 주실 수 있나요?

Q I'd like to **apply for** a staff ID badge.
사원증을 신청하고 싶습니다.

A You need to fill out this form.
이 서식을 작성하셔야 합니다.

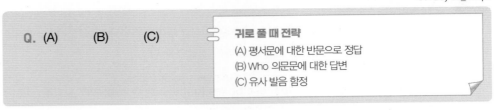

Day 02_4.mp3

Q. (A) (B) (C)

귀로 풀 때 전략

(A) 평서문에 대한 반문으로 정답
(B) Who 의문문에 대한 답변
(C) 유사 발음 함정

Q. Shao from the Shanghai office is on the phone.

(A) Could you have him call back?
⋯▸ 동사에 대해서 제안하는 청유의문문에 대해서 반문하는
보기이므로 정답 ◎

(B) A few different authors.
⋯▸ 구 형태이나, How many 또는 Who 의문문에 대한 답변이므로
오답 ✖

(C) No, the meeting was postponed.
⋯▸ 문제의 phone과 유사 발음 (postponed) 함정으로 오답 ✖

Shanghai 지사의 Shao씨에게서 전화가
와 있습니다.

그에게 다시 전화해 달라고 해 주시겠어요?

몇몇 다른 저자들.

아니요, 미팅은 연기되었습니다.

[어휘] author 작가, 저자 postpone 연기하다, 미루다

핵심
전략 **2** 지울 걸 먼저 지운다

Part 2는 오답 소거 전략으로 정답을 찾는 것이 정석이다. 다음은 10년 넘게 ETS에서 오답패턴으로 내고 있는 녀석들
이다.

❶ 문제의 단어가 보기에서 그대로 반복되는 경우, **동일 발음 함정**이다.
　Q Everyone **seems** to like the new line of smartphones. 모든 사람들이 새로운 스마트폰을 좋아하는 것 같아요.
　A It is not as hard as it **seems**. 그게 보이는 것처럼 그렇게 어렵진 않아요.

❷ 문제의 단어가 보기에서 품사 또는 시제가 바뀌어 반복되는 경우, **유사 발음 함정**이다.
　Q Are you ready to **present** your proposal? 제안서를 발표할 준비가 되었나요?
　A A **present** from one of my friend. 친구에게서 받은 선물.

❸ 문제의 단어가 보기에서 비슷한 발음의 단어로 반복되는 경우, **유사 발음 함정**이다.
　Q Would you like to lead the **training** session? 교육 시간을 진행해 주시겠어요?
　A I have to take this **train**. 저는 이 기차를 타야 합니다.

사실 이 세 가지를 보면 모두 발음이 반복된다. 물론 발음이 반복된다고 무조건 오답인 것은 아니지만 내용에 상관없이
너무 티나게 반복하는 경우는 들으면 바로 눈치를 챌 수 있다.

유형❶ Yes / No 의문문

Yes / No를 묻는 의문문은 물론 Yes / No로 답변을 해야 하지만 최근 들어 Yes / No를 생략하여 답변을 하는 경우가 잦다.

Q. **Did** you fill out the survey about the new parking policy?
새로운 주차 정책에 관한 설문지를 작성했나요?

A. **(Yes,)** I completed it this morning. (네,) 설문지 작성을 오늘 아침 끝냈어요.

Q. **Didn't** you send a memo directly to the director? 부장님께 메모를 바로 보내지 않았나요?

A. **(Yes,)** I did it yesterday. (네,) 어제 보냈어요.

🎧 Day 02_5.mp3

Q. (A)   (B)   (C)

귀로 풀 때 전략
(A) Yes / No 의문문에 대한 답변으로 정답
(B) How much 의문문에 대한 답변
(C) 동일 발음 함정

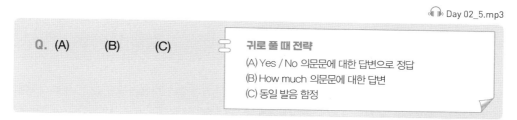

Q. Did you say the scanner was out of order?

(A) Yes, the one next to the computer is broken.
···→ 동사에 대해서 Yes / No를 묻는 일반의문문으로 Yes가 있으므로 정답 ◎

(B) 30 dollars.
···→ 구 형태이나, How much 의문문에 대한 답변이므로 오답 ✕

(C) Order a copy, please.
···→ 문제의 order을 그대로 낸 함정으로 오답 ✕

스캐너가 고장 났다고 말했나요?
네 컴퓨터 옆에 있는 게 고장났어요.
30달러.
한 부 주문해 주세요.

어휘 **broken** 고장난   **order** 주문하다   **copy** 복사(본), (책, 신문 등의) 한 부

유형❷ 평서문

평서문은 내용상 정답을 바로 예측하기 어려운 유형이다. 하지만 오답 소거 전략을 통해 문제를 푼다면 실수 없이 정답을 찾을 수 있을 것이다.

🎧 Day 02_6.mp3

Q. (A)   (B)   (C)

귀로 풀 때 전략
(A) 즉각 반응을 해주는 답변으로 정답
(B) Where 의문문에 대한 답변, 유사 발음 함정
(C) How many 의문문에 대한 답변

Q. I had trouble finding my seat.

(A) I hope you didn't have to stand all the time.
⋯› 평서문의 답으로 적절한 문장 형태에 상대방의 말을 듣고
즉각 반응을 해주는 정답 Ⓞ

(B) Any seat you wish.
⋯› 구 형태의 Where 의문문에 대한 답변이며, 문제의 seat이
연상 단어 place가 나온 오답 ✖

(C) About 10.
⋯› 구 형태이며, How many 의문문에 대한 답변이므로 오답 ✖

내 자리를 찾느라 애를 먹었어요.

계속 서있지 않기를 바래요.

원하시는 어느 장소든지.

대략 10개.

[어휘] trouble 문제, 곤란, 골칫거리   seat 좌석, 자리

핵심 전략 **3** 무조건 답이 되는 표현들!

문제 유형과 상관없이 Part 2에서 무조건 정답이 되는 보기 표현들이 있다. 다음은 정기 토익 시험마다 무조건 1~3문제의 정답으로 출제되는 '잘 모르겠다 / 다른 사람에게 물어봐 / 확인해 보겠다' 류의 표현들이다. 아래의 문장을 잘 익혀두도록 하자.

결정된 바가 없다	It hasn't been decided [confirmed / announced] yet.
잘 모르겠다	I'm not sure. I don't know. I have no idea. I can't remember. I wish I knew.
~에 달려 있다	It depends on ~. It's up to ~.
다른 사람이 알 것이다	사람 이름/직책 + might [would / should] know ~. 사람 이름/직책 + is responsible [in charge] for ~. Let me see/check [call / phone / ask].
확인해 보겠다	Let me find out [take a look / look over / look up].

유형 **1** 의문사 의문문

토익에서 무엇인가를 물어봤을 때, '잘 모르겠다 / 다른 사람에게 물어봐 / 확인해 보겠다' 등의 답변은 항상 정답이다.

🎧 Day 02_7.mp3

Q. (A)   (B)   (C)

귀로 풀 때 전략
(A) 문장 형태, 동일/유사 발음 없는 문장
(B) 무조건 정답 표현
(C) B가 확실한 정답, 들을 필요 없음

Q. **Where** will the annual **awards ceremony** be held?

(A) It's **open** to the **public.**
⋯› 문장 형태이나, 개최되는 장소를 묻는 질문에 대중에게 공개되어있다고 했으므로 오답 ✕

(B) It hasn't been announced yet.
⋯› 아직 결정된 바가 없다고 하여 해석상도 답이 되지만, 무조건 정답으로 출제되는 정답 표현이므로 더더욱 정답 ⊘

(C) He didn't say **a word.**
⋯› 문제의 award와 유사 발음(a word) 함정으로 오답 ✕

연례 시상식은 어디서 열리게 되나요?

대중에게 공개되어 있어요.

아직 발표되지 않았어요.

그는 아무 말도 하지 않았어요.

어휘 annual 매년의, 연례의   award 상   public 대중

 평서문

평서문은 내용상 정답을 예상하기 어렵기 때문에 고난도 유형이다. 다만, 무조건 정답이 되는 보기 표현들이 평서문에서 정답으로 많이 제시되므로 이 표현들을 암기해두면 쉽게 정답을 찾을 수 있다.

🎧 Day 02_8.mp3

Q. (A)　　　(B)　　　(C)

귀로 풀 때 전략
(A) 구 형태, 평서문에 대한 답변은 문장 형태만 가능
(B) 동일 발음 함정
(C) 무조건 정답 표현

Q. The **medical clinic** is **accessible by public** **transportation.**

(A) An **updated security badge.**
⋯› 평서문에 구 형태로 답변한 오답 ✕

(B) I just finished **medical** school.
⋯› 문제의 medical을 반복한 동일 발음 함정으로 오답 ✕

(C) Really? I should check the map.
⋯› 병원이 대중교통으로 접근이 가능하다는 말에 대해 지도를 확인해보겠다는 답변이 해석상도 답이 되지만, 무조건 정답으로 출제되는 표현이므로 정답 ⊘

그 병원은 대중교통을 이용해서 갈 수 있어요.

갱신된 보안 배지.

저는 막 의대를 졸업했어요.

정말요? 지도를 확인해 봐야겠어요.

어휘 medical clinic 병원   accessible 접근/입장/이용 가능한   updated 최신의, 갱신된

1   (A)   (B)   (C)

	정답/오답 근거
A	
B	
C	

2   (A)   (B)   (C)

	정답/오답 근거
A	
B	
C	

3   (A)   (B)   (C)

	정답/오답 근거
A	
B	
C	

4   (A)   (B)   (C)

	정답/오답 근거
A	
B	
C	

5   (A)   (B)   (C)

	정답/오답 근거
A	
B	
C	

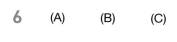

앞에서 학습한 전략을 토대로, 아래 정답/오답 근거 표를 작성하며 문제를 풀어 보자.

6 (A) (B) (C)

	정답/오답 근거
A	
B	
C	

7 (A) (B) (C)

	정답/오답 근거
A	
B	
C	

8 (A) (B) (C)

	정답/오답 근거
A	
B	
C	

9 (A) (B) (C)

	정답/오답 근거
A	
B	
C	

10 (A) (B) (C)

	정답/오답 근거
A	
B	
C	

Part 2에서는 모른다고 답변하는 유형은 질문 유형에 상관없이 늘 정답이다. '자신이 직접 알아보겠다'고 하거나, '알만한 다른 사람에게 물어본다'거나, '지금 상황으로는 알 수 없다'는 답변 모두 자신이 답변하기 어렵다는 의미이다. 따라서, 여기 등장하는 표현은 항상 정답이 되는 잘 모른다는 류의 답변이므로 반드시 암기하도록 한다.

Q When is Mr. Stanford going to leave for San Francisco?
Stanford씨는 언제 San Francisco로 갈 예정인가요?

A I don't know. 모르겠어요.

A I have no idea. 모르겠어요.

A I'm not sure. 모르겠어요.

A I wish I knew. 저도 알고 싶어요.

A It hasn't been decided yet. 아직 결정된 바 없습니다.

A It hasn't been announced yet. 아직 발표된 바 없습니다.

Q Do I have to rewrite my report?
제가 보고서를 다시 작성해야만 하는 건가요?

A It hasn't been informed yet. 아직 공지되지 않았어요.

A The manager hasn't informed yet. 과장님이 아직 알려주지 않으셨어요.

A It hasn't been confirmed yet. 아직 확인된 바 없어요.

A We haven't been told about it yet. 아직 들은 바 없어요.

A I haven't heard yet. 아직 들은 바 없어요.

A It hasn't been discussed yet. 그건 아직 논의가 안 되었어요.

Q Who will be promoted to Vice President?
누가 부회장님으로 승진하나요?

A Let me check. 제가 알아볼게요.

A I'll let you know later. 제가 나중에 알려 드릴게요.

A I'll find out and tell you later. 제가 알아보고 나중에 말씀 드릴게요.

A I'll find out and call you back later. 제가 알아보고 나중에 연락 드릴게요.

A It depends on the management decision. 그건 경영진의 결정에 달려 있습니다.

A It hasn't been confirmed yet. 아직 확정되지 않았습니다.

A It hasn't been notified yet. 아직 공지되지 않았습니다.

A Mr. Jordon might be able to tell you. Jordon씨가 알려주실 수 있을 겁니다.

A It's too early to tell. 지금 말하기엔 너무 이릅니다.

A Why don't you ask the Personnel Manager about that? 인사담당자에게 물어보는 것이 어떠세요?

Q **Ms. Aquette left the memo for me, didn't she?**
Aquette씨가 제게 메모를 남겼지요, 그렇지 않나요?

A I'm not sure. 잘 모르겠네요.

A Let me figure it out. 한 번 확인해 볼게요.

A Let me find it for you. 제가 찾아 드리지요.

A I'll go see. 제가 가서 알아볼게요.

A Mr. Anderson should know. Anderson씨가 알고 있을 겁니다.

A I'll check the computer system. 제가 컴퓨터 시스템을 확인해 보겠습니다.

Q **Is Sonya going to attend our time management workshop tomorrow?**
Sonya가 내일 있을 우리의 시간 관리 워크숍에 참석하나요?

A I'm not sure. 잘 모르겠어요.

A It hasn't been decided yet. 아직 결정되지 않았어요.

A He'll let me know this afternoon. 그가 오늘 오후에 알려 주기로 했어요.

A Let me check. 제가 확인해 보겠습니다.

A I'll ask her. 그녀에게 물어볼게요.

A Check the bulletin board. 게시판을 확인해 보세요.

A You can find it on our Web site. 웹사이트에 있어요.

Q **Where is the awards ceremony going to be held?**
시상식이 어디에서 열리나요?

A I don't know. 잘 모르겠습니다.

A I have no idea. 잘 모르겠습니다.

A I'm not sure. 확실하지 않습니다.

A No one is sure yet. 아무도 확실하지 않습니다.

A It hasn't been decided. 아직 결정되지 않았어요.

A We haven't decided yet. 아직 결정하지 않았어요.

A Why don't you ask James? James에게 물어보지 그래요?

A I'll go see. 가서 알아보겠습니다.

A We emailed it to everyone. 모든 사람에게 이메일을 보냈어요.

A It's listed in the itinerary. 일정표에 나와 있습니다.

너무 직접적이잖아!

의문사 의문문

DAY 3 음원
바로 듣기

동영상 강의
바로 보기

Part 2는 총 25문제 중에서 Who, Where, When, What, Why, How, Which 의문문은 매회 10~12문제의 상당한 비중을 차지하는 문제 유형이다. 물론 모든 의문사 의문문들이 매달 골고루 출제되는 것은 아니다. 어떤 의문사 의문문은 아예 출제되지 않는 반면, 어떤 의문사 의문문은 3개씩도 출제된다.

각 의문사 의문문의 정답 유형은 정해져 있으며 반복되어 출제된다. 따라서, 각 의문사 의문문별로 정답 표현들을 여러 개 확실하게 암기해두면 실수를 줄일 수 있다. 또한, 예상치 못한 답변을 대비하여 문제를 풀 때는 정답을 마냥 기다리기보다는 듣는 즉시 오답을 소거하며 정답을 찾아가는 것이 문제를 푸는 데 훨씬 효과적이다.

이런 문제가 출제된다!

1. Who, Where, When 의문문

2. What, Why, How 의문문

핵심 전략 1 Who, Where 의문문의 정답은 서로 교차가 가능하다.

Who 의문문은 단순히 사람 이름만 묻는 것이 아니라 직업, 직책, 회사명, 부서명을 묻는 의문문이다. 고유명사가 정답으로 출제되는 경우가 많아서 어려울 수도 있으나, 영어로 들리지 않는 부분은 거의 사람 이름이라고 생각하면 편하다. 자주 출제되는 어휘 표현들을 암기해두는 것도 도움이 될 수 있다. '어디인지'를 묻는 Where 의문문의 경우에는 장소를 표현하는 전치사를 암기해두는 것도 일종의 전략이다.

유형 1 Who 의문문

Who 의문문은 정답 표현으로 주로 '사람 이름'이 출제된다. 단, 오답 소거 전략을 통해 동일/유사 발음 함정에 빠지지 않도록 주의한다.

🎧 Day 03_1.mp3

Q. (A)　　　(B)　　　(C)

귀로 풀 때 전략
(A) 유사 발음 함정
(B) 동일/유사 발음 없는 문장, 살리기
(C) 사람 이름이 있는 문장

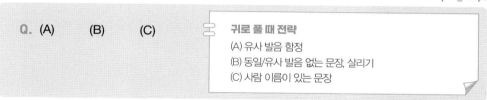

Q. Who wants to lead the Monday's workshop?
(A) Chan usually works there.
　　　⋯⋯ 사람 이름 Chan이 있는 문장이지만, 문제의 workshop과 유사 발음(work) 함정으로 오답 ❌
(B) They have prepared it for a long time.
　　　⋯⋯ They가 지칭하는 것이 문제에 없으므로 오답 ❌
(C) Hiroshi has volunteered to do it.
　　　⋯⋯ 사람 이름 Hiroshi로 답변하였으므로 정답 ⭕

누가 월요일 워크숍을 진행하고 싶습니까?
Chan이 주로 그곳에서 일합니다.
그들이 그것을 오랫동안 준비했습니다.
Hiroshi가 그것을 하겠다고 자원했어요.

어휘 **lead** ~을 진행하다/지휘하다/이끌다　**prepare** 준비하다　**volunteer** (어떤 일을 하겠다고) 자원하다

유형 2 Where 의문문

Where 의문문은 정답 표현으로 주로 장소가 출제된다. 단, 장소와 연관된 사람 이름이 정답으로 출제되는 고난도 문제 유형에 주의한다.

🎧 Day 03_2.mp3

Q. (A)　　　(B)　　　(C)

귀로 풀 때 전략
(A) 동일/유사 발음 없는 문장, 살리기
(B) 동일 발음 함정
(C) 사람 이름이 있는 문장

Q. Where did you store the extra staff ID badges?

(A) We went there yesterday.
⋯→ there가 지칭하는 것이 문제에 없으므로 오답 ✗

(B) The store was closed.
⋯→ 문제의 store와 동일 발음 함정으로 오답 ✗

(C) Ms. Claymore is in charge of all the supplies.
⋯→ 담당하는 사람 이름으로 답변한 정답 ○

어디에 여러분의 사원증을 보관했나요?
우리는 어제 그곳에 갔었어요.
가게는 문이 닫혀 있었어요.
Claymore씨가 모든 용품들을 담당해요.

[어휘] ID badge 신분증   be in charge of ~을 담당하다

출제 포인트

⊙ Who 의문문 정답 표현

1. 사람, 직책명

Ⓠ **Who's in charge of the advertising campaign?** 누가 광고 캠페인을 담당하고 있나요?

Ⓐ **Mr. Smith is supervising that.** Smith씨가 감독하고 있어요.

2. 회사, 부서명

Ⓠ **Who's coming to the project meeting tomorrow?** 내일 프로젝트 회의에 누가 오나요?

Ⓐ **The design team.** 디자인팀.

3. 정체성 (client / customer 등)

Ⓠ **Who was at the door?** 누가 찾아 왔었나요?

Ⓐ Our new **neighbor.** 우리의 새로운 이웃.

4. anyone, someone, no one, nobody, everyone

Ⓠ **Who will be the new Director of Accounting?** 누가 새로운 회계팀 부장이 될까요?

Ⓐ **Someone from London.** 런던에서 오는 누군가.

⊙ Where 의문문 정답 표현

1. 장소 전치사구「at / in / on / to / from / across / next to + 장소」

Ⓠ **Where are the new office supplies?** 새로운 사무용품들이 어디에 있나요?

Ⓐ **In the first cabinet.** 첫 번째 캐비닛 안에.

2. down + 장소

Ⓠ **Where is the closest grocery store?** 가장 가까운 식료품점이 어디 있나요?

Ⓐ Right **down the street.** 바로 이 길 따라 쭉 가세요.

3. Web site

Ⓠ **Where can I purchase a train ticket?** 어디서 기차표를 구입할 수 있나요?

Ⓐ I usually use the **Web site.** 저는 보통 웹사이트를 이용합니다.

4. try + 장소

Q **Where** can I find Anna's extension number? Anna의 내선 번호를 어디서 찾을 수 있나요?

A **Try** the company directory. 회사 전화번호부를 보세요.

5. 사람 이름

Q **Where** should I leave this budget report? 예산 보고서를 어디에 두어야 할까요?

A I think **Jennifer** is expecting it. 제 생각엔, Jennifer가 그걸 기다리고 있을 것 같아요.

⋯→ 서류 등을 어디에 두어야 할지 또는 어디에 있는지를 묻는 질문에 그 서류를 가지고 있는 사람이나 그 서류
받기를 기다리고 있는 사람의 이름이 정답으로 출제되기도 하므로 고득점을 위해서는 꼭 기억하고 있자!

⊙ 주의해야 할 점

질문에 쓰인 동사가 무엇인지에 따라 전치사를 골라야 하는 경우도 있다.

Q **Where** should I put these vases? 이 꽃병들을 어디에 두어야 할까?

A **From** the conference room. ✘ 컨퍼런스룸으로부터.

Put이라는 동사와 from이 연결되지 않으므로 오답이다. 이런 고난도 문제가 가끔 출제된다.

핵심 전략 2 When, How long 의문문의 정답은 동일한 시간 표현이 아니다.

시점을 물어보는 When 의문문과 기간을 물어보는 How long 의문문의 경우 정답 표현이 서로 다르므로, 자주 출제되는 각 의문문의 정답 표현들을 암기해 두어 실수 없이 정답을 고를 수 있도록 한다.

유형❶ When 의문문

When 의문문은 정답 표현으로 시점을 나타내는 표현이 출제된다. 단, 단어 자체가 시간을 의미하는 다음과 같은 고난도 문제 유형에 주의한다.

🎧 Day 03_3.mp3

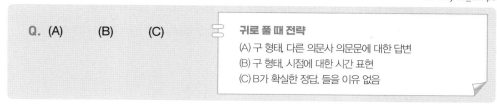

Q. (A)　　　(B)　　　(C)

> **귀로 풀 때 전략**
> (A) 구 형태, 다른 의문사 의문문에 대한 답변
> (B) 구 형태, 시점에 대한 시간 표현
> (C) B가 확실한 정답, 들을 이유 없음

Q. When should we submit the marketing proposal?

(A) For 3 days.

⋯→ 구 형태이나, How long 의문문에 대한 기간 답변이므로 오답 ✘

(B) As soon as possible.

⋯→ 구 형태이며, When 의문문에 대한 답변이므로 정답 ◎

(C) Yes, what do you think?

⋯→ Yes는 의문사 의문문에서 나올 수 없는 답변이므로 오답 ✘

마케팅 제안서를 우리는 언제 제출해야만 하나요?

3일 동안.

가능한 빨리.

네, 어떻게 생각하세요?

[어휘] submit 제출하다　proposal 제안서　as soon as possible 가능한 빨리

유형 ❷ How long 의문문

How long 의문문은 정답 표현으로 기간을 나타내는 표현이 출제된다. 시점을 묻는 When 의문문의 정답 표현과 구별해야 하는 문제 유형이다.

🎧 Day 03_4.mp3

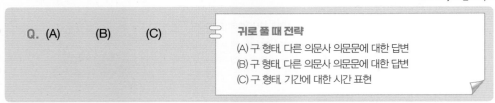

Q. (A)　　　(B)　　　(C)

귀로 풀 때 전략
(A) 구 형태, 다른 의문사 의문문에 대한 답변
(B) 구 형태, 다른 의문사 의문문에 대한 답변
(C) 구 형태, 기간에 대한 시간 표현

Q. How long is the flight to New Zealand?　　뉴질랜드까지 비행이 얼마나 걸리나요?

(A) After I finish this report.　　이 보고서를 끝낸 후.
　　⋯▶ 구 형태이나, When 의문문에 대한 답변(After)이므로 오답 ✖

(B) By plane.　　비행기로.
　　⋯▶ 구 형태이며, 기간이 아닌 교통수단에 대한 답변이므로 오답 ✖

(C) About 11 hours.　　대략 11시간.
　　⋯▶ 구 형태이며, How long 의문문에 대한 답변(기간)이므로 정답 ⭕

[어휘] flight 비행　plane 비행기

출제 포인트

⊙ When 의문문 정답 표현

1. 시간, 연, 월, 주, 요일, 날짜, 계절, 분기

Ⓠ **When** will the agreement be signed? 계약서는 언제 서명될까요?

Ⓐ Sometime in **May**. 5월 중으로.

2. ago, after, right after, soon, recently, just, 접속사 once, 접속사 when

Ⓠ **When** was the building renovations completed? 언제 건물 보수가 완료되었나요?

Ⓐ A week **ago**. 일주일 전에

⊙ How long 의문문 정답 표현

1. For + 시간 표현

Ⓠ **How long** will the training session last? 교육 시간은 얼마 동안 진행될 건가요?

Ⓐ **For three hours**. 3시간 동안.

2. At least + 시간 표현

Ⓠ **How long** does it take to get to the train station? 기차역까지 가는 데 얼마나 걸릴까요?

Ⓐ **At least an hour**. 최소한 한 시간 정도.

3. About + 시간 표현

Q **How long** did your presentation take? 발표가 얼마 동안 진행되었나요?

A **About 20 minutes**. 약 20분 정도.

4. Since + 시간 표현

Q **How long** have you worked as an editor? 편집자로서 얼마 동안 일하셨나요?

A **Since** 2002. 2002년부터 지금까지.

핵심 전략 3 What, Why, How 의문문은 오답 소거 전략으로 문제를 푼다.

What, Why, How 의문문은 정답 표현을 예측할 수 없는 문제 유형으로 답을 미리 예상해서 정답을 찾으려 한다면, 예상하지 못한 답변이 나왔을 경우에 정답을 놓칠 확률이 높다. 따라서, 오답 소거 전략을 통해 실수 없이 정답을 찾을 수 있도록 한다.

유형 1 **What 의문문**

What 의문문은 '무엇인지'를 묻는 문제로서 정답 표현을 예측할 수 없으므로, 오답 소거 전략을 통해 답을 찾아야 한다.

 Day 03_5.mp3

Q. (A)　　　(B)　　　(C)

> **귀로 풀 때 전략**
> (A) 유사 발음 함정
> (B) 유사 발음 함정
> (C) A, B가 확실한 오답, 들을 이유 없음

Q. **What** will be **served** at the **workshop** this afternoon?

(A) She's working on it.
　⋯▸ 문제의 workshop과 유사 발음(working) 함정으로 오답 ❌

(B) Their **service** is excellent.
　⋯▸ 문제의 served과 유사 발음(service) 함정으로 오답 ❌

(C) Light refreshments.
　⋯▸ What 의문문에 구 형태로 적절하게 답했으므로 정답 ⭕

오늘 오후 워크숍에서 무엇이 제공될 예정인가요?

그녀가 그것을 작업하고 있어요.

그들의 서비스는 좋습니다.

가벼운 다과류.

어휘 serve 제공하다　light refreshments 가벼운 다과류

⊙ What 의문문의 문제 유형과 정답 표현

1. 의견을 묻는 문제 유형

> **Q** What do you think ~?

> **A** 형용사 good, great, nice, happy

Q **What** did you think of the play? 연극 어땠어요?

A It was **great**. 좋았어요.

> • 의외성 있는 답이 나온다면
> **I didn't go see it.** 나는 연극을 보지 않았다.

2. 가격을 묻는 문제 유형

> **Q** What ~ fee / fare / price / charge / rent ~?
> (= How much + do동사 / be동사 / have동사 / 조동사 + S ~?)

> **A** dollar, euro 등의 화폐단위

Q **What**'s the price of a one-way ticket to Wellington? Wellington까지 편도 티켓이 얼마인가요?

A 300 **euros**. 300유로.

> • 의외성 있는 답이 나온다면
> **There's no tickets left.** 표가 하나도 안 남았어요.

3. 주제를 묻는 문제 유형

> **Q** What ~ topic / subject / purpose ~?

> **A** to부정사, 명사, about + 명사

Q **What**'s the purpose of tomorrow's meeting? 내일 미팅의 주제는 무엇인가요?

A **International movie**. 국제 영화요.

> • 의외성 있는 답이 나온다면
> **The meeting has been cancelled.** 회의가 취소되었어요.

4. 문제점을 묻는 문제 유형

> **Q** What ~ problem / matter / wrong / happened ~?

> **A** 부정어(don't, isn't, weren't, haven't), 한정사 no, problem, damage, trouble, missing, broken, bad, unfortunately

Q **What**'s the problem with the heating system? 난방 시스템의 문제가 무엇인가요?

A It's **missing** a part. 부품이 분실되었어요.

- 의외성 있는 답이 나온다면

  Oh! Actually, the system is okay. We didn't know how to use it.
  오! 사실은 시스템은 괜찮아요. 저희가 어떻게 쓰는지를 몰랐어요.

⊙ What 의문문 대비 오답 소거 전략

1. 문제의 단어가 보기에서 그대로 반복되는 경우: 동일 발음 함정

Q What **type** of insulation did you use in this building? 이 건물에 어떤 종류의 단열재를 사용했나요?

A I need to **type** all the figures. 수치들을 모두 입력해야 해요. ❌

2. 문제의 단어가 보기에서 품사 또는 시제가 바뀌어 반복되는 경우: 유사 발음 함정

Q What are you **bringing** to the office party? 사무실 파티에 무엇을 가져올 건가요?

A I already **brought** it. 저는 이미 그것을 가져왔어요. ❌

3. 문제의 단어가 보기에서 비슷한 발음의 단어로 반복되는 경우: 유사 발음 함정

Q What **form of** payment do you prefer? 어떤 종류의 지불 방법을 선호하시나요?

A **Former** colleague. 이전 동료. ❌

4. Yes / No로 시작되는 보기 형태

Q What are you planning to do on vacation? 휴가 때 무엇을 할 계획인가요?

A **No**, I don't know the time. 아니요, 저는 시간을 몰라요. ❌

5. 구 형태이나, 다른 의문사 의문문에 대한 답변인 경우

Q What's playing at the theater this week? 이번 주에 극장에서 무엇을 공연하고 있나요?

A **At the corner of** Corban and Sherman Street. Corban and Sherman 가 코너에서. ❌
  ↳ Where 의문문의 답변

6. 오답 소거 후, 남는 보기에서 문장 형태와 구 형태가 있을 때는 문장 형태 소거

Q What should I take to the interview? 인터뷰에 무엇을 가져가야 하나요?

A They're some work samples. 그것들은 작업 샘플들입니다. ❌

Why 의문문은 이유를 묻는 문제로서 정답의 형태가 확실하다. Why에 가장 흔한 답은 'Because + S + V + X' 즉, '왜냐하면 + 주어 + 동사 + 무언가' 형태이다. 그러나 시험에서는 Because를 종종 생략한다.

🎧 Day 03_6.mp3

Q. (A)　　　(B)　　　(C)

> **귀로 풀 때 전략**
> (A) 유사 발음 함정
> (B) 유사 발음 함정
> (C) A, B가 확실한 오답, 들을 이유 없음

Q. Why has Ms. Diaz called a staff meeting?

　(A) I met him yesterday.
　　⋯▶ 문제의 meeting과 유사 발음(meet) 함정으로 오답 ❌

　(B) Please call back tomorrow.
　　⋯▶ 문제의 called과 유사 발음(call) 함정으로 오답 ❌

　(C) I heard the survey results were disappointing.
　　⋯▶ Why 의문문에 적절하게 답했으므로 정답 ⭕

Diaz씨가 왜 직원 회의를 소집했죠?

나는 그를 어제 만났어요

내일 다시 전화해 주세요.

설문 결과가 실망스럽다고 들었어요.

[어휘] **call** 소집하다　**survey results** 설문 조사 결과　**disappointing** 실망스러운

즉, 실전에 이런 문제가 출제된다면 앞에 Because를 붙였을 때 어색한 B를 소거하고 나머지 중에서 고를 수 있다.

(A) Because I met him yesterday. ⋯▶ Because로 연결은 되지만 내용이 어색하다.

(B) Because please call back tomorrow. ⋯▶ Because로 연결할 수 없다.

(C) Because I heard the survey results were disappointing.
　　⋯▶ Because로 연결도 되고 내용이 자연스럽다.

출제 포인트

⊙ **Why 의문문 정답 표현**

1. 「(Because) + 절」 형태의 답변

　Q **Why** is the restaurant closed today? 레스토랑이 오늘 문을 왜 닫았나요?

　A **(Because)** it's reserved for a private party. (왜냐하면,) 그건 비공개 파티를 위해 예약되었어요.

2. 구 형태의 답변

　Why 의문문은 보기에 구와 문장 형태가 있는 경우, 다음의 구 형태가 아닌 이상 문장 형태가 답이 되는 유일한 의문사 의문문이다.

　① because of + 명사

　② for + 명사

　③ to부정사

Ⓠ **Why** did Ms. Anderson leave early today? 오늘 Anderson씨가 왜 일찍 퇴근했나요?

Ⓐ **To go** to a dental appointment. 치과 예약에 가기 위해서.

유형❸ How 의문문

How 의문문도 정답 표현을 예측할 수 없는 문제 유형이므로 답을 미리 예상해서 정답을 찾으려 한다면, 예상하지 못한 답변이 나왔을 경우에 놓칠 확률이 높다. 따라서, 오답 소거 전략을 통해 문제를 풀어야 실수 없이 정답을 찾을 수 있다.

🎧 Day 03_7.mp3

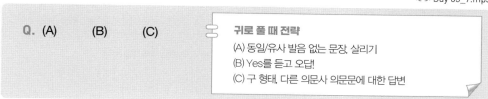

Q. (A)   (B)   (C)

귀로 풀 때 전략

(A) 동일/유사 발음 없는 문장, 살리기
(B) Yes를 듣고 오답!
(C) 구 형태, 다른 의문사 의문문에 대한 답변

Q. **How** should we **display** this new merchandise?

우리는 새로운 상품을 어떻게 진열해야 할까요?

(A) Let's put it next to the cash register.

··· 문제의 단어가 반복되거나 유사 발음이 나오지 않은 문장으로, 문제에 대한 방법을 제시해준 정답 ◉

계산대 옆에 둡시다.

(B) Yes, it's sold out.

··· Yes는 의문사 의문문에서 나올 수 없는 답변이므로 오답 ✕

네, 그것은 다 팔렸어요.

(C) On the rack.

··· 구 형태이나, Where 의문문에 대한 답변(장소 전치사 on)이므로 오답 ✕

선반 위에.

어휘 **display** 전시/진열하다, 내보이다   **merchandise** 물품, 상품   **cash register** 계산대   **sold out** 다 팔린   **rack** (물건을 얹거나 걸기 위해 금속/목재 막대를 가로질러 만든) 받침대, 선반

출제 포인트

⊙ How 의문문의 문제 유형과 정답 표현

1. 의견 또는 진행 상황을 묻는 유형

Ⓠ How + be동사 + 명사 ~? ··· 의견
Ⓠ How (do / does / did) 주어 like ~? ··· 의견
Ⓠ How ~ go / going / coming along? ··· 의견 또는 진행 상황

Ⓐ 형용사, 부사
Ⓐ 형용사, 부사
Ⓐ 형용사, 부사, 시간 표현

Ⓠ **How**'s your new computer **coming along**? 새로운 컴퓨터는 어떤가요?

Ⓐ It's very **fast**. 매우 빠릅니다.

2. 교통수단, 길 안내를 묻는 유형

| Q How ~ get / go to 장소 ~? | A 교통수단, 길 안내 |

Q **How** are you **getting to** the library? 도서관에 어떻게 갈 건가요?

A I think I'll **walk**. 걸어갈 생각입니다.

3. 수량, 빈도를 묻는 유형

| Q How many ~? ···→ 수량
 Q How often ~? ···→ 빈도 | A 숫자 표현
 A 빈도 표현 |

Q **How many** tables do we need for the charity banquet?
자선 연회를 위해 우리는 몇 개의 테이블이 필요한가요?

A About **fifty**. 대략 50개 정도요.

4. 속도, 거리를 묻는 유형

| Q How soon ~? ···→ 시간
 Q How late ~? ···→ 기간
 Q How far ~? ···→ 거리 | A 시간 표현
 A 시간 표현
 A km, m 등 |

Q **How late** is the store open today? 오늘 상점이 몇 시까지 여는지 아시나요?

A Until **8 P.M.** 오후 8시까지.

⊙ How 의문문 대비 오답 소거 전략

How 의문문은 오답 소거 전략을 통해 80% 이상을 해결할 수 있음에 유의하자.

1. 문제의 단어가 보기에서 그대로 반복되는 경우: 동일 발음 함정

Q How do I wipe the computer **screen**? 컴퓨터 스크린을 어떻게 닦나요?

A A large **screen**. 더 큰 스크린이요 ✕

2. 문제의 단어가 보기에서 품사 또는 시제가 바뀌어 반복되는 경우: 유사 발음 함정

Q How did you find out about our **organization**? 우리의 단체에 대해서 어떻게 알게 되었나요?

A It's a very well **organized** office. 그곳은 매우 잘 정리된 사무실입니다. ✕

3. 문제의 단어가 보기에서 비슷한 발음의 단어로 반복되는 경우: 유사 발음 함정

Q How did Jeannie learn to fix the **copy machine**? Jeannie는 어떻게 복사기를 고치는 걸 배웠나요?

A Using a different **coffee machine**. 다른 커피 머신을 사용하는 거요. ✕

4. Yes / No로 시작되는 보기 형태

Q How do I register for the employee workshop? 직원 워크숍에 어떻게 등록하나요?

A **Yes**, on Wednesday. 네, 수요일이에요. ✗

5. 구 형태이나, 다른 의문사 의문문에 대한 답변인 경우

Q How are your clients traveling to Cleveland? Cleveland에 고객들은 어떻게 가나요?

A For a business trip. 출장을 위해서요. ✗
⋯› why 의문문에 대한 대답

6. 오답 소거 후, 남는 보기에서 문장 형태와 구 형태가 있을 때는 문장 형태 소거

Q How can I contact technical support? 기술 지원부에 어떻게 연락할 수 있나요?

A She starts at 8 o'clock. 그녀는 8시에 근무를 시작합니다. ✗
⋯› 문장 형태

고난도 실전 문제

1   (A)   (B)   (C)

	정답/오답 근거
A	
B	
C	

2   (A)   (B)   (C)

	정답/오답 근거
A	
B	
C	

3   (A)   (B)   (C)

	정답/오답 근거
A	
B	
C	

4   (A)   (B)   (C)

	정답/오답 근거
A	
B	
C	

5   (A)   (B)   (C)

	정답/오답 근거
A	
B	
C	

060   토익 850+ 벼락치기 10일 완성 LC+RC

앞에서 학습한 전략을 토대로, 아래 정답/오답 근거 표를 작성하며 문제를 풀어 보자.

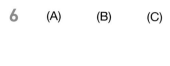

PART 2

DAY 03

6　(A)　　(B)　　(C)

	정답/오답 근거
A	
B	
C	

7　(A)　　(B)　　(C)

	정답/오답 근거
A	
B	
C	

8　(A)　　(B)　　(C)

	정답/오답 근거
A	
B	
C	

9　(A)　　(B)　　(C)

	정답/오답 근거
A	
B	
C	

10　(A)　　(B)　　(C)

	정답/오답 근거
A	
B	
C	

⊙ Who 의문문 고난도 답변 유형

Who 의문문에서는 구체적인 인명 / 직업 / 직책 대신, 부서나 회사명, 또는 묻는 사람에 대한 구체적인 정보가 없어서 a man / a woman / someone(anyone) / no one 같은 인칭대명사를 이용해 대답하는 경우, 그리고 구체적인 대상자와 직접적으로 관련이 있는 사물 / 장소를 언급하는 형태의 고난도 정답 유형을 숙지해야 한다. 일반적으로는 He / She / They로 시작하는 답변은 대개 오답이 되지만 특정 장소에 해당자가 있는 경우, He / She / They란 인칭대명사를 이용하여 지칭할 수도 있음에 유의해야 한다.

Q **Who** drew up the new business proposal? 새로운 사업 제안서는 누가 작성했나요?
A **BK Consulting** we've recently hired. 저희가 최근에 고용한 BK Consulting에서.
A **The Planning and Strategy office** did. 전략 기획실에서 했습니다.

Q **Who** is newly hired as the treasurer of the company? 회사의 재무 담당자로 채용된 사람은 누구인가요?
A **No one**, the hiring plan has been canceled. 채용된 사람은 없어요, 채용 계획이 취소되어서요.
A **A woman** in Accounting, I think. 회계 부서에서 근무하는 어떤 여자분으로 알고 있어요.

Q **Who** has the key to the supply room? 비품실 열쇠는 누가 가지고 있나요?
A It's **on your desk**. 당신 책상 위에 있어요.
A **Someone** in Maintenance. 시설관리 부서에 있는 어떤 사람.

Q **Who** is the new branch manager? 새로 부임한 지점장님이 누구인가요?
A **He**'s not here at the moment. 그는 지금 여기 안 계세요.
A **He** is the one in a black suit over there. 그는 저쪽에 검은색 정장을 착용한 분이에요.

⊙ Where 의문문 고난도 답변 유형

특정한 장소 / 위치가 아니라 이를 알고 있는 사람을 정답으로 제시하는 경우가 고난도라고 할 수 있으며, 특히 서류와 관련된 단어(document, papers, letter, report, manual)를 이용하여 출처를 묻는 질문의 경우 이러한 유형의 답변이 나올 가능성이 높다는 점을 염두에 두어야 한다. 그리고 간간히 행방을 묻는 경우, 장소보다 해당 일정을 표현함으로써 우회적으로 어느 곳에 있는지 알려주는 답변이 등장할 수도 있음을 기억해야 한다.

Q **Where** can I get the orientation **manual** for new employees?
신입 사원을 위한 오리엔테이션 안내서를 어디서 찾을 수 있나요?

A **Lisa** has it. Lisa가 가지고 있어요.

A Call the **Personnel Manager**. 인사 담당자에게 연락하세요.

Q **Where** is the Personnel Director? 인사담당 이사님은 어디에 계신가요?

A He has a **golf appointment** this morning. 그는 오늘 아침에 골프 약속이 있어요.

A **At the meeting** with some foreign buyers. 해외 바이어들과의 회의에.

Q **Where** did the company get the new packaging supplies?
회사가 새로운 포장용품을 구매한 곳이 어디에요?

A From **Mr. Williams**. Williams로부터.

A Andrew probably knows. 아마 Andrew가 알 거예요. ···› 잘 모른다는 류의 답변

A You should check with Stacy. Stacy에게 확인해 보세요. ···› 잘 모른다는 류의 답변

⊙ When & How long 의문문 고난도 답변 유형

When 의문문에서는 정답이 「not until / not for + 시점 / 기간」의 형태, 또는 When / After / As soon as / Once와 같은 부사절의 형태로 제시되는 경우가 고난도 답변이라 할 수 있다. How long 의문문은 구체적인 수치가 등장하는 기간이나 소요 시간을 정답으로 제시하는 평이한 답변이 아니라, For / At least / Since / About이 이끄는 표현을 통해 간접적인 기간을 언급하는 정답이 등장할 수 있다.

Q **When** will the office renovation be completed? 사무실 보수공사는 언제 마무리되나요?

A **Not until** Thursday. 목요일쯤. ⋯▸ not until (~쯤)

A **Not for** another week. 적어도 1주일은 더. ⋯▸ not for (~후에)

Q **When** will Mr. Baker be transferred to the Toronto branch?
Baker씨는 언제 Toronto지점으로 전근 가나요?

A **When** the Personnel Director approves it. 인사담당 이사님이 승인하시면.

A **Right after** the Personnel Director approves it. 인사담당 이사님이 승인하신 직후.

A **As soon as** the Personnel Director approves it. 인사담당 이사님이 승인하시자마자.

A **Once** the Personnel Director approves it. 일단 인사담당 이사님이 승인하시면.

Q **How long** have you worked for the company? 이 회사에서 얼마 동안 근무했나요?

A **Since** I graduated from college. 대학을 졸업한 이후부터.

A **As soon as** I graduated from college. 대학을 졸업하자마자.

Q **How long** are you going to stay in Paris? Paris에서 얼마나 체류할 예정인가요?

A **No later than** next weekend. 적어도 다음 주말까지.

A **Until** the client meeting ends. 고객과의 회의가 끝날 때까지.

A **Before** the board meeting starts in London. London에서 이사회의가 시작하기 전까지.

⊙ Why 의문문 고난도 답변 유형

Why 의문문은 우리가 이야기할 때 늘 '~이기 때문에'란 말을 꼭 사용하는 것이 아니듯, 영어권에서 생활하는 원어민들도 마찬가지로 항상 Because를 통해 이유 / 원인을 언급하는 것은 아니다. Because를 이용한 정답보다는 Because가 등장하지 않는 정답이 더 빈번하게 출제되며, Why–Because 관계를 오답으로 역이용하는 문제 또한 실전에서 자주 접하게 된다.

Q **Why** was the regular board meeting canceled suddenly? 정기 이사회의가 왜 갑자기 취소되었나요?

A So the CEO could sign the important contract in China.
그래야 최고경영자가 중국에서 중요한 계약에 서명을 할 수가 있거든요.

A Ms. Murphy couldn't come on that day. Murphy 씨가 그 날 참석할 수가 없어서요.

A The Marketing Director called in sick. 마케팅 담당 이사님이 아파서 결근하셔서요.

Q **Why** were you absent from the reception party yesterday?
어제 환영 만찬에 불참한 이유가 뭔가요?

A I thought it had been canceled. 저는 환영 만찬이 취소된 걸로 알고 있었어요.

A I thought it would be this Tuesday. 저는 환영 만찬이 이번 주 화요일인줄 알았어요.

A I was working late and very tired. 저는 늦게까지 일했고 매우 피곤했어요.

Q **Why** has the outgoing flight been delayed? 출발하는 비행기가 지연된 이유는 뭔가요?

A **Due to** mechanical problems. 기계적인 문제 때문에.

A **Because of** technical problems. 기술적인 문제 때문에.

A **Due to** the inclement weather. 악천후 때문에.

A **Due to** the severe weather. 악천후 때문에.

말해 Yes or No!

Yes / No 의문문

DAY 4 음원
바로 듣기

동영상 강의
바로 보기

Part 2에서 출제되는 Yes / No 의문문은 일반의문문, 부정의문문, 긍정 / 부정 부가의문문의 4가지 유형으로 분류된다. 매회 4~6문제가 출제되며, 난이도가 높지는 않지만 실수를 범하기 쉬우므로 문제 유형에 따른 철저한 대비가 필요하다.

Yes / No 의문문은 문제 유형을 이해하고, 각 유형에 해당하는 확실한 정답과 오답을 알아두면 실수를 줄일 수 있다. 또한, 문제를 풀 때 정답이 나오기를 기다리기보다는 오답 소거 전략을 통해 빠르게 정답을 고르는 것이 효과적이다.

그리고 하나 더! '문장' 형태가 아닌 보기들은 대부분 오답일 가능성이 높다!

이런 문제가 출제된다!

1. 내용상 예상하지 못한 답변이 정답으로 출제되는 경우
2. Yes / No 의문문에 대한 무조건 정답 표현
3. 핵심은 Yes / No 다음의 두 글자(대명사와 동사)

핵심 전략 1 일반의문문 & 긍정 부가의문문은 정답을 찾는 전략이 같다.

일반의문문과 긍정 부가의문문은 모두 동사에 대해서 긍정 또는 부정(Yes / No)을 물어보는 의문문이다. 일반의문문은 Do / Does / Did / Is / Are / Was / Were / Have / Has로 시작하는 의문문이며, 긍정 부가의문문은 일반의문문의 첫 단어가 의문문 끝에 놓이면서 짧은 의문문 형태로 되묻는 의문문이다. 따라서, 일반의문문과 긍정 부가의문문은 문장 형태만 다를 뿐 동일한 것을 묻는 의문문이다.

다만, 둘 사이에는 뉘앙스 차이가 있다. 예를 들어,

"Do you want to attend the conference?" 컨퍼런스에 참석하고 싶죠?

"Don't you want to attend the conference, do you?" 컨퍼런스에 참석하고 싶지 않죠, 그렇죠?

둘 중 부가의문문은 보다 화자의 확신이 들어있다. 나는 그렇다고 생각하는데 맞냐고 확인하는 질문에 가깝다. 이러한 차이는 기억해두자.

일반의문문　　**Did you** read the article in the company newsletter?
회사 사보에 있는 기사를 읽었나요?

긍정 부가의문문　= You didn't read the article in the company newsletter, **did you**?
회사 사보에 있는 기사를 읽지 않았죠, 그렇죠?

일반의문문　　**Are the clients** coming from several countries?
여러 나라로부터 고객들이 오나요?

긍정 부가의문문　= The clients aren't coming from several countries, **are they**?
고객들이 여러 나라로부터 오지 않죠, 그렇죠?

일반의문문　　**Has your supervisor** approved your transfer?
당신의 상관이 전근을 승인했나요?

긍정 부가의문문　= Your supervisor hasn't approved your transfer, **has she**?
당신의 상관이 전근을 승인하지 않았죠, 그렇죠?

 유형 1 일반의문문　　　　　　　　　　　　　🎧 Day 04_1.mp3

Q. (A)　　(B)　　(C)

귀로 풀 때 전략

(A) 동일/유사 발음 없는 문장, 살리기

(B) No가 있는 문장으로 (A)를 소거한 후, 정답!

(C) B가 확실한 정답, 들을 이유 없음

Q. Was Dr. Chen prepared for his presentation?

(A) Give it to me tomorrow then.

⋯ it이 지칭하는 것은 문제의 presentation뿐인데, 문맥상 어색하므로 오답 ✗

(B) No, some of his handouts weren't ready.

⋯ 동사에 대해서 Yes / No를 묻는 일반의문문에서 prepare에 대해서 No라고 답변한 정답 ◎

(C) Actually, everyone's present.

⋯ 문제의 presentation과 유사 발음(present) 함정으로 오답 ✗

Chen 박사는 그의 발표를 위한 준비가 되어 있었나요?

그럼 그것을 내일 저에게 주세요.

아니요, 그의 유인물 중 일부가 준비가 안 되었어요.

사실은 모두가 참석했습니다.

[어휘] handout 인쇄물, 유인물   present 있는, 참석한

---

 ② 긍정 부가의문문 🎧 Day 04_2.mp3

Q. (A)   (B)   (C)

> **귀로 풀 때 전략**
> (A) 동일/유사 발음 없는 문장, 살리기
> (B) 유사 발음 함정
> (C) No가 있는 문장으로 (A)를 소거한 후, 정답!

Q. The new employee hasn't been given the training session yet, has he?

(A) It's in his résumé.

⋯ it이 지칭하는 것은 문제의 training session뿐인데, 문맥상 어색하므로 오답 ✗

(B) Yes, he's taking the train.

⋯ 문제의 training과 유사 발음(train) 함정으로 오답 ✗

(C) No, I think it's scheduled for tomorrow.

⋯ 동사에 대해서 Yes / No를 묻는 긍정 부가의문문에 give에 대해서 No라고 답변한 정답 ◎

신입사원이 교육 연수를 아직 받지 않았죠, 그렇죠?

그것은 그의 이력서에 있어요.

네, 그는 기차를 이용합니다.

안 받았어요, 제 생각에는 교육 연수가 내일로 잡혀있는 것 같아요.

[어휘] training session 교육   résumé 이력서   be scheduled for + 시간 ~로 예정되어 있다

출제 포인트

⊙ **일반의문문과 긍정 부가의문문 정답 보기 형태**

일반의문문과 긍정 부가의문문은 모두 동사에 대해서 긍정 또는 부정(Yes / No)을 물어보는 의문문으로서, Yes / No가 있는 보기 또는 Yes / No가 생략된 문장이 답이 된다. 또한, 일반의문문과 긍정 부가의문문은 부정의 대답을 유도하는 의문문으로 보기에 Yes / No가 모두 있을 경우에는 주로 No가 정답이 된다. 일반의문문과 긍정 부가의문문은 동일한 의문문으로 볼 수 있기 때문에, 정답도 동일하게 출제된다.

1. 보기에 Yes 또는 No가 있는 경우

일반의문문   **Did you see Davis yesterday?** Davis를 어제 만났나요?

긍정 부가의문문 = You didn't see Davis, **did you?** Davis를 어제 만나지 않았죠, 그렇죠?

    (A) It's the last one. 그것은 마지막 것입니다.

    (B) On your right. 당신의 오른쪽.

    (C) Yes, I saw him. 네, 그를 만났습니다. ···→ '그를 만났다'는 뜻
         ❍ Yes가 있는 보기를 하나만 제시하여 정답으로 출제한다.

일반의문문 Has your new office furniture been delivered yet?
당신의 새로운 사무실 가구가 배송되었나요?

긍정 부가의문문 = Your new office furniture hasn't been delivered yet, **has it?**
당신의 새로운 사무실 가구가 아직 배송되지 않았죠, 그렇죠?

    (A) No, I'm still waiting. 아니요, 아직 기다리고 있어요. ···→ '아직 배송되지 않았다'는 뜻
         ❍ No가 있는 보기를 하나만 제시하여 정답으로 출제한다.

    (B) Thank you, I chose it myself. 고마워요, 제가 직접 골랐어요.

    (C) Try the new office supply store. 새로운 사무용품 가게로 한번 가 보세요.

일반의문문 Are you going to review this expense report today?
오늘 지출 내역서를 검토할 건가요?

긍정 부가의문문 = You aren't going to review this expense report today, **are you?**
오늘 지출 내역서를 검토하지 않을 거죠, 그렇죠?

    (A) No, she'll report to the personnel department.
        아니요, 그녀는 인사과에 보고할 거에요.

    (B) Across the security office. 경비실 건너편이요.

    (C) It's due tomorrow. 그것은 내일 마감이에요. ···→ 오늘 안 한다는 뜻
         ❍ Yes 또는 No가 있는 보기를 하나만 제시하여 정답으로 출제한다. 다만, 문제의 단어가 보기
           에서 동일/유사하게 발음되는 오답 함정(report)이 있는 경우에는 문제의 유사/동일 발음이
           없는 보기가 정답이 된다. 또한, 일반의문문과 긍정 부가의문문은 동사에 대해서 긍정 또는 부
           정(Yes / No)을 묻는 의문문이므로 구 형태 보기는 오답이고 문장 형태의 보기가 정답이다.

2. 보기에 Yes와 No가 모두 있는 경우

일반의문문 Do you want to bring your camera to the company picnic?
회사 야유회에 카메라를 가져오길 원하나요?

긍정 부가의문문 = You don't want to bring your camera to the company picnic, **do
you?** 회사 야유회에 카메라를 가져오길 원하지 않으시죠, 그렇죠?

    (A) In my photo album. 제 사진첩에서.

    (B) No, Miriam borrowed it.
        아니요, Miriam이 빌려 갔습니다. ···→ '카메라를 못 가져온다'는 뜻
         ❍ 보기에 Yes와 No가 모두 있을 경우에는 No가 정답이다.

    (C) Yes, the paintings are on the wall. 네, 그림들이 벽에 걸려 있습니다.

일반의문문 Is everything in the online store on sale? 온라인 매장의 모든 것들이 할인되고 있나요?

긍정 부가의문문 = Everything in the online store isn't on sale, **is it?**
온라인 매장의 모든 것들이 할인되고 있지 않죠, 그렇죠?

    (A) No, it's on sale. 아니요, 그것은 할인되고 있습니다.

    (B) We're open 24 hours. 우리는 24시간 영업합니다.

    (C) Yes, for today only. 네, 오직 오늘만요. ···→ '할인 중'이라는 뜻
         ❍ 보기에 Yes와 No가 모두 있을 경우에는 No가 정답이다. 다만, 문제의 단어가 보기에서 동일/
           유사하게 발음되는 오답 함정(sale)이 있는 경우에는 Yes가 있는 보기도 정답이 될 수 있다.

일반의문문 Is there a grocery store in this <u>part</u> of town? 이 동네에 식료품점이 있나요?

긍정 부가의문문 = There isn't a grocery <u>store</u> in this part of town, is there?
이 동네에 식료품점이 있지 않죠, 그렇죠?

(A) It's about a kilometer from here.
여기서부터 대략 1킬로미터 떨어진 곳에 있습니다. ···› '동네에 있다'는 뜻

➋ 보기에 Yes와 No가 모두 있을 경우에는 No가 정답이다. 다만, 문제의 단어가 보기에서 동일하게 발음되거나 유사하게 발음되는 오답 함정(store)에 있는 경우에는 문제의 유사 또는 동일 발음의 단어가 없는 보기가 정답이 된다.

(B) Yes, a part is missing. 네, 부품이 분실되었어요.

(C) No, the store closes at 8. 아니요, 가게는 8시에 문을 닫습니다.

핵심전략 2 부정의문문 & 부정 부가의문문은 정답을 찾는 전략이 같다.

부정의문문과 부정 부가의문문은 모두 동사에 대해서 긍정 또는 부정(Yes / No)을 물어보는 의문문이다. 부정의문문은 Don't / Doesn't / Didn't / Isn't/Aren't / Wasn't / Weren't / Haven't / Hasn't / Couldn't / Can't / Wouldn't / Won't / Shouldn't로 시작하는 의문문이며, 부정 부가의문문은 부정의문문의 첫 단어가 의문문 끝에 놓이면서 짧은 의문문 형태로 되묻는 의문문이다. 따라서, 부정의문문과 부정 부가의문문은 문장 형태만 다를 뿐 동일한 것을 묻는 의문문이다.

다만, 둘 사이에는 뉘앙스 차이가 있다. 예를 들어,
"Don't you want to attend the conference?" 컨퍼런스에 참석하고 싶지 않죠?
"You want to attend the conference, don't you?" 컨퍼런스에 참석하고 싶지 않죠, 그렇죠?
둘 중 부가의문문은 화자의 확신이 더 강하다. 나는 거의 그렇다고 생각하는데 맞냐고 확인하는 질문에 더 가깝다. 긍정의문문과 긍정 부가의문문의 차이에 비해서는 덜하지만 그래도 여전히 후자가 더 강한 확신을 띄는 것은 분명하다.

부정의문문 Didn't they paint this lobby last year?
그들이 작년에 이 로비를 페인트칠하지 않았죠?

부정 부가의문문 = They painted this lobby last year, didn't they?
그들이 작년에 이 로비를 페인트칠했죠, 그렇지 않나요?

부정의문문 Wasn't the special order placed online?
스페셜 오더가 온라인으로 주문되지 않았나요?

부정 부가의문문 = The special order was placed online, wasn't it?
스페셜 오더가 온라인으로 주문되었죠, 그렇지 않나요?

부정의문문 Haven't we sold more shoes this year than last year?
우리는 작년보다 올해 더 많은 신발을 팔지 않았나요?

부정 부가의문문 = We have sold more shoes this year than last year, haven't we?
우리는 작년보다 올해 더 많은 신발을 팔았어요, 그렇지 않나요?

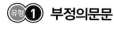 **부정의문문** <audio>Day 04_3.mp3</audio>

Q. (A)　　　　(B)　　　　(C)

> **귀로 풀 때 전략**
> (A) No가 있는 문장, 살리기
> (B) Yes가 있는 문장으로 (A)를 소거한 후, 정답!
> (C) B가 확실한 정답, 들을 이유 없음

Q. **Didn't you sign up for the sales and marketing workshop?**

　(A) No, several varieties.
　　　···▶ sign up for에 대해서 No라고 답했지만, 뒤 내용이 질문에 맞지 않으므로 오답 ✖

(B) Yes, it's next week.
　　　···▶ sign up for에 대해서 Yes라고 답하고 언제인지를 설명한 문장으로 정답 ⭕

　(C) At the other shop.
　　　···▶ 구 형태의 Where 의문문에 대한 답변(장소 전치사 at)이며, 문제의 workshop과 유사 발음(shop) 함정으로 오답 ✖

영업과 마케팅 워크숍을 신청하지 않았나요?

아니요, 여러 가지 종류요.

네, 워크숍은 다음 주입니다.

또 다른 상점에서요.

[어휘] sign up for ~을 신청하다

 부정 부가의문문 <audio>Day 04_4.mp3</audio>

Q. (A)　　　　(B)　　　　(C)

> **귀로 풀 때 전략**
> (A) No가 있는 문장, 살리기
> (B) 동일/유사 발음 없는 문장
> (C) 구 형태, 다른 의문사 의문문에 대한 답변

Q. **You remember to bring a raincoat with you, didn't you?**

(A) No, I hope it doesn't rain.
　　　···▶ remember에 대해서 No라고 답하고, 비가 오지 않기를 바란다고 말했으므로 정답 ⭕

　(B) Alex doesn't have it.
　　　···▶ 상대방이 가져오는 것을 기억하고 있는지 묻는 질문에, 제 3자인 Alex 가지고 있지 않다고 설명한 문장이므로 오답 ✖

　(C) Not until next week.
　　　···▶ 구 형태이며, When 의문문에 대한 답변(시간 표현)이므로 오답 ✖

당신은 비옷을 가져오는 것을 기억하고 있죠, 그렇지 않나요?

안 가져왔어요, 비가 내리지 않길 바랍니다.

Alex는 그것을 가지고 있지 않아요.

다음 주쯤.

[어휘] raincoat 비옷, 레인코트　　not until + 시간 표현 ~쯤

⊙ 부정의문문과 부정 부가의문문 정답 보기 형태

부정의무문과 부정 부가의문문은 모두 동사에 대해서 긍정 또는 부정(Yes / No)을 물어보는 의문문으로서, Yes / No가 있는 보기 또는 Yes / No가 생략된 문장이 답이 된다. 또한, 부정의문문과 부정 부가의문문은 긍정의 대답을 유도하는 의문문으로 보기에 Yes / No가 모두 있을 경우에는 주로 Yes가 정답이 된다. 부정의문문과 부정 부가의문문은 동일한 의문문으로 볼 수 있기 때문에, 정답도 동일하게 출제된다.

1. 보기에 Yes 또는 No가 있는 경우

부정의문문 Don't you think we should get new computers for the office?
우리 사무실을 위해 새 컴퓨터를 구입해야 한다고 생각하지 않나요?

부정 부가의문문 = You think we should get new computers for the office, don't you?
우리 사무실을 위해 새 컴퓨터를 구입해야 하다고 생각하죠, 그렇지 않나요?

(A) Yes, but not until next year.
네, 하지만 내년쯤이요 ···〉 '구입해야 한다고 생각한다'는 뜻
❷ Yes가 있는 보기를 하나만 제시하여 정답으로 출제한다.

(B) Remember to save your work. 작업을 저장하는 것을 잊지 마세요

(C) It's close from here. 여기에서 가깝습니다.

부정의문문 Wasn't Alice just promoted? Alice가 승진하지 않았나요?
부정 부가의문문 = Alice was just promoted, wasn't she? Alice가 승진했죠, 그렇지 않나요?

(A) No, Anna did. 아니요, Anna가 승진했어요. ···〉 'Alice가 승진하지 않았다'는 뜻
❷ No가 있는 보기를 하나만 제시하여 정답으로 출제한다.

(B) She received first prize. 그녀는 1등 상을 받았어요.

(C) It arrived at noon. 그것은 정오에 도착했어요.

부정의문문 Didn't you update the training schedule? 교육 일정을 업데이트하지 않았나요?
부정 부가의문문 = You updated the training schedule, didn't you?
교육 일정을 업데이트했죠, 그렇지 않나요?

(A) To Amsterdam. Amsterdam으로요.

(B) I made the changes. 제가 일정을 변경했습니다. ···〉 '일정을 업데이트했다'는 뜻
❷ Yes 또는 No가 있는 보기를 하나만 제시하여 정답으로 출제한다. 다만, 문제의 단어가 보기에서 동일하게 발음되거나 유사하게 발음되는 오답 함정이 있는 경우에는 문제의 유사 또는 동일 발음의 단어가 없는 보기가 정답이 된다. 또한, 부정의문문과 부정 부가의문문은 동사에 대해서 긍정 또는 부정 (Yes / No)을 묻는 의문문이기 때문에 구 형태의 보기는 오답으로 문장 형태의 보기가 정답이다.

(C) Yes, there's a scheduling conflict. 네, 일정이 겹칩니다.

2. 보기에 Yes와 No가 모두 있는 경우

부정의문문 Isn't your mobile phone broken? 핸드폰이 고장 나지 않았나요?

부정 부가의문문 = Your mobile phone is broken, isn't it? 핸드폰이 고장 났죠, 그렇지 않나요?

(A) Yes, but it's working fine now. 네, 하지만 지금은 잘 작동됩니다.
··· 보기에 Yes와 No가 모두 있을 경우에는 Yes가 정답이다.

(B) No, I asked for a smaller one. 아니요, 저는 더 작은 것을 요청했어요.

(C) To save money. 돈을 아끼기 위해서요.

부정의문문 Haven't you met the new regional director? 새로 온 지사장 만나지 않았죠?

부정 부가의문문 = You have met the new regional director, haven't you?
새로 온 지사장 만났죠, 그렇지 않나요?

(A) Yes, the original copy is one your desk. 네, 원본은 당신의 책상에 있습니다.

(B) No, she's starting next week.
아니요, 그녀는 다음 주에 시작합니다. ··· '만나지 않았다'는 뜻
➋ 보기에 Yes와 No가 모두 있을 경우에는 Yes가 정답이다. 다만, 문제의 단어가 보기에서 동일하게 발음되거나 유사하게 발음되는 오답 함정(original)이 있는 경우에는 No가 있는 보기도 정답이 될 수 있다.

(C) The southeast region. 남동 지역이요.

부정의문문 Isn't the apartment on the first floor available?
1층에 있는 아파트 임대가 가능한가요?

부정 부가의문문 = The apartment on the first floor is available, isn't it?
1층에 있는 아파트 임대가 가능하죠, 그렇지 않나요?

(A) Yes, the floor's made of wood. 네, 바닥은 나무로 만들어졌습니다.

(B) You can find the information on your Web site.
그 정보는 우리 웹사이트에서 찾으실 수 있어요. ··· '모른다'류의 답변
➋ 보기에 Yes와 No가 모두 있을 경우에는 Yes가 정답이다. 다만, 문제의 단어가 보기에서 동일하게 발음되거나 유사하게 발음되는 오답 함정 (floor, part)이 있는 경우에는 문제의 유사 또는 동일 발음의 단어가 없는 보기가 정답이 된다.

(C) No, I'll change part of it. 아니요, 제가 그것들의 일부를 수정할게요.

핵심 전략 3 Yes / No 의문문에서만 무조건 정답이 되는 표현들이 있다.

일반, 부정, 긍정/부정 부가의문문은 동사에 대해 Yes / No를 묻는 문제이므로 Yes / No라 말한 문장이 정답이 된다. 다음과 같이 Yes / No 의문문의 무조건 정답 표현들을 알아두면 쉽게 정답을 확인할 수 있다.

Q Has Mr. Hernandez already gone to the airport? Hernandez씨가 이미 공항에 갔죠?

A **Yes, I hope so.** 네, 그러길 바래요. ··· '이미 갔을 것'이라는 뜻

Q Isn't the stadium closed for renovations? 경기장이 보수 작업을 위해 폐쇄되지 않았나요?

A **Not that I know of.** 제가 아는 바로는 아니에요. ··· '폐쇄되지 않았다'는 뜻

> **주의** Not that I know of는 I don't think so와 비슷한 표현일 뿐 '모른다'는 뜻은 아니다. 간혹 이것이 I don't know의 뜻이라고 생각하여 질문 형태와 상관없이 무조건 정답으로 고르는 경우가 있는데 이것은 위험하다!

Q The price includes delivery, doesn't it? 가격에 배송도 포함되어 있죠, 그렇지 않나요?

A **No, I don't think so.** 아니요, 그렇게 생각하지 않아요. ···▶ '포함되지 않았다'는 뜻

Q Ms. Lee isn't working from home today, is he? Lee씨가 오늘 재택 근무를 하지 않죠, 그렇죠?

A **I think so.** 그렇게 생각해요. ···▶ '재택 근무하지 않는다'는 뜻

유형 ① 긍정 부가의문문

🎧 Day 04_5.mp3

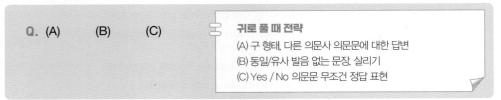

Q. (A)   (B)   (C)

귀로 풀 때 전략
(A) 구 형태, 다른 의문사 의문문에 대한 답변
(B) 동일/유사 발음 없는 문장, 살리기
(C) Yes / No 의문문 무조건 정답 표현

Q. We didn't meet our production goals for the quarter, did we?

(A) Due to the delay.
···▶ 구 형태이며, Why 의문문에 대한 답변(due to)이므로 오답 ❌

(B) We haven't been introduced.
···▶ 긍정 부가의문문은 동사에 대해 묻는 문제로, 문장 형태가 정답이 될 수 있지만 질문에 대한 적절한 답변이 아니므로 오답 ❌

(C) Yes, that's what I heard.
···▶ 긍정 부가의문문은 동사에 대해 Yes / No를 묻는 문제이므로, Yes라 말한 문장이 무조건 정답 ⭕

우리는 이번 분기 생산 목표를 달성하지 못했죠, 그렇죠?

지연 때문에요.

우리는 서로 소개받지 못했어요.

네, 제가 들은 바로는 그렇습니다.

어휘 production goals 생산 목표   due to ~때문에

출제 포인트

⊙ Yes / No 의문문 대비 무조건 정답 표현

무조건 정답이 되는 Yes / No 보기 문장들이다. 아래의 내용을 숙지하도록 하자.

Yes를 표현한 문장	No를 표현한 문장
(Yes,) I believe so. 그렇게 믿어요	(No,) I don't believe so. 그렇게 믿지 않아요
(Yes,) I think so. 그렇게 생각해요	(No,) I don't think so. 그렇게 생각하지 않아요
(Yes,) I hope so. 그러길 바래요	Not that I know of. 제가 아는 바로는 아니에요
(Yes,) I guess so. 그런 것 같아요	
(Yes,) that's what I heard. 제가 들은 바는 그래요	
···▶ Yes / No를 생략해도 무조건 정답 표현이다!	

일반, 부정, 긍정/부정 부가의문문과 같은 Yes / No 의문문은 동사에 대해서 Yes / No로 답변할 수 있다는 것을 아는 지 묻는 문제로 시제와 수 일치에 신경 써야 할 것 같지만, 시제와 수 일치를 묻는 문제는 많이 출제되지 않는다. 단, 실수를 줄이기 위해서는 Yes / No 답변 뒤의 두 글자인 대명사와 동사만 확인하면 된다.

Q. Did the Chicago office call yesterday?

A. No, she had. ❌ ···➤ Yes / No 다음의 두 글자, 대명사와 동사는 반드시 확인해야 한다.

❷ Did로 질문했으므로 부연 내용 없이 '그렇다'라고 답을 하려면 Yes, they did., '아니다'라고 답을 하려면 No, they didn't.라고 해야 한다. 질문의 시제와 수 일치가 맞는지 확인해야 하는 경우는 이처럼 Yes 또는 No가 놓이고 대명사와 동사(do동사, be동사, have동사, 조동사)가 놓인 경우이다.

A. Yes, Mr. Rota left a message for you. ◎

❷ Yes / No 다음에 문장이나 구 형태가 올 경우에는 시제와 수 일치를 신경 안 써도 된다. 즉, 보기에서 Yes / No 다음에 놓이는 구 또는 문장의 시제와 수 일치는 내용상 잘 맞춰서 출제되므로 신경 쓰면서 들을 이유 없다.

Q. **Did** you read the newspaper this morning? 오늘 아침에 신문을 읽었나요?

A. Yes, I did. 네, 읽었습니다.

Q. **Hasn't** Sally read the Bridget proposal yet? Sally가 아직 Bridget 제안서를 읽지 않았죠?

A. No, she hasn't. 아니요, 그녀는 읽지 않았어요.

유형 ① **부정의문문**

🎧 Day 04_6.mp3

Q. (A)　　　(B)　　　(C)

귀로 풀 때 전략
(A) Yes 뒤 두 글자로 시제와 수 일치 확인
(B) No가 있는 문장, 살리기
(C) 구 형태, 다른 의문사 의문문에 대한 답변

Q. **Shouldn't we try going in the other door?**

(A) Yes, it is.
　　···➤ 동사에 대해 Yes / No를 묻는 부정의문문에서, Yes라 말한 문장이 정답이 되지만 문제의 시제와 수 일치가 맞지 않으므로 오답 ❌

(B) No, it should be locked, too.
　　···➤ 동사에 대해서 Yes / No를 묻는 부정의문문에서, try에 대해서 No라고 답하고 이유를 설명한 문장이 정답 ◎

(C) A free trial period.
　　···➤ 구 형태이며, 문제의 try와 유사 발음(trial) 함정으로 오답 ❌

우리 다른 문으로 들어가는 것을 시도해야 하지 않을까요?

네, 그건 그래요.

아니요, 다른 문도 잠겨 있을 겁니다.

무료 체험 기간이요.

어휘 lock 잠그다, 잠기다　trial period 시험 기간

1   (A)   (B)   (C)

	정답/오답 근거
A	
B	
C	

2   (A)   (B)   (C)

	정답/오답 근거
A	
B	
C	

3   (A)   (B)   (C)

	정답/오답 근거
A	
B	
C	

4   (A)   (B)   (C)

	정답/오답 근거
A	
B	
C	

5   (A)   (B)   (C)

	정답/오답 근거
A	
B	
C	

Q. Do you know who designed the company letterhead?

(A) He wants to retire next year.

⋯› 간접의문문에 대한 정답이 될 수 있는 문장 형태지만, 의문사 who에 대한 정답 표현이 없으며 보기의 He가 지칭하는 것이 문제에 없으므로 오답 ✘

(B) Yes, Gerald Brown did it.

⋯› 간접의문문의 정답이 될 수 있는 Yes로 시작하는 문장 형태로, 의문사 who에 대한 정답 표현(사람 이름)이 있으므로 정답 ⊙

(C) I'll be back soon.

⋯› 간접의문문에 대한 정답이 될 수 있는 문장 형태지만, 문맥상 적절하지 않으므로 오답 ✘

회사 편지지 헤드를 누가 디자인했는지 당신은 알고 있나요?

그는 내년에 은퇴하고 싶어합니다.

네, Gerald Brown이 그것을 디자인했습니다.

곧 돌아오겠습니다.

어휘 letterhead 편지지의 윗부분에 인쇄된 개인/회사/단체의 이름과 주소   retire 은퇴하다

출제 포인트

⊙ 간접의문문 정답 표현

1. Yes / No + 의문문 내의 의문사에 대한 답변

Q Do you know **why** the merchandise we've ordered hasn't arrived yet?
우리가 주문한 제품이 도착하지 않은 이유를 알고 있나요?

A (Yes,) the production line broke down at the factory.
(네,) 공장 생산 라인이 고장 났어요. ⋯› Why 의문문에 대한 답변

2. 의문문 내의 의문사에 대한 답변

Q Do you know **where** Sally's office is? Sally의 사무실이 어디에 있는지 아나요?

A On the third floor. 3층에. ⋯› Where 의문문에 대한 답변

핵심 전략 **3** 선택의문문은 유일하게 같은 단어 반복이 정답이 된다.

선택의문문이란 ① 일반의문문 **or** 일반의문문?
② 일반의문문 + 단어/구 **or** 단어/구 ~?
③ 청유의문문 **or** 청유의문문
④ 청유의문문 + 단어/구 **or** 단어/구 ~?

와 같은 형태로, 선택을 해야 하는 의문문이기 때문에 Part 2에서 유일하게 같은 단어 반복이 정답이 될 수 있는 문제 유형이다. 선택의문문은 위와 같이 일반의문문과 청유의문문 내에 or가 있는 형식을 보인다. 토익에서는 선택의문문과 일반의문문의 차이를 알아보고자 Yes / No로 시작되는 문장이 오답으로 많이 출제되니 주의하자!

Q Are you going to the banquet tonight **or** do you have other plans?
　　　　　일반의문문　　　　　　　　　　　　　　　일반의문문
오늘 밤 연회에 가나요, 다른 계획이 있나요?

A Actually, I'm working late. 사실은 늦게까지 일합니다.

참고 Actually가 들어간 문장은 정답인 경우가 많다.

Q Did you eat lunch <u>in the cafeteria</u> **or** <u>out on the patio</u>? 카페테리아에서 점심을 먹었나요, 테라스에서 먹었나요?
구　　　　　　　　　　　구

A I ate outside. 밖에서 먹었어요.

Q Should I take the <u>subway</u> **or** the <u>bus</u>? 지하철을 타야 할까요, 버스를 타야 할까요?
단어　　　　　　　　단어

A The subway is probably better. 지하철이 아마도 더 좋을 겁니다.

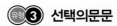 **유형 ③ 선택의문문**　　　　　　　　　　　　　🎧 Day 05_3.mp3

Q. (A)　　　(B)　　　(C)

> **귀로 풀 때 전략**
> (A) 구 형태, 다른 의문사 의문문에 대한 답변
> (B) No를 듣고 오답!
> (C) A, B가 오답, 들을 이유 없음

Q. Did Lisa end up buying a house or is she going to keep renting?

(A) At least once a week.
⋯▸ 구 형태이나, How often 의문문에 대한 답변(빈도 수 표현)이므로 오답 ✗

(B) No, he moved last week.
⋯▸ 선택의문문에서 No로 시작하는 문장 형태는 오답으로 많이 출제된다. he가 지칭하는 것이 문제에 없으며, 질문에 대해 적절하지 못한 답변으로 오답 ✗

(C) She's renting for now.
⋯▸ Part 2에서 유일하게 동의어 반복이 정답이 될 수 있는 선택의문문에서 문제의 renting을 반복하며 적절하게 답하고 있으므로 정답 ◎

Lisa가 결국 집을 구입했나요, 아니면 계속 임대할 예정인가요?

최소한 일주일에 한 번씩.

아니요, 그는 지난주에 이사를 했어요.

그녀는 현재로는 임대를 하고 있어요.

[어휘] end up 결국 (어떤 처지에) 처하게 되다　keep ~을 계속하다　for now 현재로는, 당분간

출제 포인트 //

◉ **선택의문문 정답 표현**

1. 문제에서 선택 사항인 단어가 반복되는 경우

주로 who, when, where 의문문의 정답 표현들이 선택 사항인 경우에 해당한다.

Q Are your concert tickets for tonight or tomorrow?
콘서트 티켓이 오늘 저녁인가요, 내일인가요?

A Tomorrow. 내일. ⋯▸ 후자 선택

2. 문제에서 선택 사항인 단어가 패러프레이징 된 경우

주로 선택 사항이 동사인 경우, 보기에는 문장이 정답으로 나온다.

Q Would you like help with the report **or** can you finish it yourself?
보고서에 대해서 도움이 필요한가요, 스스로 끝낼 수 있나요?

A I'm almost done. 거의 끝났어요. ···› 후자 선택

3. C를 선택하는 경우

Should we hold the seminar in Seoul or in Busan? 대답하는 사람은 Seoul 또는 Busan을 언급하게 되어있다. 그러나, 방심하지 마라. Incheon을 무시하냐는 사람도 있을 것이다. 그래서, A or B 질문은 A와 B를 잘 듣고 "가끔" C가 튀어나올 때 놀라지 않는 것이 핵심이다.

Q Should we hold the conference in Seoul **or** in Busan?
A 1 Seoul is better.
A 2 I prefer Busan.
A 3 How about Incheon instead?

⊙ **정답 가능 경우의 수 모음!**

A 1 Both are fine. 둘 다 좋아요.
A 2 All of them are good. 모두 좋아요.
A 3 Any city would be fine. 어느 도시든 좋아요.
A 4 Either is fine. 둘 중 어느 것이든 좋아요.
A 5 Neither! Do we have another option? 둘 다 별로에요. 다른 선택사항이 있나요?
A 6 None of them are being considered? 모두 고려되고 있지 않아요.
A 7 Have you considered Incheon? 인천은 고려되고 있지 않아요.

결론, A or B 질문에 A를 고르거나 B를 고르거나 Both / All/Either / Neither / Any / No one 이라고 하거나 가끔 적절히 C를 고르면 정답이다.

> **Tips** A or B 질문에는 Yes / No를 하지 않는다. 문법적으로 안 되는 것이 아니라 원래 어색하다. 원어민들이 거의 쓰지 않는다. 얼마나 어색한지 눈으로 확인해보자.
>
> **Q** 서울과 부산 중 어떤 도시가 적합할까?
> **A** 네.
> **Q** ^^??;;;;;
> **A** 아니오.
> **Q** ^^??;;;;;
> 그만 확인하자.

4. 단어 자체가 정답 표현인 경우

prefer 선호하다	**better** 더 좋은/나은	**best** 제일 좋은
rather 차라리	**either** (둘 중) 어느 하나의	**neither** (둘 중) 어느 것도 ~아닌
both 둘 다	**actually** 실제로	**whichever** 어느 쪽이든 ~한 것

Q Would you like this jacket in red **or** blue? 빨간색 재킷을 원하나요, 파란색 재킷을 원하나요?

A I **prefer** red. 저는 빨간색을 선호합니다. ···› 전자 선택

⊙ 선택의문문의 빈출 정답 표현들

둘 중 하나 선택	**better** 더 좋은 **best** 가장 좋은	**prefer** 선호하다
둘 다 좋다	**both** 둘 다 **I don't care.** 상관하지 않습니다. **Whatever** 무엇이든지 **Whenever** 어디든지 **I don't have a preference.** 특별히 선호하는 것은 없습니다.	**either** 둘 중 하나, 어느 것이든 **It doesn't matter.** 상관없습니다. **Whichever** 어느 것이든지
둘 다 아니다	**neither** 둘 다 ~않다 **Actually** 실은	**I don't like either one.** 둘 다 싫습니다.

평서문은 오답 소거 전략으로 문제를 풀고, 빈출 정답 표현을 알아둔다.

평서문이란 사실이나 의견을 표현하는 문장으로 마침표로 문장의 끝을 맺는다. 평서문은 답변을 미리 예측하기 어렵기 때문에 고난도 문제에 속하며 가장 오답률이 높다.

Q I have an appointment early this afternoon. 오늘 오후 일찍 약속이 있어요.

A Will you be back to the office? 사무실로 돌아오나요?

Q Let's order new furniture for the waiting room. 대기실을 위한 새로운 가구들을 주문합시다.

A Actually, we can't afford it. 사실은, 저희가 금전적으로 형편이 안 돼요.

(유형 4) 평서문

🎧 Day 05_4.mp3

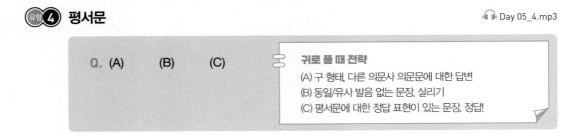

Q. (A)   (B)   (C)

귀로 풀 때 전략
(A) 구 형태, 다른 의문사 의문문에 대한 답변
(B) 동일/유사 발음 없는 문장, 살리기
(C) 평서문에 대한 정답 표현이 있는 문장, 정답!

Q. **The copy machine is making a black line** at the **center** of every page.

(A) At the arts **center**.

    ···▸ 구 형태의 Where 의문문에 대한 답변(전치사 at)이며,
          문제의 center와 동일 발음 함정으로 오답 ❌

(B) They're not **starting** until next week.

    ···▸ 평서문에 대한 답변으로 문장 형태는 가능하지만,
          They가 지칭하는 것이 문제에 없으므로 오답 ❌

(C) **I'm afraid** we'll have to **wait for the repair person to come.**

    ···▸ 평서문에 대한 답변으로 자주 출제되는 I'm afraid가 있는
          문장으로 질문에 대해 적절하게 답변하여 정답 ⭕

> 복사기가 매 페이지마다 중앙에 검정색 선을 만들고 있어요.
>
> 예술 회관에서
>
> 그들은 다음 주쯤 시작합니다.
>
> **유감스럽게도 우리는 수리 기사가 오기를 기다려야 할 것 같아요.**

[어휘] line 선   the center 중앙   arts center 예술 회관   wait for ~를 기다리다

PART 2 DAY 05

출제 포인트

◉ 평서문 정답 표현

평서문은 의문문이 아닌 문장 형태로 적절한 답변을 예측하기 어렵지만, 평서문에 대한 답변으로 자주 출제되는 정답 유형들이 있으므로 고득점자가 되고 싶다면 반드시 암기해 두자.

1. 의문문이 있는 보기

   Q I'm calling to cancel my doctor's appointment. 병원 예약을 취소하기 위해 전화했습니다.

   A **Would you like to reschedule it?** 일정을 변경하시겠어요? ···▸ 의문문이 있는 보기

2. Unfortunately, Maybe, Probably, Actually, Oh, Well, Then, And, I'm afraid가 있는 보기

   Q Maybe, we should extend the deadline. 아마도 우리는 마감 기한을 연장해야 할 것 같아요.

   A **Actually**, that doesn't leave us much time. 사실, 그러기엔 시간이 별로 없어요. ···▸ Actually가 있는 보기

3. 청유의문문에 대한 답변인 공손한 수락 또는 거절 표현이 있는 보기

   Q Don't forget to send out some brochures to clients.
        고객들에게 브로셔를 발송하는 것을 잊지 마세요.

   A Thanks for reminding me. 상기시켜줘서 고마워요. ···▸ 공손한 수락 표현이 있는 보기

◉ 평서문 대비 오답 소거 전략

평서문은 의문문이 아닌 문장 형태로서 적절한 답변 유형을 예측하기 어렵기 때문에, 오답 소거 전략을 통해 문제를 푼다면 실수 없이 정답을 고를 수 있다.

1. 구 형태의 오답 유형

평서문은 문장으로 질문을 하는 문제 유형으로서 문장에서 중요한 동사에 대한 답변을 해야 하므로 동사가 없는 구 형태는 오답이다.

Q The shuttle bus is running 10 minutes late. 셔틀버스가 예정보다 10분 늦네요.

A On Rover Street. Rover 가에서. ···→ 구 형태인 오답

2. Yes / No 보기

Yes / No가 있는 문장이 항상 오답은 아니다. 다만, 오답 소거 후 Yes / No가 있는 문장과 없는 문장이 있다면 없는 문장이 답이 된다.

Q The bank is in the shopping center. 은행은 쇼핑 센터 안에 있습니다.

A Yes, place it in the middle. 네, 그것을 가운데 놓아 주세요. ❌ ···→ 질문과 관련 없는 Yes 답변 오답

Q I'd like to try on the shirt, please. 그 셔츠를 입어 보고 싶어요.

(A) Yes, how much do I owe you? 네, 제가 얼마를 빚졌죠? ❌
···→ 오답 소거 후 Yes/No가 있는 문장과 없는 문장이 있다면 Yes/No가 있는 문장을 오답 소거

(B) I'll show you to the fitting rooms. 제가 탈의실을 안내할게요. ⭕

(C) In the back of the store. 상점 뒤편이요. ❌ ···→ 구 형태의 오답

3. 문제의 단어가 보기에서 그대로 반복되는 경우: 동일 발음 함정

Q Let's not **leave** until the rain stops. 비가 멈출 때까지 떠나지 맙시다.

A Just **leave** it here. 그것을 여기에 놔주세요.

4. 문제의 단어가 보기에서 품사 또는 시제가 바뀌어 반복되는 경우: 유사 발음 함정

Q I think we should cancel the **weekly** meeting. 제 생각에는 우리가 주간 회의를 취소해야 할 것 같아요.

A We got here last **week**. 우리는 지난 주에 막 여기 왔어요.

5. 문제의 단어가 보기에서 비슷한 발음의 단어로 반복되는 경우: 유사 발음 함정

Q The **directory** is in the filing cabinet. 안내책자가 서류 캐비닛 안에 있어요.

A The **director** isn't here. 책임자가 여기에 없어요.

◉ 평서문의 세 가지 정답 유형

평서문 질문에 주로 정답으로 출제되는 세 가지 유형은

1. 되묻기
2. 맞장구
3. 제안 / 해결책

이다. 이 회로를 장착하자!

Q **오늘 저녁에 전체 회식이 결정되었습니다.**

되묻기	**A 1** 몇 시부터 시작하나요?
맞장구	**A 2** 와, 정말 즐거운 시간이 될 거예요.
제안 / 해결책	**A 3** 그럼 제가 주차공간을 미리 알아보겠습니다.

Q 오늘 저녁에 회장님도 오십니다.

되묻기 　A 1　와, 함께 식사 하시는 건가요?

맞장구 　A 2　와, 정말 즐거운 시간이 될 거에요.

제안 / 해결책 　A 3　그럼 제가 마중을 나가겠습니다.

Q 오늘 회식은 취소되었습니다.

되묻기 　A 1　이유가 뭔가요?

맞장구 　A 2　아 정말 아쉽네요.

제안 / 해결책 　A 3　그럼 제가 다른 부서들에 연락하겠습니다.

Q 오늘 회식에 회계부가 안 왔습니다.

되묻기 　A 1　다른 부서들은 모두 온 거죠?

맞장구 　A 2　그러게요 저도 못 봤네요.

제안 / 해결책 　A 3　제가 연락을 해보겠습니다.

1   (A)   (B)   (C)

	정답/오답 근거
A	
B	
C	

2   (A)   (B)   (C)

	정답/오답 근거
A	
B	
C	

3   (A)   (B)   (C)

	정답/오답 근거
A	
B	
C	

4   (A)   (B)   (C)

	정답/오답 근거
A	
B	
C	

5   (A)   (B)   (C)

	정답/오답 근거
A	
B	
C	

Part 3와 Part 4에서 주어진 문제들은 항상 순서대로 풀리기 때문에, 스크립트가 시작되기 전에 미리 문제를 분석하고 보기 키워드를 잡아두며 듣기에서 정답 단서를 찾을 만반의 준비를 하고 있어야 쉽게 문제를 해결할 수 있다.

유형 **1** Part 3

Part 3 문제에 나오는 the man/woman은 중요한 키워드로, 문제에서 언급된 성별의 화자가 스크립트에서 문제의 답을 언급할 확률이 90% 이상이므로 항상 눈여겨볼 필요가 있다. 정답은 대화의 표현이나 어구를 그대로 사용하지 않고 패러프레이징하는 경우가 많은데, 패러프레이징 된 것을 스크립트에서 찾기보다는 보기에서 명사 위주로 키워드를 잡으면 패러프레이징하지 않고 키워드를 그대로 들려줄 확률이 높은 문제이므로 문제를 풀 때 훨씬 유리하다.

🎧 Day 06_1.mp3

1. Who most likely is the woman?
    (A) A department manager
    (B) A bank teller
    (C) A college student
    (D) A tax accountant

2. What does the woman offer to the man?
    (A) An application form
    (B) A Web site address
    (C) Low interest rate
    (D) A credit card

3. What does the woman say about the loan?
    (A) It should be applied in person.
    (B) It can be applied through the Web site.
    (C) The application form has to be mailed in.
    (D) The application form is only accepted at
        the head office.

**듣기가 나오기 전,
문제 분석과 보기 키워드 잡기**

- 1번문제 분석
  답이 스크립트 어디에서 출제될 것인가?

- 보기 키워드 잡기
  보기 키워드는 명사를 잡는다.

- 2번문제 분석
  누구의 말에서 정답을 들려줄 것인가?
  문제 키워드는 무엇인가?

- 보기 키워드 잡기
  보기 키워드는 명사를 잡는다.

- 3번문제 분석
  누구의 말에서 정답을 들려줄 것인가?
  문제 키워드는 무엇인가?

- 보기 키워드 잡기
  보기 키워드는 명사를 잡는다.

M: Excuse me, I heard the tuition will increase significantly next semester, and I was wondering if ❶ I can get some information about getting a student loan. Do you happen to know what the interest rate is?

W: It all depends on the amount of the loan and your line of credit. ❷ I can give you an application form. It has all the detailed information.

M: Can I just download it on the Web site and apply online?

W: Actually, ❸ applying for a loan is only available in person but you can visit any of our branch offices.

남: 실례합니다. 다음 학기에 등록금이 대폭 인상된다는 소식을 들어서요. **학자금 대출에 대한 정보를 얻을 수 있는지 궁금합니다. 혹시 이자율이 어떻게 되는지 아시나요?**

여: 그건 **고객님의 대출 금액과 신용에 따라 다릅니다. 제가 신청서를 드릴 수 있어요.** 그 안에 자세한 정보가 모두 있습니다.

남: 제가 홈페이지에서 신청서를 다운로드 받아 인터넷으로 신청해도 될까요?

여: 사실 **대출은 오직 직접 내방하셔서 신청을 하셔야 합니다.** 하지만 저희 은행 지점 중 아무 곳에서나 가능하세요.

[어휘] tuition 수업료, 등록금   significantly 상당히, 크게   semester 학기   loan 대출   interest rate 금리, 이율   credit 신용도   in person 직접

1. Who most likely is the woman?
　⋯▸ 화자가 누구인지 묻는 문제는 항상 첫 화자에서 정답을 알려 준다.
(A) A department manager
(B) A bank teller
(C) A college student
(D) A tax accountant

여자는 누구일 것 같은가?
부서장
은행 직원
대학생
세무사

[해설] 첫 화자가 loan '대출', interest rate '이자율'이라는 단어를 들려주고 있으므로 (B) A bank teller가 정답이다.

2. What does the woman offer to the man?
　⋯▸ 문제 키워드와 보기 키워드가 함께 들린 것이 정답이다.
(A) An application form
(B) A Web site address
(C) Low interest rate
(D) A credit card

여자는 남자에게 무엇을 주고자 하는가?
신청서
웹사이트 주소
저금리
신용카드

[해설] 여자가 남자에게 제공한 것을 묻는 문제로 문제 키워드인 offer를 스크립트에서 give로 패러프레징해서 들려 주고, 보기 키워드인 application form을 그대로 들려준 (A) An application form이 정답이다.

3. What does the woman say about the loan?
　⋯▸ 문제 키워드와 보기 키워드가 함께 들린 것이 정답이다.
(A) It should be applied in person.
(B) It can be applied through the Web site.
(C) The application form has to be mailed in.
(D) The application form is only accepted at the head office.

여자가 대출에 대해 언급하는 내용은 무엇인가?
직접 내방해서 신청해야 한다.
웹사이트를 통해 신청이 가능하다.
신청서는 우편으로 발송되어야 한다.
신청서는 오직 본사에서만 접수된다.

[해설] 여자가 대출(loan)에 대해 설명하는 내용을 묻는 문제로 이를 키워드로 잡고 풀어야 하는 문제 유형이다. 문제 키워드인 loan을 스크립트의 여자의 말에서 그대로 들려 주고, 보기 키워드인 in person을 그대로 들려준 (A) It should be applied in person.이 정답이다.

Part 4에서는 다양한 담화 지문 유형이 출제된다. 예를 들면, broadcast, news report, announcement, telephone message, recorded message, excerpt from a meeting, excerpt from a workshop, advertisement, instructions, introduction, tour information, talk 등이 출제된다. 정답은 스크립트의 표현이나 어구를 그대로 사용하지 않고 다른 동의어나 유사어로 패러프레이징 되는 경우가 많은데, 보기에서 명사 위주로 키워드를 잡으면 패러프레이징을 하지 않고 그대로 들려줄 확률이 높으므로 문제를 풀 때 훨씬 유리하다.

🎧 Day 06_2.mp3

1. What will the company do next quarter?
   (A) It will open a new branch.
   (B) It will release a new building.
   (C) It will expand a new line of product.
   (D) It will hire new employees.

2. Who is encouraged to apply for a job?
   (A) Sales representatives with experience
   (B) People who speak multiple languages
   (C) Designers who need a challenge
   (D) Employees willing to relocate

3. When the deadline for job applications?
   (A) At the beginning of June
   (B) A the end of the June
   (C) At the beginning of July
   (D) At the end of July

**듣기가 나오기 전,
문제 분석과 보기 키워드 잡기**

- 1번문제 분석
  문제 키워드는 무엇인가?

- 보기 키워드 잡기
  보기 키워드는 명사를 잡는다.

- 2번문제 분석
  문제 키워드는 무엇인가?

- 보기 키워드 잡기
  보기 키워드는 명사를 잡는다.

- 3번문제 분석
  문제 키워드는 무엇인가?

- 보기 키워드 잡기
  보기 키워드는 명사를 잡는다.

M: Now, as a result of our company's newfound success on the east coast, we'll be looking to expand our business there even further. ❶ As a result, ·we'll be opening a new regional branch office in New Jersey in the next quarter. That means that we'll have a new demanding job available: Managing Director for the east coast region. Ideally, we will hire for this position from within our existing pool of experienced staff ❷ so if you're interested in relocating east, make sure you apply for this great position. ❸ The closing date for applications will be June 28. Interviews will follow throughout July.

남: 이제, 동부 해안에서 우리 회사가 새로 발견된 성공의 결과, 그곳에서 사업을 더욱 확장하는 방법을 모색할 것입니다. **그 결과, 저희는 다음 분기에 New Jersey에 새로 지사 사무소를 열 것입니다.** 이것은 동부 해안지역 상무 이사라는 새로운, 하지만 녹록하지 않은 직책이 생길 것이라는 의미입니다. 이상적으로 우리는 기존 우리 회사의 경력 직원들 중에서 이 직책에 대한 적임자를 선발하고자 합니다. **따라서 동부로 전근하는 데 관심이 있는 직원들은 이 멋진 직책에 꼭 지원해 주십시오. 지원 신청 마감일은 6월 28일이 될 것입니다.** 7월 한달 동안 면접이 진행될 것입니다.

> [어휘] newfound 새로 발견된, 최근에 눈에 띄는　regional branch office 지역 지사 사무소　demanding (일이) 부담이 큰, 힘든
> pool 이용 가능 인력　relocate 이전하다, 이전시키다　closing date 마감일

1. What will the company do next quarter?
　⋯› 문제 키워드와 보기 키워드가 함께 들린 것이 정답이다.
(A) It will open a new branch.
(B) It will release a new building.
(C) It will expand a new line of product.
(D) It will hire new employees.

이 회사는 다음 분기에 무엇을 할 것인가?
새로운 지사를 열 것이다.
새로운 건물을 지을 것이다.
새로운 제품군을 확장할 것이다.
새로운 직원들을 고용할 것이다.

> [해설] next quarter를 키워드로 잡고 풀어야 하는 문제 유형이다. 문제 키워드인 next quarter를 스크립트에서 그대로 들려 주고, 보기 키워드인 branch를 그대로 들려준 (A) It will open a new branch.가 정답이다.

2. Who is encouraged to apply for a job?
　⋯› 문제 키워드와 보기 키워드가 함께 들린 것이 정답이다.
(A) Sales representatives with experience
(B) People who speak multiple languages
(C) Designers who need a challenge
(D) Employees willing to relocate

누가 이 일에 지원하도록 권장 받는가?
경험 있는 영업 사원들
여러 외국어를 구사하는 사람들
도전이 필요한 디자이너들
전근할 의지가 있는 직원들

> [해설] 지원을 권장 받는 사람들이 누구인지를 묻는 문제로, 문제의 apply for를 키워드로 잡고 풀어야 하는 유형이다. 문제 키워드를 job으로 잡지 않고 apply for로 잡은 이유는 job은 스크립트에서 좀 더 구체적인 직업 또는 직책 명으로 언급될 가능성이 높기 때문이다. 문제 키워드인 apply for를 스크립트에서 그대로 들려 주고, 보기 키워드인 relocate를 그대로 들려준 (D) Employees willing to relocate가 정답이다.

3. When is the deadline for job applications?
　⋯› 문제 키워드와 보기 키워드가 함께 들린 것이 정답이다.
(A) At the beginning of June
(B) At the end of June
(C) At the beginning of July
(D) At the end of July

지원 신청 마감일은 언제인가?
6월 초
6월 말
7월 초
7월 말

> [해설] 마감일(deadline)이 언제인지 묻는 문제이다. 문제 키워드를 job application으로 잡지 않고 deadline으로 잡은 이유는 2번의 문제 키워드인 apply for와 유사하므로 스크립트에서 단서를 찾을 때 헷갈릴 수 있기 때문이다. 문제 키워드인 deadline을 스크립트에서 closing date로 패러프레이징해서 들려 주고, 보기 키워드인 the end of June을 June 28로 들려준 (B) At the end of June이 정답이다.

출제 포인트

◉ 스크립트에서 그대로 들려줄 단어를 키워드로 잡는다.

대부분의 수험생들은 Part 3&4에서 고득점을 받으려면 반드시 패러프레이징 표현들을 학습해야 한다고 알고 있다. 왜냐하면 스크립트에서는 정답 단서가 되는 키워드들을 그대로 들려주지 않고, 그 단어의 동의어 및 유의어 표현으로 변형하여 들려주기 때문이다. 하지만 패러프레이징 되지 않고 그대로 들려줄 어휘로 정답을 찾을 수 있는 방법이 있다는 것을 알고 있는가? Part 3&4에서는 신기하게도 품사가 명사인 단어는 스크립트에서도 동일하게 들려준다. 예를 들어, '나는 커피를 좋아한다.'라는 문장에서 동사인 '좋아하다'는 다른 다양한 동의어 및 유의어 표현으로 패러프레이징이 가능하다. 하지만, '커피'라는 명사는 다른 표현으로 패러프레이징이 불가능하다. 따라서, 패러프레이징이 될 확률이 높은 어휘를 키워드로 잡기보다 패러프레이징 될 확률이 낮은 명사를 키워드로 잡아야 한다.

| 스크립트 | 나는 커피를 좋아한다. |
| 보기 | 그녀는 커피를 자주 즐겨 마신다. |

단, 보기의 명사들 중 스크립트에서 패러프레이징 되는 예외적인 명사들이 있다. 이때는 구체적이지 않은 상의어들이 좀 더 구체적인 하의어로 패러프레이징 되는 경우를 말한다. 예를 들어, 보기에서 event(행사)는 스크립트에서 좀 더 구체적인 행사명으로 언급될 것이다. 다음 예를 살펴보도록 하자.

보기	스크립트

• '서류'라는 뜻을 가진
  document, papers, form
	• 구체적인 서류 종류
	  estimate, receipt, application,
	  reports, résumé.

• '사업'의 뜻을 가진
  business, company
	• 구체적인 회사 / 사업체명
	  bakery, store, hotel, fitness, Marketing,
	  Advertising, clinic, repair shop, bank

• 구체적이지 않은 '시설, 장소' 표현
  facility, building, location, area
	• 구체적인 건물 및 도로 이름
	  building, street

• '물건'이라는 의미를 가진
  item, merchandise, product, delivery,
  order, supplies
	• 구체적인 제품명
	  printer, computer

• 구체적이지 않은 사람 관련 표현
  customer, employee, colleague, client,
  staff
	• 구체적인 직업/직책명
	  salesperson, receptionist, secretary

위와 같이 포괄적인 의미를 가진 상의어는 구체적인 하의어로 패러프레이징 되어 들려줄 것이므로, 이때는 보기 키워드를 동사로 잡는 것이 유리하다.

Part 3

1. What is the main purpose of the call?
   (A) To confirm an order
   (B) To request a newsletter
   (C) To buy a flight ticket
   (D) To reserve an exhibition space

2. What has caused a problem?
   (A) A price has increased.
   (B) A mailing address in incorrect.
   (C) A Web site is malfunctioning.
   (D) A deadline has passed.

3. What does the woman ask for?
   (A) An e-mail address
   (B) A company name
   (C) An employee ID number
   (D) An order confirmation number

---

4. What industry do the speakers most likely work in?
   (A) Publishing
   (B) Advertising
   (C) Electronics
   (D) Tourism

5. What does the man say about a new product?
   (A) It is smaller.
   (B) It is lighter.
   (C) It is durable.
   (D) It is selling fast.

6. What does the woman suggest?
   (A) Redesigning the advertisement
   (B) Changing a vendor
   (C) Rescheduling a meeting
   (D) Collecting feedback from customers

Part 4

7. What is the speaker mainly discussing?
   (A) A new product launch
   (B) A shipping policy
   (C) A change to the company logo
   (D) A job interview schedule

8. What does the speaker say will be scheduled at the company next Thursday?
   (A) A contract negotiation
   (B) A training session
   (C) A move to a new office
   (D) Installation of new computers

9. Why will some staff members be unavailable next week?
   (A) They will conduct a survey.
   (B) They will be on vacation.
   (C) They will volunteer at a charity.
   (D) They will attend a job fair.

----

10. Who is the advertisement most likely intended for?
    (A) Photographers
    (B) Actors
    (C) Language instructors
    (D) Business owners

11. What is being advertised?
    (A) A grocery shop
    (B) A software program
    (C) A job opening
    (D) A clearance sale

12. What are listeners invited to do?
    (A) Make a phone call
    (B) Install a trail version
    (C) Go to a Web site
    (D) Print out a coupon

PART 3&4

DAY 06

토익적 세계관

직원(worker / employee / staff member)은 늘 지각(late)해서 제 시간에 못 나오고(can't make it on time) 또는 아파서(ill / sick / not feeling well) 못 나오거나(call in sick / out) 어쨌든 근무를 못하는데(out of the office) 막 쉬겠다고 합니다(take some time off). 이 친구들이 하루만 쉬어도(take a day off) 모자랄 판에 1년씩도 쉬는데요(take a year off), 그래 놓고 휴가도 잘 가죠(go on vacation / go on holiday). 그래서 한 번 만나려고 약속을 잡아도(set a time / arrange a time / make an appointment) 맨날 만날 수가 없는 상태입니다(unavailable).

그런데 그마저도 출근하는 날에는 사무실 기계(machine / equipment / appliance)가 망가지고(broken / out of order / malfunctioning / not working) 그래서 고치려고(fix / repair) 열심히 뭘 해보는데(work on) 결국 문제도 못 찾죠(can't figure out the problem / can't identify the problem). 그래서 관리부서(maintenance department)에 전화(call)하거나 이메일(email)을 보내서 연락(contact)을 하는데 거기도 맨날 현재는 바쁘다고 합니다(currently busy).

현재는 수리하는 사람(technician / repairperson / engineer / mechanic)이 아무튼 안 된다는데요(unavailable). 자기들도 일손이 달려서(short-handed) 사람이 없어서(understaffed) 죽겠다는 겁니다. 힘들대요(have a hard time). 그러니까 맨날 일(work / task / assignment / project)이 미뤄지죠(delay / postpone / push back / put off).

그리고 그것 때문에 또 맨날 회의(meeting / conference)가 잡히는데 또 직원이 참석(attend)을 못한다고 합니다. 자기는 출장(go on a business trip) 때문에 여기 없을 거라고 하네요(out of the office / out of town). 그래서 회의도 취소되는데(cancel / call off) 이런 회사(business / company)에 물건을 납품하는 판매 회사(vendor / seller / supplier / provider)가 있다는 게 신기하긴 한데 또 이 회사들은 맨날 재고가 없어요(run out of / out of stock / short-supplied). 뭐 좀 보내달라고 하면 오질 않아요(not arrive). 중간에 분실된 겁니다(lost / missing). 날씨가 맨날 안 좋거든요(bad weather / inclement weather). 배고 비행기고 일단 출발을 못해서 또 지연됩니다(delay).

그러다가 날씨가 좋으면 이번엔 배나 비행기가 기술 결함으로(technical issue) 고장 나거든요. 그러면 고객 입장에선 화가 나죠? 그래서 불만을 제기하려고 하면(make a complaint) 저기서 보상(compensation)을 해주는데 주로 공짜(complimentary / free)로 뭘 주든가 아니면 가격을 깎아줍니다(discount / sale).

근데 이걸 현금으로 주면 비용(expense) 처리가 안되니까 쿠폰(voucher / coupon)을 줘요. 근데 이걸 또 쓰려고 하면 만료일(expiration date)이 지나있습니다. 그래서 그거 적용(apply)이 안 된대요. 근데 이런 회사에 맨날 지원자(applicant)들이 있어서 후보자(candidate)가 많아요. 그래서 면접(interview)를 보고, 이력서(résumé)도 아주 괜찮고 또 주로 자격증(certificate / license)은 하나씩 있는 지원자들이 옵니다.

그러면 최종면접(final interview)하자고 막 그러는데 지원자들이 또 바쁘대요(busy). 그래서 언제 할지(time / date)를 조정(adjust)하고 변경(reschedule / change)해야 하는데, 시간표(time table / time slot)를 보여주면 막 이거랑 저거랑 바꾸자고(change / switch / swap)합니다. 그래서 뽑아 놓으면 완전 경험도 없어서(inexperienced) 견습생(trainee)으로 들어가요. 그리고 교육(training)받고 막 무슨 행사(event / function) 가서 이것저것 참여하는데, 혼자 할 줄 아는 게 하나도 없어서 시범(demonstration) 많이 보고 질문(inquiry)을 막 던집니다.

그리고 돌아와서 이번에 경비(expense) 쓴 거 변제, 상환(reimburse)해달라고 막 영수증(receipt) 들이미는데 마감일(due date / deadline) 지나고 막 달라고 합니다.

넌 항상 처음이야!

전체 내용 관련 문제

DAY 7 음원
바로 듣기

동영상 강의
바로 보기

Part 3 대화 지문과 Part 4 담화 지문의 전체 내용을 이해했는지를 묻는 문제들을 전체 내용을 묻는 문제(General Question)라 한다. 세 문제 중에서 첫 번째나 두 번째 문제로 출제되며, 지문의 주제/목적, 화자/청자의 정체, 대화나 담화의 배경/장소를 묻는 문제가 출제된다. 이러한 전체 내용을 묻는 문제들은 스크립트의 전반부에서 그 정답 단서를 들려준다고 생각하면 된다. 따라서, 이러한 유형들이 출제되면 스크립트의 앞부분을 꼼꼼히 듣고 단서를 찾아내야 한다.

고득점에 도달하려면, 파트별 지시문이 나올 때 그냥 듣고 있을 것이 아니라 문제와 보기를 재빨리 훑어보고 각각의 키워드를 잡아야 한다. 스크립트에서는 각 문제와 보기의 단어들이 패러프레이징 되어 나오기 때문에, 비교적 패러프레이징 될 확률이 낮은 명사를 키워드로 잡는다.

이런 문제가 출제된다!
1. 주제를 묻는 문제 유형
2. 화자/청자의 정체를 묻는 문제 유형
3. 배경/장소를 묻는 문제 유형

핵심 전략 1 주제를 묻는 문제 유형은 대화 또는 담화 전반부에서 정답을 들려준다.

주제/목적을 묻는 문제 유형은 대화 또는 담화의 전반부에서 그 정답 단서를 들려 준다. 따라서 지시문이 나올 때 문제와 보기의 키워드를 각각 잡아 놓고 스크립트 초반에서 정답의 근거를 찾아야 한다.

유형 ① Part 3

Part 3 주제/목적을 묻는 문제는 그 정답 단서를 첫 화자의 말에서 들려 준다. 단, 3인 대화에서는 한 화자가 말하는 문장이 짧아지면서 첫 화자가 아닌 두 번째 화자에게서도 정답이 확인되니 두 번째 화자의 대화까지는 집중해서 들어야 한다. 단, 문제에 mainly나 most likely 등의 단어가 등장하면서 이 문제의 답은 전체 지문을 다 들어봐야 알 수도 있으니 잘 잡히지 않는 경우, 과감하게 두 번째 문제로 넘어가자! 다 듣고 나서 추론해서 맞히는 경우도 있다.

🎧 Day 07_1.mp3

Q. What are the speakers mainly discussing?
(A) Setting up an appointment
(B) Analyzing a budget report
(C) Hiring new employees
(D) Preparing for a presentation

> 듣기가 나오기 전, 문제 분석과 보기 키워드 잡기
> ■ 문제 분석
>   답이 스크립트 어디에서 출제될 것인가?
> ■ 보기 키워드 잡기
>   보기 키워드는 명사를 잡는다.

스크립트 분석

M: Can you lead a **presentation** to the new sales representatives about the company's current financials? I thought it would be a good idea to give the new employees an overview of the company's financial status. And this might help them set up their sales goals, too.

> 남: 신규 영업 사원들을 위한 회사 재정 현황 발표를 맡아 주시겠습니까? 저는 회사 재정 상태의 개요를 신입 직원들에게 알려주는 것이 좋은 생각이라 생각했습니다. 그리고 이것이 그들에게 매출 목표를 설정하는 데도 도움이 될 것이라고 생각합니다.

어휘 lead 진행하다, 이끌다   sales representative 영업 사원   financial 금융의, 재정의   overview 개관, 개요   financial status 재정 상태   set up ~을 세우다   sales goal 매출 목표

문제 분석과 보기 키워드 적용 풀이

Q. What the speakers mainly discussing?
  ···› 대화의 주제를 묻는 문제로 항상 첫 화자의 말에서 정답을 들려준다.
(A) Setting up an appointment
(B) Analyzing a budget report
(C) Hiring new employees
  ···› employees는 스크립트에서 더 구체적인 명사로 언급될 확률이 높으므로 동사를 키워드로 잡는다.
(D) Preparing for a presentation

> 화자들은 주로 무엇에 대해 이야기하는가?
> 일정을 잡는 것
> 예산 보고서를 분석하는 것
> 신입사원을 채용하는 것
> **발표를 준비하는 것**

해설 화자들이 무엇에 대해서 이야기하고 있는지 묻는 문제는 대화의 주제를 묻는 문제 유형이다. 첫 화자에서 보기 키워드인 presentation을 스크립트에서 그대로 들려준 (D) Preparing for a presentation이 정답이다.

Part 4

Part 4의 담화 지문에서는 전화를 건 이유나 목적을 묻는 문제나 전체 내용의 주제를 묻는 문제 유형(General Question)으로 담화의 서두인 첫 번째 문장에서 세 번째 문장 사이에서 그 정답 단서를 들려준다.

🎧 Day 07_2.mp3

Q. Why is the speaker calling?
- (A) To inquire about a product
- (B) To ask about a medicine
- (C) To register for a conference
- (D) To purchase a book

듣기가 나오기 전, 문제 분석과 보기 키워드 잡기

■ 문제 분석
스크립트에서 답을 알려주는 단서는 무엇인가?

■ 보기 키워드 잡기
보기 키워드는 명사를 잡는다.

스크립트 분석

M: This is Dr. Steven Wang calling from South Beach Health Clinic. Recently, some members of my clinic have asked me what I think of your company's product, SlimQuick. But unfortunately, I'm not familiar with it. **I'm calling if you could tell me more about it.** ···▶ 이유/목적 단서 표현

남: 저는 South Beach Health Clinic에서 근무하는 Steven Wang 박사입니다. 최근 저희 병원 고객님들 중 몇 분이 제게 귀사의 Slim-Quick이란 제품에 대해 어떻게 생각하는지 물어보셨는데요. 안타깝게도, 제가 귀사의 제품에 대해서 아는 것이 없습니다. **혹시 제품에 대해 더 알려주실 수 있는지 궁금해서 연락을 드렸습니다.**

어휘 health clinic 진료소, 개인 병원   familiar with ~을 아주 잘 아는, ~에 익숙한

문제 분석과 보기 키워드 적용 풀이

Q. Why is the speaker calling**?**
···▶ I'm calling, I was wondering if, Please, I'd like you to, I'm interested in과 같은 전화를 건 이유 / 목적을 말할 때 쓰는 표현이 남자의 말에서 들리면 답을 확인한다.

(A) To inquire about a product
···▶ product는 스크립트에서 특정한 제품으로 언급될 확률이 높으므로 동사를 키워드로 잡는다.
(B) To ask about a medicine
(C) To register for a conference
(D) To purchase a book

남자가 전화를 건 이유는 무엇인가?
제품에 대해 문의하기 위해
약에 대해 문의하기 위해
컨퍼런스를 등록하기 위해
책을 구매하기 위해

해설 화자가 전화를 건 이유/목적을 묻는 문제는 담화의 주제를 묻는 문제 유형이다. 스크립트 서두에서 보기 키워드인 inquire를 tell로 패러프레이징해서 들려준 (A) To inquire about a product가 정답이다.

⊙ 주제/목적을 묻는 문제 유형

다음은 Part 3&4의 주제/목적을 묻는 문제 유형이다. Part 4는 담화 지문별 문제 유형이 서로 다르니, 각각 익혀야 한다.

Part 3	Part 4

Part 3

- What are the speakers **mainly discussing**?
- What is the **topic** of the conversation?
- What is the conversation **mainly about**?
- **What problem/event** are the speakers **discussing**?

> Part 4는 담화 지문이 다양하므로 그에 따라 주제 / 목적을 묻는 방식도 다르다. 하지만, 이 문제 유형들에서 공통적으로 들어간 단어들(purpose, main topic 등)이 나오면 주제 / 목적을 묻는 문제라는 것을 확인하면 된다.

Part 4

Talk

- What is the speaker **mainly discussing**?
- What is the talk **mainly about**?
- What is the **main purpose/topic** of the talk?

Advertisement

- **What product/event** is being described?
- **What kind/type of business** is being advertised?
- What is the **advertisement for**?
- What is **being advertised**?
- What kind of product is **being advertised**?

Announcement

- What is the **(main) purpose** of the announcement?
- What is the announcement **(mainly) about**?
- What is the speaker **mainly discussing**?
- What is **being announced/introduced**?
- What change is **being announced**?

Introduction

- Who is **being introduced**?

Telephone message

- What is the speaker/man/woman **calling (about)**?
- What is the **(main) purpose** of the call/message?

Excerpt from a meeting/workshop

- What is the speaker **discussing**?
- What is the **purpose** of the meeting/workshop?

Broadcast, News Report

- What is the broadcast **mainly about**?
- What is the **topic/purpose** of the broadcast?
- What is the speaker **reporting on**?

⊙ **Part 3 vs. Part 4 전화를 건 이유/목적을 묻는 문제**

Part 4에서 전화를 건 이유/목적을 묻는 문제는 전체 내용을 묻는 문제(General Question)이다. 하지만 2~3인이 주고 받는 짧은 대화 형식인 Part 3에서는 전화를 건 이유/목적을 묻는 문제는 이유/목적을 묻는 세부 사항 문제(Specific Question)이다. 따라서 같은 문제 유형으로 보이지만, Part 3와 Part 4의 전화를 건 이유/목적을 묻는 문제는 푸는 방법은 서로 다르다는 점을 유의해야 한다. Part 3에서는 남자 또는 여자 중 누구의 말에서 정답을 들려줄 것인지와 이유/목적 문제의 정답 단서 표현들과 함께 답이 나올 것임을 예상해야 한다. Part 4의 경우에는 스크립트의 전반부에서 정답 단서 표현들이 들리면 답을 확인한다.

전화를 건 이유/목적을 묻는 문제 유형의 정답 단서 표현	
I'm calling ~ ~하기 위해 전화를 겁니다.	**I was wondering if ~** ~가능하신지 궁금합니다.
Please ~ ~부탁드립니다.	**I'd like you to ~** 귀하가 ~해주시기를 바랍니다.
I'm interested in ~ ~하는 데 관심이 있습니다.	**This is 사람 이름** 저는 ~입니다.

핵심 전략 2 인물의 정체를 묻는 문제 유형은 대화 또는 담화의 전반부에서 정답을 들려준다.

인물의 정체를 묻는 문제 유형은 대화 또는 담화의 전반부에서 그 정답 단서를 들려 준다. Part 3는 첫 화자의 말에서 정답을 들려 주며, Part 4는 담화 지문의 서두 즉, 첫 번째에서 세 번째 문장 사이에서 그 정답을 들려준다.

 Part 3

Part 3 대화 지문에서 화자의 직업, 직종 또는 근무지를 묻는 문제는 말하는 성별과 상관 없이 첫 화자의 말에서 정답을 들려준다. 단, 3인 대화에서는 두 번째 화자에게서도 정답이 확인되니 두 번째 화자의 대화까지 집중해서 들어야 한다.

🎧 Day 07_3.mp3

Q. Where most likely does the woman work?
(A) At a delivery service
(B) At a travel agency
(C) At a restaurant
(D) At an automobile repair shop

듣기가 나오기 전, 문제 분석과 보기 키워드 잡기

■ 문제 분석
   답이 스크립트 어디에서 출제될 것인가?

■ 보기 키워드 잡기
   보기 키워드는 명사를 잡는다.

M: Hello. My name is Claude Farrell, and **I'm a member of Orion Automobile Service.** I'm on my way to Miami now, but I couldn't start my car after I stopped for some lunch. I think there's something wrong with the battery. Can someone help me?

W: Of course. We'll send a technician right away.

남: 안녕하세요. 저는 Claude Farrell이라고 하는 **Orion 자동차 서비스의 회원인데요.** 제가 지금 Miami로 가는 길인데, 점심을 먹기 위해서 잠시 멈춘 후에 자동차 시동이 제대로 걸리질 않아요. 무언가 배터리와 관련된 문제가 발생한 것으로 보이는데요. 저를 좀 도와주실 수 있으세요?

여: 물론이죠. 지금 당장 기술자를 보내 드리겠습니다.

[어휘] **service** (차량/기계의) 점검, 정비   **start** (기계에) 시동을 걸다, 작동시키다

Q. Where most likely does the **woman work**?
··· 여자의 근무지를 묻는 문제는 항상 첫 화자에게서 그 정답을 들려준다.

(A) At a delivery service
(B) At a travel agency
(C) At a restaurant
(D) At an automobile repair shop

여자는 어디에서 근무하겠는가?
택배 회사에서
여행사에서
레스토랑에서
자동차 수리점에서

[해설] 첫 화자인 남자가 자기 소개를 하며 Automobile Service의 회원이라 했으니, 이 대화를 듣고 있는 상대방 여자는 여기서 일하는 직원일 것이므로 (D) At an automobile repair shop이 정답이다.

 Part 4

Part 4 담화 지문의 주인공인 화자/청자의 직업, 직종, 근무지 또는 정체를 묻는 문제는 항상 담화의 서두인, 첫 번째에서 세 번째 문장 사이에서 그 정답을 들려 준다.

 Day 07_4.mp3

Q. Who is the announcement intended for?
(A) Sales personnel
(B) Warehouse employees
(C) Call center representatives
(D) Repair workers

듣기가 나오기 전, 문제 분석과 보기 키워드 잡기

- **문제 분석**
  답이 스크립트 어디에서 출제될 것인가?

- **보기 키워드 잡기**
  보기 키워드는 명사를 잡는다.

M: Attention, everyone. This is Andrew Lee, the manager of Maintenance with an emergency announcement. While working on the clogged drain pipes for the men's room on the top floor, the plumbers accidentally turned on the ceiling-mounted water sprinklers. Fortunately, we have no electrical equipment on the floor.

남: 모두들 주목해 주십시오. 저는 유지 보수 부장 Andrew Lee이고, 긴급히 발표할 것이 있습니다. 배관공들이 우리 건물 꼭대기 층에 있는 남자 화장실의 막힌 배수관을 공사하던 중에 실수로 천장에 부착된 살수 장치를 작동시켰습니다. 다행히도, 작업하던 곳에 전기 장비는 전혀 없습니다.

어휘 maintenance (건물/기계 등을 정기적으로 점검/보수하는) 유지   emergency 비상   plumber 배관공   accidentally 뜻하지 않게   ceiling 천장   -mounted ~에 부착된   electrical 전기의

문제 분석과 보기 키워드 적용 풀이

Q. Who is the announcement intended for?
⋯⋯ 청자를 묻는 문제는 스크립트의 첫 번째 ~ 세 번째 문장에서 정답이 나온다.

(A) Sales personnel
(B) Warehouse employees
(C) Call center representatives
(D) Repair workers
⋯⋯ 서로 유사한 뜻을 가진 personnel, employees, representatives, workers와 같은 단어를 키워드로 잡으면 함정에 빠질 수 있다.

공지는 누구를 의도했는가?
영업 사원들
창고 직원들
콜 센터 직원들
수리 일을 하는 사람들

해설 첫 문장에서 화자가 자기 소개로 manager of Maintenance라 했으니, Maintenance가 패러프레이징 된 repair가 있는 (D) Repair workers가 정답이다.

출제 포인트

⊙ 인물의 정체를 묻는 문제 유형

다음은 Part 3&4의 인물의 정체를 묻는 문제 유형이다. Part 4는 담화 지문별 문제 유형이 서로 다르니, 각각 익혀야 한다.

Part 3	Part 4
• Where do the speakers most likely work? • Where most likely does the man/woman work? • Who most likely is the man/woman? • What is the man's/woman's job? • What type of business does the man/woman most likely work for?	**Talk** • Who most likely is the speaker? ⋯⋯ 화자의 정체 • Where does the speaker most likely work? • Who (most likely) are the listeners (for the talk)? • Who is the talk intended for? ⋯⋯ 청자의 정체 • Who is intended audience for the talk? • Who most likely is being addressed? **Advertisement** • What type of merchandise does the company sell? ⋯⋯ 화자의 정체 • Who is the product intended for? ⋯⋯ 청자의 정체

Announcement

- Where does the speaker most likely work? ···· 화자의 정체
- Where most likely do the listeners work?
- Who is the announcement intended for? ···· 청자의 정체

Introduction

- Who most likely are the listeners? ···· 청자의 정체

Telephone message

- Who most likely is the speaker/caller?
- Where does the speaker/caller work?
- What department does the speaker/caller work in?
- What kind of business does the speaker work for? ···· 화자의 정체
- Where is the speaker calling from?
- What business does the caller present?
- Who is the message (probably) for?
- Who is the speaker most likely calling? ···· 청자의 정체
- What kind/type of business is the speaker calling?

Excerpt from a meeting/workshop

- Who most likely is the speaker?
- What type of company does the speaker most likely work for? ···· 화자의 정체
- Who most likely are the listeners/audience? ···· 청자의 정체
- Who most likely is being addressed?

Broadcast, News Report

- Who most likely is the speaker? ···· 화자의 정체
- Who are the listeners? ···· 청자의 정체

**핵심
전략 3** 배경/장소를 묻는 문제 유형은 대화 또는 담화의 전반부에서 정답을 들려준다.

배경/장소를 묻는 문제 유형은 대화 또는 담화의 전반부에서 정답 단서를 들려준다. Part 3에서는 전체 대화가 지금 어디에서 이루어지고 있는지 묻는 문제로 주로 첫 화자의 말에서 정답 단서를 들려주며, Part 4에서는 각 담화 지문을 들을 수 있는 장소를 묻는 문제로 항상 담화의 서두, 첫 번째에서 세 번째 문장 사이에서 정답을 들려준다.

유형 ① Part 3

Part 3 대화 지문의 배경/장소를 묻는 문제는 말하는 화자의 성별과 상관 없이 항상 첫 화자에게서 정답이 출제되니 첫 화자의 말에 집중한다.

Q. Where most likely does the conversation take place?

(A) At a computer service center
(B) At a parking garage
(C) At an office
(D) At a moving company

듣기가 나오기 전, 문제 분석과 보기 키워드 잡기

- 문제 분석
  답이 스크립트 어디에서 출제될 것인가?

- 보기 키워드 잡기
  보기 키워드는 명사를 잡는다.

스크립트 분석

M: Oh, Lisa, you came into work early. Are you going to the Annual Computer Technology seminar in San José tomorrow? If so, do you think you could give me a ride?

남: Lisa, 오늘 일찍 출근했네요. 내일 San José 에서 열리는 연례 컴퓨터 기술 세미나에 참석할 건가요? 만약 그렇다면 저를 좀 태워주실 수 있으세요?

어휘 work 일, 직장, 직업   annual 연례의   give somebody a ride ~를 태워 주다

문제 분석과 보기 키워드 적용 풀이

Q. Where most likely does the conversation take pleace?
····▸ 대화가 이루어지는 장소를 묻는 문제는 항상 첫 화자에게서 정답을 들려준다.

(A) At a computer service center
(B) At a parking garage
(C) At an office
(D) At a moving company

대화가 이루어지는 곳은 어디겠는가?
컴퓨터 서비스 센터에서
자동차 주차장에서
사무실에서
이삿짐 회사

해설 첫 화자가 you came into work early라고 했으므로 대화가 이루어지는 장소는 문제 키워드인 came into work 가 패러프레이징 된 office가 있는 (C) At an office가 정답이다.

 Part 4

Part 4 담화 지문의 배경/장소를 묻는 문제는 담화 지문의 서두인 첫 번째에서 세 번째 문장 사이에서 정답 단서를 들려준다.

 Day 07_6.mp3

Q. Where is the announcement most likely being made?

(A) At a sports stadium
(B) At a graduation ceremony
(C) At a concert hall
(D) At a convention center

듣기가 나오기 전, 문제 분석과 보기 키워드 잡기

- 문제 분석
  답이 스크립트 어디에서 출제될 것인가?

- 보기 키워드 잡기
  보기 키워드는 명사를 잡는다.

M: Good evening, ladies and gentleman! We're very pleased to present the **farewell performance of world famous jazz pianists, brothers Greg and Oscar Hopper.** They will bring their own sweet and smooth sounds of jazz to the Royal Festival **Concert Hall** during the performance this evening.	남: 좋은 저녁입니다. 신사 숙녀 여러분! 저희는 전 세계적으로 유명한 재즈 피아니스트 Greg와 Oscar Hopper 형제의 고별 공연을 제공해드리게 되어서 매우 기쁩니다. 오늘 저녁 공연을 하는 동안 Hopper 형제는 그들만의 감미롭고 부드러운 재주 선율을 Royal Festival **콘서트** 홀에서 여러분들께 들려드릴 겁니다.

어휘 **present** (연극/방송 등을) 공연/방송하다. 제공하다　**smooth** (소리가) 부드러운, 감미로운

Q. Where is the **announcement** most likely being made? ⋯→ 안내 방송을 어디에서 들을 수 있는지 묻는 문제는 정답 단서가 첫 번째 ~ 세 번째 문장에서 나온다. (A) At a sports stadium (B) At a graduation ceremony **(C) At a concert hall** (D) At a convention center	안내 방송이 나오는 곳은 어디겠는가? 스포츠 경기장에서 졸업식에서 **콘서트 홀에서** 컨벤션 센터에서

해설 두 번째 문장의 performance ~ jazz pianists가 패러프레이징 된 보기 (C) At a concert hall이 정답이다. 스크립트 후반부의 Concert Hall을 듣고 정답을 고를 수 있겠지만, 끝까지 듣고 있다가 다음 문제를 놓칠 수가 있다. 따라서, 실제 시험에서 이런 문제 유형은 전반부에서 순발력 있게 풀어놓아야 한다.

⊙ 배경/장소를 묻는 문제 유형

다음은 Part 3&4의 배경/장소를 묻는 문제 유형이다. Part 4는 담화 지문별 문제 유형이 서로 다르니, 각각 익혀야 한다.

Part 3	Part 4
• Where most likely are the speakers? • Where most likely does the conversation take place?	**Talk** • Where most likely are the listeners? • Where most likely is the talk being given? • Where is the talk most likely taking place? **Announcement** • Where is the announcement most likely being made? • Where most likely is the announcement being made? • Where most likely are the listeners? • What kind of event are listeners attending? **Introduction** • Where is the introduction taking place?

Part 3

1. What are the speakers discussing?
   (A) A Web site address
   (B) A shipping fee
   (C) An online order
   (D) Price options

2. According to the woman, what caused the delay?
   (A) A machine is malfunctioning.
   (B) A delivery staff member is on sick leave.
   (C) Online access is not available.
   (D) A special order takes more time.

3. What does the man say he will do?
   (A) Visit a nearby store
   (B) Cancel the order
   (C) Contact his cousin
   (D) Print out a coupon

----

4. What problem are the speakers discussing?
   (A) Some sounds are not clear.
   (B) Some names are omitted.
   (C) Some furniture should be replaced.
   (D) Some monitors are not turned on.

5. What does the woman mean when she says, "I think we should reset the frequency setting in each ballroom"?
   (A) She points out a mistake.
   (B) She would like to write a proposal.
   (C) She is too busy to do the task by herself.
   (D) She wants to give an answer.

6. What does the man say he needs?
   (A) The model numbers
   (B) A list of rooms
   (C) The name of speakers
   (D) An event schedule

Part 4

7. Where is the announcement being made?
   (A) At a museum
   (B) At a university
   (C) At an amusement park
   (D) At a ski resort

8. According to the speaker, what is the problem?
   (A) Machine malfunctioning
   (B) A regular inspection
   (C) Heavy traffic
   (D) Road construction

9. What are listeners asked to do?
   (A) Go to the cafeteria
   (B) Get a ticket
   (C) Take some pamphlets
   (D) Sign up for a membership

	Speedy Movie	Quick Movie
Daily Update	✓	✓
24-hour Customer Service		✓
Weekly Magazine	✓	✓
Mobile Application	✓	

10. What is the main topic of the meeting?
    (A) A special edition
    (B) A cover design
    (C) A future advertising plan
    (D) A launch event

11. Who most likely is the speaker?
    (A) A customer service representative
    (B) A news reporter
    (C) A fashion designer
    (D) A business owner

12. Look at the graphic. What will the listeners most likely discuss next?
    (A) Updating the movie list
    (B) Extending customer service hours
    (C) Publishing weekly magazine
    (D) Providing a mobile service

Day 08

PART 3&4

특정 단서를 찾아라!

세부 사항 관련 문제

DAY 8 음원
바로 듣기

동영상 강의
바로 보기

Part 3 대화 지문과 Part 4 담화 지문에 대한 구체적인 내용을 물어보는 문제들을 가리켜 세부사항 관련 문제(Specific Question)라 한다. 이 유형은 지문의 세부적인 사항들을 잘 이해했는지 알아보기 위해 출제되는 문제들로 주로 제안/요청 사항, 문제점, 이유/원인 그리고, 다음에 일어날 일을 묻는 문제들이 이에 해당된다. 세부 사항 관련 문제들은 각각 문제 유형별로 스크립트에서 답을 알려주는 단서들이 존재한다. 단, Part 3와 Part 4는 지문 유형이 다르기 때문에, 답을 알려주는 지문의 단서들을 구별해서 암기하도록 한다.

세부 사항을 묻는 문제는 지시문이 나오는 동안 문제와 보기를 읽고 키워드를 잡아야 한다. 문제를 읽고 문제가 제안/요청 사항, 문제점, 이유/원인, 그리고 다음에 일어날 일을 묻는 문제 유형 중 어디에 속하는지 확인 후, 그 유형에 해당하는 정답 단서를 스크립트에서 찾는다.

이런 문제가 출제된다!

1. 제안/요청 사항을 묻는 문제 유형

2. 문제점을 묻는 문제 유형

3. 이유/원인을 묻는 문제 유형

4. 다음에 일어날 일을 묻는 문제 유형

제안/요청 사항을 묻는 문제 유형은 Part 4보다 Part 3에서 비중 있게 출제되며, 주로 스크립트에서 제안/요청할 때 사용되는 정답 단서 표현들과 함께 정답을 들려준다. 그러나 Part 3는 2인 또는 3인의 짧은 대화, Part 4는 화자 한 명이 말하는 담화로 지문의 유형이 다르므로, 제안/요청 정답 단서 표현들 또한 다르다는 점에 유의한다.

유형 1 **Part 3**

Part 3 제안/요청 사항을 묻는 문제는 남자 또는 여자 중 누구의 말에서 정답을 들려줄 것인지를 먼저 예상해야 한다. 또한, 제안/요청할 때 사용되는 표현과 함께 정답이 들릴 것이므로 이 문제 유형의 정답 단서가 되는 제안/요청 표현들을 중점적으로 학습하도록 한다.

🎧 Day 08_1.mp3

Q. What does the man ask the woman to do?

(A) Bring a passport
(B) Reserve a boarding pass
(C) Organize the marketing meeting
(D) Wait for Mr. Wilson

> **듣기가 나오기 전, 문제 분석과 보기 키워드 잡기**
>
> ■ 문제 분석
> 누구의 말에서 정답을 들려줄 것인가?
> 스크립트에서 답을 알려주는 단서는 무엇인가?
>
> ■ 보기 키워드 잡기
> 보기 키워드는 명사를 잡는다.

스크립트 분석

M: Ms. Swinton, something urgent has come up. I don't think I will be at the marketing meeting today. I would like you to cancel it. **And could you get me my passport as quickly as possible?** I got an urgent phone call from the headquarters so I have to go to the airport and take off in about two hours.

남: Swinton씨, 긴급한 일이 발생했어요. 제가 오늘 마케팅 회의에 참석을 못할 것 같아요. 마케팅 회의를 취소해 주세요. **그리고 최대한 빨리 제 여권을 가져다 주실 수 있나요?** 본사에서 긴급한 연락을 받았어요. 그래서 지금 바로 공항으로 가서 2시간 후에 비행기를 타야 해요.

어휘 urgent 긴급한, 시급한 headquarters 본사 take off 이륙하다

문제 분석과 보기 키워드 적용 풀이

Q. What does the <u>man ask</u> the woman to do?
⋯▶ 남자의 말에서 Can you, Would you, Why don't you와 같은 제안/요청 사항을 말할 때 쓰는 표현이 들리면 답을 확인한다.

(A) Bring a passport
(B) Reserve a boarding pass
(C) Organize the marketing meeting
(D) Wait for Mr. Wilson
⋯▶ 구체적인 사람 이름을 키워드로 잡으면 스크립트에서 대명사로 패러프레이징 될 수 있으니 동사를 키워드로 잡는다.

남자가 여자에게 요청한 것은 무엇인가?
여권을 가지고 올 것
탑승권을 예매할 것
마케팅 회의를 준비할 것
Wilson씨를 기다릴 것

해설 남자가 요청한 것을 묻는 문제이다. 스크립트에서 제안/요청 문제의 정답 단서 표현인 Could you를 남자의 말에서 들려 주고, 보기 키워드인 bring을 get으로 패러프레이징하고 passport를 함께 들려준 (A) Bring a passport가 정답이다.

Part 4 제안/요청 사항을 묻는 문제도 마찬가지로, 스크립트에서 제안/요청하는 표현과 함께 정답을 들려줄 것이다. 따라서, 보다 쉽고 빠르게 정답을 확인하기 위해서는 제안/요청할 때 사용하는 표현들을 암기해두는 것이 좋다.

🎧 Day 08_2.mp3

Q. What are the employees asked to do?
  (A) Turn off office lighting
  (B) Find a space to store supplies
  (C) Cover their computers
  (D) Rearrange the office furniture

💬 **듣기가 나오기 전, 문제 분석과 보기 키워드 잡기**
  ■ 문제 분석
    스크립트에서 답을 알려주는 단서는 무엇인가?
  ■ 보기 키워드 잡기
    보기 키워드는 명사를 잡는다.

스크립트 분석

W: But water can leak through to the lower floors if the problem is not fixed any minute. **So please turn off your computer and wrap it with any available waterproof material in your office as soon as possible.** We apologize for any inconvenience this may cause you. Thank you for your cooperation.

여: 그렇지만 지금 당장 이 문제가 해결되지 않으면 흘러나온 물이 아래층으로 누수될 가능성이 있습니다. **그러므로 여러분은 최대한 빨리 컴퓨터의 전원을 끄시고 사무실에 있는 방수되는 재질의 물건을 이용해 컴퓨터를 덮도록 부탁드립니다.** 이 일로 불편을 끼쳐드리게 된 점에 대해 사과드립니다. 여러분의 협조에 감사합니다.

어휘 **leak** (액체/기체가) 새다 **lower** 아래쪽의 **wrap** 싸다, 포장하다 **waterproof** 방수의 **inconvenience** 불편 **cooperation** 협조, 협력

문제 분석과 보기 키워드 적용 풀이

Q. What are the employees asked to do?
  ┈▸ Please, I'd like you to, recommend, suggest, ask, make sure, should, must와 같은 제안 / 요청 사항을 말할 때 쓰는 표현이 들리면 답을 확인한다.

  (A) Turn off office lighting
  (B) Find a space to store supplies
  (C) Cover their computers
    ┈▸ supplies, materials, office furniture는 스크립트에서 더 구체적으로 언급될 확률이 높으므로 동사를 키워드로 잡는다.
  (D) Rearrange the office furniture

직원들은 무엇을 요청받았는가?
사무실 조명을 끌 것
용품들을 보관할 장소를 찾을 것
그들의 컴퓨터를 덮을 것
사무실 가구들을 다시 배열할 것

해설 화자가 요청한 것을 묻는 문제이다. 스크립트에서 제안/요청 문제의 정답 단서 표현인 please를 들려주고, 보기의 cover가 wrap으로 패러프레이징 되고 보기 키워드인 computer를 그대로 들려준 (C) Cover their computers가 정답이다.

⊙ 제안/요청 사항을 묻는 문제 유형

다음은 Part 3&4의 제안/요청 사항을 묻는 문제 유형이다. 문제 내의 반복되는 공통 단어들을 익혀 두면 문제 유형을 좀 더 빠르게 파악할 수 있을 것이다.

Part 3	Part 4
• What does the man/woman **offer** to do?	• What does the speaker **suggest** that listeners do?
• What does the man/woman **suggest**?	• What does the speaker **ask** the listeners to do?
• What does the man/woman **ask** about	• What are the listeners **asked** to do?
• What does the man/woman **request**?	• What are some listeners **invited** to do?
• What does the man/woman **invited** to do?	• What does the speaker **recommend**?
• What does the woman **encourage** the man to do?	• What does the speaker **propose**?
• What does the man/woman **recommend**?	• What are listeners **encouraged** to do?
	• What are listeners **advised** to do?

⊙ 제안/요청 사항을 묻는 문제의 정답 단서 표현

다음은 빈출 순서대로 정리한 제안/요청 사항을 묻는 문제의 정답 단서 표현들이다. 다음 표현들이 들리면, 정답 단서임을 알아차리고 다음 표현들과 함께 들린 보기 키워드를 정답으로 확인한다.

Part 3 & Part 4	
청유의문문	Can/Could/Would you ~? Could we ~? Can/Could I ~? Will/Would I ~? Why don't you/we/I ~?
제안/요청의 단어	Please, recommend, suggest, ask, make sure
~하면 좋겠다	I'd like (you) to ~ I'd be glad/happy to ~ I'd really appreciate it if ~ We should ~ I/You will ~ You can/could/should ~ I can ~ You might want to ~ You might be able to ~ It would be better ~
궁금한 게 있어요	I was wondering if ~ Would it be possible ~
~하자	Let's ~ Let me ~ I think ~

핵심전략 2 문제점을 묻는 문제 유형에서 사용되는 표현은 정해져 있다.

문제점을 묻는 문제 유형은 Part 3보다 Part 4에서 비중 있게 출제되며, 주로 스크립트에서 문제점을 언급할 때 사용되는 정답 단서 표현들과 함께 정답을 들려준다. 그러므로 문제점이 발생했을 때 사용되는 표현들을 정답 단서로 외워 두고, 각 보기의 키워드를 파악하는 연습을 통해 이 유형을 익히도록 한다.

유형 ① Part 3

Part 3 문제점을 묻는 문제는 문제점을 말할 때 사용되는 표현들과 함께 정답을 들려줄 것이다. 그리고 화자가 둘 이상인 Part 3 문제에서는 누구의 말(남자 또는 여자)에서 그 정답 단서 표현들이 나올지 먼저 예상해야 한다.

 Day 08_3.mp3

> **Q.** What problem does the woman report?
> (A) She thought the meeting was canceled.
> (B) She didn't catch a train on time.
> (C) She cannot print her ticket.
> (D) She is unfamiliar with a location.

> **듣기가 나오기 전, 문제 분석과 보기 키워드 잡기**
>
> ■ 문제 분석
> 누구의 말에서 정답을 들려줄 것인가?
> 스크립트에서 답을 알려주는 단서는 무엇인가?
>
> ■ 보기 키워드 잡기
> 보기 키워드는 명사를 잡는다.

스크립트 분석

W: Well, Mr. Hurt, since my hotel is located in a quiet and remote corner of rural Yorkshire, I have to take a courtesy shuttle bus to get to the nearest train station. **But I missed the courtesy shuttle bus yesterday morning, and I didn't catch a commuting train on time.** When I arrived here, the seminar had already been over. Were there many people at the seminar yesterday?

여: Hurt씨, 제 호텔이 Yorkshire의 조용하고 약간은 외진 근교 지역에 위치하고 있어서요. 가장 가까운 기차역으로 가려면 호텔의 무료 셔틀버스를 타고 가야 해요. **그런데 어제 아침에 제가 그 셔틀버스를 놓쳐서 제시간에 맞춰 통근 기차를 탈 수가 없었어요.** 제가 도착했을 때는 이미 세미나는 끝난 상태였고요. 어제 세미나에 사람들은 많이 참석했나요?

> 어휘 **remote** 외진, 외딴 **rural** 시골의, 지방의 **courtesy** 무료의 **commute** 통근하다

문제 분석과 보기 키워드 적용 풀이

> **Q.** What **problem** does the woman report?
> ⋯ 여자의 말에서 didn't, isn't, haven't, couldn't와 같은 문제점을 말할 때 쓰는 표현이 들리면 답을 확인한다.
> (A) She thought the meeting was canceled.
> **(B) She didn't catch a train on time.**
> (C) She cannot print her ticket.
> (D) She is unfamiliar with a location.
> ⋯ location은 스크립트에서 특정한 장소로 언급될 확률이 높으므로 키워드로 잡지 않는다.

> 여자는 어떤 문제를 보고하고 있는가?
> 그녀는 미팅이 취소되었다고 생각했다.
> **그녀는 제시간에 기차를 타지 못했다.**
> 그녀는 티켓을 출력할 수 없었다.
> 그녀는 장소가 익숙하지 않다.

> 해설 여자가 문제점으로 언급한 것을 묻는 문제이다. 스크립트에서 문제점을 묻는 문제의 정답 단서 표현인 but, didn't를 들려 주고, 보기 키워드인 train을 그대로 들려준 (B) She didn't catch a train on time.이 정답이다.

Part 4

Part 4 문제점을 묻는 문제는 주로 스크립트의 초반부에서 문제점이 발생했을 때 말하는 표현과 함께 정답을 들려 준다.

🎧 Day 08_4.mp3

Q. What problem is mentioned?
- (A) An event was canceled.
- (B) Shipping items were misplaced.
- (C) Some spellings were incorrect.
- (D) Tickets were completely sold out.

> **듣기가 나오기 전, 문제 분석과 보기 키워드 잡기**
>
> ■ 문제 분석
> 스크립트에서 답을 알려주는 단서는 무엇인가?
>
> ■ 보기 키워드 잡기
> 보기 키워드는 명사를 잡는다.

스크립트 분석

M: Hello. This is KCC Online Ticketing Service. It looks like there has been a slight **problem**. Actually, we sent the ticket to you by registered mail as soon as your payment went through, **but** it returned to us in yesterday's mail. **We noticed that there were some incorrect spelling errors in your name and your office address.** We are truly sorry about the mistake we committed. Generally, we correct your name and office address and resend the ticket.	**남:** 안녕하세요. KCC Online Ticketing Service 입니다. 약간의 **문제점**이 발생한 것 같습니다. 사실 저희는 고객님께서 티켓 값을 지불하자마자 등기 우편을 통해 발송했습니다. **하지만** 그 티켓이 어제 우편을 통해 저희에게 반송되었습니다. **저희는 고객님의 성함과 사무실 주소의 철자가 일부 잘못되었다는 사실을 파악했습니다.** 저희가 범한 실수에 진심으로 죄송스럽게 생각합니다. 이런 경우 저희는 대개 이름과 사무실 주소를 정정하여 티켓을 다시 발송해 드립니다.

[어휘] registered mail 등기 우편 payment 지불, 지급, 납입 spelling 철자 errors 실수, 오류 commit 저지르다 resend 다시 보내다

문제 분석과 보기 키워드 적용 풀이

Q. What **problem** is mentioned?
⋯▸ but, unfortunately, not, however, problem, damage, trouble, missing, broken, bad 와 같은 문제점을 말할 때 쓰는 표현이 들리면 답을 확인한다.

(A) An event was canceled.
⋯▸ event는 스크립트에서 구체적인 행사 이름 등으로 언급될 확률이 높으므로 키워드로 잡지 않는다.

(B) Shipping items were misplaced.
⋯▸ items는 스크립트에서 더 구체적으로 언급될 확률이 높지만, 구체적인 shipping items라 했으므로 키워드로 잡는다.

(C) Some spellings were incorrect.
(D) Tickets were completely sold out.

어떤 문제가 언급되었는가?
행사가 취소되었다.
배송이 다른 곳으로 잘못되었다.
일부 철자가 틀렸다.
티켓이 전부 매진되었다.

[해설] 문제점으로 언급된 것을 묻는 문제이다. 스크립트에서 문제점을 묻는 문제의 정답 단서 표현인 problem, but 을 들려 주고, 보기 키워드인 spellings와 incorrect를 그대로 들려준 (C) Some spellings were incorrect. 가 정답이다.

⊙ 문제점을 묻는 문제 유형

이 유형은 문제의 특정 단어들을 보고 바로 문제점을 묻는 문제 유형이라는 것을 확인해야 한다. 스크립트에서 문제점을 말할 때 사용되는 표현과 함께 정답을 들려주기 때문에, 문제 유형이 무엇인지 미리 파악해두면 답이 스크립트의 어디에서 나올지 미리 예상할 수 있다. 다음은 문제점을 물어보는 문제 유형들로 문제 내의 반복되는 공통 단어들을 익혀 두면 문제 유형을 좀 더 빠르게 파악할 수 있을 것이다.

Part 3	Part 4
• What is the **problem**? • What is the man's/woman's **problem**? • What are the speakers **concerned** about? • What **problem** does the man/woman mention? • What **problem** does the man/woman report? • Why is the man/woman **concerned**? • What is the man/woman **worried** about?	• According to the speaker, what is the **problem**? • What **problem** does the speaker mention? • What **problem** is mentioned? • What **problem** does the caller describe? • What **problem** has the caller discovered?

⊙ 문제점을 묻는 문제의 정답 단서 표현

다음은 빈출 순서대로 정리한 문제점을 묻는 정답 단서 표현들이다. 다음 표현들이 들리면, 정답 단서임을 알아차리고 다음 표현들과 함께 들린 보기 키워드를 정답으로 확인한다. 단, Part 3와 Part 4에서 주로 나오는 정답 단서 표현이 다르므로 주의하도록 한다.

Part 3	Part 4
• but • I'm afraid, Oh no!, Hmm, worried, concerned • 「do동사 / be동사 / have동사 + not」 축약형 • problem, damage, trouble, missing, broken, bad, difficulty • 한정사 no, never	• but, unfortunately, not, however, problem, damage, trouble, missing, broken, bad • 「do동사 / be동사 / have동사 + not」 축약형 • 한정사 no

---

핵심 전략 3 이유/원인을 묻는 문제 유형에서 사용되는 표현은 정해져 있다.

문제가 발생하게 된 이유/원인을 묻는 문제 유형은 문제에 대한 이유를 말할 때 사용되는 정답 단서 표현과 함께 정답을 들려준다. 따라서, 문제에 대한 이유를 말하는 때 쓰이는 정답 단서 표현이 들리는 부분이 정답에 해당한다. Part 3의 대화 지문과 Part 4의 담화 지문에서 이유/원인을 묻는 문제에 대한 정답 단서 표현은 동일하므로 반드시 암기하도록 한다.

Part 3

Part 3 문제가 발생하게 된 이유/원인을 묻는 문제는 스크립트에서 문제점과 함께 그 이유/원인을 언급할 것이기 때문에, 문제점을 묻는 문제 유형과 헷갈리지 않도록 주의한다.

🎧 Day 08_5.mp3

Q. What has caused the problem?
(A) Budget limit
(B) Web site security
(C) System update
(D) A damaged item

💬 **듣기가 나오기 전, 문제 분석과 보기 키워드 잡기**
- 문제 분석
  스크립트에서 답을 알려주는 단서는 무엇인가?
- 보기 키워드 잡기
  보기 키워드는 명사를 잡는다.

스크립트 분석

M: We're very sorry for the inconvenience. **We had to shut down our Web site due to some security issues for now.** We hope we can run our online system again soon.	남: 불편을 끼쳐드려 매우 죄송합니다. **우리는 지금 보안 문제 때문에 웹사이트를 폐쇄해야 했습니다.** 우리의 온라인 시스템을 곧 다시 운영할 수 있기를 바랍니다.

어휘 inconvenience 불편   shut down 폐쇄하다   security 보안   issue 문제   run 운영하다

문제 분석과 보기 키워드 적용 풀이

Q. What has **caused** the problem?
····➤ because, due to, in order to와 같은 문제가 발생하게 된 이유 / 원인을 말할 때 쓰는 표현이 들리면 답을 확인한다.
(A) Budget limit
(B) Web site security
(C) System update
(D) A damaged item

문제가 발생하게 된 원인은 무엇인가?
예산 제한
웹사이트 보안
시스템 업데이트
손상된 물건

해설 문제가 발생하게 된 이유/원인을 묻는 문제이다. 스크립트에서 이유/원인을 묻는 문제의 정답 단서 표현인 due to를 들려주고, 보기 키워드인 Web site와 security를 그대로 들려준 (B) Web site security가 정답이다.

 Part 4

Part 4 문제가 발생하게 된 이유/원인을 묻는 문제 또한 Part 3와 마찬가지로 문제점을 묻는 문제 유형과 다르기 때문에 서로 정확하게 구분하는 것이 중요하다. 또한 스크립트에서 문제점과 함께 그 이유/원인을 언급할 것이기 때문에, 문제가 발생하게 된 이유/원인을 말할 때 사용되는 표현을 잘 암기해두어야 한다.

Q. What has caused the delay?

(A) Bad weather
(B) Road construction
(C) Traffic jams
(D) An incorrect order

> 🎧 듣기가 나오기 전, 문제 분석과 보기 키워드 잡기
>
> ■ 문제 분석
>   스크립트에서 답을 알려주는 단서는 무엇인가?
>
> ■ 보기 키워드 잡기
>   보기 키워드는 명사를 잡는다.

스크립트 분석

W: Hello, this is Cindy Guards from PGD Trucking leaving a message for Jacqueline Huang. I am updating you on the delivery of your order. Half of your shipment left yesterday, **but because of the foggy and rainy weather, your other half will be delayed.** It should arrive on Friday morning.

여: 안녕하세요. Jacqueline Huang을 위해 메시지를 남기는 PGD Trucking의 Cindy Gurads입니다. 주문에 대한 배송에 대해 알려드리려 합니다. 주문하신 배송품의 반은 어제 떠났습니다만 안개가 낀 비 오는 날씨 때문에 나머지 반은 지연될 것입니다. 그것은 금요일 오전에 도착할 것입니다.

[어휘] **update** 가장 최근의 정보를 알려주다　**leave** 떠나다　**foggy** 안개가 낀　**rainy** 비 오는　**be delayed** 지연되다

문제 분석과 보기 키워드 적용 풀이

Q. What has **caused** the delay?
··· because, due to, in order to와 같은 문제가 발생하게 된 이유 /
원인을 말할 때 쓰는 표현이 들리면 답을 확인한다.

(A) Bad weather
(B) Road construction
(C) Traffic jams
(D) An incorrect order

지연이 발생하게 된 원인은 무엇인가?
좋지 않은 날씨
도로 공사
교통 체증
잘못된 주문

[해설] 문제가 발생하게 된 이유/원인을 묻는 문제이다. 스크립트에서 이유/원인을 묻는 문제의 정답 단서 표현인 because of를 들려주고, 보기 키워드인 weather를 같이 들려준 (A) Bad weather가 정답이다.

출제 포인트

⊙ 이유/원인을 묻는 문제 유형

이유/원인을 묻는 문제 유형은 Part 3와 Part 4의 문제 유형과 정답 단서 표현이 동일하다. 따라서, 문제를 보고 이유/원인을 묻는 문제임을 파악했다면, Part 3와 Part 4 둘 다 스크립트에서 이유/원인을 말할 때 사용되는 표현과 함께 들려주는 것을 정답으로 확인할 수 있다. 다음은 Part 3와 Part 4의 문제 유형으로 문제 내의 반복되는 공통 단어들을 익혀 두자.

Part 3 & Part 4

What has **caused** the problem?
What has **caused** the delay?

⊙ 이유/원인을 묻는 문제의 정답 단서 표현

다음은 Part 3와 Part 4의 이유/원인을 묻는 문제의 정답 단서 표현이다.

Part 3 & Part 4
because, because of
due to
in order to

핵심전략 **4** 다음에 일어날 일을 묻는 문제 유형은 대화 또는 담화의 후반부에서 정답을 들려준다.

다음에 일어날 일을 묻는 문제 유형은 Part 3와 Part 4의 세 문제 중 가장 마지막에 출제된다. 스크립트는 항상 문제 순서대로 들려주기 때문에, 이 유형은 스크립트의 후반부에서 답을 들려줄 것이다. 보기를 모두 읽고 키워드를 파악한 후, 스크립트의 후반부를 집중해서 듣는다. Part 3는 마지막 대화자에게서, Part 4는 담화 지문의 마지막 부분에서 정답 단서가 출제된다.

유형 **3** Part 3: 2인 대화

Part 3의 2인 대화에서 다음에 일어날 일을 묻는 문제는 화자의 성별과 상관없이, 항상 마지막 화자의 말에서 정답을 들려준다.

🎧 Day 08_7.mp3

Q. What will the woman most likely do next?
(A) Submit a job application
(B) Meet with the financial manager
(C) Collect customer feedbacks
(D) Review the presentation materials

> 듣기가 나오기 전, 문제 분석과 보기 키워드 잡기
>
> ■ 문제 분석
> 스크립트에서 답을 알려주는 단서는 무엇인가?
>
> ■ 보기 키워드 잡기
> 보기 키워드는 명사를 잡는다.

스크립트 분석

M: Why don't you show your presentation to Mr. Kennedy beforehand? I think it will be even better if you get some feedback from him.

W: I think so too. **I'll talk to Mr. Kennedy, about good presentation visuals to enhance the presentation before I finalize the presentation slides.** This will help me keep my presentation organized.

남: Kennedy씨에게 먼저 프레젠테이션을 보여주는 게 어떨까요? 그에게 피드백을 받고 나면 훨씬 더 좋아질 것 같네요.

여: 저도 그렇게 생각합니다. **제가 최종적으로 프레젠테이션 슬라이드를 결정짓기에 앞서 Kennedy씨와 프레젠테이션 내용을 탄탄하게 할 수 있는 좋은 프레젠테이션 시각 자료들에 대해 논의하겠습니다.** 이는 제 프레젠테이션이 짜임새를 갖출 수 있도록 도와줄 겁니다.

어휘 presentation 발표, 프레젠테이션   beforehand 사전에, 미리   visuals 시각 자료   enhance 높이다, 향상시키다   finalize 마무리 짓다   keep 유지하다   organize 준비하다, 정리하다

Q. What will the **woman** most likely **do next**?

···▸ 마지막 화자의 말에서 I will / can / should, I'm going to, I have to, Let me, Please, Make sure, Be sure to, Would / Could / Can you, Let's, Let us와 같은 다음에 일어날 일을 말할 때 쓰는 표현이 들리면 답을 확인한다.

(A) Submit a job application
(B) Meet with the financial manager
(C) Collect customer feedbacks
(D) Review the presentation materials

여자는 다음에 무엇을 할 것인가?
취업 신청서를 제출한다.
재무부장과 만난다.
고객의 의견을 수집한다.
프레젠테이션 자료를 검토한다.

해설 다음에 일어날 일을 묻는 문제이다. 마지막 화자가 다음에 일어날 일을 묻는 문제에 대한 정답 단서 표현인 I will을 들려주고, 보기 키워드인 materials가 스크립트에서 visuals로 패러프레이징 되고 presentation을 그대로 들려준 (D) Review the presentation materials가 정답이다.

유형 ④ Part 3: 3인 대화

Part 3의 3인 대화에서 다음에 일어날 일을 묻는 문제는 마지막 화자가 아닌 마지막에서 두 번째 화자에게서 정답이 확인되기도 하므로 스크립트의 후반부를 집중해서 들어야 한다.

🎧 Day 08_8.mp3

Q. What will the speakers most likely do next?

(A) Move desks
(B) Purchase tickets
(C) Go to the airport
(D) Check their emails

듣기가 나오기 전, 문제 분석과 보기 키워드 잡기

■ 문제 분석
스크립트에서 답을 알려주는 단서는 무엇인가?

■ 보기 키워드 잡기
보기 키워드는 명사를 잡는다.

스크립트 분석

M1: Hey, guys! Are we going to the staff garden party after work this evening?

M2: I'd love to, but didn't you hear that it might be canceled? In fact, the whole staff garden party might be called off because of the weather forecast.

M1: I see. Well, I guess there is no choice but to postpone it. We can't have a garden party in the rain.

W: Right. It is definitely disappointing news for me.

M2: Apparently, the event organizers are going to let us know by e-mail sometime this afternoon whether they are going ahead with the party or not. **So we'd better keep an eye on our e-mails.**

W: Well, with a bit of luck, the rain should keep off so that we can go to the staff garden party.

남1: 여러분! 오늘 저녁 일 끝나고 직원 가든파티에 가는 거지요?

남2: 그리고 싶긴 한데, 취소될지도 모른다는 이야기 못 들었어요? 사실, 일기예보 때문에 직원 가든파티 전체가 취소될지도 모른다고 하네요.

남1: 그렇군요. 음, 연기할 수밖에 없겠군요. 비가 오는데 가든파티를 할 수는 없으니까요.

여: 맞아요. 제겐 정말 실망스러운 소식이에요.

남2: 듣자 하니, 행사 준비자가 파티를 진행할지 말지를 오늘 오후에 이메일로 알려줄 거라고 하더군요. **그러니 이메일을 주시하고 있는 것이 좋겠어요.**

여: 음, 약간의 운이 따라서 우리가 직원 가든파티에 갈 수 있도록 비가 오지 않았으면 해요.

PART 3&4

DAY 08

어휘 cancel 취소하다   in fact 사실은, 실은   call off 취소하다   there is no choice but to ~할 수밖에 없다   postpone 연기하다   apparently 보아하니, 듣자하니   organizer 조직자, 주최자   go ahead with ~을 추진하다   keep an eye on ~을 계속 지켜보다   keep off (비/눈 등이) 내리지 않다

문제 분석과 보기 키워드 적용 풀이

Q. What will the **speakers** most likely **do next**?

ᐅᐅ I will/can/should, I'm going to, I have to, Let me, Please, Make sure, Be sure to, Would/Could/Can you, Let's, Let us와 같은 다음에 일어날 일을 말할 때 쓰는 표현이 마지막 화자의 말에서 들리면 답을 확인한다.

(A) Move desks
(B) Purchase tickets
(C) Go to the airport
(D) Check their e-mails

화자들은 나중에 무엇을 할 것 같은가?
책상을 옮긴다.
표를 구매한다.
공항에 간다.
이메일을 확인한다.

해설 화자들이 나중에 할 일에 대해 묻는 문제이다. 대화 후반부의 두 번째 남자의 말에서 keep an eye on이 보기 키워드인 check로 패러프레이징 되고 스크립트의 e-mails를 그대로 들려준 (D) Check their e-mails가 정답이다.

 Part 4

Part 4 다음에 일어날 일을 묻는 문제는 담화 마지막의 첫 번째 문장에서 두 번째 문장 사이에서 정답을 들려 주므로, 스크립트를 끝까지 들어야 하는 경우가 많다. 간혹, 고난도 유형에서 다음에 할 일을 묻는 문제 유형의 단서를 스크립트의 후반부가 아닌 초반부나 중반부에서 언급하는 경우도 있으므로, 마지막 문제까지 키워드를 미리 잡아 놓고 집중해서 듣고 있어야 정답을 놓치지 않는다.

🎧 Day 08_9.mp3

Q. What will listeners probably do next?
(A) Visit the gift shop
(B) Tour a building
(C) Receive event schedules
(D) Submit a list of questions

듣기가 나오기 전, 문제 분석과 보기 키워드 잡기
▪ 문제 분석
스크립트에서 답을 알려주는 단서는 무엇인가?
▪ 보기 키워드 잡기
보기 키워드는 명사를 잡는다.

스크립트 분석

M: We also added 1,200 new books to our shelves. After you have a look around, please join us in the Main Hall on the first floor for some snacks and drinks. And **be sure to stop by our newly opened gift shop** where you can purchase used books and other souvenirs.

남: 저희는 또한 책장에 1,200권에 달하는 신간 도서를 추가했습니다. 한 번 둘러보시고 나서 1층에 있는 메인 홀에 오셔서 간식들과 음료를 함께 드시도록 하세요. 그리고 **저희의 중고 도서와 기념품을 구매할 수 있는 새로 개장한 선물 가게에도 꼭 들러 보세요.**

어휘 add 추가하다, 더하다   have a look around 둘러 보다   join 가입하다, 함께 하다   stop by 잠시 들르다   newly 최근에, 새로   used 중고의   souvenir 기념품

Q. What will listeners probably **do next**?

···▸ 마지막 화자의 말에서 I will/can/should, I'm going to, I have to, Let me, Please, Make sure, Be sure to, Would/Could/Can you, Let's, Let us와 같은 다음에 일어날 일을 말할 때 쓰는 표현이 들리면 답을 확인한다.

청자들은 다음에 무엇을 할 것 같은가?
선물 가게를 방문한다.
건물을 견학한다.
행사 일정표를 받는다.
질문 목록을 제출한다.

(A) Visit the gift shop
(B) Tour a building

···▸ building은 스크립트에서 train station과 같이 더 구체적인 건물로 패러프레이징 되어 언급될 확률이 높으므로 동사를 키워드로 잡는다.

(C) Receive event schedules
(D) Submit a list of questions

[해설] 스크립트의 마지막 문장에서 stop by가 보기 키워드인 visit로 패러프레이징 되고, 보기 키워드인 gift shop을 그대로 들려준 (A) Visit the gift shop이 정답이다.

출제 포인트

⊙ **다음에 일어날 일을 묻는 문제 유형**

다음에 일어날 일을 묻는 문제 유형의 경우, Part 3 대화 지문에서는 성별에 관계없이 마지막 화자의 말에서 정답 단서가 나온다. 단, 3인 대화에서는 스크립트의 마지막 두 번째 화자에게서도 정답 단서가 나오니 유의한다. Part 4 담화 지문의 경우, 담화의 유형에 따라 약간씩 다르게 출제되지만, 문제 내의 반복되는 공통 단어들을 익혀 두면, 문제를 보자마자 문제 유형 파악이 가능할 것이다. 다음의 문제 유형들을 숙지하도록 한다.

Part 3	Part 4
What will the man/woman most likely do **next**? What will the man/woman probably do **next**? What will the speakers most likely do **next**?	**Talk** What will listeners probably do **next**? What are listeners asked to do **next**? What will happen **after** the event? What will take place **after** the talk? **Announcement** What will listeners probably do **next**? What are listeners asked to do **next**? When is the **next** announcement? What do listeners need to do **after** the meeting? **Introduction** What will listeners hear about **next**? **Excerpt from a meeting** What will the listeners mostly likely do **next**? What do listeners need to do **after** the meeting? **Broadcast, News Report** What will listeners most likely hear **next**?

⊙ 다음에 일어날 일을 묻는 문제의 정답 단서 표현

이 문제 유형은 다음과 같은 정답 단서 표현 외에도 Part 3는 마지막 화자, Part 4는 스크립트의 후반부에서 정답을 들려준다. 마지막에 무엇을 하자고 제안하거나, 무엇을 할 계획이다, 또는 무엇을 할 누구를 맞이해달라는 경우 거기서 정답의 힌트를 찾으면 된다. 이렇게 자주 등장하는 질문과 그때 등장하는 대사를 표로 정리하면 다음과 같다.

질문	대사
Why ~ calling? What ~ purpose? What ~ want?	I am calling to/about/for/because I'd like to I was wondering if
What ~ problem/worried/concerned? unable to do can't issue	But / However / Unfortunately I'm afraid Sorry to
What ~ ask/suggest?	Please ~ Make sure ~ Could ~? Would you mind ~? Why don't you ~? How about ~? You should/need to
What ~ will do? What ~ going to do? What ~ offer to do(=will do)? What ~ do next?	I will / I am going to / I'll have to / I can / let me / let's

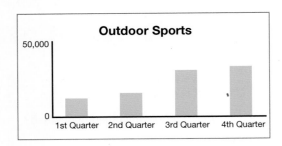

Part 3

1. What did the man do in Brazil?
   (A) Visit his relatives
   (B) Open a new branch office
   (C) Organize a trade fair
   (D) Look for new suppliers

2. What problem does the man mention?
   (A) A contract has expired.
   (B) A vendor did not meet the standards.
   (C) Some produce is expensive.
   (D) Weather conditions are not favorable.

3. What does the woman suggest the man do?
   (A) Use another shipping method
   (B) Hiring a local agency
   (C) Move to a larger booth
   (D) Order a small quantity

Outdoor Sports

50,000

0

1st Quarter   2nd Quarter   3rd Quarter   4th Quarter

4. Where do the speakers work?
   (A) At a printing shop
   (B) At an advertising company
   (C) At a magazine publisher
   (D) At a sporting goods store

5. Look at the graphic. When did the competitor start a new service?
   (A) In the first quarter
   (B) In the second quarter
   (C) In the third quarter
   (D) In the fourth quarter

6. What will the man do next?
   (A) Make travel arrangements
   (B) Present a proposal
   (C) Contact a vendor
   (D) Make a copy of a document

Part 4

7. What is the talk mainly about?
   (A) Maintaining city parks
   (B) Establishing a non-profit
       organization
   (C) Organizing an awards ceremony
   (D) Advertising a city festival

8. What problem does the speaker
   mention?
   (A) A small event venue
   (B) An online register system
   (C) A lack of volunteers
   (D) An increased shipping rate

9. What are the listeners asked to do?
   (A) Nominate some candidates
   (B) Sign up for events
   (C) Pay a deposit in advance
   (D) Donate some tools

----

10. Where does the speaker probably
    work?
    (A) At a manufacturing company
    (B) At an employment agency
    (C) At an architectural firm
    (D) At an advertising agency

11. Why does the speaker say, "Actually,
    this is not what I want from you"?
    (A) To extend an invitation
    (B) To offer an opinion
    (C) To explain a procedure
    (D) To express excitement

12. What does the speaker suggest the
    listener do?
    (A) Refer to some work samples
    (B) Consult a client
    (C) Conduct a customer survey
    (D) Evaluate a coworker's performance

말하지 않아도 알아요~

의도 파악 문제

DAY 9 음원
바로 듣기

동영상 강의
바로 보기

화자 의도 파악 문제는 Part 3와 4의 스크립트에서 특정 문장을 그대로 발췌하여, 문장의 사전적 의미가 아닌 문맥상 화자의 의도를 유추하는 문제 유형이다. 화자 의도 파악 문제는 Part 3에서 2~3문제가 출제되고 Part 4에서도 2~3문제가 출제되니, Part 3과 Part 4를 통틀어 매회 총 5문제가 출제된다고 생각하면 된다.

화자 의도 파악 문제는 지문의 흐름을 잘 파악하고, 해당 문장의 사전적인 의미보다 화자가 한 말의 속뜻을 제대로 간파할 수 있어야 한다. 이 문제 유형이 어려운 이유는 화자가 기분이 좋은지 나쁜지에 따라 동일한 문장도 다른 의미를 가질 수 있기 때문이다. 예를 들어, 상황이 아주 나쁜데 "That is great."이라고 말하는 건 상황이 실제로 좋다는 말이 아닌 반어법을 사용한 비꼬는 어투인 것을 알 수 있다.

화자 의도 파악 문제는 다른 유추 문제들처럼 스크립트에서 키워드를 그대로 들려주지 않고 패러프레이징 된 정답이 출제된다. 그러므로 따옴표 내의 문장을 문제 키워드로 잡고, 문제 키워드 문장과 보기 키워드들을 대조하며 들어야 한다. 보기 키워드를 잡을 때, 명사가 동사보다 유의어 및 동의어 표현이 적어 패러프레이징 되지 않을 확률이 높기 때문에, 보기 키워드는 명사로 잡고 푼다.

> **이런 문제가 출제된다!**
> 문맥상 화자가 한 말의 의도를 파악하는 문제

이 유형은 스크립트에서 문장 하나를 그대로 발췌하여 문장의 사전적 의미가 아닌 문맥상 화자의 숨은 의도를 유추하는 문제이다. 보기 키워드가 스크립트에 그대로 나오지 않고 패러프레이징 되어 나오므로, 평소에 다양한 유의어 및 동의어 표현을 많이 암기해두어 문제를 풀 때 순발력 있게 대처할 수 있도록 해야 한다.

따옴표 내에 있는 영어 문장이 일반적인 표현인 경우, 그 말이 나오기 전과 후에 나온 말을 거들기 위해 나왔다고 보는 것이 합리적이다. 세 문제를 독해하는 30초 동안 따옴표 내에 있는 문장을 이해하고 각각의 보기를 '그래서, 왜냐하면' 이라는 말로 연결시켜보고 읽어보자. 그 중 적당히 시나리오가 나올 것 같은 녀석들이 있다면 눈에 담아두자. 음원이 나오는데 마침 그 시나리오 중 하나가 있다면 크게 어렵지 않다. 해당 표현이 나오기 전과 후를 고려하여 보기에서 화자의 의도를 골라내면 된다.

우리말로 예시를 들면 이렇다.

1. 남자는 왜 **"별일 없을 겁니다."**라는 말을 하는가?
   가. 회의 진행은 어렵지 않다.
   나. 맡은 업무가 없다.
   다. 계획이 실패했다.
   라. 제출한 서류는 쉽게 승인 받을 것이다.

별일 없을 겁니다. 그래서
가. 회의 진행은 어렵지 않다.
나. 맡은 업무가 없다.
다. 계획이 실패했다.
라. 제출한 서류는 쉽게 받을 것이다.

원어민인 여러분이 보았을 때 당연히 '가'와 '라'가 말이 된다고 생각할 것이다. 영어로도 똑같이 하면 충분히 미리 예상할 수 있다.

 Part 3: 2인 대화

Part 3의 2인 대화에서 의도 파악 문제는 따옴표 내의 문장을 키워드로 잡고, 해당 문장의 앞뒤에서 화자의 숨은 의도를 유추해야 한다. 주로 따옴표 내의 문장이 언급되기 전에 그 문장의 의도를 파악할 수 있는 단서 문장들을 들려 주며, 따옴표 내의 문장을 언급한 화자의 성별과 다른 화자가 정답 단서를 들려주기 때문에 지문 전체를 자세히 들어야 한다. 예를 들어, 따옴표 내의 문장을 남자가 언급했다면, 정답 단서는 여자가 말해줄 확률이 높다.

Q. What does the man imply when he says, "My train will depart from Clanton Town at 2:00"?

(A) He wants to stay more at Homer City.

(B) He recommends taking a taxi instead of the train.

(C) He usually travels to the city by train.

(D) He cannot accept the woman's suggestion.

듣기가 나오기 전, 문제 분석과 보기 키워드 잡기

■ 문제 분석
문제의 "My train will depart from Clanton Town at 2:00"을 키워드로 잡았는가?

■ 보기 키워드 잡기
화자 의도 파악 문제는 정답이 패러프레이징 되어 나오므로 주의한다.

스크립트 분석

W: Thank you for calling Homer City Eye Clinic. This is Melinda speaking. How can I help you?

M: Good morning. I'm Chris Allan. I am scheduled to visit this morning for taking a vision test but I have an urgent thing to take care of. Can you move it to the afternoon if any appointment spot is available?

W: I can find time for you. Wait a second... I'm looking at our daily schedule. There are a few openings this afternoon. **Is 2 P.M. fine with you?**

M: **My train will depart from Clanton Town at 2:00.**

W: Oh, I see, **how about 4:00** if you don't mind seeing Dr. Nolan instead of Dr. Dean?

M: No problem. Thank you so much.

여: Homer City 안과에 전화해주셔서 감사합니다. 저는 Melina입니다. 무엇을 도와 드릴까요?

남: 안녕하세요. 저는 Chris Allan입니다. 제가 시력 검사를 위해 오늘 오전에 방문하도록 일정이 잡혀 있습니다만, 급하게 처리해야 할 일이 있어서요. 가능한 예약 시간대가 있다면 오후로 옮겨주실 수 있나요?

여: 제가 한번 찾아보도록 하겠습니다. 잠시만요... 지금 예약 현황을 보고 있는데요. 오후에 비는 시간이 몇 개 있습니다. **2시면 괜찮을까요?**

남: 제 기차편이 Clanton Town에서 2시에 출발할 예정이에요.

여: 아, 그렇군요. 그럼 Dean 의사 대신에 Nolan 의사를 만나도 괜찮으시다면 **4시는 어떤가요?**

남: 좋습니다. 감사합니다.

어휘 vision test 시력 검사   urgent 긴급한   spot 부분, 순서   opening 빈자리, 공석, 결원

Q. What does the man imply when he says, "My train will depart from Clanton Town at 2:00"?

···› 따옴표 내의 문장을 키워드로 잡고, 해당 문장과 보기 키워드가 함께 들린 것이 정답이다.

(A) He wants to stay more at Homer City.

···› 키워드를 Homer City로 잡지 않는 것은 (C)에도 city라는 키워드가 있기 때문이다. 보기들끼리 겹치는 키워드를 잡으면 들을 때 헷갈리기 쉽다.

(B) He recommends taking a taxi instead of the train.

···› 문제 키워드와 동일한 단어인 train은 키워드로 잡지 않는다.

(C) He usually travels to the city by train.

···› (A)에 Homer City가 있으므로 다른 명사를 키워드로 잡는다.

(D) He cannot accept the woman's suggestion.

···› suggestion을 보고, 스크립트에서 제안할 때 쓰이는 청유의문문인 Can you ~?, Would you ~?와 같은 의문문을 언급하는지 주의해서 듣는다.

남자가 "제 기차편이 Clanton Town에서 2시에 출발할 예정이에요."라고 말할 때의 의도는 무엇인가?
그는 Homer City에서 더 머물고 싶다.
그는 기차보다 택시를 타는 것을 더 추천한다.
그는 주로 도시를 기차로 다닌다.
그는 여자의 제안을 수락할 수 없다.

[해설] 문제 키워드인 남자의 말 앞뒤로 상대방 여자가 제안을 하는 의문문(Is 2 P.M. fine with you?, Oh, I see, how about 4:00 ~)을 언급하였다. 여자가 2시가 괜찮은지 묻고 남자가 "My train will depart from Clanton Town at 2:00"을 말하자 다시 여자가 4시가 어떤지 한 번 더 물었기 때문에, 남자는 여자의 첫 번째 제안에 거절하는 의미로 말한 것임을 유추할 수 있다. 그러므로 정답은 (D) He cannot accept the woman's suggestion.이다.

 Part 3: 3인 대화

Part 3의 3인 대화 지문에서 의도 파악 문제는 마지막 화자가 아닌 마지막에서 두 번째 화자에게서 정답이 확인될 수 있으므로 스크립트의 후반부를 집중해서 들어야 한다.

🎧 Day 09_2.mp3

Q. Why does the woman say, "No worries"?

(A) She has nothing to worry about.
(B) She is very satisfied with a test result.
(C) She is trying to help her colleagues calm down.
(D) She can get the necessary information.

듣기가 나오기 전, 문제 분석과 보기 키워드 잡기

■ 문제 분석
문제의 "No worries"를 키워드로 잡았는가?

■ 보기 키워드 잡기
화자 의도 파악 문제는 정답이 패러프레이징 되어 나오므로 주의한다.

M1: Frank, did you hear that our new educational management software is almost ready for launch? We can start promoting it now. It'll be on sale from June 5.

M2: That's good news. Quite a few of my customers have already expressed an interest in purchasing it.

W: Yes, my contacts also seem keen. Don't you guys think this would be a great opportunity to try some of the sales techniques for advertising new products that we learned in the sales training course last month?

M2: My thoughts exactly, Stacy. We can present how we developed this product in close consultation with key customers in the sector.

M1: But **we need a list of key customers and their contact information.**

W: **No worries.** After lunch, I'll ask the sales head to share them with us.

남: Frank, 새로운 교육 관리 소프트웨어 출시 준비가 거의 되었다는 소식 들었어요? 이제 홍보를 시작할 수 있어요. 6월 5일부터 판매 될 거예요.

남2: 그거 좋은 소식이네요. 제 고객들의 상당수 가 이미 그걸 구매하는 데 관심을 보였어요.

여: 네, 제 판매처들도 관심이 많은 것 같아요. 우 리가 지난달 영업 교육 과정에서 배운 신제품 홍보 판매 전략을 시도해볼 좋은 기회라고 생 각하지 않아요?

남2: 제 생각도 바로 그래요, Stacy. 이 분야의 핵심 고객들과 긴밀히 상의해서 어떻게 이 제품을 개발했는지 소개할 수 있을 거예요.

남1: 하지만 **핵심 고객 목록과 그들의 연락처가 필요해요.**

여: **걱정 말아요.** 점심 식사 후에 영업 부장님께 그 정보들을 공유해달라고 요청할게요.

[어휘] management 관리, 운영 launch 출시하다, 출시 promote 홍보하다 on sale 판매되는 quite a few of 상당수의 express an interest in ~에 관심을 보이다 purchase 구매하다 contacts (pl.) 연줄, 판매선 keen 대단히 관심이 많은 training course 교육 과정 present 소개하다 develop 개발하다 in close consultation with ~와 긴밀히 상의하여 sector 분야

문제 분석과 보기 키워드 적용 풀이

Q. Why does the woman say, "No worries"?

···➤ 따옴표 내의 문장을 키워드로 잡고, 해당 문장과 보기 키워드가 함께 들린 것이 정답이다.

(A) She has **nothing to worry about.**

···➤ worry는 problem, concerned와 같은 표현들로 패러프레이징 될 수 있다.

(B) She is very satisfied with a **test result.**

···➤ test는 그대로 들려줄 수 있지만, result는 다양한 내용으로 풀어서 들려줄 수 있음에 유의한다.

(C) She is trying to help her colleagues **calm down.**

···➤ calm down이 패러프레이징 될 수 있는 표현을 미리 예상해 본다.

(D) She can get the necessary information.

···➤ information은 정보 내용을 다양한 내용으로 풀어서 들려줄 수 있다는 점에 유의한다.

여자가 "걱정 말아요."라고 말하는 이유는 무엇 인가?
걱정거리가 없다.
테스트 결과에 매우 만족하고 있다.
직장 동료들이 진정할 수 있도록 도움을 주고자 노력하고 있다.
필요한 정보를 구할 수 있다.

[해설] 여자가 문제 키워드인 "No worries"를 말하기 바로 전에, 남자가 we need a list of key customers and their contact information.이라 했다. 그러므로 여자의 의도는 목록이 필요하다는 남자의 말에 대해서 답변한 것이 므로 스크립트의 need가 보기에서 necessary로, a list ~ contact information이 information으로 패러프레이징 된 (D) She can get the necessary information.이 정답이다.

Part 4 담화 지문에서 따옴표 내의 문장이 언급되기 바로 전 문장뿐만 아니라 그 다음 문장까지 듣고 풀어야 한다. 또한 스크립트에서는 보기 키워드가 패러프레이징 되어 출제되기 때문에 상당한 집중력과 어휘력을 요한다. 이 유형은 문제 키워드인 따옴표 내의 문장과 따옴표 내의 문장 앞뒤에서 함께 들리는 키워드가 있는 보기가 정답이 된다.

🎧 Day 09_3.mp3

Q. What does the man imply when he say, "3 hours are too small"?
- (A) He needs more hours to complete a task.
- (B) He is excited about the show.
- (C) He thinks there may be a mistake.
- (D) He wants to extend the invitation.

듣기가 나오기 전, 문제 분석과 보기 키워드 잡기

■ 문제 분석
문제에서 "3 hours are too small"을 키워드로 잡았는가?

■ 보기 키워드 잡기
화자 의도 파악 문제는 정답이 패러프레이징 되어 나오므로 주의한다.

스크립트 분석

M: Hello, Emily. It's Arroyo from the payroll department. I'm calling about the hours you worked last week. I think I have to check them before I issue your paycheck because **hmm... 3 hours are too small.** According to the daily working hours slips you submitted, it should be more than that.

남: 안녕하세요, Emily. 경리부의 Arroyo입니다. 지난주 근무하신 시간 때문에 전화 드렸습니다. 급여를 드리기 전에 확인해야 할 것 같아요. 음... 세 시간은 너무 적어요. 제출하신 하루 업무 시간을 적은 용지에 의하면, 그보다 많아야 할 것 같아서요.

어휘 **payroll department** 급여 지급 부서, 경리부　**issue** 발부/지급하다　**paycheck** 급여　**slip** (작은 종이) 조각, 쪽지

문제 분석과 보기 키워드 적용 풀이

Q. What does the man imply when he say, "3 hours are too small"?

⋯ 따옴표 내의 문장을 키워드로 잡고, 해당 문장과 보기 키워드가 함께 들린 것이 정답이다.

(A) He **needs more hours** to complete a **task**.

⋯ task는 work, assignment와 마찬가지로 '업무, 일'의 뜻을 가진 명사로, 스크립트에서 더 구체적으로 패러프레이징 될 확률이 높으므로 다른 명사나 동사를 키워드로 잡는다.

(B) He is **excited** about the **show**.

⋯ show는 '공연, 프로그램'의 뜻을 가진 명사로 스크립트에서 공연, 프로그램 제목으로 들려줄 것이므로 다른 명사나 동사를 키워드로 잡는다.

(C) He thinks there may be a mistake.
(D) He wants to extend the **invitation**.

화자가 "세 시간은 너무 적어요."라고 말할 때의 의도는 무엇인가?
일을 끝내기 위해 시간이 더 필요하다.
공연에 대해 신난다.
실수가 있었을 것이라고 생각한다.
초대를 하고 싶어한다.

해설　따옴표 내의 문장을 키워드로 잡고 스크립트에서 해당 문장과 함께 들려주는 보기 키워드를 정답으로 선택한다. 문제 키워드인 문장 바로 앞에서 hmm... 이라는 표현을 들려 주었다. 이것은 문제가 발생했거나 곤란한 상황일 때 쓰이는 표현이다. Hmm과 however, problem과 같은 단어가 따옴표 앞에서 들린다면, 부정적인 의미의 단어를 정답으로 고르는 것도 방법이다. 따라서, (C) He thinks there may be a mistake.이다.

Part 3

1. What does the man ask for?
   (A) A completed form
   (B) A photo ID
   (C) A signed contract
   (D) An order confirmation number

2. Why does the man say, "That's beyond my ability"?
   (A) To give advice
   (B) To indicate an error
   (C) To clarify a statement
   (D) To decline a request

3. What will the man do next?
   (A) Order printer cartridges
   (B) Consult his supervisor
   (C) Fill out a new form
   (D) Send an e-mail

----

4. Why does the woman like the user's manual?
   (A) It is short.
   (B) It is easy to understand.
   (C) It was turned in very early.
   (D) It is colorful.

5. What does the woman imply when she says, "most user's manuals have the product name and exact model number on the front page"?
   (A) She thinks there should be some modifications.
   (B) She wants to make an excuse.
   (C) She would like to compliment his work.
   (D) She cannot approve a deadline extension.

6. According to the woman, what will happen on Monday?
   (A) A business trip
   (B) A grand opening
   (C) A factory closure
   (D) A teleconference

Part 4

7. Where most likely is the speaker?
   (A) In his office
   (B) At a radio station
   (C) At an airport
   (D) In a taxi

8. What does the speaker imply when he says "I can't believe it"?
   (A) He is excited.
   (B) He is annoyed.
   (C) He is satisfied.
   (D) He is tired.

9. What does the speaker request that the listener do?
   (A) Visit the security desk
   (B) Give a key
   (C) Issue a temporary ID
   (D) Call him back

----

10. According to the speaker, what is the problem?
    (A) He is late for a client meeting.
    (B) He has a scheduling conflict.
    (C) He has difficulty finding the office.
    (D) He has a malfunctioning device.

11. What is scheduled for the afternoon?
    (A) A trade fair
    (B) A presentation
    (C) A software update
    (D) A business travel

12. Why does the speaker say, "I know there will be heavy traffic"?
    (A) To show another route
    (B) To express apology for an inconvenience
    (C) To suggest using public transportation
    (D) To remind Christina to leave earlier

PART 3&4

DAY 09

눈과 귀를
동시에 사용하자!

시각 정보 문제

DAY 10 음원
바로 듣기

동영상 강의
바로 보기

시각 정보 문제는 Part 3와 Part 4를 통틀어 매회 총 5문제가 출제되며, 우리가 일상에서 쉽게 접할 수 있는 도표나 그래프를 기존 대화 또는 담화 지문과 연결 지어 푸는 문제 유형이다. 시각 정보 문제는 수험생들에게 낯선 유형일 뿐, 문제 자체의 난이도는 높지 않다. 수학적 계산을 하는 것이 아닌, 단순히 스크립트의 단서를 가지고 시각 정보를 동시에 확인하면 되기 때문에, 그리 어렵지 않게 해결할 수 있다.

시각 정보 문제는 다른 문제 유형들과 달리 보기에 있는 어휘가 스크립트에서 그대로 들려 주면 오답일 확률이 높다고 보면 된다. 왜냐하면 시각 정보 없이 문제와 보기로만 정답이 확인 가능한 문제라면 굳이 시각 정보 자료가 제시될 필요가 없기 때문이다. 시각 정보 자료에는 주로 두 가지 항목이 제시되며, 그중 하나는 이미 보기에 나와있는 항목이다. 따라서, 시각 정보 문제는 보기에 제시되지 않는 시각 정보 부분에 표시하고 그 부분을 집중해서 듣는다.

> **이런 문제가 출제된다!**
> 문제 키워드와 시각 정보로 정답을 찾는 문제

시각 정보 문제 역시 지시문이 나오는 동안, 문제에서 키워드를 잡아두고 시각 정보를 훑어본다. 한 가지 주의할 점은 시각 정보 문제에서는 보기 키워드를 잡지 않는다. 왜냐하면 보기 키워드가 스크립트에서 그대로 나온다면 굳이 시각 정보를 연계해서 풀 필요가 없기 때문이다. 따라서, 이 문제 유형은 보기는 간단히 훑고, 시각 정보에서 보기에 언급되지 않은 부분을 중점적으로 봐야 한다. 또한, 시각 정보 문제는 다른 문제 유형들과 달리 보기에 있는 어휘가 그대로 들리면 오답일 확률이 높으므로 문제 키워드만을 가지고 주어진 시각 정보를 보며 정답을 찾는다.

유형 **1** Part 3

문제 키워드를 잡고 보기를 훑어본 수, 시각 정보에서 보기에 없는 부분에 표시하고 그 부분을 집중해서 듣는다.

🎧 Day 10_1.mp3

Admission Price per Person	
University student	$8
Group of 10 or more	$12
Member	$5
Nonmember	$20

Q. Look at the graphic. What ticket price will the speakers probably pay?
(A) $8
(B) $12
(C) $15
(D) $20

**듣기가 나오기 전,
문제 분석과 보기 키워드 잡기**

- 문제 분석
  문제 키워드는 무엇인가?

- 보기 키워드 잡기
  시각 정보 문제는 보기 키워드를 잡지 않는다.

스크립트 분석

W: Tom, there's a new theater production opening at the town playhouse and some of us from work are planning to go. Are you interested?

M: Sure, I've heard it's a good play. **How much do tickets cost?**

W: It depends. Look here's the information. **We already have more than ten people interested**, so we should qualify for that price.

M: That's certainly reasonable. Would that be for this weekend?

W: Yes, after work on Friday. Do you want to go?

M: Sure. Are you going to order the tickets?

W: No, Mary Jane in the Finance Department is. You could give her a call and let her know to include you.

여: Tom, 새로운 연극 공연이 소도시 극장에서 열린다고 해서 직장 동료들 몇 명과 함께 가려고 하는데요. 혹시 관심 있으세요?

남: 물론이죠. 좋은 연극이라고 들었어요. **티켓은 얼마인가요?**

여: 그건 때에 따라 달라요. 여기 보시면 정보가 있어요. **우리는 벌써 10명 이상의 관심 있는 사람들이 있어서,** 우리는 그 가격의 자격이 되는 것 같아요.

남: 그거 참 합리적이네요. 그게 이번 주 주말인가요?

여: 네, 금요일 퇴근 후에요. 가시겠어요?

남: 물론이죠. 티켓 주문하실 건가요?

여: 아니요, 재무팀에 있는 Mary Jane이 할 겁니다. 그녀에게 전화를 걸어 당신 것도 포함해 달라고 하세요.

어휘 **production** 제작, 연출, 상연 **opening** 개막식 **playhouse** 극장 **qualify** ~할 자격/권리가 있다 **reasonable** 합리적인

Admission Price per Person	
University student	$8
Group of 10 or more	$12
Member	$5
Nonmember	$20

인당 입장료	
대학생	8달러
10명 이상의 단체	12달러
회원	15달러
비회원	20달러

Q. Look at the graphic. What ticket price will the speakers probably pay?

···➔ 문제 키워드와 시각 정보를 함께 확인한다.

(A) $8
(B) $12
(C) $15
(D) $20

보기가 모두 시각 정보의 우측에 제시된 금액 부분이므로 듣기가 시작되면, 시각 정보에서 제시되지 않은 시각 정보 좌측을 보며 스크립트를 집중해서 듣는다.

시각 정보를 보시오. 화자들은 티켓 가격을 얼마나 지불할 것인가?
8달러
12달러
15달러
20달러

해설 스크립트에서 문제 키워드인 pay를 cost로 패러프레이징해서 언급한 부분에서 문제의 정답 단서라 나올 것임을 알 수 있다. 이후 여자가 more than ten people이라고 하며 보기에서 언급되지 않은 시각 정보를 언급했으므로, 시각 정보 좌측 항목에서 이를 확인하면 정답은 (B) $12이다.

유형 2 Part 4

문제 키워드를 잡고 보기를 훑어본 후, 시각 정보에서 보기에 없는 부분에 표시하고 그 부분을 집중해서 듣는다.

🎧 Day 10_2.mp3

Expense Report		
DATE	DESCRIPTION	AMOUNT
June 3	Car Rental	$125
June 6	Restaurant	$30
June 11	Hotel	$250
June 102	Parking	$45

Q. Look at the graphic. Which expense needs to be confirmed?

(A) Car rental
(B) Restaurant
(C) Hotel
(D) Parking

**듣기가 나오기 전,
문제 분석과 보기 키워드 잡기**

■ 문제 분석
문제 키워드는 무엇인가?

■ 보기 키워드 잡기
시각 정보 문제는 보기 키워드를 잡지 않는다.

M: Hi, Julia. It's Carlos from Accounting. I'm looking at the expense report you submitted for your recent sales trip to San Francisco, and it looks like one of the receipts is missing. **I see you are requesting reimbursement for an expense of $30 on June 6,** but I can't find the receipt for it. It wasn't included with your report. **I'll need that to process payment.** If you don't have it anymore, give me a call and I'll explain what the procedure is for requesting reimbursement without a receipt.

남: 안녕하세요, Julia. 회계 부서의 Carlos입니다. 제가 지금 당신이 제출한 최근 San Francisco로의 영업 출장에 대한 경비 보고서를 보고 있습니다. 그리고 보니까 영수증 하나가 누락된 것 같은데요. **당신이 6월 6일 30달러의 비용에 대한 상환을 요청하신 걸로 확인됩니다만,** 그것에 대한 영수증을 찾을 수가 없네요. 이건 당신의 보고서에 포함되지 않았어요. **제가 지불을 처리하려면 그것이 필요합니다.** 만약 더 이상 가지고 있지 않다면, 저에게 전화를 주시면 영수증 없이 상환을 요청하신 것에 대해 어떤 절차가 있는지 설명 드릴게요.

어휘 | **expense** 비용, 경비　**receipt** 영수증　**missing** 없어진　**reimbursement** 상환　**process** 처리하다　**procedure** 절차, 방법

문제 분석과 보기 키워드 적용 풀이

Expense Report		
DATE	**DESCRIPTION**	**AMOUNT**
June 3	Car Rental	$125
June 6	**Restaurant**	**$30**
June 11	Hotel	$250
June 102	Parking	$45

Expense Report		
날짜	상세 내용	금액
6월 3일	자동차 렌트	125달러
6월 6일	레스토랑	30달러
6월 11일	호텔	250달러
6월 12일	주차	45달러

시각 정보를 보시오. 화자들은 티켓 가격을 얼마나 지불할 것인가?

자동차 렌트
레스토랑
호텔
주차

Q. Look at the graphic. Which expense needs to be **confirmed**?

⋯⋯ 문제 키워드와 시각 정보를 함께 확인한다.

(A) Car rental
(B) **Restaurant**
(C) Hotel
(D) Parking

⋯⋯ 보기가 모두 시각 정보의 중앙에 제시된 정보이므로 듣기가 시작되면, 시각 정보 좌측과 우측을 보며 스크립트를 집중해서 듣는다.

해설 | 스크립트에서 문제 키워드인 confirmed이 I see로 패러프레이징해서 언급한 부분에서 문제의 정답 단서가 나올 것임을 알 수 있다. 해당 문장에서 $30 on June 6라 했으므로, 시각 정보에서 이를 확인하면 (B) Restaurant이 정답이다.

⊙ 시각 정보 자료 유형: 지도(Map) & 평면도(Floor plan)

이 시각 정보 유형은 지도(map), 평면도(floor plan), 좌석 배치도(seating chart), 지하철 지도 (subway map) 등을 나타낸 시각 정보 자료를 가리킨다. 문제에서는 특정한 장소를 주로 묻기 때문에, 위치나 방향을 나타내는 표현을 집중해서 듣는다.

- **Map**

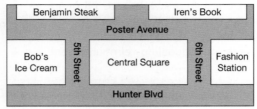

건물과 도로명이 함께 제시된 지도로 문제에서는 폐쇄되거나 또는 공사로 인해 영향을 받는 도로 및 건물을 묻는 문제가 주로 출제된다. 스크립트에서 문제 키워드와 함께 같이 들리는 도로명을 집중해서 듣는다.

- **Subway Map**

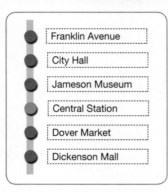

역 이름이 제시된 지도로 하차할 역에 대한 문제가 주로 출제된다. 스크립트에서 하차할 역 이름을 그대로 들려주지 않으므로, 특정 역 이름과 함께 나오는 위치 표현을 집중해서 듣는다.

- **Floor Plan**

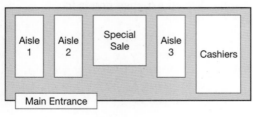

장소를 숫자로 표시한 평면도로 특정 장소를 묻는 문제가 주로 출제된다. floor plan에 있는 장소와 함께 behind(뒤에), next to(옆에), across from(건너편에), opposite(반대편에), closest(가장 가까운), center(중앙에) 등의 위치나 방향을 나타내는 표현을 집중해서 듣는다.

⊙ 시각 정보 자료 유형: 그래프(Graph)

이 시각 정보 유형은 설문 조사 결과, 판매량, 시장 점유율 등을 막대(bar graph), 선 그래프(line graph/chart), 그리고 원 그래프(pie chart/graph)로 나타낸 시각 정보 자료를 가리킨다. 이 유형은 주로 수치를 묻는 문제가 출제되므로, 수치나 최상급을 나타내는 표현을 집중해서 듣는다.

• **Bar graph**

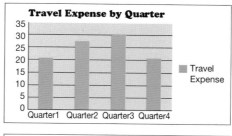

분기별 여행 비용을 나타낸 막대 그래프로 문제에서는 주로 가장 많이 또는 적게 소비한 분기를 묻는다. 즉, 스크립트에서 the highest(가장 높은), the second highest(두 번째로 높은)라고 언급한 부분을 집중해서 듣고 시각 정보에서 분기를 확인한다. 또한 막대 그래프의 세로에 놓인 수치를 들려주는 경우도 있으므로 눈여겨봐 두어야 한다.

• **Pie chart**

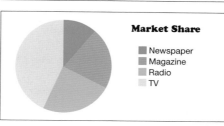

시장 점유율을 나타낸 원 그래프로 문제에서는 주로 가장 많이 또는 적게 차지한 항목을 묻는다. 즉, 스크립트에서 the largest(가장 큰), the smallest(가장 적은), the second biggest(두 번째로 큰)라고 언급한 부분을 집중해서 듣고 시각 정보를 확인한다.

⊙ 시각 정보 자료 유형: 목록(List) & 표(Table)

이 시각 정보 유형은 일정표(schedule), 표(chart), 표/목록(table), 예산 보고서(budget report), 안내 책자(directory), 영수증(receipt) 등의 목록화된 시각 정보 자료를 가리킨다. 이 유형은 문제의 키워드를 찾고, 시각 정보에서는 보기에서 언급되지 않은 항목을 눈여겨보면서 스크립트를 듣는다.

• **Price chart**

Mobile Plans	Rates (per month)
6 months	$85
One year	$75
Two years	$65
Prepaid	$100

월 요금이 얼마인지 물어보는 가격표로 보기에서 금액이 제시되면, 스크립트에서는 어떤 요금제를 사용하는지를 집중해서 듣고 이것을 시각 정보에서 확인한다.

• **Table**

Customer Survey Result	
Design	★★★
Durability	★★★★
Battery life	★★★★
Mobility	★★★★★

고객 설문 조사에 따른 결과표로 문제에서는 주로 가장 결과가 좋거나 나쁜 것을 묻는다. 스크립트에서 평가와 관련한 내용을 집중해서 듣고 이것을 시각 정보에서 확인한다.

• **Directory**

Building Directory	
Thompson Law	312
Pearson Publication	412
Diamond Design	426
Benson Food, Inc.	513

건물 내의 회사들의 이름과 호수를 안내하는 안내 책자이다. 주로 문제에서 특정 회사의 이름을 묻고, 보기에서는 그 회사의 호수를 제시한다. 따라서, 스크립트에서 회사 이름을 집중해서 듣고 이것을 시각 정보에서 확인한다.

⊙ 시각 정보 자료 유형: 기타

이 시각 정보 유형은 쿠폰(coupon), 탑승권(boarding pass), 기상 예보(weather report) 등으로 정형화되지 않은 시각 정보가 출제된다. 이 유형은 문제 키워드를 더욱 더 집중해서 들어야 하고, 시각 정보를 전반적으로 살펴두어야 한다.

• Boarding pass

Express Train

Harris burg - Philadelphia

Departure: 16 Apr 2017
Train No. PD304
Platform: 5
Couch: 8   Seat: 34 D

↪ 기차나 비행기 탑승권과 관련된 시각 정보는 주로 변경된 것을 묻는다. 보기에 제시된 내용을 시각 정보에서 눈여겨보며 문제 키워드를 집중해서 듣는다.

• Coupon

Free Dessert Coupon

Purchase one or more lunch specials
Valid until 20 Dec 2017
Print and present it to the waiter

↪ 할인 또는 상품권에 관련된 시각 정보로 주로 쿠폰 사용 여부를 묻는다. 보기에 제시된 내용에 해당하는 부분을 시각 정보에서 눈여겨보며 문제 키워드를 집중해서 듣는다.

• Weather Report

March 12	March 14	March 15	March 16	March 17
☀	☁	🌧	☁	❄

↪ 날짜과 날씨가 그림으로 제시된 시각 정보로 주로 특정한 행사가 진행될 날짜를 묻는다. 스크립트에서 날짜를 그대로 들려주지 않고 날씨를 들려줘서 요일을 확인하게 하거나 right after(다음), before(전에)를 날씨와 함께 들려주므로 문제 키워드와 함께 날씨 표현을 집중해서 듣는다.

◉ 그래프에서 '정도'를 나타내는 표현

- The highest sales record 가장 높은 판매 기록
- The second highest sales record 두 번째로 높은 판매 기록
- The lowest sales record 가장 낮은 판매 기록
- The second lowest sales record 두 번째로 낮은 판매 기록
- As you can see, we marked the most/highest ~
  보시다시피, 저희는 가장 많은/높은 ~을 기록했습니다
- As you can see, the sales dropped significantly the following month.
  보시다시피, 다음 달에 판매가 현저하게 떨어졌습니다.
- Here, the number of participants skyrocketed. 여기, 참가자의 수가 급격히 상승했습니다.
- The biggest portion is 가장 큰 부분을 차지하는 것은 (*파이 차트의 경우)

◉ 지도에서 '위치'를 묘사할 때 쓰는 표현

- Right next to ~ ~ 바로 옆에
- Right across from ~ ~ 바로 맞은 편에
- Close to ~ ~ 가까이에
- It is closest to the main entrance. 그곳은 정문과 가장 가깝습니다.
- It is opposite the storage room. 그곳은 창고 맞은 편입니다.

◉ 기차, 지하철 노선도 등에서 정답으로 찾아가게 만드는 표현

- Before ~ ~ 전에
- After ~ ~후에
- Two stations from ~ ~에서 두 정거장 (전이다/후이다)
- Between A and B stations A와 B 정거장 사이이다

Part 3

Train No.	Origin	Expected Time of Arrival	Status
ET2278	Baltimore	6:00 P.M.	On Time
VE7934	Cleveland	7:00 P.M.	Delayed
WA6745	St. Louis	4:30 P.M.	Arrived
NC8721	Dallas	6:15 P.M.	On Time

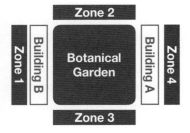

1. Look at the graphic. What city is Ms. Albert's train coming from?
   (A) Baltimore
   (B) Cleveland
   (C) St. Louis
   (D) Dallas

2. According to the man, what is taking place today?
   (A) A musical performance
   (B) A sports game
   (C) A trade fair
   (D) A street parade

3. What does the woman ask the man to do?
   (A) Pay a parking fee in advance
   (B) Contact their supervisor
   (C) Check the information again
   (D) Buy tickets

4. According to the woman, what happened recently?
   (A) Negotiating a contract
   (B) Conducting a customer survey
   (C) Introducing a new service
   (D) Moving to a new office

5. Look at the graphic. What zone was the man originally assigned for parking?
   (A) Zone 1
   (B) Zone 2
   (C) Zone 3
   (D) Zone 4

6. What does the man suggest doing?
   (A) Checking the event schedule
   (B) Asking about a change
   (C) Visiting another day
   (D) Going to information desk

앞에서 학습한 전략을 토대로, 아래 실전 문제를 풀어 보자.

Part 4

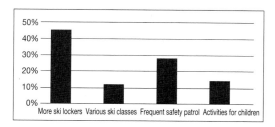

Guest Information

Check-in Date: March 3
Room Type: Executive suite
Number of Guests: 3 (2 adults 1 child)
Room Location: Beach Tower

7. According to the speaker, what is the resort's main goal?
   (A) Expanding its business overseas
   (B) Complying with regulations
   (C) Increasing the number of guests
   (D) Meeting guests' needs

8. Look at the graphic. What survey result does the speaker want to address?
   (A) More ski lockers
   (B) Various ski classes
   (C) Frequent safety patrol
   (D) Activities for children

9. What are the listeners asked to do?
   (A) Work longer hours
   (B) Design a new advertisement
   (C) Recommend job candidates
   (D) Put away supplies

10. According to the speaker, what caused the problem?
    (A) Delay of a connecting flight.
    (B) Malfunctioning booking system
    (C) Miscommunication between staff members
    (D) Unfavorable weather conditions

11. Look at the graphic. Which information has changed?
    (A) Check-in Date
    (B) Room Type
    (C) Number of Guests
    (D) Room Location

12. What will be given to Mr. Wong if he accepts the speaker's offer?
    (A) Free nights at any branch
    (B) More rewarding points
    (C) A room upgrade
    (D) Free meal vouchers

1. 목적 · 주제

I'm calling to ~ ~하려고 전화했습니다
I'd like to ~ / I want to ~하고 싶습니다
I need to ~ ~해야 합니다

I'm calling about ~ ~에 관하여 전화했습니다
I hope to ~ ~하길 바랍니다
I was wondering if ~ ~인지 궁금합니다

2. 반전 내용

but / however 그러나
I'm afraid ~ ~일까 봐 걱정입니다

unfortunately 안타깝게도
I'm sorry but ~ 미안하지만 ~

3. 이유 · 원인

because ~ ~이기 때문에
because of ~ / due to ~ 때문에

since ~ ~이기 때문에
thanks to ~ ~덕분에

4. 중요한 정보

apparently 듣자 하니

actually / in fact 사실은

5. 요청 사항

Can/Could you ~? ~해주시겠어요?
please ~ ~해 주세요
I need you to ~ 당신이 ~해야 합니다

Will/Would you ~? ~하겠어요?
I'd like you to ~ / I want you to ~ ~해 주세요
make sure to ~ 확실히 ~해주세요

6. 의견 · 제안

Why don't you ~? ~하세요
Let's ~ ~합시다
I advise ~ ~할 것은 조언합니다

How about ~? ~는 어떠세요?
I suggest/recommend ~ ~할 것을 제안/추천합니다
You should ~ ~하는 게 좋습니다

7. 해결책 제의

I can ~ 제가 ~해줄 수 있어요
I will ~ 제가 ~하겠습니다

Let me ~ 제가 ~하겠습니다

8. 앞으로 할일 · 계획

I will ~ 저는 ~할게요
I'm planning to ~ ~할 계획이에요
We're trying to ~ ~하려고 합니다
I'm about to ~ 막 ~하려고 했어요
I've made up my mind to ~ ~하기로 정했어요

I have to ~ ~해야 합니다
I'm ~ing ~할 겁니다
We're scheduled to ~ ~할 예정이에요
I've decided to ~ ~하기로 정했어요

DAY 01-08

Part 5는 총 30문제로 문법과 어휘 문제가 각각 15문제 전후로 출제된다. 절반씩 출제되고 있는 셈이다.

전통적으로 영문법상 어렵다고 여겨지는 명사절이나 전치사의 오답률이 높은 건 당연한 결과지만, 수험생들이 쉽다고 생각하는 명사나 형용사 또한 오답률이 꽤 높은 편이다. 같은 명사 유형이어도 단순히 명사 자리를 찾아내는 문제는 700점대 수업생들까지 무난하게 맞출 수 있다면, 가산/불가산 명사와 한정사의 조합을 묻는 명사 문제는 고득점자가 되어야 확실히 맞출 수 있다. 고득점을 목표로 하고 있다면, 같은 단원을 공부하더라도 쉬운 문제들에 대한 반복 학습보다는 고득점에 도달하는 데 걸림돌이 될만한 고난도 유형에 대한 공략이 필요하다.

어휘 문제는 품사별로 비슷한 수준의 오답률을 보여 주는데, 이러한 문제들은 보통 어려운 어휘를 출제한다기보다는 우리가 흔히 알고 있는 어휘지만 정확한 쓰임새나 해당 어휘에 대한 문법적 지식이 없어서 틀리는 경우가 많다. 이를 테면, instruct는 '지시하다, 가르치다'라는 뜻만 있는 것이 아니라, 사람 목적어를 취해야 한다는 것을 알고 있어야 한다. 또한 various도 '다양한'이라는 의미의 형용사라고만 알아둘 것이 아니라 뒤에 복수 명사를 수반해야 한다는 것도 알아둬야 한다.

본서는 고난도 유형들에 대한 핵심 포인트만으로 구성했으므로, 철저히 이해하고 암기하여 토익 고득점에 도달해 보자.

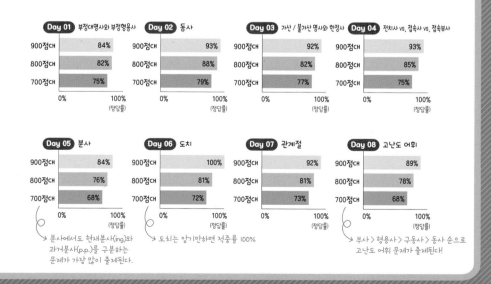

반드시 외워 놓아야 하는!

부정대명사와 부정형용사

동영상 강의
바로 보기

부정대명사와 부정형용사 문제는 매회 2~3문제가 출제된다. 단/복수에 따른 구별이 중요한 유형이므로 각 부정대명사가 단수로 취급되는지 복수로 취급되는지를 외워놓아야 한다. 부정형용사로 쓰이는 경우에는 뒤에 단수명사가 오는지 복수명사가 오는지를 구별해야 한다.

단/복수 구별만 잘 암기해두면 거저 먹는 문제들이므로 외우기 귀찮다고 더 이상 미루지 말고 오늘 이 단원을 통해 완벽히 마스터하도록 한다!

이런 문제가 출제된다!
1. 부정대명사 단/복수 구별 유형
2. 부정형용사의 단/복수 구별 유형
3. 「of the + 명사」를 수반하는 부정대명사 유형

핵심 전략 1 부정대명사의 단/복수는 무조건 암기한다.

Based on the box office records last year, ------- think that the animation will thrive next year.

(A) some   (B) one   (C) everyone   (D) someone

빈칸 뒤에 복수 동사(think)가 있으므로 복수 주어를 써야 한다. 보기 중 복수 주어는 (A) some밖에 없다. (B) one, (C) everyone, (D) someone은 모두 단수 주어이기 때문에 단수 동사(thinks)가 와야 하므로 오답 소거한다.

정답 (A)

해석 작년의 박스오피스 기록에 근거해서, 일부 사람들은 애니메이션 산업이 내년에 번창할 것이라고 생각한다.

출제 포인트

⊙ 부정대명사의 단/복수

부정대명사는 단/복수의 쓰임이 다르므로 단수 명사가 들어갈 자리인지 복수 명사가 들어갈 자리인지를 먼저 확인해보도록 한다.

부정대명사				
단수 취급	가산	each 각각 -one/-body/-thing	one 하나	another 또 다른 하나
	불가산	much 많은 것	a little 약간의 것	little 거의 없는 것
복수 취급		many 많은 것들 several 몇몇 개의 것들	a few 몇 개의 것들 others 다른 것들	few 극히 적은 것들, 소수
단/복수 취급		···› 복수 가산 명사를 취급할 때는 복수 취급 all 모든 것들 more 더 많은 것들	most 대부분의 것들	some 약간의 것들
		···› 취급하는 명사에 상관없이 단 / 복수 둘 다 가능 none 아무도, 아무것도		

e.g. **Some** prefer taking a subway, while **others** are more comfortable with driving their own cars.

일부 사람들은 지하철을 타는 것을 선호하지만, 다른 사람들은 자가 차량을 운전하는 것을 더 편하게 여긴다.

···› some은 복수 취급 부정대명사이기 때문에 뒤에 복수 동사(prefer)가 쓰이며, others도 복수 취급 부정대명사이므로 뒤에 복수 동사(are)가 쓰인다.

Everybody is concerned about the new shift schedule.

모든 사람들이 그 새로운 근무 시간표에 대해 걱정하고 있다.

···› -body로 끝나는 부정대명사는 단수 취급하므로 뒤에 단수 동사(is)가 쓰인다.

1. Among the candidates who have been interviewed, **[few / both]** have demonstrated competence in computer programming.
2. During the focus group, **[each / most]** of the participants have indicated that they were offended by the advertising message.

해설 및 해석

1. 괄호 뒤에 복수 동사(have)가 있으므로 복수 주어를 써야 한다. few와 both 모두 복수 주어이므로, 해석으로 정답을 고른다. 해석상 어색하지 않은 few가 정답이다.
   해석 면접을 봤던 후보자들 중에서, 소수의 사람들만 컴퓨터 프로그래밍에 유능함을 보여줬다.
2. 괄호 뒤에 복수 동사(have)가 있으므로 복수 주어를 써야 한다. each는 단수 취급해서 단수 동사(has)가 나와야 하므로 오답 소거한다. 복수 취급을 하는 most가 정답이 된다.
   해석 포커스 그룹 중에, 대부분의 참가자들은 광고 메시지로 인한 불쾌함을 드러냈다.

핵심 전략 **2** 부정형용사는 뒤에 오는 명사가 단/복수인지를 구별해서 푼다.

------- employees who are interested in participating the upcoming seminar should email Mr. Berenson by 5 P.M. today.

(A) Each   (B) Another   (C) Both   (D) Any

빈칸은 복수 가산 명사(employees)를 수식하는 부정형용사 자리이므로, 단수 가산 명사만 받는 (A) Each와 (B) Another는 오답 소거한다. 복수 가산 명사를 받을 수 있는 (C) Both와 (D) Any 중에 해석상 '여러 사람 중 아무나'를 지칭하는 명사 (D) Any가 정답이다.

정답 (D)
해석 다가오는 세미나 참석에 관심이 있는 직원들은 누구나 Berenson씨에게 오늘 오후 5시까지 이메일로 연락해야 한다.

출제 포인트

⊙ 부정대명사의 단/복수

부정대명사는 단/복수의 쓰임이 다르므로 단수 명사가 들어갈 자리인지 복수 명사가 들어갈 자리인지를 먼저 확인해보도록 한다.

	부정형용사			
단수 가산 명사 수식	one a single	every either	each neither	another
복수 가산 명사 수식	several a few a variety of the number of	many fewer a range of one of the	both a couple of an array of each of the	few various a number of

불가산 명사 수식	little a great deal of	a little a large amount of	less	much	
복수 가산 명사, 불가산 명사 수식	all a lot of	some lots of	more plenty of	most other	
단/복수 가산 명사, 불가산 명사 수식	the	any	소유격	the other	no

☑ Check

1. For the current vehicle list and **[other / many]** information on future models, please visit our Web site.

2. **[Every / Several]** sales representative was asked to meet their sales quota by the end of the month.

해설 및 해석

1. 괄호에는 불가산 명사(information)를 수식하는 부정형용사가 와야 하므로 불가산 명사(information)를 수식할 수 있는 부정형용사인 other가 정답이다. other는 뒤에 복수 가산 명사나 불가산 명사를 취할 수 있다. many는 복수 가산 명사를 수식하기 때문에 불가산 명사인 information과 쓰일 수 없으므로 오답 소거한다.
해석 현재의 차량 목록과 미래 모델들에 대한 다른 정보를 위해, 저희 웹사이트를 방문해 주세요.

2. 괄호 뒤에 가산 단수 명사(sales representative)가 있으므로 단수 가산 명사를 수식할 수 있는 부정형용사인 every가 정답이다. several은 복수 가산 명사를 수식하므로 오답 소거한다.
해석 모든 영업 사원은 그들의 영업 할당량을 월말까지 달성하도록 요구받았다.

핵심 전략 3 「부정대명사 + of the + 명사」로 쓰일 때의 단/복수도 암기한다.

------- of the details about the upcoming event are available on the company's Web site.

(A) Some   (B) Something   (C) Much   (D) Neither

-thing으로 끝나는 단어는 「of the + 명사」를 수반할 수 없으므로 (B) Something은 바로 소거한다. (C) Much는 「of the + 불가산 명사」를 수반하므로 탈락이다. (D) Neither는 「of the + 복수 가산 명사 + 단수 동사」를 받는데, 문제에서 동사는 are로 수일치가 맞지 않으므로 오답 소거한다. 「of the + 복수 가산 명사(details) + 복수 동사(are)」와 어울려 쓰일 수 있는 것은 (A) some밖에 없다.

정답 (A)
해석 다가오는 행사에 관한 몇 가지 세부 사항들은 회사 웹사이트에서 이용 가능합니다.

⊙ 「부정대명사 + of the + 명사의 단/복수」

「부정대명사 + of the + 명사」의 구조로 쓰일 때 역시 단/복수의 짝이 정해져 있다.

			복수 동사
all / most / some / any / half / none	(+ of the + 복수 가산 명사/불가산 명사)	+	복수 동사 / 단수 동사
several / many / few / a few / both / two	(+ of the + 복수 가산 명사)	+	복수 동사
each / one / either / neither	(+ of the + 복수 가산 명사)	+	단수 동사
much / a little / little / less	(+ of the + 불가산 명사)	+	단수 동사

⊙ 「부정대명사 + of the + 명사」의 구조로 쓰일 수 없는 부정대명사들

다음은 「부정대명사 + of the + 명사」로 쓰일 수 없는 부정대명사들이다. 다음의 부정대명사들이 「부정대명사 + of the + 명사」 구조로 출제되었을 경우 반드시 즉시 오답 소거하도록 한다.

another	the other	others	the one	everyone	everybody
anyone	anybody	someone	somebody	no one	
something	anything	nothing	this	these	

e.g. **something** of the products ⊗   **no one** of the people ⊗   **this** of the phones ⊗

주요 부정대명사들의 특징

one	one은 앞서 언급된 명사와 '동종의 것'을 받는다. 즉, 앞선 문장에서 지칭되는 동종의 것이 있어야 쓰일 수 있는 대명사이다. e.g. We decided to repair **the old copier** because we couldn't afford to buy a new **one**. ⋯› 문장의 앞에 copier가 없었다면 one이 쓰이지 못한다.
ones	앞서 언급된 명사와 동종의 것이면서 정해지지 않은 복수 명사를 대신할 때는 ones를 쓴다. e.g. The old **printers** will be replaced with new **ones**.
every, other	every와 other는 형용사로만 쓰인다. e.g. **Every dog** in my house is happy. ⊙ **Every** is happy. ⊗ I bought **other books**. ⊙ I bought **other**. ⊗ ⋯› 명사 역할 ⊗
each other, one another	each other는 대상이 둘일 때 '서로', one another는 대상이 셋 이상일 때 '서로'를 뜻한다. each other와 one another는 대명사로만 쓰이지만, 주어 자리에는 쓰일 수 없다. e.g. They helped each other. ⊙ Each other helped them. ⊗
other, others, the other, the others	이들의 해석 차이 외에 품사 차이도 꼭 알아두도록 하자! other 형용사 다른 others 대명사 (수가 정해지지 않은 것 중에) 다른 것들, 다른 사람들 the other 대명사 형용사 (수가 정해진 것 중에) 나머지 하나 ⋯› other 앞에 the가 붙어서 the other가 되면 형용사 역할도 하면서 명사 역할도 하게 된다! the others 대명사 (수가 정해진 것 중에) 나머지 전부

☑ **Check**

1. **[Little / Each]** of the printing companies uses online marketing to further expand into new regions.
2. **[One / All]** of the conference participants were given an information packet that provides schedules and summaries of each presentation.
3. Since its acquisition of Gallagher Autos, Mando Automobile has become **[one / some]** of the largest auto-component manufacturers in the world.

해설 및 해석

1. 「──── + of the + 복수 명사(printing companies) + 단수 동사(uses)」의 구조이므로 문법적으로 each가 가능하다. little 다음에는 「of the + 불가산 명사 + 단수 동사」 형태가 와야 하므로 오답 소거한다.
   해석 각각의 인쇄 회사들은 신규 지역으로 더 확장하기 위해서 온라인 마케팅을 이용한다.

2. 「──── + of the + 복수 명사(conference participants) + 복수 동사(were)」의 구조이므로 all이 정답이다. one은 뒤에 「of the + 복수 명사」를 수반할 수는 있으나, 단수 동사를 받아야 하므로 동사가 was가 되어야 한다.
   해석 회의 참석자들 중 모두가 각각의 프레젠테이션의 일정들과 요약본들을 제공하는 자료 묶음을 받았다.

3. 「one of the + 복수 명사」의 형태로 괄호 앞에 나온 Mando Automobile을 칭하는 one이 정답이다. some도 「of the + 복수 명사」를 받을 수는 있으나, 앞에 있는 특정 회사(Mando Automobile)를 지칭하기 어색하므로 오답 소거한다.
   해석 Gallagher Autos를 인수한 이후로, Mando Automobile은 세계에서 가장 큰 자동차 부품 제조사들 중에 하나가 되었다.

1. One of the two systems was sold to the Avalon Inc. and ------- was used by Canon for benchmarking.
   (A) some
   (B) other
   (C) the other
   (D) another

2. Whitehall Jewelers' warranty does not apply to products that are damaged due to misuse, improper care, or ------- negligence cases.
   (A) another
   (B) ones
   (C) others
   (D) other

3. Owell Co. will swiftly respond to changes in the strategies of China's and ------- international steel makers.
   (A) another
   (B) other
   (C) others
   (D) each other

4. Although we called the supplier several times, we still haven't received ------- of the equipment we ordered three weeks ago.
   (A) one
   (B) another
   (C) many
   (D) any

5. ------- vehicle newly licensed in the state must comply with extremely strict pollution control standards.
   (A) All
   (B) Every
   (C) Most
   (D) Many

6. Monthly subway passes are available for commuters at a cheap price, but ------- are also reasonable.
   (A) others
   (B) other
   (C) the other
   (D) another

7. Almost all private business owners responding to our survey are showing an interest in joint ventures with ------- companies.
   (A) another
   (B) the others
   (C) others
   (D) other

8. ------- of those involved in developing the home-cleaning robot imagined that it would be such a huge success.
   (A) None
   (B) Almost
   (C) Whoever
   (D) Anything

9. The office space will feature a 3,000-squre-foot café open to ------- interested in the entrepreneurial scene.
   (A) whoever
   (B) some
   (C) them
   (D) anyone

10. As of March 1, the bank will introduce a new fee for transferring money from one account to -------.
    (A) another
    (B) other
    (C) some
    (D) one another

11. One of the purposes of the annual banquet is to give employees in different divisions an opportunity to know -------.

(A) other
(B) one another
(C) the other
(D) another

12. Of the three applicants, two have withdrawn their applications and ------- still remains for consideration.

(A) another
(B) other
(C) the other
(D) the others

13. Please remember to read ------- of the five articles before writing your report.

(A) no
(B) every
(C) almost
(D) each

14. The branch manager emphasized that to deliver the product orders on time, ------- must work overtime.

(A) no one
(B) nobody
(C) one another
(D) everyone

15. The program is specifically recommended for ------- needing help with insomnia and social phobia.

(A) their
(B) anyone
(C) yourself
(D) ourselves

16. ------- of the information shown on the company's Web site turned out to be inaccurate.

(A) Another
(B) Most
(C) Ones
(D) Each

17. Tickets purchased online with a discount code are always cheaper than ------- purchased at a ticket stand.

(A) ones
(B) some
(C) others
(D) any

18. Before taking the highway, please make sure that ------- of the passengers fasten their seatbelts.

(A) every
(B) all
(C) each
(D) one

19. Despite the accumulated evidence on environmental degradation and climate change, ------- of the recommendations related to sustainable development have been implemented.

(A) any
(B) none
(C) whoever
(D) someone

20. Lawrence and Topeka are fast becoming ------- of the most populated towns in the state of Kansas.

(A) ones
(B) two
(C) both
(D) much

한눈에 보이는 짝꿍 표현 찾기!

동사

동영상 강의
바로 보기

동사 문제는 매회 2~4문제씩 출제되고 있다. 동사 파트에서 고득점자들의 취약 유형은 동사 어휘나 수 일치, 시제/태 문제가 아닌 특정 준동사, 동사원형과 함께 나오는 일종의 '짝꿍 표현'을 찾는 유형들이다. 이 유형들은 분석적으로 접근하기보다는 암기를 통해 빨리 정답을 찍고 다음 문제로 넘어가야 하는, 거저먹는 유형 중 하나이다. 하지만 의외로 고득점자들 중에서도 이와 같은 단순 암기가 되어있지 않아 틀리는 경우가 종종 있다. 돌다리도 두들겨 보고 건너라는 말이 있듯이, 이번 단원을 통해 혹시라도 내가 놓친 부분이 있는지 최종 점검하고 넘어가도록 하자.

이런 문제가 출제된다!

1. to부정사나 동명사를 목적어로 취하는 동사

2. 'to 동사원형'으로 착각하기 쉬운 'to 명사' 형태

3. to부정사를 목적격 보어로 취하는 동사

4. 특정 동사/형용사 다음의 that절에서 동사원형을 취하는 동사

핵심 전략 **1** 목적어가 to부정사인지 동명사인지 파악한 후, 짝꿍 표현을 찾는다.

The city's library task force has recommended ------- the main library to Grape Day Park.

(A) relocate   (B) relocating   (C) to relocate   (D) was relocating

빈칸은 능동태 동사(has recommended)의 목적어가 와야 할 자리이다. 보기 중 (A) relocate와 (D) was relocating은 동사 형태이므로 소거한다. 동사 뒤에 목적어로 쓰일 수 있는 것은 명사 역할을 할 수 있는 동명사 (B) relocating과 to부정사 (C) to relocate뿐이다. 이 중에서 recommend는 목적어로 동명사 형태를 취하므로 정답은 (B) relocating이다.

정답 (B)

해석 시립 도서관의 프로젝트팀은 도서관 본관을 Grape Day Park로 이전할 것을 권고했다.

출제 포인트

⊙ to부정사나 동명사를 목적어로 취하는 동사

to부정사나 동명사 중 무엇을 목적어로 취하는지를 묻는 동사 문제는 여전히 출제 빈도가 높으므로, 아래 내용을 반드시 암기하도록 하자.

to부정사를 목적어로 취하는 동사			
want 원하다	need 필요로 하다	wish 바라다	hope 바라다
would like 원하다	expect 기대하다	afford ~할 여유가 있다	deserve ~할 가치가 있다
refuse 거절하다	intend 의도하다	ask 요청하다	fail 실패하다
manage 간신히 해내다	pretend ~인 체하다	learn 배우다	promise 약속하다
offer 제공하다	tend 경향이 있다	attempt 시도하다	agree 동의하다
hesitate 주저하다	decide 결정하다	plan 계획하다	

동명사를 목적어로 취하는 동사			
enjoy 즐기다	suggest 제안하다	recommend 추천하다	consider 고려하다
finish 끝내다	quit 그만두다	discontinue 중단하다	give up 포기하다
postpone 연기하다	dislike 싫어하다	deny 부인하다	mind 꺼리다
avoid 피하다	include 포함하다	disclose 폭로하다	anticipate 예상하다
recall 상기하다	mention 언급하다	admit 인정하다	prevent 막다

☑ Check

1. The Ministry of Transportation has **[promised / suggested]** to widen and resurface Interstate Highway14 within the next two years.

2. It would be better for Stylish Footwear to discontinue **[producing / to produce]** T-strap shoes and focus on hiking boots instead.

3. Please do not mind **[contacting / to contact]** us if you have any problems with our product.

1. 어휘 문제이지만 해석으로 정답을 찾아내는 문제가 아니라, 괄호 뒤에 목적어로 to부정사(to widen)가 왔다는 점에서 to부정사를 목적어로 취하는 promised를 골라줘야 하는 문제이다.
   [해석] 교통부는 향후 2년 이내에 14번 주간 고속도로를 넓히고 재포장할 것을 약속했다.
2. '~을 중단하다'라는 뜻의 타동사 discontinue는 to부정사가 아니라 동명사를 목적어로 취하므로 동명사 형태의 producing이 정답이다.
   [해석] Stylish Footwear는 T-strap 신발을 생산하는 것을 중단하고, 대신에 하이킹 부츠에 주력하는 것이 나을 것이다.
3. '~을 꺼리다'라는 동사 mind는 to부정사가 아니라 동명사를 목적어로 취하므로 동명사 형태의 contacting이 정답이다.
   [해석] 저희 제품에 문제가 있으면 주저 말고 저희 쪽으로 연락주세요.

핵심전략 2 'to 동사원형'으로 착각하기 쉬운 'to 명사' 형태의 표현을 익혀 둔다.

IEA Co. continues to attract and retain talented staff who are committed to ------- all our customers with outstanding service.

(A) provide　　　(B) provided　　　(C) providing　　　(D) provides

「be committed to -ing」를 알고 있는 지 묻는 문제이다. be p.p. 뒤에 to가 있을 때에는 보통 to부정사 형태인 'to 동사원형'이 많이 쓰이기 때문에 위의 문제도 그 경우라고 착각하여 동사원형인 (A) provide를 고르는 경우가 종종 있다. 하지만, 빈칸 앞에 있는 be committed to는 뒤에 명사나 동명사를 취하여 '~에 헌신하다 / 전념하다'라는 의미의 숙어로 동명사 형태인 (C) providing이 정답이다.

[정답] (C)
[해석] IEA사는 모든 고객들에게 뛰어난 서비스를 제공하는 데 헌신하는 유능한 직원을 모집하고 유지한다.

출제 포인트

⊙ to 뒤에 명사나 동명사(-ing) 형태를 쓰는 표현

수험자들이 to부정사를 수반하는 표현인 줄 알고 to 뒤에 동사원형을 골라서 종종 틀리는 표현들이다. 반드시 다음 표를 숙지해두도록 하자. N이라고 표시된 자리에는 명사나 동명사가 와야 한다.

look forward to N	~하는 것을 기대하다	prior to N	~하기 전에
be accustomed to N be used to N cf. be used [for N / to부정사]	~하는 것에 익숙하다 ~하는 것에 익숙하다 ~하는 데에 사용되다	be devoted to N be committed to N be dedicated to N	~에 전념/헌신하다
be entitled to N	~할 자격이 있다	come close to N	거의 ~하게 되다
contribute to N	~에 기여/공헌하다	when it comes to N	~에 관해서 말하자면
respond/reply to N	~에 대응/답장하다	in addition to N	~에 더하여, ~외에도
object to N be opposed to N	~에 반대하다	be subject to N	~에 영향 받기 쉽다 ~에 달려 있다

☑ **Check**

1. When it comes to **[negotiate / negotiating]** a contract, William Yaegashi is undoubtedly the best representative in the Sales Department.
2. Our organization is committed to **[take / taking]** care of the senior citizens.

해설 및 해석

1. When it comes to는 뒤에 동사원형이 아니라 명사를 취하는 표현이므로 동명사 형태의 negotiating이 정답이다.
   [해석] 계약을 협상하는 것에 관해서는, William Yaegashi가 의심의 여지없이 영업팀의 베스트 사원이다.
2. be committed to는 뒤에 동사원형이 아니라 명사를 취하므로 동명사 형태의 taking이 정답이다.
   [해석] 저희 조직은 노인들을 돌보는 데에 전념하고 있습니다.

핵심 전략 3 목적격 보어 자리에 to부정사를 취하는 동사들을 알아 둔다.

The residents at Wickersham Apartment are ------- to pay utility bills by the 15th of each month in order to avoid any late fees.

(A) advising   (B) advised   (C) advise   (D) advises

be동사 뒤에 오지 못하는 형태는 (C) advise와 (D) advises는 바로 소거한다. be동사 뒤에 올 수 있는 형태는 -ing 형태의 (A) advising과 p.p. 형태의 (B) advised인데 advise는 능동으로 쓰일 때에는 「advise + 목적어 + to부정사」 형태로 쓰이며, 수동이 되면 「be advised + to부정사」로 쓰이므로 빈칸에 to부정사와 결합되어 이와 같은 형태를 만들어 주는 (B) advised가 정답이다. 「동사 + 목적어 + to부정사」로 쓰이는 표현이 수동태가 되면 「be p.p. + to부정사」 형태가 된다는 것을 알고 단번에 정답을 찍어내야 하는 문제이다.

[정답] (B)
[해석] Wickersham 아파트의 주민들은 연체료를 피하기 위해서 매달 15일까지 공과금을 지불하도록 권유된다.

출제 포인트

⊙ **목적격 보어 자리에 to부정사를 취하는 동사들**

「동사 + 목적어(명사) + to부정사」의 구조로 쓰여 꾸준하게 출제되는 유형이다. '목적어에게 to부정사 하도록/하라고'로 해석되며, 수동태로 쓰일 때에는 「be p.p. + to부정사」의 형태가 된다.

목적격 보어 자리에 to부정사를 취하는 동사			
invite 초대/요청하다	encourage 격려하다	allow 허용하다	permit 허락하다
advise 조언하다	cause 야기하다	require 요구하다	enable 가능하게 하다
remind 상기시키다	instruct 지시하다	tell 말하다	order 명령하다
persuade 설득하다	get 시키다	convince 확신시키다	forbid 금지하다
force 강요하다	urge 촉구하다	choose 선택하다	select 선택하다
warn 경고하다	would like ~하고 싶다	inform 알리다	notify 알리다
inspire 격려하다	request 요청하다	recommend 추천하다	intend 의도하다

e.g. The company **informed me to take** a look at its Web site. ⋯→ 능동태「동사 + 목적어 + to부정사」

그 회사는 나에게 회사 웹사이트를 보라고 얘기해 주었다.

⇒ I **was informed to take** a look at its Web site. ⋯→ 수동태「be p.p. + to부정사」

나는 회사 웹사이트를 보라는 얘기를 들었다.

We **advise customers to reduce** their use of water. ⋯→ 능동태「동사 + 목적어 + to부정사」

우리는 고객들에게 물 사용을 줄이라고 조언한다.

⇒ Customers **are advised to reduce** their use of water. ⋯→ 수동태「be p.p. + to부정사」

고객들은 물 사용을 줄이라는 조언을 듣는다.

⊙ 목적격 보어 자리에 to부정사가 아닌 다른 형태를 취하는 동사들

1. 사역동사(make, let, have) + 목적어 + 원형 부정사

e.g. The director **lets** employees **take** 15 minutes breaks every day.

부장은 직원들이 매일 15분의 휴식을 취하도록 한다.

2. 준사역동사(help) + 목적어 + 원형 부정사/to부정사

e.g. The bank manager **helped** Mr. Cohen **complete** the application.

The bank manager **helped** Mr. Cohen **to complete** the application.

은행 매니저는 Cohen씨가 신청서를 작성하는 것을 도와줬다.

3. 지각동사(see, hear, watch, notice) + 목적어 + 원형 부정사/현재분사(-ing)

e.g. Mr. Martinez **saw** the staff **move** the computers.

Mr. Martinez **saw** the staff **moving** the computers.

Martinez씨는 직원이 컴퓨터를 옮기는 것을 보았다.

☑ Check

1. Supervisors should remind and encourage new employees **[to attend / attending]** the mandatory orientation session.

2. Ms. Gary asked his assistant **[to type / typing]** the summary report for the second quarter of this year before NetTel's earnings release on Monday.

3. My supervisor allowed me **[to leave / leaving]** early for my appointment with a doctor.

해설 및 해석

1. 문장 전체의 동사(should remind and encourage)는 갖추어져 있다. 이 문제는 동사 remind와 encourage의 특징을 물어보는 문제인데, 두 동사 모두「동사 + 목적어 + to부정사」로 쓰이므로 괄호에는 to attend가 쓰여야 한다. 이렇듯, 「동사 + 목적어 + to부정사」의 조합으로 쓰이는 동사들은 잘 숙지해두어야 한다.

   [해석] 관리자들은 신입 사원들이 의무적인 오리엔테이션에 참가하도록 알려주고 독려해야 한다.

2. 동사 ask가「ask + 목적어 + to부정사」'목적어가 ~하도록 요청하다'의 뜻으로 쓰인 문장으로 정답은 to type이 된다.

   [해석] Gary씨는 그의 조수에게 월요일 NetTel의 수익 발표 전에 올해 2/4분기의 요약 보고서를 입력할 것을 요청했다.

3. 동사 allow가「allow + 목적어 + to부정사」'목적어가 ~하도록 허용하다'의 뜻으로 쓰인 문장으로 정답은 to leave 가 된다.

   [해석] 내 상관은 병원 예약을 위해 내가 일찍 떠나는 것을 허용했다.

핵심 전략 4 특정 동사/형용사 뒤의 that절에는 동사원형이 쓰인다.

The board of directors should ask that Mr. Bae ------- additional documents at the annual meeting.

(A) submit   (B) submitting   (C) is submitting   (D) submits

that절 이하의 주어가 3인칭 단수인 Mr. Bae인 것을 보고 바로 단수 동사인 (C) is submitting이나 (D) submits를 고르지 않도록 주의해야 한다. 요청이나 요구를 나타내는 동사 중 하나인 ask의 목적어 that절에는 「(should) + 동사원형」이 와야 하므로 should가 생략된 (A) submit이 정답이다.

정답 (A)

해석 이사회는 Bae씨에게 연례 회의 때 추가 자료를 제출하라고 요청해야 한다.

출제 포인트

⊙ that절 이하에 동사원형을 취하는 동사/형용사

다음은 that절 뒤에 조동사 should가 생략되어있는 형태이므로 that절 이하에 동사원형이 수반된다.

'제안, 요청, 의무, 추천, 주장, 명령'의 의미를 갖는 동사		
suggest, propose 제안하다	recommend 추천하다	request, ask 요청하다
require, demand 요구하다	insist 주장하다	command 명령하다

e.g. The federal law **requires that** employees **(should) be informed** of the job.
연방 법은 직원들이 직업에 대한 정보를 받을 것을 규정한다.

'필요한, 필수적인, 중요한'의 의미를 갖는 형용사			
important, critical 중요한	essential, vital 필수적인	imperative 반드시 해야하는	necessary 필요한

e.g. I believe it is **imperative that** this program **(should) be stopped** immediately.
나는 이 프로그램이 반드시 즉시 중단되어야 한다고 생각한다.

☑ Check

1. Optimax Eye Specialists requests that patients **[make / would make]** reservations at least a week in advance.
2. It is critical that customers **[make / be made]** aware of any delays of their shipments as soon as they occur.

해설 및 해석

1. request that 이하에는 「조동사 should + 동사원형」이 올 수 있다. 여기서 should는 생략 가능하므로 정답은 make 이다. should 뒤에 would make는 이어질 수 없으므로 오답 소거한다.
해석 Optimax 안과는 환자들이 적어도 일주일 전에 예약하는 것을 요청한다.
2. critical that 이하에는 「조동사 should + 동사원형」이 올 수 있다. 여기서 should는 생략 가능하고 make와 be made 모두 동사원형이지만, 빈칸 뒤에 목적어가 없으므로 능동형 make가 아니라 수동형 be made가 와야 한다.
해석 고객들이 소포들이 지연되었다는 점이 그것이 발생되자마자 알게 되는 것은 매우 중요하다.

1. The speaker asked the conference attendees ------- to ask questions until he is finished with his presentation.
   (A) wait
   (B) waits
   (C) to wait
   (D) waiting

2. An unavoidable construction project in our building has caused the shipping department ------- temporarily.
   (A) closes
   (B) closing
   (C) close
   (D) to close

3. Greenland currently uses ordinary Danish kroner but has considered ------- its own currency.
   (A) introducing
   (B) to introduce
   (C) introduce
   (D) introduced

4. You are cordially invited ------- the fourth annual workshop for all the new workers held at Hally Hall.
   (A) attends
   (B) to attend
   (C) attended
   (D) attending

5. Bulgarini Autos has begun ------- of its new commercial van, the CTR, which is being built at its plant in Milano, Italy.
   (A) production
   (B) producing
   (C) to produce
   (D) producer

6. The number of potential clients of A&D Law Firm ------- to be more than 2,000 next year.
   (A) expectation
   (B) is expected
   (C) expected
   (D) were expecting

7. Engineers requested that the company ------- the current computer system with new one in a month.
   (A) replace
   (B) replaces
   (C) replaced
   (D) will replace

8. The introduction of the GPS system ------- us to direct any incoming jobs to the nearest technician in any given area.
   (A) was enabled
   (B) enabling
   (C) to enable
   (D) has enabled

9. Employees who will be a child's primary caregiver will ------- to take leave of up to a maximum of twelve months, with a combination of paid and unpaid time.
   (A) permit
   (B) to permit
   (C) permitting
   (D) be permitted

10. Please don't ------- to contact us in the future should you have additional questions.
    (A) separate
    (B) necessitate
    (C) alternate
    (D) hesitate

11. In order to grow revenues, we plan to ------- our business by importing other fashion items beyond just sunglasses.

(A) diverse
(B) diversity
(C) diversely
(D) diversify

12. You are hereby ------- to submit a bid according to the indications and procedures laid down in the guideline for tender.

(A) invitation
(B) inviting
(C) invited
(D) invites

13. The charity committee requested that guests ------- a donation of at least ten dollars per person.

(A) makes
(B) made
(C) has made
(D) make

14. The prevention strategy ------- people to avoid risk factors known to cause cancer.

(A) is encouraged
(B) to encourage
(C) encourages
(D) to be encouraged

15. Daily Stock Exchange Broadcasting is dedicated to ------- accurate investment information to help its audience make profits.

(A) providing
(B) provide
(C) provides
(D) be provided

16. The company will not let the recent financial problems ------- its long-term export strategies.

(A) affecting
(B) affected
(C) affect
(D) to affect

17. Northridge's team of travel specialists will help customers ------- the right destination that suits their needs.

(A) would choose
(B) choose
(C) choice
(D) will choose

18. Unless prior arrangements are made, telephones in meeting rooms should only be used ------- making and receiving internal calls.

(A) to
(B) for
(C) over
(D) on

19. The CEO objected to ------- the blueprints proposed by the renowned architect, Mr. Gaudi.

(A) approve
(B) approvingly
(C) approving
(D) approval

20. Milford Motors has been committed to ------- its cars' fuel consumption by implementing innovative technologies.

(A) lower
(B) lowers
(C) lowering
(D) lowered

문법과 해석
둘 다 중요한

가산/불가산 명사와 한정사

동영상 강의
바로 보기

이 교재를 공부하고 있는 수험생들에게 단순히 명사 자리를 묻는 문제는 그리 어려운 일이 아닐 것이다. 명사 자리 문제는 매회 1~3문제가 출제되고 있는데, 좀 더 변별력 있는 고난도 명사 문제가 증가하고 있다.

명사 자리에 명사 보기를 2개 이상 제시해서 단순히 명사 자리만 찾는 것이 아니라, 보기에 제시된 명사들 사이에서 해석이나 한정사와의 관계를 추가로 확인하게끔 출제하고 있다. 이런 유형이 출제되었을 경우 성급히 풀어 실수하는 일이 없어야 한다.

이런 문제가 출제된다!
1. 해석을 따져야 하는 유형
2. 가산/불가산 명사를 따져야 하는 유형
3. 한정사의 역할을 따져야 하는 유형

해석상으로 적절한 명사를 고른다.

> **Pearson Manufacturing, one of the leading ------- of ATM machines, has gained a world-wide reputation for providing high quality products and services on time.**
>
> (A) suppliers　　　　(B) supplying　　　　(C) supplies　　　　(D) supplied

빈칸이 명사 자리일 때, 해석상으로 적절한 명사를 고르는 문제이다. 「one of the + 복수 명사」 구문으로, leading 다음의 빈칸은 복수 명사 자리이다. 보기 중 복수 명사는 (A) suppliers와 (C) supplies인데, 문맥상 'Pearson 제조사는 ATM 기기의 선두적인 공급업체들 중 하나'라는 의미이므로 '공급업체'를 뜻하는 (A) suppliers가 정답이다. (C) supplies는 '공급품'이라는 의미이므로 해석상 적절하지 않아 오답 소거한다. 참고로, 항상 뒤에 복수 명사가 따라오는 「one of the + 복수 명사 + 단수 동사」 '~들 중의 하나', 「each of the + 복수 명사 + 단수 동사」 '~들의 각각'을 기억해 두자.

정답 (A)

해석 ATM 기기의 선두적인 공급업체 중 하나인 Pearson 제조사는 양질의 제품들과 서비스들을 제시간에 제공하는 것으로 세계적인 명성을 얻었다.

출제 포인트

◉ 자주 출제되는 사람/사물 명사

빈칸이 명사 자리일 때 가산/불가산 명사의 차이로 정답을 고를 수 없는 경우에는 해석상 적절한 명사를 골라야 한다. 보통은 '사람 명사' vs. '사람이 아닌 명사'가 가장 많이 출제된다.

자주 출제되는 '사람 명사 vs. 사물 명사'			
applicant 지원자 application 지원(서)	distributor 유통업자 distribution 유통, 분배	architect 건축가 architecture 건축(물)	manager 관리자 management 경영
manufacturer 제조업자 manufacturing 제조	contributor 기부자 contribution 공헌, 기부	economist 경제학자 economics 경제학	attendee 참가자 attendant 종업원 attendance 참가, 참가자 수
owner 소유주 ownership 소유권	advisor 조언자 advice 조언	supervisor 감독관 supervision 감독	assistant 조수, 보조자 assistance 도움, 협력
physicist 물리학자 physics 물리학	competitor 경쟁자 competition 경쟁	producer 생산자 product 제품 production 생산	director 지휘자, 관리자 direction 방향, 지시, 관리
consultant 상담사 consulting 상담, 조언 consultation 상담	supplier 공급업체 supply 공급품	consumer 소비자 consumption 소비	beneficiary 수혜자 benefit 은혜, 혜택

e.g. **We offer a free one-hour [consultant/consultation] to potential clients.**
우리는 잠재 고객들에게 한 시간의 무료 상담을 제공한다.
⋯⋯ a 뒤에는 단수 가산 명사가 와야 한다. consultant와 consultation 모두 단수 가산 명사이므로 문법적으로 답을 고르는 게 아니라 해석을 따져봐야 한다. '한 시간의 무료 상담가(consultant)를 제공하는' 것이 아니라 '한 시간의 무료 상담(consultation)을 제공하는' 것이므로 consultation이 들어가야 한다.

You have to submit the completed **[applicant/application]** by August 25.

귀하는 작성된 지원서를 8월 25일까지 제출하셔야 합니다.

···› the 뒤에는 단수/복수 가산 명사, 불가산 명사 모두 올 수 있으므로 가산/불가산 명사 중 어느 것이 와야 하는지에 대한 문법적 단서가 없다. 이렇게 되면 해석상으로 따져봐야 하는데, '작성된 지원자(applicant)를 제출하는' 것이 아니라 '작성된 지원서(application)를 제출하는' 것이므로 application이 들어가야 한다.

고득점 TIP!! | 혼동을 유발하는 오답 보기 명사들에 유의하자.

*alternative	vs.	alternativeness	/	*activity	vs.	activeness	/	*potential	vs.	potentiality
대안		대안이 있는 상태		활동		활발함, 적극성		가능성		잠재력

*response	vs.	*responsibility	vs.	responsiveness	/	*delegate	vs.	*delegation	vs.	delegator
응답		책임		민감성		대표자, 파견위원		대표단		대표자, 대리인

···› *표시가 되어 있는 단어들이 주로 정답으로 출제되는 단어들이고, 나머지는 오답함정으로 자주 등장하는 단어들이다.

☑ Check

1. Each **[application / applicant]** must prepare a mock presentation for the second interview.
2. Since its **[founder / foundation]** three years ago, Green Space, a nonprofit organization based in Lawrence, has been playing a key role in preserving green zone.

해설 및 해석

1. 알맞은 명사를 고르는 문제로 해석 차이로 정답을 선택한다. each 뒤에는 단수 가산 명사가 와야 한다는 점에서 application과 applicant 둘 다 가능하다. 하지만, 해석상으로 따져 보면, 2차 면접을 위해서 모의 발표를 준비해야 하는 건 사람인 applicant '지원자'가 할 일이지 application '지원서'가 할 일이 아니므로 정답은 applicant이다.
   [해석] 각각의 지원자는 2차 면접을 위한 모의 발표를 준비해야 한다.
2. 전치사 since와 소유격 its 뒤의 빈칸이기 때문에 명사 자리이다. founder '설립자, 창시자'와 foundation '설립, 창립, 재단' 모두 명사인데, 해석상 '3년 전 설립 이래로'가 가장 적절하므로 foundation이 정답이다.
   [해석] 3년 전 설립 이래로, Lawrence에 위치한 비영리 단체인 the Green Space는 녹지 지대를 보존하는 데 있어서 주요한 역할을 해 오고 있다.

핵심전략 2 가산 명사와 불가산 명사의 특징을 알아 둔다.

The Coby Corporation has recently received ------- from customers about its products.

(A) complaint   (B) complaints   (C) complain   (D) complains

---

빈칸은 타동사(receive)의 목적어 자리이므로 명사 자리이다. 보기 중 명사는 (A) complaint와 (B) complaints인데, 단수 가산 명사인 complaint는 한정사 없이 단독으로 쓰일 수 없으므로 복수 가산 명사인 (B) complaints가 정답이 된다. 해석상 '불평 하나' vs. '불평 여러 개'를 묻는 문제가 아니라 문법적으로 가산 명사의 특징을 아는지를 묻는 문제라는 것을 파악할 수 있어야 한다.

[정답] (B)
[해석] Coby사는 최근에 고객들로부터 제품들에 관한 불평들을 받아 왔다.

⊙ 가산 명사 vs. 불가산 명사

빈칸이 명사 자리일 때 해석만으로 정답을 찾기 어려운 경우에 대비하여, 가산 명사와 불가산 명사의 특징을 알아야 한다.

1. 가산 명사의 특징

가산 명사는 단수와 복수 형태가 따로 있다. 가산 단수 형태일 때는 반드시 앞에 한정사와 함께 쓰여야 하며, 가산 복수일 때는 한정사가 필수가 아니다. 한정사에 대한 설명은 뒤의 핵심 전략 3를 참고하자.

자주 출제되는 가산 명사			
사람	teacher 교사 attendee 참석자	instructor 강사 employee 직원	representative 대표자	receptionist 접수원
장소	place 장소 location 장소	city 도시 region 지역	area 지역, 구역	street 거리
규칙	regulation 규정 procedure 절차	precaution 예방 조치 rule 규칙	instruction 지시 사항	measure 조치
비용	price 가격 cost 비용	discount 할인 fund 기금	refund 환불	account 계좌
기타	request 요청 사항 benefit 혜택 presentation 발표 offer 제안 plan 계획 exchange 교환	result 결과 approach 접근 방법 reservation 예약 contribution 공헌 acquaintance 지인 return 반납	complaint 불만사항 detail 세부 사항 mistake 실수 error 실수, 오류 circumstance 상황 suggestion 제안 사항	compliment 칭찬 decision 결정 arrangement 준비, 계획 resource 자원 delay 지연 belongings 소지품

e.g. **a** rise   **a** raise   increase**s** ⌐ 위의 단어들은 가산 명사이므로 반드시 명사 앞에
     a decline   **a** drop   decrease**s** ⌐ ⋯ 관사(a / an) 등의 한정사나 명사 뒤에 복수형 어미(-s / -es)가 붙어야 한다.

2. 불가산 명사의 특징

불가산 명사는 복수 형태가 따로 없으며, 한정사가 필수가 아니다. 한정사와 함께 쓰일 경우 불가산 명사와 어울리는 한정사가 쓰여야 한다.

자주 출제되는 불가산 명사			
equipment 장비	money 돈	support 지원	approval 승인, 허가
advice 충고	news 뉴스	consent 동의	work 일, 작업, 작업물
access 접근, 접근권	merchandise 물품	use 사용	furniture 가구
mail 우편	certification 자격	cash 현금	
luggage/baggage 짐	manufacture 제조	information 정보	

e.g. He wants **information**. ⊙
     ⋯ 불가산 명사는 단독 사용 가능!

He wants **the information**. ⊙
     ⋯ 관사(the)는 불가산 명사와 사용 가능!

He wants **an information**. ✕

He wants **many information**. ✕

He wants **every information**. ✕
     ⋯ an, many, every, few 등은 불가산 명사와 사용 불가능!

He wants **few information**. ✕

1. Mr. Moore is waiting for **[assistant / assistants]** for the broken printer since he could not handle the problem himself.

2. **[Attendee / Attendance]** at the Renaissance Festival reached 2,000 this year, breaking last year's record of 1,700.

3. There was great **[enthusiasm / enthusiast]** among the fans awaiting the new album to be released.

해설 및 해석

1. 전치사 for 뒤의 명사 자리를 묻는 문제이다. assistant와 assistants가 모두 명사로 정답이 될 수 있을 것 같아 보이나, 단수 가산 명사인 assistant는 한정사 없이 단독으로 쓰일 수 없으므로 복수 가산 명사인 assistants가 정답이다. 해석상 조수 한 명인지 여러 명인지를 묻는 문제가 아니므로 assistant는 오답 소거한다.

   해석 Moore씨는 문제를 직접 해결할 수 없었기 때문에, 고장 난 프린터에 대해서 조수들을 기다리는 중이다.

2. 문장의 주어 자리이므로 명사 자리이다. attendee와 attendance는 둘 다 명사지만, 단수 가산 명사인 attendee는 한정사 없이는 쓰일 수 없으니 오답 소거한다. 불가산 명사인 attendance가 한정사 없이 쓰일 수 있는 명사이므로 정답이다.

   해석 작년의 1,700명의 기록을 깨면서, 르네상스 페스티벌의 참가자 수가 올해 2,000명에 육박했다.

3. 「There is/are」 '~가 있다'라는 표현 뒤에는 반드시 명사가 있어야 하므로 빈칸은 명사 자리이다. enthusiast는 '열광자, 열광하는 사람'을 뜻하는 단수 가산 명사이므로 앞에 한정사가 있어야 쓰일 수 있다. great 앞에 한정사가 따로 있는 문장이 아니므로 enthusiast는 오답 소거한다. 불가산 명사인 enthusiasm은 한정사 없이도 쓰일 수 있는 불가산 명사이므로 정답이다.

   해석 새로운 앨범이 출시되기를 기다리는 팬들 사이에서 엄청난 열광이 있었다.

핵심전략 **3** 명사 앞의 한정사 자리가 빈칸인 경우, 뒤에 있는 명사와의 짝꿍 관계를 찾아본다.

The exceptional service at TM Motors sets the company apart from ------ competitors.

(A) another   (B) other   (C) both   (D) each

빈칸 뒤에 복수 가산 명사(competitors)가 있으므로, 단수 가산 명사만 받는 한정사인 (A) another와 (D) each는 소거한다. (B) other와 (C) both가 복수 가산 명사를 받을 수 있는데 '둘 다'를 뜻하는 both는 둘의 대상이 나오지 않았으므로 의미상 어색하다. 따라서, 복수 가산 명사를 받으며 의미상 적절한 (B) other가 정답이다.

정답 (B)

해석 TM Motors의 뛰어난 서비스는 그 회사를 다른 경쟁업체들로부터 차별화시킨다.

출제 포인트

⊙ 한정사와 명사의 관계 문제

단수 가산 명사, 복수 가산 명사, 불가산 명사와 함께 각각 짝이 되는 한정사를 묻는 문제가 출제된다. 명사가 아닌 한정사 부분이 빈칸으로 나오기도 하고, 한정사를 단서 삼아서 푸는 명사 문제가 출제되기도 하니 반드시 암기해두도록 하자.

한정사의 종류				
단수 가산 명사 수식	one this either	every that neither	each another	a/an a single
복수 가산 명사 수식	several a few a variety of a number of these	many fewer a range of the number of those	both a couple of an array of one of the	few various a series of each of the
불가산 명사 수식	little a great deal of	a little a large amount of	less	much
복수 가산 명사, 불가산 명사 수식	all a lot of	some lots of	more plenty of	most other
단/복수 가산 명사, 불가산 명사 수식	the	any	소유격	the other	no

e.g. The 2020 KGM sedan is equipped with a variety of new **[feature/features]**.

새로운 2020 KGM 세단은 다양한 새로운 특징들을 갖추고 있다.

···▶ 괄호 앞에 복수 가산 명사를 수반하는 a variety of가 있으므로 복수 가산 명사인 features를 써야 한다.

☑ **Check**

1. A performance evaluation of **[all / every]** staff members is conducted once a year.
2. XR Co. plans to hold a series of **[lectures / lecturing]** to educate employees on cultural diversity.

해설 및 해석

1. 복수 가산 명사(staff members)를 수식하는 자리이므로 복수 가산 명사와 함께 쓸 수 있는 all이 정답이다. every는 단수 가산 명사를 받으므로 오답 소거한다.
   해석 모든 직원들의 성과 평가는 일 년에 한 번 진행된다.
2. 괄호 앞에 있는 a series of는 복수 가산 명사를 취해야 하므로 복수 가산 명사인 lectures가 정답이다.
   해석 XR사는 직원들을 문화 다양성에 대해 교육시키기 위해 일련의 강연을 개최할 계획이다.

1. As baby boomers retire, there will be a strong demand for ------- to help with the construction of institutions such as health care facilities.

   (A) architecture
   (B) architects
   (C) architectural
   (D) architecturally

2. Please note that Emily Amusement Park will have ------- on items like season passes, parking, and meal vouchers.

   (A) discounted
   (B) discount
   (C) discountable
   (D) discounts

3. Getting into physical ------- will enable you to perform better in your career.

   (A) activate
   (B) activeness
   (C) activities
   (D) actively

4. The ------- delivered by Jack Smith at General Electric are now available on the company Web site.

   (A) speeches
   (B) speakers
   (C) speech
   (D) speaks

5. Many business owners have already observed that the Internet ------- is the most effective way to promote and expose the business.

   (A) market
   (B) marketable
   (C) marketed
   (D) marketing

6. Rent-A-Center offers customers an ------- to expensive furniture purchases with a unique rent-to-own program.

   (A) alternative
   (B) alternatively
   (C) alternatives
   (D) alternativeness

7. Han Cinema Company is seeking ------- in recruiting actors and actresses for upcoming series of *Big Brothers*.

   (A) assist
   (B) assistant
   (C) assistance
   (D) assisted

8. Blue Snacks Inc. is happy to announce that Blue milk candies are now available for ------- nationwide.

   (A) distribute
   (B) distribution
   (C) distributed
   (D) distributor

9. Nickson School of Arts provides general ------- on improving study skills, how to approach faculty, and choice of academic programs.

   (A) advice
   (B) advises
   (C) advised
   (D) adviser

10. Gordon Jeffers, mayor of Kansas City, will attend a welcome reception for ------- of the Caribbean Postal Union during their one-day visit to the city.

    (A) delegate
    (B) delegating
    (C) delegator
    (D) delegates

11. With the increase in ------- at the events to 100 or more, the receptions now are held primarily in the Marshal Hall at Holstra University.

    (A) attendant
    (B) attended
    (C) attendee
    (D) attendance

12. GS Consulting's recent growth is due to innovative marketing -------, along with our cutting-edge technology and software.

    (A) approach
    (B) approaches
    (C) approached
    (D) approaching

13. Candidates who meet the requirements can obtain ------- after completing the mentorship program.

    (A) certification
    (B) certificate
    (C) certifying
    (D) certify

14. A formal review of ------- junior staff members is conducted twice a year to determine who should be promoted to a senior position.

    (A) all
    (B) every
    (C) each
    (D) little

15. Nutrien, Inc. actively participates in community development and other social contribution -------.

    (A) active
    (B) actively
    (C) activities
    (D) activeness

16. Potential clients of YNOT Fitness Center can receive a one-hour initial ------- free of charge.

    (A) consultant
    (B) consultation
    (C) consulted
    (D) consult

17. Should the event be fully subscribed, a waiting list will be kept and places offered if there are -------.

    (A) cancels
    (B) cancelled
    (C) cancellations
    (D) canceling

18. Employees who want to purchase office ------- on their corporate expense accounts are expected to obtain authorization before tomorrow.

    (A) supply
    (B) supplies
    (C) supplier
    (D) supplying

19. Primo Department Store has various summer job ------- for students.

    (A) opens
    (B) opened
    (C) opening
    (D) openings

20. Bucks Electronics has consistently surpassed its ------- in sales volume and merchandise quality.

    (A) competitive
    (B) competing
    (C) competitors
    (D) competitiveness

비슷한 듯
전혀 다른 삼총사

전치사 vs. 접속사 vs. 접속부사

동영상 강의
바로 보기

전치사, 접속사, 접속부사가 섞여서 보기에 출제되는 문제는 매회 2~4문제가 반드시 출제된다. 전치사, 접속사, 접속부사는 서로 비슷한 의미가 많기 때문에 확실하게 품사를 구별해서 외워놓지 않으면 계속 혼동될 수 있다. 먼저 품사 구별을 통해 빈칸에 들어갈 수 있는 품사들만 남겨놓은 후, 남은 보기들의 해석 차이를 통해 정답을 골라야 함정에 빠지지 않는다. 즉, 전치사, 접속사, 접속부사는 품사적 구별이 가장 중요하다는 점을 명심하자!

> **이런 문제가 출제된다!**
> **1.** 전치사, 접속사, 접속부사의 품사적 구별 문제
> **2.** 「주어 + be동사」를 생략할 수 있는 접속사들
> **3.** 의미가 비슷한 접속사와 접속부사의 구별 문제

전치사 자리인지 접속사 자리인지 품사를 통해 따져 본다.

------- the payment was made by the due date, no interest and penalties have been imposed.

(A) Since   (B) Unless   (C) Although   (D) Despite

빈칸 뒤에 완전한 문장과 완전한 문장이 연결되어 있으므로 빈칸은 접속사 자리이다. 보기 중 접속사가 아닌 (D) Despite는 오답 소거한다. 접속사가 세 개 남았기 때문에 남은 보기들은 해석 차이로 따져야 한다. (A) Since는 접속사로 쓰일 때는 '~이기 때문에 / ~이래로', 전치사로 쓰일 때는 '~이래로'란 의미이다. (B) Unless는 '~하지 않는다면' (C) Although는 '~임에도 불구하고'라는 뜻이다. 해석상 '~이기 때문에'라는 의미가 가장 적절하므로 (A) Since가 정답이다.

[정답] (A)
[해석] 지불금이 마감일까지 지불되었기 때문에, 이자나 벌금은 부과되지 않았다.

출제 포인트

⊙ **전치사 vs. 접속사**

의미는 비슷하나 품사가 다르면 뒤에 전혀 다른 것이 온다는 점을 명심하자. 전치사 뒤에는 명사(구)가, 접속사 뒤에는 '주어+동사'의 절이 와야 한다.

1. 「전치사 + 명사(구)」

e.g. **Despite their efforts**, the players just could not get more points.
       전치사   명사구
      그들의 노력에도 불구하고, 선수들은 더 많은 점수를 올리지 못했다.

2. 「접속사 + 주어 + 동사」

e.g. **Because the highway was** under construction, they were 30 minutes late.
       접속사   주어   동사
      고속도로가 공사 중이었기 때문에, 그들은 30분 늦었다.

종류	의미	전치사	접속사
시간	~동안	for, during	while
	~할 때	at	when
	~후에	after, following	after
	~전에	before, prior to	before
	~까지	by, until	by the time, until
조건	~이 아니라면	without	unless
	~한 경우를 대비하여	in case of	in case (that)
	~한 경우에	in the event of	in the event (that)

양보	~임에도 불구하고	despite, in spite of	although, though, even if, even though, while
	~한 반면에	-	while, whereas
이유	~때문에	because of, due to, owing to, on account of	because, as, since, now that
제외	~을 제외하고	aside from, except for	except that

☑ Check

1. All staff members are required to attend the sales presentation, **[without / unless]** they have their supervisor's permission to be absent.
2. We will normally send you your goods on the same work day, **[as long as / in case of]** we receive your order before noon.
3. Bryan is still going to apply for the job **[although / despite]** the imprecise contract terms.

해설 및 해석

1. 괄호 다음에 완전한 문장 「주어(they) + 동사(have)」가 있으므로 괄호는 접속사 자리이다. without은 전치사로 뒤에 명사가 와야 하므로 오답 소거한다. 따라서, 접속사 unless가 정답이다.
   [해석] 모든 직원들은 그들의 상사가 결석을 허락하지 않는다면, 영업 프레젠테이션에 참석해야 한다.
2. 괄호 다음에 완전한 문장 「주어(we) + 동사(receive)」가 나오므로 괄호는 접속사 자리이다. in case of는 전치사로 뒤에 명사가 와야 하므로 오답 소거한다. 따라서, 접속사 as long as(~이기만 하다면 / ~하기만 한다면)가 정답이다.
   [해석] 정오 전에 주문을 받기만 한다면 우리는 보통 주문 당일에 배송한다.
3. 완전한 문장 뒤에 명사(the imprecise contract terms)가 있으므로 괄호는 전치사 자리이다. 접속사 although 뒤에는 절이 와야 하므로 오답 소거한다. 따라서, 전치사 despite가 정답이다.
   [해석] Bryan은 애매한 계약 조건에도 불구하고 그 일자리에 지원할 것이다.

핵심 전략 2 「주어 + be동사」를 생략할 수 있는 접속사를 암기해 둔다.

------- making requests for accommodations, students should remember that it takes time for the college to arrange accommodations.

(A) When   (B) Even   (C) Because   (D) So that

원래 문장은 When (they are) making requests for accommodations, students should remember that it takes time for the college to arrange accommodations.로 시간/조건/양보절을 이끄는 접속사 뒤에 「주어 + be동사」가 생략된 문장이라는 것을 파악해야 한다. 빈칸에는 시간/조건/양보절을 이끄는 접속사가 와야 한다. (B) Even은 부사이고 (C) Because와 (D) So that은 시간/조건/양보절을 이끄는 접속사에 해당되지 않고, 「주어 + be동사」가 생략된 -ing구를 받을 수 없으므로 오답 소거한다. 정답은 (A) When이다.

[정답] (A)
[해석] 숙박 시설을 요청할 때, 학생들은 대학교에서 숙박 시설을 마련하는 데 시간이 걸릴 수 있음을 기억해야 한다.

⊙ 부사절(시간/조건/양보) 접속사 뒤의 「주어 + be동사」 생략

1. 접속사 + 형용사

e.g. The company will hire more workers **if (it is) necessary**.

회사는 필요하다면 직원을 더 고용할 것이다.

2. 접속사 + 분사

e.g. **While (I was) editing** the essay, I noticed some errors.

에세이를 수정하는 동안, 나는 몇몇 오류 사항들을 알아차렸다.

The product can be considered brand new, **unless (it is)** otherwise **stated**.

달리 언급되어 있지 않으면, 그 제품은 신제품이라고 보시면 됩니다.

┉▸ 위의 두 문장에서 부사절 접속사(while, unless) 뒤에 타동사의 -ing(editing) 형태가 있으면 능동의 관계이므로,
그 뒤에 목적어 역할의 명사(the essay)가 온다. 반면, p.p.(stated)가 있으면 수동의 관계이므로 목적어가 없다.

3. 접속사 + 전치사구

e.g. You must be quiet **while (you are) in this room**.

이 방에 계실 때는 조용히 하셔야 합니다.

While (you are) on duty, you should wear the uniform.

근무하는 동안에는 유니폼을 입으셔야 합니다.

4. 「주어 + be동사」를 생략할 수 있는 접속사

종류	의미	부사절 접속사
시간	~동안	while
	~할 때	when
	~후에	after
	~전에	before
	~까지	until
조건	~라면	if
	~가 아니라면	unless
양보	~임에도 불구하고	although, though, while
기타	~대로, ~듯이	as

유의사항

① before, after는 뒤에 「주어 + be동사」 생략 시 -ing구만 받을 수 있다.

② if, unless, as는 뒤에 「주어 + be동사」 생략 시 형용사구, p.p.구만 받을 수 있다.

1. **[While / During]** on duty, please turn off all of the non-essential equipment in order to save energy.
2. When **[designing / designed]** the marketing brochure, be sure to use the new company logo instead of the old one.

해설 및 해석

1. During은 전치사이므로 뒤에 전치사구(on duty)를 취할 수 없고 명사가 와야 한다. 반면, while은 시간/조건/양보절 접속사에 해당되므로 뒤에「주어 + be동사」가 생략되어 While (you are) on duty, ~의 형태로 받는 것이 가능하다. 따라서 while이 정답이다.
   해석 근무 중인 동안에는, 에너지를 아끼기 위하여 모든 필수적이지 않은 장비의 전원을 꺼 주세요.
2. 접속사 When 뒤에「주어 + be동사」가 생략되어 있는 형태로 원래 문장은 When you are [designing/designed] the marketing brochure, ~의 구조임을 알 수 있다. 뒤에 목적어(marketing brochure)가 있으므로, 능동의 형태를 만들어주는 designing이 정답이다.
   해석 마케팅 브로셔를 디자인하실 때에는, 예전 것 대신 새로운 회사 로고를 꼭 사용해 주세요.

핵심 전략 **3** 의미가 비슷한 접속사와 접속부사를 구별해야 한다.

------- FoxLady is currently exporting only one line of lady's clothing, it is planning to diversify its products by next year.

(A) Although   (B) Nevertheless   (C) Despite   (D) Furthermore

빈칸은「주어(FoxLady) + 동사(is currently exporting), 주어(it) + 동사(is)」를 연결하고 있으므로 접속사 자리이다. 보기 중 접속사는 (A) Although밖에 없으므로 (A)가 정답이 된다. 접속부사인 (B) Nevertheless와 전치사인 (C) Despite는 (A) Although와 비슷한 뜻을 가지고 있지만, 접속사가 아니므로 빈칸에 올 수 없다. (D) Furthermore 역시 접속부사이기 때문에 접속사 자리에 올 수 없으므로 오답 소거한다.

정답 (A)
해석 FoxLady는 현재 오직 한 가지 라인의 여성 의류를 수출하고 있지만, 내년에 제품을 다양화할 것을 계획하고 있다.

출제 포인트

⊙ 자주 출제되는 접속부사

접속부사는 하나의 문장이 완벽하게 마침표로 끝난 다음에 새로운 문장을 이끌면서 쓰이며 바로 뒤에는 comma(,)가 수반된다. 따라서 접속부사 문제는 한 문장 내에 빈칸을 출제하는 Part 5에서는 출제될 수 없으며, Part 6에서만 출제된다. 다음은 시험에 자주 출제되는 접속부사들이므로 함께 익혀두도록 하자.

대조/역접	however 그러나 unfortunately 안타깝게도 on the other hand 반면에 nevertheless, nonetheless, even so, still, yet 그럼에도 불구하고	instead 대신에 on one hand 한편으로는 in contrast, on the contrary 이와 반대로

추가/첨가	in particular 특히 also 또한 moreover, furthermore 더욱이 in addition, additionally, besides, what is more 게다가	above all 무엇보다도 similarly, likewise, by the same token 마찬가지로 in the same way/manner 같은 방법으로
화제 전환	in the meantime, meanwhile 그 동안에, 한편	
강조	in fact, as a matter of fact 사실상	indeed 참으로
예시	for example, for instance 예를 들어	in this case 이 경우에는
인과	therefore, thus, hence 그러므로 as a result 결과적으로 for this reason 이런 이유로 finally 마침내 after that 그런 후에 that is (to say), namely 즉, 다시 말해 in summary, in short, shortly, in brief, briefly 요약하면	in conclusion 결론적으로 consequently 그 결과 accordingly 그에 따라 then 그리고 나서, 그런 다음에 afterward(s) 그후에
가정	otherwise (만약) 그렇지 않으면 in other words 다르게 말하면 if not 그렇지 않다면	unless ~ otherwise 달리 ~하지 않으면 alternatively (두 번째 대안을 소개할 때) 그렇지 않으면 if so 만약 그렇다면

e.g. Kevin wanted a new computer, **but** he did not have money. ◎
　　　　　　　　　　　　　　등위접속사

Kevin wanted a new computer. **However**, he did not have money. ◎
　　　　　　　　　　　　　　　　접속부사

Kevin wanted a new computer, **however** he did not have money. ✕
　　　　　　　　　　　　　　　접속부사 ···› 접속부사는 품사가 부사이므로 접속사나 전치사 자리에 올 수 없다.
Kevin은 새로운 컴퓨터를 원했지만, 그는 돈이 없었다.

☑ Check

1. Ganesco Chemicals has noticed a considerable increase in productivity **[since / afterward]** it installed new high-tech machines.
2. **[While / Instead]** Novana Industry's overall revenue has decreased for the last two years, some departments have seen slight increase in sales this year.

해설 및 해석

1. 괄호는 「주어 + 동사」와 「주어 + 동사」를 이어주고 있으므로 접속사 자리이다. since는 전치사 역할과 접속사 역할을 할 수 있으므로 빈칸에 들어갈 수 있지만, afterward는 부사로 정답이 될 수 없으므로 오답 소거한다.
   해석 Ganesco Chemicals는 새로운 최첨단 기계들을 설치한 이후에 생산성이 상당히 증가했다는 것을 알았다.
2. 빈칸은 「주어 + 동사」, 「주어 + 동사」를 이어주고 있으므로 접속사 자리이다. While은 '~한 반면에, ~동안에'라는 뜻의 접속사이므로 접속사 자리인 괄호에 들어갈 수 있지만, instead는 부사이므로 오답 소거한다.
   해석 Novana Industry의 전반적인 수입은 지난 2년 동안 감소한 반면에, 일부 부서들은 올해 판매가 약간 증가했다.

1. ------- joining the Lala Foundation, Mr. Wi worked for Aoma Travel as a Senior Marketing Manager.

    (A) Just as
    (B) By the time
    (C) Before
    (D) Later

2. A commercial mortgage lender will insist that home buyers carry out a building survey on a property ------- a risk can be avoided.

    (A) even if
    (B) whether
    (C) while
    (D) so that

3. The construction of the public swimming pool is proceeding quickly ------- that summer is just a few months away.

    (A) somewhat
    (B) still
    (C) now
    (D) later

4. The government must be prepared to mandate privacy protection for the people, ------- they eagerly embrace them or not.

    (A) because
    (B) whether
    (C) unless
    (D) although

5. ------- submitting the application through e-mail, make sure all the necessary documents are attached.

    (A) If
    (B) When
    (C) During
    (D) How

6. ------- the renovation work is complete, Durban Parks & Recreation will provide afterschool and other community building programs from Monday through Friday.

    (A) Although
    (B) Usually
    (C) Then
    (D) Now that

7. The Gourmet Restaurant can accommodate more than 200 diners, ------- other restaurants in this area have a maximum occupancy of only 70 people.

    (A) because
    (B) what
    (C) which
    (D) whereas

8. The demand for natural rubber has also decreased tremendously ------- the sales of new automobiles have been reduced by 20%.

    (A) in order that
    (B) despite
    (C) because
    (D) therefore

9. Passengers may carry a couple of spare pairs in their cabin baggage, ------- they can fit into a 1-liter plastic bag.

    (A) provided that
    (B) as though
    (C) in fact
    (D) rather than

10. ------- the product has evolved through name changes and enhancements, Techron Mini 5 is still known for its integration and ease of use that have attracted customers for years.

    (A) Whenever
    (B) Although
    (C) Despite
    (D) So that

11. You will receive a shipping confirmation e-mail ------- the order has been shipped from our warehouse in New York.

    (A) but
    (B) so
    (C) than
    (D) once

12. If you have questions, ask them before the meeting ------- your manager can have ample time to find the answers to your questions.

    (A) but also
    (B) because of
    (C) so that
    (D) such as

13. ------- our Personnel Manager decides on hiring you, he will create the online SEA as a job offer.

    (A) Almost
    (B) More
    (C) Once
    (D) Soon

14. ------- you don't know HTML and can't afford a Web designer, you can probably set up an online store with IMAX.

    (A) In spite of
    (B) Even if
    (C) Moreover
    (D) Meanwhile

15. The drastic reduction was modified the following year, ------- the company suffered a net loss of $47 million.

    (A) although
    (B) despite
    (C) however
    (D) nevertheless

16. If you don't present your driver's license when ------- to by a police officer, you will be issued a ticket.

    (A) ask
    (B) asked
    (C) asking
    (D) to ask

17. The Fair Trade Commission will withdraw the fine ------- the company's exaggerated ads have been corrected.

    (A) once
    (B) while
    (C) despite
    (D) whereas

18. ------- suffering from a shortage of construction equipment, the work crew were able to complete the paving on Sagamore Parkway in time for the parade.

    (A) Despite
    (B) Regarding
    (C) Nevertheless
    (D) Therefore

19. ------- the personal attention the employees have provided, Coban Investment Consulting could get its long-term retention of clients.

    (A) In that
    (B) Even though
    (C) Just as
    (D) Thanks to

20. ------- seeking full-time jobs, qualified applicants are reassessing their expectations and considering taking internships.

    (A) Given that
    (B) Instead of
    (C) Otherwise
    (D) Due to

Day 05 PART 5

재료는 같아도
조리법이 다르다!

분사

동영상 강의
바로 보기

준동사(to부정사, 동명사, 분사) 문제는 매회 1~3문제씩 반드시 출제된다. 계란 하나를 가지고 우리는 삶은 계란과 계란 후라이를 만들 수 있다. 재료는 같아도 이 두 요리의 조리법은 전혀 다르다. 분사도 이와 마찬가지이다. 현재분사인 -ing와 과거분사인 p.p.형태의 차이점을 묻는 문제는 같은 유형으로 보이나, 어떤 종류의 분사 문제이냐에 따라 다른 방법으로 접근하여 문제를 해결해야 한다. 전치 수식 분사 문제는 해석을 통해 따져야 하고, 후치 수식 분사 문제는 목적어 여부를 통해 따져야 하며, 감정분사는 그 감정을 유발하는 대상인지 또는 감정을 받게 되는 대상인지를 따져야 하는 등, 각 분사 유형에 따라 접근과 풀이 방식이 완전히 달라지게 된다. 각각의 풀이법을 숙달해서 분사의 고수가 되어보자!

이런 문제가 출제된다!
1. 전치 또는 후치 수식하는 분사 유형
2. 무조건 현재분사를 사용하는 자동사 유형
3. 수식하는 대상과의 관계를 따지는 감정분사 유형
4. 목적어 유무로 따지는 분사 구문 유형

Mrs. Luan has recently received a letter ------- her to the 15th reunion of her graduating class.

(A) invites   (B) invited   (C) inviting   (D) was invited

이 문제는 주어(Mrs. Luan)와 동사(has received)가 갖추어진 완전한 절 상태이므로 동사인 (A) invites와 (D) was invited는 소거한다. 빈칸은 a letter를 후치 수식하는 자리로 과거분사 (B) invited와 현재분사 (C) inviting이 정답 후보로 남은 상황이다. 후치 수식은 목적어 유무를 따지므로 목적어인 her가 있으니 정답은 -ing 형태의 현재분사 (C) inviting이 정답이다.

정답 (C)

해석 Luan씨는 최근에 그녀를 15회 졸업반 동문회에 초대하는 편지를 받았다.

출제 포인트

◉ 분사의 전치 수식과 후치 수식

1. 전치 수식의 경우

분사가 수식하는 명사와의 관계가 능동, 진행(-ing)일 때 또는 수동(p.p.), 완료일 때, 수식 받는 명사의 관점에서 각각 '하고 있는(-ing) vs. ~되어진(p.p.)'의 해석을 통해 관계를 구별한다.

e.g. The [completed/competing] survey should be turned in by 6 P.M.
작성된 설문지는 오후 6시까지 제출되어야 한다.
···▶ 설문지가 스스로 작성하는 것이 아니고, 누군가에 의해 작성되는 것이므로 completed가 정답이다.

2. 후치 수식의 경우

목적어가 있으면 -ing, 목적어가 없으면 p.p.를 사용한다.

e.g. The manual [providing/provided] on the Web site will be extremely helpful.
웹사이트에 제공된 매뉴얼은 특히나 도움이 될 것이다.
···▶ 후치 수식 분사 문제로 뒤에 목적어가 없으므로 p.p. 형태의 provided가 정답이 된다.

e.g. The new manual [providing/provided] the simplified assembly instruction has been praised among the purchasers.
간소화된 조립 설명을 제공하는 새로운 매뉴얼은 구매자들 사이에서 호평을 받았다.
···▶ 후치 수식 분사 문제로 뒤에 목적어가 있으므로 -ing가 정답이다.

그 밖에 토익에는 동사가 가진 일반적인 뜻과 다르게 의미가 굳어진 분사 표현들을 물어보는 문제가 출제가 된다. 예를 들어, promising은 '약속하는'이 아닌 '유망한'으로 해석되며, inviting은 '초대하는'이 아닌 '솔깃한, 매력적인'으로 쓰여 an inviting offer '솔깃한 제안', an inviting atmosphere '매력적인 분위기' 등의 의미로 출제된다. 다음은 토익이 좋아하는 명사 앞에 나오는 분사 표현들이다. 현재분사(-ing)와 과거분사(p.p.)형을 구분하여 암기하도록 한다.

전치 수식 현재분사	전치 수식 과거분사
leading company 일류 회사, 선두 기업	renowned architect 저명한 건축가
promising candidate 유망한 후보자	limited time 제한된 시간
existing customer 기존의 고객	written permission 서면 허가
lasting impression 오래 지속되는 인상/감명	detailed instruction 세부적인 지시사항
inviting offer 솔깃한/매력적인 제의	experienced technician 숙련된 기술자
missing luggage 분실물 수하물	qualified candidate 적격의 후보자
demanding work 힘든 일	preferred vendor 선호되는 판매자
challenging task 도전적인/어려운 업무	established person 인정받는/확고히 자리를 잡은 사람
rewarding work 보람 있는 일	accomplished person 기량이 뛰어난 사람

☑ Check

1. The **[revising / revised]** report still contains several statistical errors.
2. We must comply with the rules **[governing / governed]** the use of facilities.
3. Jang & Chung is one of the **[leading / led]** pharmaceutical firms in Asia.

해설 및 해석

1. 보고서가 스스로 수정하는 것이 아니므로 revising은 오답 소거한다. 보고서는 누군가에 의해서 수정되어지는 것이므로 p.p. 형태의 revised가 정답이다.
   [해석] 수정된 보고서는 여전히 일부 통계적 오류를 담고 있다.
2. the rules를 후치 수식하는 분사 자리이므로 목적어가 있는지를 따진다. 목적어가 없을 때 쓰이는 p.p. 형태의 governed는 오답 소거한다. 분사가 들어갈 자리 뒤쪽으로 목적어(the use)가 있으니 -ing 형태의 governing이 정답이 된다.
   [해석] 우리는 시설의 사용을 총괄하는 규정을 준수해야 한다.
3. 해석상 '일류의, 선두적인'이라는 뜻의 분사인 leading이 정답이다. led는 '이끌어진'이라는 뜻으로 쓰이기 때문에 해석상 오답이다.
   [해석] Jang & Chung사는 아시아에서 일류 제약 회사 중의 하나이다.

핵심전략 **2** 자동사는 무조건 -ing 형태의 분사로만 쓰인다.

> **There have been many accidents ------- in highway 10, which are frequently reported in newspapers and television programs.**
> (A) happening   (B) happened   (C) happen   (D) will happen

완전한 문장(There have been many accidents)이 끝난 뒤에 빈칸이 나왔으므로, 동사인 (C) happen과 (D) will happen은 오답 소거한다. accidents를 후치 수식하는 분사인 (A) happening과 (B) happened 중에 원래대로라면 목적어를 따져서 풀겠지만, happen은 자동사이므로 자동사가 분사가 된 경우에는 항상 -ing 형태가 정답이라는 것을 명심하자. 따라서 정답은 (A) happening이다.

[정답] (A)
[해석] 10번 고속도로에서 발생하는 많은 사고들이 있는데, 그것들은 신문이나 TV 프로그램에서 빈번하게 보도되고 있다.

⊙ 자동사가 분사가 되는 경우

전치 수식과 후치 수식의 여부에 상관없이, 자동사가 분사가 되는 경우에는 p.p. 형태는 쓰이지 않고 -ing 형태로만 쓰인다.

분사로 자주 출제되는 대표적인 자동사			
remain 남다	exist 존재하다	happen 일어나다	occur 일어나다
appear 나타나다	disappear 사라지다	arrive 도착하다	work 일하다
rise 오르다	live 살다	stay 머무르다	emerge 나타나다
miss 놓치다	last 오래가다, 지속되다		

☑ Check

1. Diners can take the **[remaining / remained]** food on their way home.
2. An evaluation of the **[existing / existed]** equipment will be undertaken.

해설 및 해석

1. remain은 자동사이므로 분사로 쓰였을 때 -ing 형태인 remaining으로만 쓰인다. 자동사는 p.p. 형태가 존재하지 않으므로 remained는 오답 소거한다.
   해석 손님들은 집에 가실 때 남은 음식들을 가져가실 수 있습니다.
2. exist는 자동사이므로 분사로 쓰였을 때 -ing 형태인 existing으로만 쓰인다. 자동사는 p.p. 형태가 존재하지 않으므로 existed는 오답 소거한다.
   해석 기존 장비에 대한 평가가 진행될 것입니다.

핵심전략 3 감정분사는 감정을 유발시키면 -ing, 감정을 느끼면 p.p.를 쓴다.

GT's Voyager 5 was launched as a luxury brand aimed at young professionals, but its sales performance has been -------.

(A) disappoint   (B) disappointed   (C) disappoints   (D) disappointing

빈칸은 be동사 뒤이므로 동사원형 (A) disappoint와 단수 동사인 (C) disappoints는 오답 소거한다. 분사 보기인 (B) disappointed와 (D) disappointing은 감정분사이므로 감정을 유발하면 -ing, 감정을 느끼면 p.p. 형태를 써야 한다. 분사의 수식을 받는 명사 sales performance는 실망감을 느끼는 것이 아니라 실망감을 유발하는 대상이므로 -ing 형태의 (D) disappointing이 정답이 된다.

정답 (D)
해석 GT사의 Voyager 5는 젊은 전문가들을 위한 럭셔리한 브랜드로 출시되었지만, 그들의 판매량은 실망스러웠다.

⊙ 자주 출제되는 감정분사

다음은 토익에서 자주 출제되는 감정분사이다. 감정분사는 어떤 감정을 일으키거나 유발시키는 대상(주로 사물, 때때로 사람)을 수식하면 -ing를, 감정을 느끼는 대상(주로 사람)을 수식하면 p.p. 형태를 쓴다.

토익에 자주 출제되는 감정분사

interesting 재미있는 – interested 관심 있어하는	overwhelming 압도적인 – overwhelmed 압도된
exciting 신나는 – excited 신이 난	shocking 충격적인 – shocked 충격을 받은
pleasing 즐거운 – pleased 기뻐하는	boring 재미없는 – bored 지루해 하는
surprising 놀라운 – surprised 놀란	discouraging 낙담시키는 – discouraged 낙담한
fascinating 매력적인 – fascinated 매료된	disturbing 불안감을 주는 – disturbed 불안해 하는
distracting 산만하게 하는 – distracted 산만해진	worrying 걱정스러운 – worried 걱정하는
depressing 우울하게 하는 – depressed 우울한, 침체된	frustrating 좌절감을 주는 – frustrated 좌절감을 느끼는
amusing 재미있는 – amused 재미있어 하는	encouraging 격려하는 – encouraged 격려 받은
disappointing 실망스러운 – disappointed 실망한	amazing 놀라운 – amazed 놀란
confusing 혼란스러운 – confused 혼란스러워하는	motivating 자극을 주는 – motivated 자극 받은
embarrassing 당황스러운 – embarrassed 당황스러워하는	impressing 감동시키는 – impressed 깊은 인상을 받은

☑ Check

1. The regional managers of all the branches were **[tiring / tired]** to hear CEO's lengthy speech.
2. All of the information was **[surprising / surprised]** to me.
3. The councilman's proposal about the new policy seems **[interesting / interested]**.

해설 및 해석

1. manager는 피곤함을 느끼는 대상이므로 감정을 느낄 때 쓰는 감정분사인 p.p. 형태인 tired를 써줘야 한다. -ing 형태인 tiring은 감정을 유발하는 대상을 수식할 때 쓰는 감정분사이므로 오답 소거한다.
   해석 전 지점의 지역 관리자들은 최고경영자의 장황한 연설을 듣게 되어 피곤했다.

2. 모든 정보는 놀라움을 유발시킨 대상이지 정보가 놀라움을 느낀 것이 아니므로 surprising이 정답이 된다. p.p. 형태인 surprised는 감정을 느낄 때 쓰는 분사이므로 정답이 될 수 없다.
   해석 그 모든 정보는 나에게 놀라웠다.

3. 시의원의 제안서가 흥미로움을 유발시킨 것이지 제안서가 흥미로움을 느끼는 것이 아니므로 -ing 형태의 interesting이 정답이 된다. p.p. 형태인 interested는 감정을 느낄 때 쓰는 것이므로 오답 소거한다.
   해석 새로운 정책에 대한 그 시의원의 제안서는 흥미로워 보인다.

------- **by security personnel, Mr. Pine could enter the bank vault.**

(A) Accompanying　　　(B) Accompanied　　　(C) Accompany　　　(D) Accompanies

동사원형이나 동사에 −s가 붙은 형태로 부사구를 만들 수는 없으므로, (C) Accompany와 (D) Accompanies는 소거한다. 주절 앞에 쓰이는 부사구로써 분사 구문이 출제된 문제이니 목적어를 확인한다. 해당 문장은 목적어 없이 이끌어지는 분사 구문이므로 p.p. 형태인 (B) Accompanied가 정답이다.

정답 (B)

해석 보안 요원에 의해 동반되어서, Pine씨는 은행 금고에 들어갈 수 있었다.

출제 포인트

⊙ **분사 구문**

분사 구문은 주절 앞이나 뒤에 주로 콤마(,)와 함께 쓰이며, 하나의 독립적인 부사구 역할을 한다. 분사 구문의 −ing와 p.p.는 목적어의 유무로 구별한다. −ing는 '~하면서', p.p.는 '~되면서'로 해석할 수 있으며, 목적어가 있으면 −ing, 목적어가 없으면 p.p.를 고르면 되기 때문에 이 법칙만 숙지해두면 어렵지 않은 유형이다.

☑ Check

1. **[Locating / Located]** in the heart of downtown, Taste of India has been attracting many business people especially during lunch time.

2. JJ Motors announced a deal to acquire Yaehashi Automobile, **[confirming / confirmed]** its plan to expand into East Asia.

3. **[Exceeding / Exceeded]** the sales quota earlier than expected, all of the sales team members received special bonuses.

해설 및 해석

1. 주절의 앞에 쓰여진 분사 구문으로써 목적어를 수반하지 않았으므로(in the heart of downtown) p.p. 형태인 located가 정답이다. −ing 형태의 분사 구문을 이끄는 locating은 뒤에 목적어를 수반해야 하므로 목적어가 없는 지금의 문장에서는 오답 소거한다.
   해석 도심의 중심부에 위치되어 Taste of India는 특히 점심 시간 동안에 많은 사업가들을 끌어 모으고 있다.

2. 주절의 뒤에 쓰여진 분사 구문으로써 목적어(its plan)를 수반하였으므로 −ing 형태인 confirming이 정답이다. p.p. 형태의 분사 구문을 이끄는 confirmed는 뒤에 목적어가 올 수 없으므로 목적어가 있는 지금의 문장에서는 오답 소거한다.
   해석 JJ Motors는 동아시아까지 확장하겠다는 계획을 공식화 하면서, Yaegashi Automobile사의 인수 계약을 발표했다.

3. 주절의 앞에 쓰여진 분사 구문으로써 목적어(the sales quota)를 수반하였으므로 −ing 형태인 exceeding이 정답이다. p.p. 형태의 분사 구문을 이끄는 exceeded는 뒤에 목적어가 올 수 없으므로 목적어가 있는 지금의 문장에서는 오답 소거한다.
   해석 판매 할당량을 예상보다 빨리 초과하면서, 영업팀 모두 특별 보너스를 받았다.

1. Milano Inc., an ------- company based in Durban seeks to employee a Senior Marketing Director.
   (A) establishes
   (B) establish
   (C) establishing
   (D) established

2. Employees wishing to address the Board should follow the guideline ------- in the employee handbook.
   (A) outline
   (B) outlines
   (C) outlining
   (D) outlined

3. With the advancement of computer technology, the number of specifications for a video card has become -------.
   (A) overwhelmingly
   (B) overwhelming
   (C) overwhelmed
   (D) overwhelms

4. Acme Superstore, a retail company ------- the Cloverdale area, announced that it would merge with Fast Save.
   (A) serving
   (B) served
   (C) service
   (D) serves

5. As ------- in our last newsletter, Mrs. Marriot joined Best Eastern as our financial manager in March.
   (A) note
   (B) notation
   (C) noted
   (D) notes

6. ------- the amount of time children spend at home, there is no doubt that parents play the most important role in shaping the way children conduct themselves.
   (A) To consider
   (B) Considering
   (C) Considered
   (D) Consideration

7. Executive meetings are held regularly on the third Wednesday of each month, except in December when there is no ------- meeting.
   (A) scheduling
   (B) scheduler
   (C) scheduled
   (D) schedule

8. G&S Retail Services, originally ------- as Gary and Stuart Shopping, was founded in the early 1950's in Canada.
   (A) knowing
   (B) was known
   (C) known
   (D) know

9. Morgan Creek Apartment has just implemented a new policy ------- all residents to pay online.
   (A) requires
   (B) requiring
   (C) require
   (D) required

10. The position as Project Manager in Texaco tends to be considered temporary, ------- it impossible to attract talented leaders.
    (A) has rendered
    (B) rendered
    (C) render
    (D) rendering

11. Even though the road construction has slowed the traffic down, there have not been any major changes to ------- bus routes.

(A) exist
(B) existing
(C) existed
(D) being existed

12. By 2022, the Hoje Foundation will improved the lives of 10 million children ------- in the poorest local communities.

(A) live
(B) living
(C) lived
(D) lives

13. This year's sales figures were so ------- that all executives felt uncomfortable with it.

(A) depress
(B) to depress
(C) depressing
(D) depressed

14. *DDC Times* announced that the decrease in consumer spending in LA County could have ------- consequence for the local economy.

(A) worried
(B) worrying
(C) worry
(D) to worry

15. All customers ------- a current account with BK Bank are given $100 worth of restaurant coupons.

(A) open
(B) opened
(C) will open
(D) opening

16. This letter is in response to your telephone call on August 24 ------- about the status of your credit card account.

(A) inquire
(B) inquiring
(C) being inquired
(D) inquired

17. The current job fair ------- by Nemesis Communications has attracted many job seekers as well as headhunters who are in search of qualified employees.

(A) sponsor
(B) sponsoring
(C) to sponsor
(D) sponsored

18. Kevin Walsh is a highly ------- executive with 17 years of domestic and international management experience.

(A) accomplish
(B) accomplished
(C) accomplishing
(D) accomplishment

19. M&B Publishing will conduct a more ------ promotional campaign before introducing the new magazine.

(A) excitement
(B) exciting
(C) excited
(D) excite

20. Sky Motors will keep its customers ------- by changing the chord design used in its new line of electric cars to enhance durability and reliability.

(A) to satisfy
(B) satisfies
(C) satisfying
(D) satisfied

공식만 암기하면 되는

도치

동영상 강의
바로 보기

도치는 출제 비중만 놓고 보면 본서에 수록된 다른 문법 포인트들에 비해 많이 떨어지는 편이지만, 오답률이 높은 편에 속하는 문법 유형이다. 몇 회에 걸쳐 한두 문제씩 출제되고 있으나, 오답률이 높아서 배점이 크기 때문에 미리 대비하지 않고 손 놓고 있다가는 낭패를 볼 수 있는 유형이다. 다행히 도치는 생각보다 복잡하지 않으며, 각 상황에 맞는 공식 몇 가지만 꿰뚫고 있으면 되므로 잘 익혀두도록 하자.

이런 문제가 출제된다!

1. 부정어구 도치를 묻는 유형
2. 가정법 도치를 묻는 유형
3. so/neither/nor 도치를 묻는 유형
4. 보어 도치를 묻는 유형

Not only did manufacturing costs ------- in the last quarter, but prices for shipping also increased.

(A) rise   (B) rose   (C) rises   (D) risen

「Not only + did + 주어(manufacturing costs) + ————」 형태로, 부정어구 도치 문장임을 눈치챌 수 있어야 한다. 본동사가 일반동사일 때의 부정어구 도치 공식은 「부정어구 + do/does/did + 주어 + 동사원형」이므로 빈칸에 들어가야 할 것은 동사원형이다. 동사원형이 아닌 (B) rose, (C) rises, (D) risen은 전부 오답 소거한다.

[정답] (A)

[해석] 지난 분기에 제조 비용들이 증가했을 뿐만 아니라, 배송 비용 또한 증가했다.

출제 포인트

⊙ 부정어구 도치 구문

부정어구 도치는 부정어가 문두로 올 때 발생하며 크게 두 가지 형태가 있다.

1. 본동사가 be동사나 조동사일 경우

주어와 be동사 또는 조동사의 위치가 바뀐다.

e.g. **Anyone will never** be able to come into the vault under our surveillance system.
     주어   조동사 부정어

= **Never will anyone** be able to come into the vault under our surveillance system.
    부정어 조동사   주어

어느 누구도 우리의 감시 시스템 하에 금고로 들어올 수 없을 것이다.

2. 동사가 일반동사일 경우

시제에 따라 「부정어구 + do/does/did + 주어 + 동사원형」의 형태로 바뀐다.

e.g. **Mr. Kim rarely remembers** anything from his first day of work.
     주어   부정어   일반동사

= **Rarely does Mr. Kim remember** anything from his first day of work.
    부정어 do/does/did 주어   동사원형

Kim씨는 그의 출근 첫날에 대해 거의 아무것도 기억하지 못한다.

부정어구 도치를 이끄는 부정어구	
never 결코 ~가 아닌	no sooner ~ than ~하자마자 …하다
not only ~뿐만 아니라	not ~ until ~이 되어서야 …하다
nowhere 아무 곳도 ~하지 않다	only + 시간 표현 부사 ~이 되어서야 …하다
seldom, hardly, scarcely, rarely 거의 ~않는	

☑ Check

1. Hardly does Norris Peterson **[study / studies]** for the exam, yet he always manages to get a high score.
2. Never **[are / should]** the audience members allowed to go backstage.

해설 및 해석

1. 괄호는 부정어구(hardly)로 이끌어진 문장에서 동사원형이 들어갈 자리이다. 부정어구 도치 공식은 「부정어구 + do/does/did + 주어 + 동사원형」으로 사용되기 때문에, 3인칭 단수 주어가 앞에 있다고 해서 studies를 고르지 말고 부정어구 공식대로 동사원형인 study를 고르도록 한다.

   해석 Norris Peterson은 시험 공부를 거의 하지 않지만, 항상 높은 점수를 받는다.

2. 부정어구(never)로 이끌어진 문장이므로 부정어구 도치 문장이다. 원래 문장으로 바꾸면 The audience members are never allowed to go backstage.이므로 빈칸에는 동사 are가 와야 한다.

   해석 관객들은 절대 무대 뒤로 가는 것이 허용되지 않는다.

핵심전략 **2** were/had/should로 시작하는 절은 if가 생략된 가정법 도치 구문이다.

The employees are likely to become frustrated ------- they be called up for work on short notice.

(A) in fact   (B) when   (C) through   (D) should

빈칸에는 해석상 '~할 때'를 나타내는 (B) when이 적절한 것으로 보이나, 빈칸 뒤에 있는 절의 동사가 are가 아닌 be로 쓰여져 있으므로 소거한다. 빈칸부터는 if they should be called up for work on short notice라는 가정법 if절의 if가 생각되어 도치가 있으나 should they be called up for work on short notice로 남아있음에 유의해야 한다. 따라서 가정법 도치 구문을 이끌게 된 형태의 (D) should가 정답이다.

정답 (D)

해석 직원들은 그들이 급하게 업무상 직장으로 불려진다면 짜증을 낼 가능성이 크다.

출제 포인트 //

⊙ 가정법의 도치 구문

가정법 도치 구문은 If가 생략되면서 주어와 동사가 도치된다.

> If + 주어 + **were / had / should** ~, 주어 + 동사
> = **Were / Had / Should** + 주어 ~, 주어 + 동사

e.g. If **you should** encounter any problems, please contact our customer service.
   = **Should you** encounter any problems, please contact our customer service.

   혹시 문제가 생긴다면, 저희 고객 서비스로 연락해 주십시오.

1. **[Had / Should]** the customer ordered the product before May 15th, he would not have paid additional costs.

2. **[If / Should]** you be unavailable tomorrow, please let me know in advance.

해설 및 해석

1. If the customer had ordered ~가 도치된 가정법 도치 구문이므로 Had가 정답이다. 가정법의 공식상 주절의 동사가 would have p.p.이므로 if절의 동사는 had p.p.가 와야 한다.
   해석 만약 그 고객이 제품을 5월 15일 전에 주문했더라면, 추가 요금을 내지 않아도 됐을 것이다.

2. If you should be unavailable tomorrow, ~가 도치된 가정법 도치 구문이므로 Should가 정답이다. 괄호 안에 If가 들어가면 뒤에 you be가 아니라 you are가 되어야 하므로 오답이다.
   해석 만약 내일 올 수 없다면, 사전에 미리 저에게 알려 주십시오.

핵심전략 3 맞장구 칠 때는 so / neither / nor 도치 구문을 쓴다.

As the number of residents in the city increases, ------- the necessity for public facilities such as schools and hospitals.

(A) although   (B) eventually   (C) as a result   (D) so does

도치 구문을 묻는 문제이다. 접속사인 (A) although와 부사인 (B) eventually, (C) as a result는 뒤에 명사구를 수반하고 있는 빈칸에는 들어갈 수 없는 품사들이므로 소거한다. 빈칸 앞의 긍정 문장 전부를 받으며 '~역시도, ~도 마찬가지로'의 뜻을 만들어주는 (D) so does가 정답이 된다.

정답 (D)
해석 도시 내에서의 거주자들의 수가 증가함에 따라서, 학교나 병원과 같은 공공시설의 필요성 또한 증가한다.

출제 포인트

⊙ so / neither / nor 도치 구문

so / neither / nor는 뒤에 주어와 동사의 순서를 바꾸어 '~역시도, ~도 마찬가지로'의 뜻을 만들어 준다. 긍정문 뒤에 오면 so를, 부정문 뒤에 오면 neither 또는 nor를 선택한다.

e.g. She **is** diligent, and **so is he**.
그녀는 성실하다. 그리고 그 역시도 성실하다.

She **did not study** for the exam, and **neither did I**.
그녀는 시험을 위한 공부를 하지 않았다. 그리고 나 역시도 공부를 하지 않았다.

1. Ms. Jackson transferred to the Boston office, and **[so / neither]** did her assistant.
2. TGS Store does not allow product returns, **[and / nor]** does it guarantee full refunds.
3. As the population in Africa grows, **[so does / as a result]** the need for houses and apartments.

해설 및 해석

1. 앞의 문장과 '~역시도, ~도 마찬가지로'의 문맥으로 연결되어야 하므로 '그녀의 조수도 마찬가지로 전근을 갔다'의 의미가 되는 so / neither / nor 도치 구문이다. 긍정문에 대한 연결이므로 so가 정답이 된다.
   해석 Jackson씨는 Boston 지사로 전근을 갔고, 그녀의 조수도 마찬가지이다.
2. 앞의 문장과 '~역시도, ~도 마찬가지로'의 문맥으로 연결되어야 하므로 '전액 환불도 마찬가지로 허용하지 않는다'의 의미가 되는 so / neither / nor 도치 구문이다. and는 뒤에 절을 받게 되면 「주어 + 동사」를 받으므로 구조가 맞지 않는다.
   해석 TGS Store는 반품을 허용하지 않으며, 전액 환불 또는 보증하지 않는다.
3. 앞의 문장과 '~역시도, ~도 마찬가지로'의 문맥으로 연결되어야 하므로 '집과 아파트에 대한 필요성 역시도 증가한다'의 의미가 되는 so does로 도치 구문이다.
   해석 아프리카에서의 인구가 증가함에 따라서, 집과 아파트에 대한 필요성 또한 증가한다.

핵심 전략 4 문두에 빈칸이 나오면 보어 도치 문제일 가능성을 염두에 둔다.

------- are highlights from a recent customer satisfaction survey.

(A) Enclosing   (B) To enclose   (C) Enclosed   (D) Encloses

빈칸이 동사 앞이라서 주어 자리로 인식하기 쉬우나, 보기에는 복수 동사(are)와 맞는 주어가 없다. 따라서 주어가 아닌 다른 역할로써의 가능성을 봐야 하는데 보기에 있는 -ed 형태를 보고 「보어 + be동사 + 명사」의 보어 도치 구문 자리임을 알 수 있다. Highlights are enclosed. → Enclosed are highlights.가 성립되므로 보어 도치를 만들어주는 (C) Enclosed가 정답이 된다.

정답 (C)
해석 동봉된 것은 최근 고객 만족도 설문 조사로부터의 주요 사항들입니다.

출제 포인트

⊙ 보어 도치 구문

보어 도치는 주어와 be동사 뒤의 대상의 도치로 출제된다.

주어 + be동사 + **보어/전치사구**
= **보어/전치사구** + be동사 + 주어

e.g. **Coupons are included** in the catalogue. 쿠폰이 카탈로그에 포함되어 있다.
　　　　주어　　동사　　보어

= **Included** in the catalogue **are coupons**.
　　　보어　　　　　　　　　　동사　　주어

☑ **Check**

1. Enclosed for your reference **[is / are]** the estimates for upgrading the assembly line at the Oxford plant.
2. **[Enclose / Enclosed]** with the letter is an application form that needs to be completed and returned within ten business days.
3. **[Inclusion / Included]** in the catalogue are discount coupons that can be used at any PNC locations.

해설 및 해석

1. The estimates are enclosed에서 보어가 도치된 문장이다. 괄호는 복수 주어(the estimates)를 받아야 하는 동사 자리라는 점에서 복수 동사 are가 정답이 된다.
   [해석] 당신의 참고를 위해 동봉된 것은 Oxford 공장에서의 조립 라인을 업그레이드하기 위한 견적서입니다.

2. An application form is enclosed with the letter에서 보어가 도치된 문장으로 enclosed가 정답이 된다. enclose는 동사원형이므로 명령문을 만들 때 문장을 이끌 수 있으므로 오답 소거한다.
   [해석] 편지에 동봉된 것은 영업일 10일 이내에 작성되고 반납되어야 할 신청서 양식이다.

3. Discount coupons are included in the catalogue에서 보어가 도치된 문장으로 included가 정답이 된다. 빈칸을 주어 자리로 오해해 명사인 inclusion을 고르지 않도록 유의해야 한다. inclusion은 단수 명사이므로 복수 동사 are을 받지 못한다.
   [해석] 카탈로그에 포함된 것은 모든 PNC 지점들에서 사용 가능한 할인 쿠폰들이다.

고난도 실전 문제

1. ------- had the government announced the new tax policy than people began to raise questions.
    (A) When
    (B) The sooner
    (C) No sooner
    (D) Although

2. As our aging population continues to grow, ------- the demand for both healthcare workers and residential care facilities.
    (A) so does
    (B) as long as
    (C) whereas
    (D) as to

3. ------- anyone need assistance at any time during the conference, please press star, then zero and an operator will help you.
    (A) Because
    (B) Should
    (C) Though
    (D) Will

4. ------- it not been for her help, I estimate that it would have taken more than a week to finish the report.
    (A) If
    (B) Had
    (C) Should
    (D) Have

5. ------- does the department send examiners to other cities for recruiting purposes.
    (A) Even
    (B) Rarely
    (C) However
    (D) Appropriately

6. Only then did the sales team ------- aware of the fact that there were more difficulties ahead than they had expected.
    (A) became
    (B) become
    (C) becomes
    (D) have become

7. As the number of homes for sale in the state grows, ------- the pressure to sell them.
    (A) so does
    (B) while
    (C) as long as
    (D) besides

8. The taxi coupons are not transferable nor ------- be used to tip the driver.
    (A) they cannot
    (B) they can
    (C) can they
    (D) cannot they

9. Little ------- the young IBM professional realize at the time that this isolated incident would change her life forever.
    (A) do
    (B) did
    (C) has
    (D) had

10. ------- the workers followed the safety precautions more carefully, many of the accidents would have been avoided.
    (A) Should
    (B) When
    (C) Had
    (D) Never

11. ------- any problems be found with the product, please return it for repair or replacement.

(A) As if
(B) When
(C) Should
(D) If

12. Only after it fired its CEO did the company ------- to recover from the threat of bankruptcy.

(A) start
(B) to start
(C) has started
(D) starts

13. ------- are my diploma and letters of recommendation for you to look at.

(A) Enclose
(B) Enclosing
(C) Encloses
(D) Enclosed

14. Never had Ms. Peterson ------- such a significant amount of salary until she joined the company.

(A) sees
(B) saw
(C) seeing
(D) seen

15. ------- did sales prices rise in the last year, but shipping fees also increased.

(A) Though
(B) In addition
(C) Not only
(D) Furthermore

16. ------- has one person ever handled a contract negotiation all by himself like Mr. Moore did.

(A) Yet
(B) Seldom
(C) Once
(D) Either

17. As the number of students enrolled in Environmental Studies increases, ------- the demand for professors to instruct them.

(A) when
(B) whereas
(C) so does
(D) regarding

18. ------- in the information packet are the neighborhood map and lists of some popular restaurants and attractions.

(A) Inclusion
(B) Included
(C) Including
(D) Include

19. According to the survey conducted by DNC Research Group, ------- do working moms have time for their hobbies especially those living in cities.

(A) rare
(B) rarely
(C) rarefy
(D) rareness

20. ------- are the descriptions of currently available positions that need to be filled as soon as possible.

(A) Attach
(B) Attachment
(C) Attaching
(D) Attached

뒤의 구조를 파악하라!

관계절

동영상 강의
바로 보기

토익에서 관계절 관련 문제는 매회 1~2문제가 출제되고 있으며, 사람 선행사 뒤에는 who, 사물 선행사 뒤에는 which를 고르는 단순한 문제는 본서를 학습하는 수험생들에게는 쉬운 문제일 것이다.

하지만, 관계절에서도 고득점자들의 오답률이 높은 문제 유형이 있다. whose vs. which 문제, where vs. which 문제, 그리고 「전치사 + 관계사」 문제 등이다. 이러한 문제 유형은 단순히 사람인지 사물인지 따지는 것이 아니라, 다음에 오는 문장 구조까지도 살펴야 하는 유형이다. 따라서, 반드시 각 관계사 뒤에 어떤 문장 구조가 나오는지까지 확실히 숙지해두어야 한다.

이런 문제가 출제된다!
1. 뒤의 구조를 보고 풀어야 하는 whose vs. which/that/who(m) 유형
2. 완전한 문장 vs. 불완전한 문장을 따져야 하는 where vs. which/that 유형
3. 관계대명사 which나 whom 앞에 쓰이는 전치사 유형

whose vs. which/that은 관계사 뒤의 문장 구조로 구별한다.

The Sales Department is looking for an experienced sales representative ------- expertise will bring a significant rise in sales.

(A) which   (B) that   (C) whom   (D) whose

빈칸은 선행사(sales representative)를 수식하는 알맞은 관계사를 찾는 자리이다. 빈칸 뒤에 「주어 + 동사 + 목적어」로 이루어진 완전한 문장이 있으므로 (D) whose가 정답이다. (A) which, (B) that, (C) whom은 주어나 목적어 역할을 하는 관계사로, 뒤에 완전한 문장을 연결할 수 없으므로 오답 소거한다.

[정답] (D)

[해석] 영업 부서는 그들의 전문성이 판매량의 상당한 증가를 가져다 줄 경험 있는 영업 사원을 찾고 있다.

출제 포인트

◉ whose vs. which / that / who(m) 뒤의 문장 구조

whose는 뒤에 완전한 문장, which / that / who(m)은 뒤에 주어나 목적어가 없는 불완전한 문장이 온다.

선행사	주격 관계대명사 뒤에 주어가 없는 불완전한 문장	소유격 관계대명사 뒤에 완전한 문장	목적격 관계대명사 뒤에 목적어가 없는 불완전한 문장
사람	who + 동사 ⋯› 주어가 없음	whose + 명사(완전한 문장) ⋯› 무관사 명사로 시작되는 완전한 문장	whom + 주어 + 타동사 ⋯› 목적어가 없음
사물	which + 동사 ⋯› 주어가 없음	whose + 명사(완전한 문장) ⋯› 무관사 명사로 시작되는 완전한 문장	which + 주어 + 타동사 ⋯› 목적어가 없음

1. 「선행사 + whose + 명사 + 완전한 문장」

관사나 소유격 또는 대명사 없이 명사가 whose 바로 다음에 나오며, 명사로 시작되는 완전한 문장이 이어진다. 해석은 앞의 선행사와 whose 뒤 명사가 '~의'로 이어진다.

e.g. I have just revised a report **whose** <u>data **was** inaccurate</u>.
                                     주어   동사   보어   ⋯› 완전한 문장
나는 이제 막 보고서를 수정했고 그 보고서의 데이터는 부정확했다.

> 주의 이때 whose 뒤의 명사에는 관사나 대명사가 붙을 수 없다.
> I have just revised a report **whose ~~the~~ data** was inaccurate. ✘
> I have just revised a report **whose ~~its~~ data** was inaccurate. ✘

2. 「선행사 + which / that / who + 동사」

주격 관계대명사 which / that / who 뒤에는 동사가 온다.

e.g. There has been heavy rain, **which** <u>caused</u> many people to evacuate their houses.
                                                       동사
심한 폭우가 왔고, 그것은 많은 사람들이 집에서 대피하도록 만들었다.

3. 「선행사 + which / that / whom + 주어 + 타동사」

목적격 관계사 which / that / whom 뒤에는 「주어 + 타동사」가 온다.

> **e.g.** The new program **which <u>the marketing department</u> has announced** will begin next
> month for all of its staff.   주어   타동사(뒤에 목적어는 없음)
>
> 마케팅 부서가 발표한 새로운 프로그램은 직원 모두를 위해 다음 달에 시작될 것이다.

4. 「선행사 + which / that / whom + 주어 + 동사 + 전치사」

목적격 관계사 which / that / whom 뒤에는 전치사로만 끝나버리는 구조도 가능하다.

> **e.g.** I ran into a woman **that <u>I</u> had worked with**.
>   주어   동사   전치사(뒤에 전치사의 목적어가 없음)
>
> 나는 이전에 함께 일한 적이 있던 한 여자와 우연히 마주쳤다.

☑ Check

1. ST Corporation has decided to merge with Murphy Manufacturing, **[which / whose]** products are well known for its durability and reliability.
2. Please check your new timetable, **[which / whose]** you can find on the company's Web site.
3. The employee manual explains company regulations **[which / whose]** employees should comply with.

해설 및 해석

1. 괄호는 선행사(Murphy Manufacturing)를 수식하는 관계사 자리이다. 괄호 뒤에 「주어(products) + 수동태 동사 (are known)」로 이루어진 완전한 문장이 있으므로 whose가 정답이 된다. which는 완전한 문장을 받을 수 없으니 오답 소거한다. which 뒤에 동사가 올 경우에는 타동사가 와야 함에 유의하도록 하자.
   해석 ST사는 내구성과, 신뢰성 있는 제품들로 잘 알려진 Murphy 제조사와 합병하기로 결정했다.

2. 괄호는 선행사(new timetable)를 수식하는 관계사 자리이다. 뒤에 「주어(you) + 타동사(find)」가 있고 목적어가 없 으므로 목적격 관계사인 which가 정답이 된다. whose는 뒤에 대명사가 오지 못하며 완전한 문장이 와야 하므로 오답이다.
   해석 회사 홈페이지에서 찾을 수 있는 여러분의 새로운 일정표를 확인하세요.

3. 괄호는 선행사(company regulations)를 수식하는 관계사 자리이다. 문장 맨 마지막의 전치사 뒤에 명사 없이 끝나 는 불완전한 구조가 있으므로 which가 정답이 된다. Whose는 뒤에 완전한 문장이 와야 하므로 전치사 뒤에 명사 가 없는 불완전한 문장이 남아 있을 수 없다.
   해석 이 직원 수칙은 직원들이 따라야 하는 회사 규정들을 설명한다.

2 where vs. which/that 역시 뒤의 문장 구조로 구별한다.

Every fall semester, the university holds a job fair ------- local companies interview students for job openings.

(A) where   (B) which   (C) there   (D) it

빈칸 뒤에 「주어 + 동사 + 목적어」의 완전한 문장이 있으므로 (A) where가 정답이다. (B) which 뒤에는 불완전한 문장이 오므로 오답 소거해야 하며, (C) there와 (D) it은 절과 절을 연결할 수 없으므로 오답 소거한다.

정답 (A)
해석 가을 학기마다, 대학교는 지역 회사들이 학생들의 구인 면접을 할 수 있는 취업 박람회를 주최한다.

출제 포인트

⊙ where vs. which/that 뒤의 문장 구조

관계부사인 where 뒤는 완전한 문장이 오는 반면, 관계대명사 which/that 뒤에는 주어나 목적어가 없는 불완전한 문장이 온다.

e.g. I went to the library **where** <u>I</u> <u>was able to find</u> <u>some historical documents</u> for my research.
                                  주어   동사   목적어   ⋯▸ 완전한 문장
나는 도서관에 갔고, 그곳에서 내 연구를 위해 몇몇 역사적인 문서들을 찾을 수 있었다.

I went to the library **which** <u>was renovated</u> recently.
                                     동사   ⋯▸ 주어가 없는 불완전한 문장
나는 최근에 보수된 도서관에 갔다.

☑ **Check**

1. CFRT, a local radio station, **[which / where]** features today's top hit songs, is planning a New Year's event.
2. The company **[that / where]** she is currently conducting an investigation has been blamed for air pollution.
3. Royal Tableware Inc., **[which / where]** specializes in traditional dish making techniques, expanded its market to Latin America last year.

해설 및 해석

1. 괄호 뒤에 동사로 시작하는 불완전한 문장이 있으므로, 괄호에는 주격 관계대명사로 쓰이는 which가 와야 한다. 관계부사 where는 뒤에 완전한 문장이 와야 하므로 오답 소거한다.
   해석 오늘날의 최고 인기곡들을 방송하는 지역 라디오 방송국인 CFRT는 새해 행사를 계획하고 있다.
2. 괄호 뒤에 완전한 문장이 오므로 관계부사인 where가 정답이다. 관계대명사 that은 뒤에는 주어나 목적어가 없는 불완전한 문장이 와야 하므로 「주어 + 동사 + 목적어」로 완전한 문장이 구성된 경우에는 정답이 될 수 없으므로 오답 소거한다.
   해석 그녀가 현재 조사를 하고 있는 회사는 공기 오염으로 비난 받아왔다.
3. 괄호 뒤에 동사로 시작하는 불완전한 문장이 있으므로 which가 정답이다. 관계부사 where는 뒤에 완전한 문장이 와야 하므로 오답 소거한다.
   해석 전통적인 접시 제조 기술을 전문으로 하는 Royal Tableware사는 작년에 라틴 아메리카로 시장을 확장했다.

핵심 전략 3 관계사 앞의 전치사를 고르는 문제는 '관계절 내의 동사'와 '선행사'의 관계를 살펴본다.

The Empire Building ------- which Neon Pharmaceuticals has resided needs to be renovated.

(A) in   (B) for   (C) to   (D) with

관계사 which와 함께 쓰일 수 있는 전치사를 고르는 문제이다. 이때에는 <mark>선행사(the Empire Building)와 관계절 내의 동사(has resided)의 관계를 확인해 본다</mark>. 원래 문장은 Neon Pharmaceuticals has resided + —— + the Empire Building으로 문맥상 빈칸에 들어갈 수 있는 전치사는 reside in '~에 있다, ~에 거주하다'인 in이므로, 빈칸에 와야 하는 전치사는 (A) in이 된다.

[정답] (A)

[해석] Neon 제약 회사가 입주해 있는 Empire 빌딩은 보수될 필요가 있다.

출제 포인트 //

⊙ 관계사 앞의 전치사

선행사가 관계절 문장에서 전치사의 목적어와 같을 때, 전치사로 끝나는 관계절은 전치사를 앞으로 이동시켜 「전치사 + which/whom」 형태가 될 수 있다. 이때 적절한 전치사를 고르는 문제는 선행사와 관계절 내의 동사의 관계로 찾아야 한다.

> **e.g.** I ran into a woman. + I had worked **with** her.
> = I ran into a woman **whom** I had worked **with**.
> = I ran into a woman **with whom** I had worked.

1. The memo explains the new dress code **[at / with]** which employees should comply.
2. The city council gives business tax exemption benefits, making Austin the wonderful city **[in / to]** which global entrepreneurs can easily start a business.
3. S&L Law Offices offers prospective clients a free consultation **[on / during]** which details will be reviewed.

해설 및 해석

1. which 앞의 전치사가 들어갈 괄호를 employees should comply + ——— + the new dress code로 인식해 보면, comply with '~를 준수하다'의 의미이므로 빈칸에도 at이 아니라 with가 들어가야 한다.
   해석 이 회람은 직원들이 준수해야 할 새로운 복장 규정을 설명해 준다.

2. which 앞의 전치사가 들어갈 괄호를 global entrepreneurs can easily start a business + ——— + the wonderful city로 인식해보면, 빈칸에는 to가 아니라 in이 들어가야 한다.
   해석 시 의회는 사업체들에게 세금 감면 혜택을 주어, Austin을 국제 사업가들이 사업을 쉽게 시작할 수 있도록 해주는 멋진 도시로 만든다.

3. which 앞의 전치사가 들어갈 괄호를 details will be reviewed + ——— + a free consultation으로 인식해 보면, 빈칸에는 on이 아니라 during이 들어가야 한다.
   해석 S&L 법률 사무소는 잠재 고객들에게 무료 상담을 제공하며, 그 무료 상담 동안에 세부 사항들이 검토될 것이다.

PART 5

DAY 07

1. The Chairman of BizCore moved to New York City, ------- he founded a financial services company called Avalon Research.
    (A) what
    (B) where
    (C) which
    (D) while

2. Candidates ------- meet the requirements should submit a cover letter with salary requirements and résumé to staffing@hnewsorg.com.
    (A) who
    (B) whose
    (C) which
    (D) in which

3. I would like to thank Jack Pringle, ------- has agreed to deliver the keynote address at the annual conference.
    (A) whichever
    (B) who
    (C) whose
    (D) anyone

4. Bestech Electronics will launch a new line of compact home appliances designed for singles that ------- in small places.
    (A) residence
    (B) residing
    (C) reside
    (D) resides

5. Pisnet Electronics is a multinational corporation ------- headquarters is located in Detroit, Michigan.
    (A) whose
    (B) where
    (C) which
    (D) its

6. Dr. William Thurston is an expert ------- work in developing new drug therapies has helped reduce childhood death and disease.
    (A) that
    (B) which
    (C) their
    (D) whose

7. Best Price, ------- provides office supplies to our company regularly, is known for its quality products and fast delivery.
    (A) that
    (B) which
    (C) it
    (D) what

8. Distinguished novelist William Evans, ------- latest book is already on the bestseller list, is scheduled to speak at the book fair tomorrow.
    (A) whoever
    (B) whom
    (C) whose
    (D) who

9. Passengers are allowed to carry any suitcase ------- weight is no more than 20kg at no extra charge.
    (A) who
    (B) whose
    (C) which
    (D) whom

10. Bob was greatly influenced by his coworkers, ------- he had known for a long time.
    (A) they
    (B) whom
    (C) them
    (D) whose

11. All information should be entered into the database, ------- our research team has created.

(A) which
(B) that
(C) who
(D) whose

12. Newly developed technologies help automotive companies build environmentally friendly cars ------- younger customers prefer these days.

(A) whose
(B) which
(C) whom
(D) who

13. Prospective candidates ------- qualifications seem to be beneficial to the company will be contacted for an interview.

(A) their
(B) whose
(C) whom
(D) that

14. The two managers met at the conference ------- they were impressed by each other's thorough knowledge of the field.

(A) what
(B) which
(C) where
(D) whose

15. The Topeka High School students will visit the place ------- which Kevin Morrison, a world-famous designer, was born.

(A) in
(B) to
(C) during
(D) for

16. This social club, ------- registration process is reportedly complicated, is becoming increasingly popular among celebrities.

(A) which
(B) that
(C) whom
(D) whose

17. Kathy applied to the company ------- she had previously worked as an intern as soon as she graduated from college.

(A) which
(B) who
(C) where
(D) whose

18. To visit the headquarters of Harington Corporation, please take Highway 11 south to Exit 3, ------- is next to the Eliot Building.

(A) where
(B) which
(C) that
(D) who

19. The documentary ------- Mr. Hong recommended was much more exciting than I had expected.

(A) whose
(B) that
(C) what
(D) whom

20. Many customers completed the online survey conducted by T&G, ------- advertisements are deliberately humorous.

(A) whose
(B) where
(C) which
(D) that

늘 알듯 말듯 아리송한

고난도 어휘 문제

동영상 강의
바로 보기

어휘 문제는 단순히 어휘의 뜻을 몰라서 틀리는 문제보다, 뜻을 알고도 구조를 몰라서 틀리는 문제가 오히려 발목을 잡는다. 이런 고난도 어휘 문제는 매회 3문제 이상이 반드시 출제되며, 뜻이 아니라 구조까지 함께 익혀야 하는 어휘들에 꽤나 많다. 이를 테면, inform은 단순히 '알리다/공지하다'라는 뜻만 알고 있을 것이 아니라 '～에게 알리다/공지하다'로 뒤에 '～에게'에 해당되는 사람 목적어를 취해야 한다는 것을 알아야 한다. 마찬가지로 '알리다, 발표하다'의 뜻을 가진 announce는 바로 뒤에 '～을'에 해당하는 목적어가 오거나 'to + 사람'에 해당하는 전치사구가 와야 한다는 것을 알아야 두 동사의 차이를 완벽히 구별할 수 있다.

이번 단원에서는 뜻은 알아도 문법적인 쓰임새 부분을 놓쳐서 틀리는 어휘들에 대해서 다루어보도록 하자.

이런 문제가 출제된다!
1. 목적어의 구성이 중요한 동사 어휘
2. 자동사 vs. 타동사 어휘
3. 주의해야 할 부사 어휘

> **If you're not 100% satisfied with our TED phone, you can ------- it to the store where it was purchased.**
>
> (A) inform　　　　(B) return　　　　(C) decline　　　　(D) refund

빈칸 뒤 목적어의 구성을 보고 빈칸에 들어갈 알맞은 동사를 고르는 문제이다. (B) return은 return A to B 'A를 B로 반품하다'로 쓰일 수 있으며, 해석상으로도 물건(TED phone)을 구매했던 상점으로 '반품하다'라는 의미가 문맥상 알맞게 성립하므로 정답은 (B) return이다. (A) inform은 뒤에 목적어로 사람 명사를 취해서 '~에게 알리다'라는 의미일 때 쓰이고, (D) refund '환불하다'는 동사일 경우 돈을 환불할 때 사용되며, '돈(money)'을 목적어로 취하는 타동사이다. 따라서, 지금처럼 제품을 뜻하는 명사를 목적어로 취하지 않는다. 참고로, return은 물건이나 택배를 반품할 때 사용한다. (C) deadline은 자동사일 경우에는 '감소하다, 거절하다'의 뜻을 가지며, 타동사일 경우에는 '거절하다'로만 쓰인다.

[정답] (B)

[해석] 저희 TED 전화기에 100% 만족하지 못하시면, 구매하신 상점으로 반품하세요.

출제 포인트

⊙ **목적어의 구성이 중요한 동사 어휘**

동사 뒤에 나오는 목적어에 따라 알맞은 동사를 찾을 수 있어야 한다.

1. advise / inform / remind / assure / convince

다음의 동사들이 능동태로 쓰인 경우 뒤에 반드시 목적어인 명사(~에게)가 나온 후, of 명사 / that절 / to 부정사 중에 하나가 뒤따라 나오면서 '~를'이라는 목적어의 의미가 된다. 이 동사들이 수동태 「be + p.p.」로 쓰인 경우라면 정보를 받은 대상인 '~에게' 자리에 있던 명사가 주어로 쓰인 형태가 되어야 하며, 그 수동태 뒤의 목적어에 해당하는 of 명사 / that절 / to부정사는 그대로 온다.

advise 충고하다, 알리다 inform 알리다, 보고하다 remind 생각나게 하다, 말하다 assure 보장하다, 안심시키다 convince 납득시키다, 확신시키다	+	명사 (~에게)	+	of 명사 that절 to부정사 (~을)

e.g.　We **informed** them of our arrival. 우리는 그들에게 우리의 도착을 알렸다.
　　　　　　　　　명사　　of + 명사
　　　= They **were informed** of our arrival.

　　　We **informed** them that we had canceled the reservation. 우리는 그들에게 예약을 취소했음을 알렸다.
　　　　　　　　　　명사　　　　　　　　　that절
　　　= They **were informed** that we had canceled the reservation.

He **informed** <u>me</u> <u>to participate in the seminar</u>. 그는 내가 세미나에 참석할 것을 알렸다.
　　　　　　　명사　　　　　to 부정사
= I **was informed** <u>to participate in the seminar</u>.

2. propose / suggest / explain / mention / announce / report

다음의 동사들은 뒤에 '~에게'라는 의미의 목적어가 바로 나올 수 없으며, 제안, 발표, 설명, 또는 언급한 사실 등을 나타내는 '~을'이라는 의미의 명사가 오거나 아니면 that절이 올 수 있다. 이 동사들은 제안하거나 설명해준 대상인 '~에게'라는 의미의 명사를 쓰려면 to를 쓰고 그 명사를 써야 한다.

propose 제안하다		명사		
suggest 제안하다	**+**	that절		
explain 설명하다		(~을)		
mention 언급하다				명사
announce 발표하다	**+**	to 명사	**+**	that절
report 보고하다, 말하다		(~에게)		(~을)

e.g. He **suggested** ~~me~~ <u>**that** I should lose weight</u>. 그는 나에게 살을 빼라고 제안한다. ✗
　　　　　　　　　　　　　that절
= He **suggested to me that** I should lose weight. ◎
　　　　　　　to 명사　　　　that절

He **explained** ~~us~~ <u>**the problem**</u> in a way that my wife and I understood.
　　　　　　　명사
그는 나의 아내와 내가 이해할 수 있게 문제점을 설명했다.

3. 목적어를 두 개 수반하는 동사들

다음의 동사들은 4형식 동사로써 뒤에 간접목적어(~에게)와 직접목적어(~을)를 취한다. 일반적으로 수동태 뒤에는 명사가 오지 않으나 이 동사들은 목적어가 두 개이므로 '~에게'라는 목적어를 주어로 하여, 수동태가 되어도 뒤에 '~을'에 해당하는 목적어가 오게 된다.

give 주다				
offer 제공하다				
grant 주다, 수여하다	**+**	명사	**+**	명사
award 수여하다, 지급하다		(~에게)		(~을)
send 보내다				

e.g. He **gave** <u>me</u> <u>information</u> on his papers. ···→ 4형식
　　　　　명사　　명사
그는 나에게 자신의 논문에 대한 정보를 주었다.

= He **gave** <u>information</u> on his papers to me. ···→ 3형식 능동태

= I **was given** <u>information</u> on his papers. ···→ 4형식 수동태

1. Dates and a venue for the Annual Telecommunications Conference will be **[announced / informed / reminded]** soon on our Web site.
2. Fantom System Inc. has been **[awarded / accepted / received]** a contract for the construction of a water treatment plant for the City of Montreal.
3. The Historical Film Committee will **[inform / announce / handle]** the nominees for the Director of the Year to the public later this month.

해설 및 해석

1. 문맥상 날짜와 장소가 '발표되다'라는 의미가 가장 적절하므로 정답은 announced가 된다. inform과 remind는 능동일 때 정보를 받는 사람을 목적어로 쓰는데, 수동태가 되면 그 목적어를 주어로 써서 주어가 정보를 받는 사람이거나 단체이어야 하므로 오답 소거한다.

   해석 연례 통신 협회 회의 날짜와 장소가 곧 저희 웹사이트에 발표될 것입니다.

2. 문맥상 계약을 '받다'라는 의미이므로 '수여하다'라는 의미의 award가 수동형으로 쓰인 awarded가 답이 된다. 4형식 수여동사(give, offer, grant, award 등)는 능동태일 때 목적어가 두 개가 나오므로, 수동태로 쓰일 때도 뒤에 명사가 나올 수 있음을 기억해야 한다. accept나 receive는 능동태일 때 목적어를 두 개 받지 않아, 수동태가 되었을 때 뒤에 목적어가 남아있을 수 없으므로 오답 소거한다.

   해석 Fantom Systems사는 Montreal시 정수 처리장 건설 계약 건을 따냈습니다.

3. handle은 '처리하다/다루다'라는 뜻이므로 의미가 맞지 않으니 소거한다. inform은 뒤에 '~에게'에 해당되는 목적어를 취해 '~에게 알리다'로 쓰이므로 지금의 빈칸에 들어가면 '후보자들에게 대중에게 알리다'라는 어색한 의미가 된다. announce는 '~을 알리다'로 쓰이거나, 'to 명사'를 취해서 '~에게 알리다'로 쓰이거나, '명사 to 명사'를 취해서 '명사를 명사에게 알리다'로 쓰인다. 따라서, '후보자들을 대중에게 알릴 것이다'라는 의미로 「announce + 명사(the nominees) + to + 명사(the public)」로 쓰일 수 있기 때문에 정답이다.

   해석 역사 영상 위원회는 '올해의 감독상'에 대한 후보자들을 대중에게 이번 달 말에 알릴 것이다.

핵심전략 **2** 목적어가 있으면 타동사, 목적어가 없으면 자동사가 정답이다.

The Topeka Art Museum had to ------- its entrance fee for adults because of recent cuts in funding.

(A) rise   (B) lift   (C) increase   (D) strengthen

보기는 자동사와 타동사가 섞여서 구성되어 있으므로, 목적어의 유무를 따져 본다. 빈칸 뒤에 목적어(its entrance fee)가 있으므로 자동사인 (A) rise는 오답 소거한다. 타동사로 쓰일 수 있는 (B) lift, (C) increase, (D) strengthen 중에 정답을 골라야 한다. (B) lift는 실제로 무언가를 '들어 올리다'의 의미로 '입장료'라는 목적어와 어울리지 않는다. (D) strengthen은 '강화시키다'의 의미로, 가격이나 비용에 대해 '강화시키다'라는 의미로 사용하지 않는 동사이다. 보기 중 '(비용 등) 인상하다'의 의미로 쓰일 수 있는 동사는 (C) increase 밖에 없다.

정답 (C)

해석 Topeka 미술관은 최근 재정 지원의 삭감으로 인해 성인 입장료를 올려야 했다.

⊙ 자동사와 타동사

의미는 비슷하지만 자동사/타동사의 차이를 구별해야 하는 동사들이 있다. 자동사는 전치사와 함께 명사를 취하지만, 타동사는 명사를 바로 취한다.

자동사 + 전치사 + 목적어		타동사 + 목적어
speak to(with), talk to ~와 이야기하다 respond to, reply to ~에 답변하다		contact 접촉하다, 연락하다 access 접근하다, 이용하다 answer 대답하다
account for ~을 설명하다/차지하다		explain 설명하다
participate in ~에 참가하다 enroll in, register for ~에 등록하다		attend 출석하다, 참석하다
look for, search for ~을 찾다		seek 찾다, 구하다
appeal to ~에게 호소하다, ~에게 매력적이다		attract 끌다, 유인하다
comply with, conform to/with ~를 준수하다		observe 준수하다, 관찰하다
consist of ~로 구성되다		cover/include ~를 포함하다
deal with ~를 다루다, 처리하다		handle/process/address 처리하다
arrive at/in ~에 도착하다		reach 도달하다

e.g. All the staff members **participated in** the meeting. 전 직원이 회의에 참석했다.
자동사 + 전치사　　목적어

= All the staff members **attended** the meeting.
타동사　　목적어

You have to **comply with** the safety regulations while on duty. 업무 중에는 안전 규정을 지키세요.
자동사 + 전치사　　　목적어

= You have to **observe** the safety regulations while on duty.
타동사　　　목적어

☑ Check

1. Installing the motion-sensitive light switches can **[lower / fall]** your company's electricity costs.
2. As soon as the company has **[announced / agreed]** a merger with its competitor, the stock value started to rise high.

해설 및 해석

1. 괄호는 뒤에 목적어(your company's electricity costs)가 있는 동사 자리이므로 타동사를 골라야 한다. 보기 중 타동사는 lower '(가격/비용/높낮이 따위를) 낮추다'이며, fall '떨어지다'는 자동사로 뒤에 목적어가 올 수 없으므로 오답 소거한다.
   [해석] 동작에 반응하는 조명 스위치를 설치하는 것은 귀사의 전기 비용을 낮출 수 있습니다.
2. 괄호 뒤에 목적어(a merger)가 있으므로 괄호에는 타동사가 들어가야 한다. 보기 중 타동사는 announced이다. agreed는 뒤에 전치사 in/on/upon/to를 수반하는 자동사이므로 오답 소거한다.
   [해석] 회사가 경쟁업체와의 합병을 발표하자마자, 주가는 높게 오르기 시작했다.

핵심전략 3 고난도 부사 어휘 문제는 해석뿐 아니라 문법적인 부분도 고려한다.

> **The 10th annual meeting of the Oak County Ski Club held at the Oak Convention Center was ------- attended.**
>
> (A) well   (B) quite   (C) many   (D) some

부사 어휘 문제이다. '많은 사람들이 참석하다', '성황리에 이루어지다'라는 의미는 be attended 사이에 동사를 수식하는 부사 (A) well을 쓴다. (B) quite는 '꽤, 매우'라는 의미의 부사로 형용사나 부사를 수식하고, (C) many는 부사로 쓰이지 못하며, (D) some은 숫자 앞에서만 부사로 쓰이므로 오답 소거한다.

정답 (A)

해석 Oak 컨벤션 센터에서 개최된 Oak County 스키 클럽의 제10회 연례 회의가 성황리에 이루어졌다.

출제 포인트

⊙ 시제 관련 부사

currently 현재	현재 또는 현재 진행 시제에 쓰인다.
recently = lately 최근에	과거 또는 현재 완료 시제에 쓰인다.
soon 곧	과거나 미래 시제에 주로 쓰이며, 현재 완료 시제에는 쓰이지 못한다.
finally 마침내, 드디어	과거, 현재 완료, 미래 시제에 모두 쓰인다.

e.g. The items you ordered **are currently** out of stock. ◎
당신이 주문한 물건들은 현재 재고가 없습니다.
The items you ordered ~~were currently~~ out of stock. ✗
The CEO **will soon announce** the new smart phone model to the public. ◎
CEO는 곧 새로운 스마트폰을 대중에게 발표할 것이다.
The CEO ~~has soon announced~~ the new smart phone model to the public. ✗

⊙ -ly에 따른 의미 차이가 나는 부사

high 높게 **highly** 매우, 대단히	고도 또는 높낮이가 높고 낮음을 말할 때 쓴다. 평가나 추천에 대해서 '매우'를 의미하며, 보통 형용사를 수식할 때 쓴다.
close 가까이 **closely** 면밀히, 자세히	동사일 때는 '닫다', 형용사일 때는 '가까운', 부사일 때는 '가까이'를 의미한다. 부사로만 쓰이며, '면밀히'를 의미한다.
sharp 정각에 **sharply** 급격히	시각을 나타내는 명사 뒤에 쓴다. (10 o'clock sharp) 증가나 감소를 나타내는 동사(increase, decrease, fall)들과 자주 쓰이며, '급격히'를 의미한다.
late 늦게 **lately** 최근에	형용사일 때는 '늦은', 부사일 때는 '늦게'를 의미한다. 보통 완료시제와 함께 쓰인다.
hard 열심히, 몹시 **hardly** 거의 ~아닌	동사 뒤에만 쓰이며, 동사 앞에는 쓰이지 않는다. 보통 동사 앞에 쓰이며, 전체의 해석을 부정으로 만든다.

e.g. He arrived 10 A.M. **sharp**. ⊘

그는 10시 정각에 도착했다.

He arrived 10 A.M. **sharply**. ✗

He studied **hard** for the test. ⊘

그는 시험을 위해 열심히 공부했다.

He studied **hardly** for the test. ✗

⊙ 주요 부사의 의미와 특징

quite 꽤, 매우, 완전히	형용사와 부사를 강조한다. 동사 앞에 쓸 수 없다.
well 잘, 능숙하게, 훨씬, 한참	주로 문장 맨 뒤에 오거나 p.p. 형태의 형용사를 수식한다. over, below, ahead, behind 앞에 쓰여서 '훨씬, 한참'을 의미한다.
fairly 공정하게, 꽤, 상당히	'공정하게'보다는 '꽤, 상당히'라는 의미로 훨씬 많이 쓰인다.
considerably 꽤, 매우, 상당히	과거, 현재 완료, 미래 시제에 모두 쓰인다.
exclusively 오로지 ~만, 독점적으로	'독점적으로'라는 의미보다는 주로 solely, only처럼 '오로지 ~만'이라는 의미로 쓰인다.
still 여전히, 그런데도	긍정문, 부정문에 모두 쓸 수 있으며, 동사 앞에 쓴다.
yet 아직	부정문에만 쓰이나 「have yet to부정사: 아직 ~하지 못했다」로 쓰일 때도 있다.

e.g. I **still** have to solve the problem. 긍정문 나는 **여전히** 문제를 해결해야 한다.

I **haven't (yet)** solved the problem **yet**. 부정문 나는 **아직** 그 문제를 해결하지 못했다.

I **have yet to solve** the problem. 「have yet to부정사」 나는 **아직** 문제를 해결**하지 못했다**.

I **still haven't received** the letter. 부정문 나는 **여전히** 편지를 받지 못했다.

I **haven't (yet) received** the letter **yet**. 부정문 나는 **아직** 편지를 받지 못했다.

I **have yet to receive** the letter. 「have yet to부정사」 나는 **아직** 편지를 받**지 못했다**.

I **still have not decided** to accept the offer. ⊘ ···› still은 동사 앞에 쓰일 수 있음

나는 여전히 그 제의를 받아들일지를 결정하지 못했다.

⇒ I **yet have not decided** to accept the offer. ✗

⇒ I **have not (yet) decided** to accept the offer **yet**. ⊘

···› yet은 문장 맨 뒤나 not 뒤 또는 「have yet to부정사」 구문에 쓰임

1. Columbia engineering is **[currently / recently / lately]** involved in a variety of projects for construction and maintenance of public works, such as bridges and roads.

2. We have **[already / finally / yet]** to place an advertisement in the newspaper for the sales associate positions.

3. Having held a position as an auto mechanic, Mike Wang's technical knowledge about cars is **[well / better / highly]** above average.

해설 및 해석

1. 괄호 앞, 뒤에 현재 동사(is involved)가 있으므로, 과거나 현재 완료 시제에 쓰여서 '최근에'라는 의미를 갖는 recently와 lately는 답이 될 수 없으므로 오답 소거한다. 문맥상 '현재 여러 가지 프로젝트에 관여하고 있다'는 의미가 가장 적절하므로 정답은 currently가 된다.

   해석 Columbia Engineering사는 현재 다리, 도로 등과 같은 공공 건설과 정비에 대한 다양한 프로젝트에 관여하고 있다.

2. 「have yet to부정사」를 한 번에 찾아내야 한다. 「have yet to부정사」는 '아직 ~하지 않다'의 의미로 쓰인다. already와 finally는 have와 to부정사 사이에 들어갈 수 없고 have already placed, 혹은 have finally placed의 형태로 쓰여야 하므로 오답 소거 한다.

   해석 우리는 아직 영업 사원 직책에 대한 광고를 신문에 내지 않았다.

3. well이 over, above, below, ahead, behind 등의 앞에 쓰이면 '훨씬, 한참'이라는 의미로 쓰인다. 여기서는 well above average로 쓰여서 '평균 한참 이상'의 의미가 된다. 이렇게 함께 쓰이는 덩어리 표현은 반드시 암기해두도록 한다.

   해석 자동차 정비공으로 일을 해봤기 때문에, Mike Wang의 차에 대한 전문 지식을 평균 이상이다.

1. Newman Consulting is ------- obligated to provide market reports to various government departments.
   (A) contractually
   (B) descriptively
   (C) responsibly
   (D) critically

2. Superior Motors, a manufacturer of a broad ------- of components for recreational vehicles, plans to relocate its headquarters from New York to Chicago.
   (A) agreement
   (B) acclaim
   (C) array
   (D) appeal

3. The market sources expect huge sales in the coming summer vacation that ------- with the annual marriage season.
   (A) coincides
   (B) accompanies
   (C) consists
   (D) replaces

4. John Burrow served as Financial Director of Deep Cove Consulting between 2011 and 2014 ------- as CEO of the company from 2014 until 2017.
   (A) inappropriately
   (B) subsequently
   (C) irregularly
   (D) orderly

5. Please take five minutes to complete our patient survey, which is private and can be completed -------.
   (A) perceptively
   (B) descriptively
   (C) ambitiously
   (D) anonymously

6. For the benefit of everyone in the classroom, all classes will start ------- at the scheduled time.
   (A) punctually
   (B) recently
   (C) randomly
   (D) accordingly

7. The user's manual of Robson 5 ------- states that it should not be stored in the freezer.
   (A) hardly
   (B) closely
   (C) indefinitely
   (D) explicitly

8. Our selection process will be carried out in a ------- that can select the best candidates for the job openings.
   (A) type
   (B) manner
   (C) behavior
   (D) purpose

9. Students who perform additional teaching beyond the requirements will be compensated -------.
   (A) thoroughly
   (B) diligently
   (C) accordingly
   (D) primarily

10. The aim of the Annual Health Study is to ------- the effectiveness of a new dietary education.
    (A) attach
    (B) assess
    (C) connect
    (D) proceed

It is my great pleasure to inform you that the new Vice President ------- by the Board of Directors. The Board would like to extend their thanks to everyone who was being considered for the position for their patience and understanding. Effective from May 9, Ms. Jennifer Song will assume her new position. Ms. Song worked with us for over 10 years in a variety of roles in other departments.

(A) will appoint   (B) is appointing   (C) has been appointed   (D) will be appointed

Part 6에서 시제를 물어보는 문제는 주어진 지문을 처음부터 끝까지 읽고 푸는 연습이 중요하다. 빈칸 뒤 내용을 읽어 보면 이미 Song 씨가 부사장을 맡게 될 것이라는 사실이 확정되었고(Ms. Jennifer Song will assume her new position), 그녀가 5월 9일부터 새 업무를 시작할 것임을 알 수 있다. 따라서, 빈칸에는 '새로운 부사장이 임명되었다'는 내용이 들어가야 맥락이 자연스럽게 이어질 수 있다. 보기 중 이미 임명되었음을 말해줄 수 있는 시제는 현재 완료인 (C) has been appointed밖에 없다. 뒤에 목적어가 없으므로 능동태인 (A)와 (B)는 진작에 오답 소거할 수 있다.

[정답] (C)

[해석] 새로운 부사장이 이사회에 의해 임명되었음을 알리게 되어 기쁩니다. 이사회는 이 직책에 고려된 모든 사람들의 인내심과 이해에 대해서 감사함을 표하고 싶어 합니다. 5월 9일부터 Jennifer Song이 그녀의 새로운 직책을 맡게 될 것입니다. Song 씨는 10년 넘게 다른 다양한 부서들에서 일해 왔습니다.

출제 포인트

⊙ Part 6의 시제 문제

Part 6의 시제 문제는 빈칸의 앞뒤 문장만 보면 함정에 빠지기 쉽고, 지문 전체에 걸쳐서 단서가 드러나는 경우가 많다. 따라서, 지문 전체를 안 읽고도 풀 수 있는 문제들부터 먼저 해결한 후, 시제 문제는 가급적 가장 마지막으로 해결하도록 한다. 시제 문제에 자주 등장하나, 수험생들이 가장 까다로워하는 현재 완료 시제를 짚고 넘어가보도록 한다.

⊙ 현재 완료 시제 「have + p.p.」 ~한 적이 있다, ~했다, 해오고 있다

현재 완료 시제는 과거에서 현재까지의 경험, 결과, 완료, 계속을 나타낸다.

경험	과거에서 현재까지의 경험을 나타내는 경우 **Have** you ever **been** to England? 영국에 가본 적이 있니?
결과	과거에 일어난 일이 현재까지 영향을 미치는 경우 She **has lost** her wallet. 그녀는 지갑을 잃어버렸다. (= 지금도 지갑이 없다.)
완료	과거에 시작한 일이 현재에 완료가 된 경우 My driver license **has** just **expired**. 내 운전 면허증이 막 만료되었다.
계속	과거에서부터 현재까지 계속하고 있는 경우 Mr. Choi **has studied** psychology for more than 10 years. Choi 씨는 10년 넘게 (지금까지 계속) 심리학을 공부하고 있다. I **have lived** in Seoul since 2010. 나는 2010년부터 (지금까지 계속) 서울에 살고 있다.

In order to accommodate the growing number of students, a new housing complex, the Wide Grounds, will be constructed two miles north of the main campus. It will consist of eight mixed-use buildings. ------- will have retail space at the ground level and student apartments on the second and third floors.

(A) Either   (B) Each   (C) Much   (D) Few

빈칸의 이전 맥락과 연결해주고 있는 지시어가 어떤 것인지를 찾아야 하는 문제이다. 보기 중 가장 적합한 지시어는 '8개의 복합 건물들(eight mixed-use buildings) 각각'을 뜻하는 (B) Each이다. (A) Either는 '둘 중 아무거나 하나'를 뜻하기에 해석상 어색하며, (C) Much는 불가산 명사를 지칭하므로 복수 가산 명사인 buildings를 지칭할 수 없으며, '극히 적은 수'를 뜻하는 (D) Few는 복수 가산 명사인 buildings를 지칭할 순 있으나 의미상 어색하므로 오답 소거한다.

[정답] (B)

[해석] 증가하는 수의 학생들을 수용하기 위해서, 새로운 주거 복합단지인 the Wide Grounds가 메인 캠퍼스의 북쪽으로 2마일 거리에 건설될 것입니다. 그 단지는 8개의 복합 건물로 구성될 것입니다. 각각의 건물은 1층에 상업 공간, 2, 3층에 학생 아파트를 갖추게 될 것입니다.

출제 포인트

⊙ **Part 6의 지시어 문제**

Part 6의 지시어 문제는 이전 문장에 있었던 것을 지칭하므로 빈칸 앞 문장의 명사들을 하나씩 찾아봐야 한다. 여기서 주의할 점은 다른 대명사와는 달리 this와 it은 앞선 문장의 특정 단어가 아닌 이전에 언급했던 문장 전체를 지칭할 때도 쓰인다는 점을 알아두도록 한다.

The profits rose over 20% for the last four months. **This** was due to the significant reduction in manufacturing costs.

지난 4개월간에 걸쳐서 이윤이 20%가 넘게 증가했다. 이것은 제조 비용에 있어서의 상당한 감소 때문이었다.

After thoroughly reviewing your application, we are delighted to inform you that you have been awarded the annual "Be the Smartest" grant. -------, the amount of $8,000 will be deposited into your bank account within two days.

(A) Besides　　　　　(B) Instead　　　　　(C) Otherwise　　　　　(D) Accordingly

빈칸에는 빈칸 앞의 '보조금을 받게 될 것'이라는 문장과, 빈칸 뒤의 8,000달러가 이틀 이내에 계좌로 입금될 것'이라는 문장을 이어주는 접속부사가 필요하다. 따라서, 앞의 문장의 결과로 인해 뒤의 문장이 발생한다는 인과 관계를 만들어 주는 '그에 따라서'라는 의미를 가진 인과 관계 연결부사인 (D) Accordingly가 정답이다.

정답 (D)

해석 당신의 신청서를 철저히 검토한 후에, 저희는 당신이 연례 Be the Smartest 보조금을 받게 되었다는 점을 알리게 되어 기쁩니다. 그에 따라서, 8,000달러가 이틀 이내에 당신의 계좌로 입금될 것입니다.

출제 포인트

⊙ **Part 6의 접속부사 문제**

접속부사는 빈칸 앞 문장과 뒤 문장을 연결해주는 연결어이므로, 전체 문맥보다는 빈칸 바로 앞뒤에 정답에 대한 단서가 있다. 따라서, 문장이 접속부사로 연결되어 있는 경우에는, 전체 문맥보다는 빈칸 앞 문장과 뒤 문장 사이의 관계를 파악하여 적절한 접속부사를 넣으면 된다. 다음 접속부사의 예들을 익혀두도록 한다.

인과	therefore, thus 그러므로 accordingly 그에 따라서	as a result 그 결과 hence 이런 이유로	consequently 결과적으로
순서	previously, formerly 이전에 since then 그때 이래로	afterwards 그 이후에 finally 마침내	until now 지금까지 thereafter 그리고 나서
역접/대조	however 그러나 otherwise 그렇지 않으면 nevertheless, nonetheless 그럼에도 불구하고	on the contrary 그와는 반대로 on the other hand 반면에	in contrast 그에 반해서 even so 그렇다 하더라도
추가	also 또한 in addition, additionally, moreover, furthermore, besides 게다가		
대안	instead 대신에	alternatively 대안으로	
강조	particularly, in particular 특히	indeed, in fact 사실상	
예시	for instance, for example 예를 들어		
기타	above all 무엇보다도 rather 오히려, 더 정확히 말하면 unfortunately 유감스럽게도	in short 요컨대 in other words, that is 즉, 다시 말해서 likewise, similarly 마찬가지로	if so 그렇다면

Questions 1-4 refer to the following notice.

Dear guest,

-------. In your bathroom, you'll find a range of luxury toiletries, including body lotion, shampoo,
1.

soap, and toothpaste. ------- are all provided free of charge.
2.

In order to protect the environment, please let us know if you want to reuse your towels. Any

towels ------- on the bathroom floor or in the bathtub will be replaced with clean towels by
3.

housekeeping when your room is cleaned. Please hang any towels that you wish to reuse on

the towel rails in the bathroom so that housekeeping can know not to replace them.

Thank you in advance for joining us in our ------- to reducing the hotel's impact on the
4.

environment.

---

1. (A) We are delighted that you have
enjoyed your stay here at the Watts
Lodge Hotel.
(B) We would like to thank you for
choosing to stay with us here at the
Watts Lodge Hotel.
(C) We strongly advise you to clean the
room before you leave.
(D) We are pleased to announce the
appointment of our new manager,
Debra Hinrich.

2. (A) This
(B) Some
(C) Them
(D) These

3. (A) disposed
(B) fallen
(C) left
(D) gone

4. (A) commit
(B) commitment
(C) committing
(D) committed

Questions 5-8 refer to the following e-mail.

Date: June 19
To: All staff
From: Sally Sears
Subject: Tom Alexander

Dear all,

I would like to officially let you know that Tom Alexander will be leaving on June 29 to start up his own company. Tom joined our company five years ago. -------. As a result, we have
5.
dramatically grown sales and become a significantly more profitable company. Under Tom's leadership, the Special Operations Unit realigned our project planning procedures, introduced rigorous quality standards, and developed a company-wide competitive strategy. ------- the
6.
process of change was not always easy, we can all appreciate the positive results. -------, last
7.
quarter we estimate that we overtook XAL Inc. in both revenue and unit sales, for the first time ever. Tom deserves a great deal of the credit for this -------.
8.

Please join me in wishing Tom all the best and continued success in his new business.

Best regards,
Sally Sears

5. (A) He is a great entrepreneur who contributed in speeding up the communication revolution.
   (B) He has been laid off for violating his terms of employment and our company regulations.
   (C) He will be transferred to our new branch and start to work as a newly appointed branch manager.
   (D) He has played a key role in helping us transform our business process efficiently ever since.

6. (A) In spite of
   (B) Now that
   (C) In case of
   (D) While

7. (A) Even so
   (B) For instance
   (C) On the other hand
   (D) Nevertheless

8. (A) achievement
   (B) disappointment
   (C) sale
   (D) resignation

Questions 9-12 refer to the following instruction.

Runnymede Autos' Repair Shop is open Monday through Friday from 7:30 A.M. until 7:00 P.M., and Saturdays from 8:00 A.M. until 2:00 P.M. If necessary, you can leave your car with us outside these hours. We have a ------- parking lot adjacent to the shop where you can drop
9.
off your vehicle out of hours. Access to the parking lot is via a safe and personalized PIN entry system. Please contact one of our representatives to request your PIN.

-------. We will then contact you to let you know the outcome of their assessment of the
10.
work required. You are under no ------- to have the work carried out by us until you inform
11.
the technician to proceed. For further details of ------- terms and conditions, please visit the
12.
Runnymede Autos Web site.

---

9. (A) secure
   (B) secures
   (C) securely
   (D) securing

10. (A) Your car will be towed away in case of any illegal parking.
    (B) Once we open in the morning, one of our technicians will take a look at your car.
    (C) You should pay for the repairs we did on your car.
    (D) Some mechanics will take your car apart completely in order to repair your engine.

11. (A) direction
    (B) adaptation
    (C) permission
    (D) obligation

12. (A) his
    (B) your
    (C) our
    (D) their

Questions 13-16 refer to the following e-mail.

To: Kenneth Robles (kenneth.robles@ETpub.com)
From: Raj Patel (raj.patel@ETpub.com)
Subject: Internal Transfer
Date: July 2

Dear Kenneth,

Thank you for attending the recent interview for the internal vacancy. It is with pleasure that I can tell you that we ------- to offer you the position. Should you choose to accept this offer,
13.
we would like you to move from your current department to the Editorial Department on September 10, which should allow sufficient time for your current department to find a -------
14.
for you, and to hand over your responsibilities to him or her.

-------. An official announcement will be made through the regular channels. If you would like
15.
to discuss anything before responding ------- to this offer, please contact Jonathan Hayes in
16.
Human Resources, who will be able to handle any queries or point you in the right direction.

Congratulations, and I look forward to hearing from you soon.

Regards,
Raj Patel

PART 6

DAY 09

13. (A) will decide
    (B) have decided
    (C) have been decided
    (D) will have decided

14. (A) replacement
    (B) departure
    (C) solution
    (D) intern

15. (A) We would ask that you openly announce your intentions.
    (B) We would ask that you keep this offer confidential.
    (C) We would ask that digital broadcasting offer better viewing and hearing quality.
    (D) We would ask that your résumé and cover letter be submitted as soon as possible.

16. (A) instinctively
    (B) overly
    (C) formally
    (D) regrettably

알고 보면 뻔한 유형

문장 선택

동영상 강의
바로 보기

Part 6에 나오는 문장 선택 문제는 주어진 4개의 선택지 중 빈칸에 들어갈 가장 적절한 문장을 고르는 문제로, Part 6의 총 4지문에서 지문당 1문제씩 4문제가 출제된다.

문장 선택 문제는 빈칸에 글의 흐름상 적절한 문장을 넣어야 한다는 점에서 Part 5의 문법과 어휘력뿐만 아니라 Part 7에서 필요했던 지문 전반의 해석력까지 요구되는 문제 유형이다. 하지만, 막무가내로 지문 전체를 해석해서 풀기보다는 글의 기본적인 틀에 대한 이해와 출제자가 제시해 주는 단서를 토대로 푸는 전략을 익혀야 한다. 예를 들어, 지문 초반에서 문장 선택 유형이 출제될 경우, 글의 '주제나 목적'을 제시하는 경우가 많으며, 지문 후반에서 출제되면 글의 '맺음말 또는 인사말'에 해당하는 문장을 찾아야 한다. 이렇듯, 빈칸이 어느 위치에 출제되느냐에 따라 들어갈 내용이 어느 정도 정해져 있으며, 빈칸의 앞뒤 문장에서 나온 지시어(대명사나 지시형용사 등)나 연결어인 접속부사를 통해 단서를 잡아낼 수 있어야 한다.

이런 문제가 출제된다!
1. 글의 기본적인 구성을 단서로 활용하는 유형
2. 지시어를 단서로 활용하는 유형
3. 연결어를 단서로 활용하는 유형

Over 30 miles of forest, countless lakes, and a wide variety of birds and other wildlife are awaiting you at Zorilla nature reserve. You'll find Zorilla just 10 miles north of Priestfield, right off the Great Northern Highway at Exit 3. The reserve's closeness to the city means that it is the perfect choice for a day trip or a weekend getaway. If you decide to stay for the night, there are a number of great hotels and guest houses to choose from, all in a wonderful rural setting. To find out more about Zorilla, email us at zorillareserve@ac.kr. In reply, we'll send you a brochure, a map, and lots of information on things to do at the reserve, so you can get planning your trip. -------.

(A) Many people reported that they enjoyed the picnic.
(B) The number of visitors has increased dramatically over the years.
(C) The park is located in the center of the city.
(D) We look forward to seeing you soon.

지문의 가장 마지막 부분이 문장 삽입 문제로 출제되었으므로 맺음말이 들어가야 한다. 글의 가장 마지막에 맺음말로 자주 들어가는 문장인 (D) We look forward to seeing you soon. '곧 귀하를 뵙게 되기를 고대하겠습니다.'를 골라 내야 하는 문제로, 다른 보기들은 맺음말로 들어가기에는 어색하거나 본문의 내용과 맞지 않는 문장들이다. 참고로, 이메일 지문의 경우에는 '혹시 문의사항 있으면 연락 주세요.', '궁금한 점 있으면 연락 주세요.'가 가장 많이 출제되는 대표적인 맺음말 문장이다.

정답 (D)

해석 30마일이 넘는 숲, 수많은 호수들, 다양한 종류의 새들과 야생 동물들이 Zorilla 자연 보호 구역에서 여러분을 기다리고 있습니다. Zorilla는 Great Norththern Highway에서 3번 출구로 나오시면 Priestfield에서 북쪽으로 10마일 떨어진 곳에 있습니다. 이 자연 보호 구역은 도시에서 가까우므로, 당일 여행이나 주말 휴가로 완벽한 선택이라 할 수 있습니다. 하룻밤 투숙하기로 결정하시면, 근사한 시골을 배경으로 한 다수의 훌륭한 호텔과 게스트하우스가 있습니다. Zorilla에 대해 더 알아보시려면, 저희에게 zorillareserve@ac.kr로 이메일을 보내 주십시오. 여러분이 여행을 계획하실 수 있도록 저희가 안내 책자, 지도, 자연 보호 구역에서 할 것들에 대한 많은 정보를 회신으로 보내드릴 것입니다. **곧 귀하를 뵙게 되기를 고대하겠습니다.**

(A) 많은 사람들이 야유회를 즐겼다고 알려 왔습니다.
(B) 방문객의 수가 지난 몇 년간 급격히 증가해 왔습니다.
(C) 그 공원은 도심 중심부에 위치해 있습니다.
(D) 곧 귀하는 뵙게 되기를 고대하겠습니다.

출제 포인트

⊙ **빈칸의 위치에 따른 문장 선택 유형**

Part 6의 문장 선택 유형은 빈칸의 위치가 어디에 있냐에 따라 삽입될 문장의 유형이 정해져 있다. 아래 내용을 참고해서 문제를 풀도록 한다.

① 빈칸이 초반에 출제되는 경우: 전체 글의 주제나 목적을 제시
② 빈칸이 중반에 출제되는 경우: 바로 앞, 뒤 문장에 대한 세부 사항, 부연 설명, 이유를 제시
③ 빈칸이 후반에 출제되는 경우: 빈칸 앞 문장에 대한 세부 사항, 부연 설명, 이유를 이어주거나 인사 및 맺음말 제시

PART 6
DAY 10

1. 초반부

글의 시작 부분으로 글의 주제나 목적 또는 인사말 등으로 시작하는 경우가 많다.

이메일	채용되신 걸 환영합니다. **귀하와 같은 인재를 저희 일원으로 맞게 되어 매우 기쁘게 생각합니다.** · · · · · · · · · · 다시 한번 축하 드리며, 문의 사항이 있으면 555-7823으로 연락주세요.
공지	**저희 지점이 7월 1일부터 7월 7일까지 리모델링을 하게 되었음을 알려 드립니다.** 다행히 온라인 주문은 가능하나 당분간 오프라인 구매가 어려움을 알려 드립니다. · · · · · · · · · · 위와 같은 불편을 끼쳐 드려 대단히 죄송합니다. 감사합니다.

⇒ 초반에는 보통 글의 주제 / 목적을 알리는 내용이 나오므로 삽입 문구 바로 뒤의 문장을 읽고도 답을 못 찾겠으면 다른 문제들을 먼저 해결하면서 지문을 다 읽은 후, 마지막에 풀도록 한다.

2. 중반부

주로 앞의 내용을 부연 설명하는 내용이 나온다. 어려운 문제는 중반부에서 자주 등장한다.

사보	Kimberly 씨가 새로운 직책을 맡게 되었습니다. · · · · · · · · · · 그의 새로운 직책은 공장을 관리하는 것이며, **공장 시스템 또한 그가 관리하게 될 것입니다.** · · · · · · · · · · 다시 한번 축하 드리며, 문의 사항이 있으면 555-7823으로 연락주세요.
안내	저희 박물관을 방문해주셔서 감사합니다. 이번에 새롭게 1:1 가상 투어 프로그램을 공개하게 되어 기쁘게 생각합니다. · · · · · · · · · · 가상 투어를 시작하시려면 시작 버튼을 클릭해주시기 바랍니다. **그러면, 투어가 시작될 것입니다.** · · · · · · · · · ·

⇒ 중반부의 문장 선택은 보통 빈칸의 앞뒤 문장을 자세히 읽으면 해결할 수 있다. 하지만 글의 중반부에서는 전체적인 맥락을 모르면 해결하기 까다로운 유형들이 간혹 등장하므로, 반드시 빈칸에 문장을 넣어 읽었을 때 어색하지 않은지 최종 확인이 필요하다.

3. 후반부

주로 '답변을 기다리겠다, 연락을 달라' 등의 마무리 멘트가 등장한다.

사보	저희 기관은 Mystic Falls 주민들을 위한 주민 센터이며, 매회 무료로 다양한 취미 수업을 제공하고 있습니다. 이 수업에는 발레, 플로리스트를 위한 수업도 포함합니다. 매주 금, 토에 진행되며, 토요일은 격주로 쉽니다. **더 많은 정보를 원하시면, 저희 웹사이트를 방문해주시기 바랍니다.**
안내	새로운 신제품을 출시하게 되었음을 알려 드립니다. 이번에 새로 출시된 프린터는 소음 없이 신속하게 대량의 프린트가 가능하게끔 고안된 제품입니다. 또한, 프린터를 통해 스캔한 파일을 바로 컴퓨터로 연동하여 받아 볼 수 있습니다. · · · · · · · · · · **업무 효율 향상을 위해, 더 이상 망설이지 말고 저희에게 전화 주세요!**

⇒ 글의 후반부에 나오는 맺음말의 대부분은 정형화된 유형들이다. 보통 '답변을 달라, 연락을 기다리겠다, 다음 회의 때 얘기하자' 등 추후 어떻게 할 것인가를 제시하는 부분으로 글의 맥락을 굳이 다 알지 못하더라도 해결 가능한 문제가 자주 등장한다.

In his new cookbook, world-famous French chef Henri Lafontaine illustrates 60 dishes you can easily make in less than 30 minutes. The recipes range from salads to pasta, from main courses to desserts. -------. Not only is Lafontaine a great chef, he is also a very capable writer. One does not have to be a trained chef to follow his recipes. And because the book was written to be used by everyone, the recipes require just the most basic knowledge of cooking. Also, you do not need to go out and buy the latest cooking gadget to make these quick and easy dishes. This is Lafontaine's fifth cookbook. As always, the pictures are excellent and the illustrations are clearly drawn. Each chapter is filled with helpful suggestions on serving and cooking tips. So if you are in need of a nutritious meal but haven't got much time, this is just the cookbook for you.

(A) These are also very easy to follow.
(B) Visit today to obtain a copy of the book.
(C) He is known for innovative approaches to marketing his book.
(D) Therefore, each will be available for a small fee.

보기에 지시어가 많은 문제이다. (A)에 있는 These는 앞선 문장에서의 복수 명사를 지칭해줄 수 있는데, 여기서는 these recipes로 쓰였다고 보면 맥락이 어울린다. (B)는 지시어는 딱히 없으나 맺음말에 들어갈 법한 문장이므로 해당 빈칸에는 맥락상 어색하므로 오답 소거한다. (C)는 지시어로 He가 있는데 앞선 문장에서 책 이야기로 화두가 넘어갔으므로 다시 He라는 남자 사람을 받아주는 주어의 연결은 어색하다. 그리고 '그는 그의 책을 마케팅하기 위한 혁신적인 접근법으로 잘 알려져 있다'라는 해석 또한 어색하다. (D)는 each라는 지시어가 있는데, each는 앞선 문장에 있는 동종의 복수 명사를 '각각'이라고 칭할 때 쓰는 대명사이다. 따라서 앞 문장의 The recipies를 칭하게 되면 '적은 요금으로 이용 가능할 것이다'라는 해석으로 문맥상 적절하지 않다.

정답 (A)

해석 세계적으로 유명한 프랑스 요리사 Henri Lafontaine은 그의 새 요리책에서 30분 안에 쉽게 만들 수 있는 60가지 요리를 선보입니다. 요리법에는 샐러드부터 파스타까지, 메인 요리부터 디저트까지 망라되어 있습니다. **이 요리법들은 따라 하기도 매우 쉽습니다.** Lafontain은 훌륭한 요리사일 뿐만 아니라 매우 능력 있는 저자입니다. 그의 요리법을 따라하기 위해서 교육을 받은 요리사일 필요는 없습니다. 이 책은 모든 사람들이 사용할 수 있도록 쓰여졌기 때문에, 요리법들은 요리에 대한 가장 기본적인 지식만을 요구합니다. 또한, 이 빠르고 쉬운 요리들을 만들기 위해 밖으로 나가서 가장 최신식의 조리 도구들을 살 필요가 없습니다. 이것은 Lafontaine의 5번째 요리책입니다. 언제나 그렇듯이, 사진들은 훌륭하고 삽화는 명확하게 그려져 있습니다. 각 장은 서빙과 요리 정보에 대한 유용한 조언들로 가득합니다. 그러므로 영양이 풍부한 식사가 필요하지만 시간이 많지 않다면, 이 책은 바로 당신을 위한 요리책입니다.

(A) 이 요리법들은 따라 하기도 매우 쉽습니다.
(B) 오늘 방문하셔서 책 한 부를 받으세요.
(C) 그는 그의 책을 마케팅하는 획기적인 방법으로 알려져 있습니다.
(D) 그러므로, 각각은 적은 요금만 내면 이용 가능합니다.

⊙ 지시어를 활용한 문장 선택 유형

앞선 문장의 특정 명사를 다시 받아주는 대명사가 문장 선택 문제의 보기에 있거나 빈칸 앞뒤의 문장에 있을 경우에는 이들을 결정적인 힌트로 활용하여 지문의 문맥 파악 및 정답 단서를 잡는다.

대명사	인칭대명사	I, my, me, mine 등
	재귀대명사	himself, itself, by herself 등
	부정대명사&부정형용사	one, another, other(s), the other(s), some/any, none, most 등
	지시대명사&지시형용사	this/these, that/those 등

핵심 전략 3 보기 또는 빈칸 뒤에 제시된 연결어를 단서로 활용한다.

I am writing to notify you that you have reached the third and final stage of interviews to become a flight attendant. Your interview is scheduled for 11:15 on Monday, May 18. Before that date, I recommend that you practice speaking English. Two of the airline representatives at the interview will be from our corporate headquarters in Canada. They will not ask you any questions in Japanese, nor can you answer them in it. -------. We have already learned that you are qualified for the position, so now your main focus should be on impressing them. Good luck.

(A) Instead, you need to speak to them in the language they use with you.
(B) As a result, you will be tested on your knowledge of French and English.
(C) Therefore, you have successfully passed the Japanese part of the exam.
(D) Meanwhile, you need to improve the language skills you use on the job.

접속부사로 이끌어지는 보기들로 구성되어 있는 문제이다. (B) As a result는 '그 결과'라는 뜻으로 앞 문장의 결과로 인해 뒤 문장이 발생할 때 쓰는 접속부사이고, (C) Therefore는 '그러므로'라는 접속부사로 인과관계를 이어주므로 적절하지 않다. (D) Meanwhile은 '그 동안에'라는 뜻으로 앞 문장이 발생하고 있는 동안에 뒤 문장이 발생하는 상황을 의미하는데 이 역시 맞지 않다. (A) Instead는 앞 문장 대신에 뒤 문장이 발생되는 상황을 만들어주는데, '일본어로 질문하지 않을 것이며 일본어로 답할 수 없다. 대신에, 면접관들이 쓰는 언어로 대화를 하셔야 합니다'라는 흐름이 자연스러우므로 정답이다.

정답 (A)

해석 저는 귀하께서 승무원이 되기 위한 세 번째이자 마지막 관문인 면접을 보시게 되었음을 알려드리기 위해 이 편지를 드립니다. 귀하의 면접 일정은 5월 18일 월요일 11시 15분으로 잡혀 있습니다. 그 날짜 이전에 영어 말하기 연습을 하시길 권합니다. 면접 때 항공사 대표들 중 두 분이 저희 캐나다 본사에서 와주실 예정입니다. 그분들은 일본어로 질문하지 않을 것이며, 귀하께서도 일본어로 답하실 수 없습니다. **대신에, 귀하께서는 항공사 대표분들이 사용하는 언어로 그분들과 대화하셔야 합니다.** 저희는 귀하가 이 자리에 충분한 자질을 갖추고 있다는 점을 이미 알고 있으므로, 이제 귀하가 그들에게 좋은 인상을 남기는 데 주안점을 두어야 합니다. 행운을 빕니다.

(A) 대신에, 귀하께서는 항공사 대표분들이 사용하는 언어로 그분들과 대화하셔야 합니다.
(B) 그 결과, 당신은 프랑스어와 영어에 대한 당신의 지식을 테스트 받게 될 것입니다.
(C) 그러므로, 당신은 일본어 시험을 성공적으로 통과했습니다.
(D) 그러는 동안, 당신은 현업에서 당신이 사용하는 언어를 향상시켜야 합니다.

⊙ 연결어를 활용한 문장 선택 유형

접속부사는 항상 콤마(,)와 함께 쓰여 두 문장을 연결하며, 뒤 문장 전체를 수식하는 역할을 한다. 따라서, 접속부사는 앞 문장과 뒤 문장을 연결해주는 중요한 단서이다. 접속부사가 보기에 제시되어 있거나 또는 빈 칸 다음 문장이 접속부사로 이끌어지는 경우, 빈칸의 앞뒤 문장이 서로 어떻게 연관되어있는지를 단서 삼아 접근한다. DAY 09에서 학습한 접속부사 표를 다시 한번 참고하도록 한다.

상업용 항공기 건조 시장을 지난 3년 동안 선두로 이끌고 있음에도 불구하고, **F&R 그룹의 전체 수익은 사실상 감소하고 있습니다. 이는 제조 비용의 증가가 주된 이유입니다.** 우리는 이러한 증가들을 어떻게 보완할지에 관해서 다양한 부서로부터 많은 제안들을 받고 있습니다. ⇒ 글의 주제: F&R 그룹의 수익 감소

가장 흔한 생각은 우리 제품의 가격을 올리는 것이지만, 영업부는 우리에게 이는 많은 잠재 고객들을 낙담시킬 것이라고 경고하고 있습니다. 또 다른 생각은 광고 비용 절감입니다. 하지만 마케팅 부서는 현재의 우리의 광고 전략들이 효과적이라고 주장하고 있고 그들은 이러한 주장들을 뒷받침할 조사들을 인용하고 있습니다. 결과적으로, **저희는 해결책이 생산 과정을 간소화하고 낭비되는 자재들을 줄일 방도를 찾는 것이라 생각합니다.** 저희는 이것이 수익 손실을 회복시켜줄 중요한 첫 번째 단계라고 믿습니다. ⇒ 세부 사항: 수익 감소의 원인과 해결책

Therefore (그러므로), 저희는 생산 과정을 간소화할 아이디어와 낭비를 최소화할 수 있는 방법에 대해서 좀 더 장기적이고 **구체적인 전략이 필요합니다.** 이를 위한 다양한 시도를 행해 볼 것이며, 다음 분기까지는 가장 효율적인 방법을 찾아야 할 것입니다. ⇒ 글의 맺음말: 효율적인 방법을 모색글의 맺음말: 효율적인 방법을 모색

고난도 실전 문제

정답 085페이지

Questions 1-4 refer to the following notice.

The Central Library will undergo a major renovation project from early August until late December. The renovation will bring greatly ------- seating space to the library for those library
1.
users who choose to spend time at the library reading or studying. We will be making every effort to ensure that the renovation works cause as little disruption as possible to the library operation, ------- it is possible that some areas of the library will be closed for short periods
2.
during this time. A schedule of planned ------- will be posted on library notice boards and at
3.
the library Web site during the course of the renovation. -------.
4.

1. (A) to extend
   (B) extending
   (C) extensive
   (D) extended

2. (A) instead
   (B) though
   (C) during
   (D) still

3. (A) troubles
   (B) organizations
   (C) events
   (D) closures

4. (A) Please be aware that all library users adhere to our newly revised return policies.
   (B) All library users should refrain from leaving personal possessions or valuables unattended.
   (C) All library users are recommended to check the schedule in order to avoid inconvenience.
   (D) We would like all library users to consult our librarians for help in finding information.

Questions 5-8 refer to the following Web page.

Fitzroy Pipes – The Best Pipes in the Business!

Fitzroy Pipes manufactures piping that you can trust. -------. Every single pipe that comes off

5.

our production lines is tested to ensure that it meets our high ------- standards.

6.

What's more, we greatly value customer -------, reading and taking note of every suggestion

7.

we receive. This is then reflected into our design, production, and quality control procedures.

------- this unrelenting commitment to quality and customer satisfaction, we are able to offer

8.

the best pipes in the business.

---

5. (A) We plan to distribute quality goods via its global delivery service.
(B) Our company intends to purchase your goods if the conditions are favorable.
(C) Companies must redouble efforts for quality control, and the government must make them do so.
(D) No other company has quality control procedures that are as rigorous as ours.

6. (A) perform
(B) performing
(C) performance
(D) performed

7. (A) feedback
(B) seatback
(C) backtrack
(D) backup

8. (A) Further to
(B) Rather than
(C) Instead of
(D) Due to

PART 6

DAY 10

Questions 9-12 refer to the following article.

The CEO of Clio Industries, Ms. Irina Porter, announced Wednesday that the company, ------- **9.** enjoys a 20 percent share of the high-end consumer camera market, will launch a new model later this month. Ms. Porter gave a ------- of some of the features and benefits of the new **10.** model camera, including the ability to upload photos directly to the Internet from the camera, allowing users to display their photography on social networks without having to manually transfer the files themselves.

Industry experts expect the new camera to receive a positive response from consumers, ------- have been waiting for some time for this kind of innovation in the camera market. -------. **11.** **12.** The stock price of the company has gained 15 percent in Wednesday morning trade.

9. (A) that
    (B) by
    (C) which
    (D) then

10. (A) previewer
    (B) previewing
    (C) previewed
    (D) preview

11. (A) which
    (B) who
    (C) that
    (D) whose

12. (A) Our stock declined sharply after the news was announced.
    (B) Foreign investors have recently sold their stocks in the stock market.
    (C) The stock market is showing stability and investors are making huge profits.
    (D) The stock market has already reacted favorably to Ms. Porter's announcement.

❸ 유의어 찾기

문맥상 비슷한 어휘를 찾는 문제로, 여러 가지 의미로 사용되는 어휘가 지문 내에서 어떤 의미로 사용되었는지를 묻는 문제로 출제된다. 어려운 단어를 제시하더라도 보기 선택지에는 평범한 단어를 주는 것이 일반적이므로, 모르는 단어일지라도 선택지에 있는 단어를 하나하나 지문에 넣어서 문맥상 어떤 단어가 가장 어울리는지 확인한다.

❹ 추론 문제

추론 문제는 보통 지문 전체를 이해해야 풀 수 있는 문제로, 지문에서는 추론 문제에 대한 단서를 직접적으로 제시하기보다는 지문에 나와있는 단서를 종합해서 정답을 추론해야 한다. 만약 정답인지 확실하지 않다면, 다른 문제들부터 해결한 후 마지막에 추론 문제를 푸는 것이 좋다. 왜냐하면 다른 세부 사항 문제들을 풀고 나면 좀 더 지문의 전체적인 내용이 눈에 들어오기 때문이다.

❺ 의도 파악 문제

문자 메시지는 2인 형태의 대화로 출제되고, 온라인 채팅은 3인 이상의 대화 형태로 출제된다. 주로 회사 비즈니스 관련 대화를 다루며 구어체 표현이나 사전적인 의미가 아닌 주어진 문장이 대화의 흐름상 어떤 의미를 가지는지 잘 파악해야 한다.

❻ 문장 삽입 문제

문장 삽입 문제 또한 제시된 특정 문장이 지문 내 삽입될 곳을 찾는 유형으로 지문의 전반적인 맥락 파악이 중요하다. 대부분의 경우 빈칸 앞뒤에 있는 문장이 정답의 단서가 되지만, 다른 문제들을 먼저 풀면서 전체적인 맥락을 파악한 후에, 가장 마지막에 푸는 것이 좋다. 또한, 지문과 문제에서 주어진 지시어(he, she, it, each, this, another 등의 대명사)나 접속부사(therefore, also, however, for example 등)가 단서가 되는 경우가 많으므로 놓치지 말고 유의 깊게 살펴보도록 한다.

핵심 전략 1 단일 지문

1 문제 및 질문 유형

❶ 10개의 지문을 주고, 각 지문당 2~4문제(총 29문제)가 주어진다.

❷ 문자 메시지와 온라인 채팅 지문의 구어체 표현이 출제된다.

2 풀이 방법 및 전략

❶ 제목이 있는 경우에는 제목부터 본다. 편지나 이메일, 공문 등의 경우, 보내는 이와 받는 이를 먼저 파악한다.

❷ 글의 도입 부분에 주로 근거를 주는 주제 찾기 유형의 문제부터 해결한다.

❸ 본문의 특정 부분만 읽어도 되는 세부 사항 문제(인물, 시간, 조건, 수량, 장소 등을 묻는 질문)를 문제 순서대로 푼다. 지문 전개 순서와 문제 순서는 거의 일치한다. 즉, 2번 문제의 답에 해당하는 부분은 1번 문제의 답이 되는 부분 다음에 나오는 경우가 대부분이다.

❹ 전체적인 맥락을 파악해야 풀 수 있는 문제가 증가하고 있다. 따라서 독해 속도가 느린 수험생이라면, 각 문단의 첫 문장과 마지막 문장 정도를 읽어가며 전체 맥락을 파악하는 것도 좋은 방법이다.

Findings from the recent observation

Our team learned a lot about your company's operations during our two-week long workplace observations. —[1]—. One thing we noticed was that your employees make sure to see their work through until it is finished. Since your business is based on creating Web sites, the ability to see projects through to the end is imperative.

—[2]—. Case in point, two employees spent two days working on the same thing because they hadn't previously coordinated their efforts. The end result was that these two employees unknowingly did the same work when only one person was necessary to complete it.

And what's more, this is related to the communication issue, attendance at meetings was quite low. This is an important concern since communication is already a primary issue at your workplace. The bottom line is that employees aren't coordinating their efforts. And if they aren't communicating with each other at meetings or through other channels, your daily operations will be profoundly affected. —[3]—.

Our advice is to make all company meetings compulsory. If the employees are not happy with the idea, explain that communication is a critical issue at your office and that the meetings will encourage everyone to exchange ideas and coordinate. —[4]—. Once the employees see that better communication can lead to a decreased workload for each individual, they will be quite happy with the change.

Furthermore, we think that your company should host a monthly social event. A social event such as a company brunch or drinks after work can improve team camaraderie and develop the relationships among your employees. And we feel that you need to emphasize that.

1. What does the report primarily discuss?
   (A) The planning of a social event
   (B) A company's daily operations
   (C) The inappropriate behavior of an employee
   (D) A new way to attract more customers

2. What is one of the recommendations in the report?
   (A) Attendance at meetings should be mandatory.
   (B) All employees should be working together in pairs.
   (C) Employees should plan an event for the end of the week.
   (D) Employees should create a list of goals to achieve each day.

3. What does the article suggest about social events?
   (A) They aren't interesting to employees.
   (B) The company used to offer them.
   (C) They can increase company morale.
   (D) The company should end them.

4. In which of the positions marked [1], [2], [3], and [4] does the following sentence best belong?

   "However, we did notice that the level of communication was relatively low among almost all of your employees."
   (A) [1]
   (B) [2]
   (C) [3]
   (D) [4]

Brian Sawyer

Juliet, I'm about to buy some tickets for the *Hard Stones* next week. I was just wondering if you want to go.

10:45 A.M.

Juliet Burke

10:47 A.M.

But I'm a little worried, as I thought all the tickets would have been sold out by now. You think there are still some tickets available?

Brian Sawyer

Tickets for the first performance have already been sold out, but they have now added a second due to the high demand.

10:50 A.M.

Juliet Burke

10:51 A.M.

Then, please count me in. I think we should rush to buy our tickets. You know, the *Hard Stones* is extremely popular, so it's pretty sure they will be sold out sooner or later.

Brian Sawyer

Right. I'm going to purchase everyone's tickets online this afternoon so that we can all get seats together. I'm happy to get one for you, too.

10:54 A.M.

5. What is Ms. Burke concerned about?

(A) A performance being canceled
(B) An event being delayed
(C) Tickets being sold out
(D) Too much work being loaded

6. At 10:51 A.M., what does Ms. Burke mean when she writes, "please count me in"?

(A) She is counting on Mr. Sawyer.
(B) She wants to go to the concert together.
(C) She will pay full price for their tickets.
(D) She is very good at money management.

Questions 7-10 refer to the following online chat discussion.

David Faraday [2:10 P.M.]
Charlotte, how are you getting on with the design for the new camera? I heard your team has been putting in some long hours over the last few months.

Charlotte McGowan [2:13 P.M.]
We certainly have. We've come up with a design for a camera that can be mounted safely on the handlebars of a bicycle.

David Faraday [2:14 P.M.]
Awesome! I'm a cyclist myself and I'd certainly like something like that.

Bella Choi [2:14 P.M.]
Terrific! That idea will be in demand and, moreover, it is brand new and really fresh.

Charlotte McGowan [2:15 P.M.]
It will allow customers to take pictures while they're cycling, even at high speeds. I think we will outsmart our competitors with this innovative product.

Bella Choi [2:17 P.M.]
It will sweep through the market, winning the hearts of tens of millions of Americans.

Charlotte McGowan [2:18 P.M.]
Um… I hope so. You know, it is usually hard to design this kind of product. It's hard in part because it requires a combination of two things.

David Faraday [2:21 P.M.]
But you finally made it. When do you expect it to be ready for launch?

Charlotte McGowan [2:25 P.M.]
The first step is to run some focus groups. We've invited some consumers to try a prototype next week. We'll make any necessary adjustments to the design based on their feedback. I hope we can then move onto full production by the final quarter.

David Faraday [2:27 P.M.]
We will see the greatest revenue growth among major players in the market. Our sales representatives and I will make this happen.

Charlotte McGowan [2:30 P.M.]
Good to hear that. I believe we will definitely get a special bonus for our excellent performance at the end of the year.

SEND

---

7. What is implied about Ms. McGowan's new design project?

(A) It has caused some problems.
(B) It has been delayed due to lack of funds.
(C) It has been completed ahead of schedule.
(D) It has been a demanding work.

8. What type of work does Mr. Faraday probably do?

(A) He designs new products.
(B) He creates publicity campaigns.
(C) He develops home appliances.
(D) He sells products through sales channels.

9. What will happen next week?

(A) Some designers will be hired.
(B) A new product will be tested.
(C) The company will have seasonal clearance sales.
(D) An advertisement will be launched.

10. At 2:21 P. M., what does Mr. Faraday mean when he writes, "You finally made it"?

(A) Ms. McGowan organized a popular design exhibition.
(B) Ms. McGowan made a new innovative camera.
(C) Ms. McGowan finalized an important contract.
(D) Ms. McGowan did her design work successfully.

To:	All Staff Members <staff@stanfieldinsurance.com>
From:	John Piper <jpiper@stanfieldinsurance.com>
Subject:	Brambleton Summer Camp
Date:	May 1

Stanfield Insurance will be providing Brambleton Summer Camp with necessary supplies for this summer. This non-profit camp depends on Stanfield and other businesses to maintain affordable registration fees and serve as many children in the local community as possible. The camp caters for children aged four to eleven. Several of our own staff members send their children to Brambleton.

The supply drive for the camp will start tomorrow. Large boxes will be placed near the office building's main entrance. Water toys, board games, and arts and crafts supplies are especially needed. In addition, sports equipment such as soccer balls and basketballs would be much appreciated.

We will be taking donations until June 2. If you prefer to make monetary donations, please forward them to Jasper Gold, South Wing, Room 423.

Thank you all in advance for your support of this initiative.

John Piper

Community Projects Coordinator
Stanfield Insurance

11. What is the purpose of the e-mail?

(A) To solicit support for a local organization
(B) To announce a gift exchange
(C) To recommend summer activities for children
(D) To give a discount to a sports camp

12. What would probably NOT be placed in one of the large boxes?

(A) Paint brushes
(B) Lunch containers
(C) Checkers set
(D) Tennis balls

13. According to the e-mail, what is Mr. Gold in charge of?

(A) Gathering staff feedback
(B) Delivering donated supplies
(C) Collecting financial contributions
(D) Distributing registration forms

이중 지문

1 문제 및 질문 유형

❶ 2개의 지문으로 이루어진 2개의 지문 세트(총 4개 지문)를 주고, 각 세트당 5문제(총 10문제)가 출제된다.

❷ 2개의 지문 중, 한 지문에서 정보를 찾아내는 문제가 3~4개 주어진다.

❸ 두 지문을 연계하여 푸는 문제는 1~2개 주어진다.

2 풀이 방법 및 전략

❶ 먼저 두 지문의 관계를 파악해야 한다. 두 지문이 모두 편지나 e-mail인 경우에는 수신자와 발신자 이름을 기억해서 문제에 이름이 등장하는 경우라면 문제를 읽음과 동시에 어느 지문과 관련된 인물인지 파악해야 한다.

❷ 그 다음 주어진 문제를 읽고, 어느 특정한 단일 지문의 정보를 파악하는 문제인지 이중 지문 연계 문제인지 파악한다. 예를 들어, 문제는 두 번째 편지를 보낸 사람에 관해서 묻고 있으나 선택지는 첫 번째 글에 눈에 띄게 표현되어있는 요일이나 숫자, 가격, 장소, 또는 직책의 이름 등을 준 경우라면 이중 지문 연계 문제일 확률이 높다.

❸ 한 개의 지문에만 해당하는 문제라면, 주어진 문제가 어느 지문에 해당하는 것인지 파악한다.

삼중 지문

1 문제 및 질문 유형

❶ 3개의 지문으로 이루어진 3개의 지문 세트(총 9개 지문)를 주고, 각 세트당 5문제(총 15문제)가 출제된다.

❷ 3개의 지문 중, 특정한 한 개의 지문에서 정보를 찾아내는 문제가 앞에서 2~3개 주어진다.

❸ 둘 또는 세 지문을 연계해서 푸는 문제가 2~3개 주어진다.

2 풀이 방법 및 전략

❶ 보통 1번~2번 문제는 첫 번째 또는 두 번째 지문을 읽고, 3번~5번은 세 번째 지문을 읽고 문제를 푼다.

❷ 연계형 문제를 풀기 위해서는 세 지문이 서로 어떻게 연결되어 있는지 지문들끼리의 흐름을 파악할 필요가 있다. 두 개 이상의 지문에서 동일한 고유 명사나 사람, 날짜, 요일 따위가 겹쳐서 등장할 경우에는 특히 신경 써서 봐야 한다.

Restaurant Supply Fair

Come to the Annual Restaurant Supply Fair taking place at Johnson Community Center in Ann Arbor on July 20 from 8:00 A.M. to 6:00 P.M. Meet representatives from hundreds of companies that provide various products and services that can improve your restaurant operations, including:

- **Bulk food supplies:** Offering meats, fruits, and vegetables at special discount prices.

- **Packaging suppliers:** Providing the perfect products for your restaurant's needs. Find supplies such as cups, take-home containers, and even bags with your restaurant's logo on them.

- **Cleaning services:** Offering licensed cleaning services for large restaurants and kitchens.

Register for the event in advance by calling 677-800-9682. Tickets may also be purchased at the door on the day of the event. Registration is free for all businesses located in Ann Arbor. For all other registrants, the price of registration is $40.

To:	mikefriedman@missouristeakhouse.com
From:	stan.crocker@missouristeakhouse.com
Subject:	Restaurant Supply Fair
Date:	July 21

Hello, Mike,

I talked with several company representatives at the Restaurant Supply Fair. The most helpful conversations I had were with Swenson's Free-Range Meats of Springfield and Belle View Farms of Charlottesville. There are many feasible options for our Missouri Steakhouse to choose. I think we will have no problem getting trustworthy suppliers of fresh meats and vegetables. Please let me know when you can meet me to discuss this further. I will be available until July 25 before heading to Sacramento for the investors meeting.

I have attached the receipt of my $40 registration payment for the event to this e-mail. I hope to be reimbursed for this payment as soon as possible.

Sincerely,

Stan Crocker

1. What will be held on July 20?

   (A) A recruitment fair for job seekers
   (B) The delivery of a shipment of meat
   (C) A trade show featuring products and services
   (D) The grand opening of a community center

2. What is stated about the event?

   (A) Tickets were available only at the venue.
   (B) It was scheduled to last two days.
   (C) Refreshments were offered.
   (D) It is held every year.

3. What is indicated about Missouri Steakhouse?

   (A) It is preparing to open a market.
   (B) It has just ordered new brochures.
   (C) It supplies ingredients to restaurants.
   (D) It is not located in Ann Arbor.

4. Why did Mr. Crocker attend the event?

   (A) To meet representatives from other area restaurants
   (B) To evaluate the marketing techniques of his company's competitors
   (C) To recruit prospective restaurant employees
   (D) To gather information about vendors his company may work with

5. Where will Mr. Crocker most likely go next?

   (A) Charlottesville
   (B) Springfield
   (C) Sacramento
   (D) Maine

To:	Customer Service <customerservice@georgetownelectric.com>
From:	Jeanie Syfu <j.syfu@speedmail.org>
Subject:	Bill discrepancy
Date:	September 15

Dear sir or madam,
There seems to be a problem with my last electricity bill. Since the beginning of the new billing cycle, I have been paying a fixed rate of $50 a month for electricity. However, the bill for August was for $73.

I signed up for the fixed-rate service in order to save money on my electricity bills. However, this bill is $23 higher than what my contract states it should be. If there was a change to the terms and conditions of the contract, your company did not inform me. I would appreciate a quick resolution to this matter.

Sincerely,

Jeanie Syfu

To:	Jeanie Syfu <j.syfu@speedmail.org>
From:	Customer Service <customerservice@georgetownelectric.com>
Subject:	Bill discrepancy
Date:	September 16

Dear Ms. Syfu,
Thank you for contacting us regarding this matter. An investigation has revealed that a mistake was made when your bill for last month was being created. As a result, you were overcharged by the amount indicated in your message.

We have corrected this mistake and the amount will appear as a credit on your bill for this month. Therefore, your bill for the month of September will be $27. We apologize for any inconvenience this problem may have caused. As a way of expressing our appreciation, we will give you 50 percent off of your gas usage for the month of October. This cut rate will be reflected in your November bill.

To help us to ensure that our customers are receiving a high level of support, we kindly request that you complete a brief survey concerning the resolution of this issue. You can find the survey form by clicking on this link: www.georgetownelectric.com/customersurvey.

Thank you for your being a loyal customer of Georgetown Electric, and we look forward to your continued business in the future.

Regards,

John Bates
Customer Service Representative

6. What is the purpose of the first e-mail?

   (A) To request a review of information
   (B) To set up service appointment
   (C) To announce a change in a service plan
   (D) To change terms of service

7. What is indicated about Ms. Syfu?

   (A) She recommended Georgetown Electric to one of her friends.
   (B) She would like to create a separate account.
   (C) She expects to pay the same amount for electricity each month.
   (D) She has canceled her service with Georgetown Electric.

8. How much money will be credited to Ms. Syfu's account in September?

   (A) $23
   (B) $27
   (C) $50
   (D) $73

9. What does Mr. Bates encourage Ms. Syfu to do?

   (A) Contact the accounting office
   (B) Order the service online
   (C) Sign up for a multi-year contract
   (D) Visit a Web site to fill out a questionnaire

10. What does Mr. Bates offer Ms. Syfu?

   (A) A free month of service
   (B) A discounted bill
   (C) A gift card
   (D) A new phone

STARK Healthcare Apparel

We have been setting the standard for quality garments for healthcare workers for 15 years.

What you get with Stark:
Garment tops and bottoms made with the finest materials for durability and comfort, available in a wide range of colors and styles
Footwear that provides comfort and safety
Custom logo and name stitching for your institution
New customers receive 20% off their first purchase. Healthcare organizations ordering 15 or more garment sets for their employees can receive up to 25% off.

Stop by one of our two Glendale stores:

839 Niwok Road

1276 Risner Ave.

Open Monday through Friday

from 10 A.M. to 7 P.M.

Or visit our Web site at www.starkhca.com where we offer delivery every day of the week.

DATE:	September 4
TO:	Cody Ginstein <cody.ginstein@glendalechiropractic.com>
FROM:	Heather Stark <heather.stark@starkhca.com>
SUBJECT:	Order update

Dear Mr. Ginstein,

We appreciate you coming to our Risner branch today. It is unfortunate that we didn't have the garment you wanted in stock at that location. I have placed an order for you through our online store, and you can expect them to arrive at your home address along with a receipt dated September 4 showing your discount. The delivery, which should include two sets of garments in a men's large with a hunter green chevron pattern, is scheduled for Thursday evening.

If, for whatever reason, you choose to return any of these items, you may do so at either Stark location within 30 days of purchase.

We are grateful to you for shopping with us. It has been our pleasure to supply Glendale Chiropractic with uniforms over the years, and we'd like to thank you and your colleagues for the continued support.

Heather Stark
Founder, Stark Healthcare Apparel

MEMO

Date: September 10
To: Glendale Chiropractic Employees
From: Isabel Mercedes, Office Administrator
Subject: Dress Code

Glendale Chiropractic will be changing its uniform policy beginning October 1. All practitioners will be required to wear solid navy blue garments. Both pants and shirts must be the same color. Our clinic's logo, as well as your name, should be stitched right above the left shirt pocket. You may continue wearing your own choice of shoes, as long as they are not open-toed. In addition, the clinic will purchase your first five sets of garments for you, which includes both the shirt and the pants. Employees will be responsible for their own replacements. A different set of garments will be provided to our interns.

Please keep an eye on your e-mail, as you will be receiving an order form from Mr. Foxworth from the main branch. Please fill out the form with your name and size and email it back to him. Mr. Foxworth will then contact Stark and place an order for all 16 of our employees.

---

11. According to the advertisement, what does Stark Healthcare Apparel offer its customers?

(A) Weekend delivery for online orders
(B) Complimentary alteration service
(C) Stores with overnight hours
(D) Inexpensive medical equipment

12. What problem related to Mr. Ginstein is mentioned in the e-mail?

(A) A delivery did not arrive on a scheduled date.
(B) A location did not have the item he was looking for.
(C) He made a purchase over 30 days ago.
(D) He was charged an incorrect amount.

13. What will Mr. Ginstein likely do soon after he reads the memo?

(A) Pick up a delivery from the main branch
(B) Buy a new pair of closed-toed shoes
(C) Send his shoe size to Mr. Foxworth
(D) Return the items he purchased on September 4

14. What is the purpose of the memo?

(A) To announce a change to a company logo
(B) To ask managers to implement a uniform policy
(C) To solicit opinions on a new dress code
(D) To inform employees about an updated policy

15. What is suggested about Glendale Chiropractic?

(A) Its upcoming uniform order is eligible for a discount.
(B) Its logo has been updated.
(C) It will purchase uniforms from a different supplier.
(D) It will soon hire some new interns.

Office Genie
Office Refurbishment
Canberra, Australia

For over 20 years, Office Genie has been helping office owners choose better options for flooring, window treatments, light fixtures, and furniture in their offices.

At Office Genie, we know just how hard it can be to make decorating decisions, especially when you are already running a business. So our design professionals can come to you and bring samples showing how we can transform your office into an even more spectacular place to do business. And what's more, we will even deliver and install everything for you. Our team can even take early morning, late evening, and weekend appointments so that our work doesn't disrupt your office operations.

Prefer to do things yourself? Please look at the flooring, window treatment, light fixture, and furniture options in our catalog. If you know what you want, you can simply call us or order it online. All standard items are delivered within a week of purchase. We also offer custom options. Do you need a 50-person board room table? We can have it made! Since all of our products are produced domestically, we can have custom options built and delivered within two weeks of purchase.

And we now carry the latest in cutting-edge lighting fixtures. Our new full-spectrum LED lights are brighter and significantly more efficient than traditional lighting systems. They never burn out either!

Coupon Code 10-100
Thank you for giving Office Genie a try. If you are an online customer who has never placed an order with us, please provide coupon code 10-100 when you are checking out and get 10% off.

Office Genie Invoice
Customer: Best Office Supplies
Date: June 17
Customer Contact Information: Manager, James Woods, Best Office Supplies
57 Hortom Street, Canberra 5006 (Tel) (08) 0551- 1200

Date of order: June 16
Scheduled date of delivery and installation: June 20

Remove all existing carpeting and prepare floor surfaces	$500.00
Tile purchase (Forest Green, style 2492) and installation on floor of entrance way	$500.00
Flooring purchase (Natural Stain Bamboo, style A46)	$1,000.00
Coupon (code 10-100) applied	-$200.00
Total paid	**$1,800.00**

To:	William McMillan <williamm@officegenie.com>
From:	James Woods <jwoods@bestos.com>
Subject:	Thank you
Date:	June 22

Hello, Mr. McMillan. I just want to thank you for your tile work and flooring installation.

I think floor tiles are an excellent option to completely transform our offices. Not only does the installation of these add value and beauty to our offices, but they can be a practical solution for areas that receive a lot of high foot traffic since they are amazingly easy to clean.

Your people have done it properly. I also appreciate a 10% discount on the full price. I will recommend your company to anyone who needs tile work and flooring installation.

Sincerely yours,

James Woods
Maintenance Manager
Best Office Supplies

16. What is NOT advertised as a service of Office Genie?

(A) Installing flooring
(B) Bringing samples to a customer's place of business
(C) Cleaning carpets
(D) Scheduling appointments in the early morning

17. How did Office Genie's product line change recently?

(A) Furniture production was outsourced overseas.
(B) The variety of window treatments increased.
(C) Bamboo flooring is no longer offered.
(D) LED lighting is now available.

18. In the advertisement, the word "cutting-edge" in paragraph 4, line 1, is closest in meaning to

(A) sharp
(B) classic
(C) extreme
(D) up-to-date

19. What is implied about Mr. Woods?

(A) He wants to get a full refund.
(B) He is planning to buy some carpets.
(C) He is satisfied with the installation work.
(D) He has strict standards of quality control.

20. What most likely is true of Best Office Supplies?

(A) It has been in business for over 25 years.
(B) It used the service of Office Genie for the first time.
(C) It will relocate its main office in June due to increasingly high rent.
(D) It has formed an alliance with Office Genie to expand its business.

The Mason Center for the Arts

The Mason Center for the Arts is one of Australia's major contributors to the field of the performing arts. With a diverse range of performers taking the stage at our 1500-seat Mason Stage throughout the year, The Mason Center for the Arts just keeps getting more and more popular with both the media and the general public. And we are expanding! In late March, Mason Hall, our new performance hall, is scheduled to open. It will accommodate over 3,000 patrons and allow The Mason Center for the Arts to feature even bigger performances.

Needless to say, this project, as well as others we are involved in, requires considerable expense. Furthermore, since The Mason Center for the Arts relies largely on public support, please consider becoming a member of The Mason Center for the Arts at the Fan, Friend, or Elite level.

Fan, Friend, and Elite memberships are $80, $125, and $175, respectively, and each offers excellent benefits. Fans get access to tickets before the general public. They also receive a copy of our monthly brochure, *Mason Times*, which features all upcoming performances as well as interviews with appearing artists. In addition to all the benefits at the Fan level, Friends receive discounts on performances and discounts at many area shops, restaurants, and theaters. Elite members are entitled to all of the above plus complimentary parking and backstage passes to any performance they attend.

*See our Web site for participating businesses.
Please call 800- 555- 6204 or send an e-mail to membership@mca.org.aus.
Become a member today!

Membership Form

We thank you for your membership with The Mason Center for the Arts. Please review the information below to ensure that all fields have been accurately completed.

Your membership is valid for one year after the date we receive your donation. You will receive a confirmation e-mail a few minutes after submitting your form online. A membership card will also arrive in the mail within 10 days after we receive your payment.
-- cut here --

Date: 22 February
Name: Betty Miller
Address: 176 P. G. Mount Dr., Australia
Phone number: 788-552-7897
E-mail: bmiller@fastcom.com
Payment details:
☑ I have enclosed a cheque made payable to The Mason Center for the Arts for <u>$80.00</u>
  (please enter amount)
☐ Charge my credit card _____
  Card No. _____ Expiration date _____ Amount _____

How would you like your contributions to be used
☑ Free tickets for charity organizations   ☐ Tour expenses
☐ Music class scholarship   ☐ Others
If you have any other questions, please contact us membership@mca.org.aus.
Thank you!

Hello, Ms. Miller. Hartford Stage is proud to support the wonderful work of the many charitable organizations that make our community a better place to live.

Since our Ticket Donation Program launched, we've been awarded $10,000 worth of musical show tickets. Our priority is to support the efforts of non-profit arts organizations and to offer college students opportunities to watch art and cultural performances in the Hartford area. Ms. Miller, your small donation will bring a big happiness to other people.

Thank you for your generous donation to Hartford Stage.

Michael Western
President of Hartford Stage

21. What is the purpose of the announcement?

(A) To raise funds for an organization
(B) To review a musical performance
(C) To describe a particular type of music
(D) To thank some people for volunteering

22. What is mentioned about The Mason Center for the Arts?

(A) It will soon offer another venue for performances.
(B) Its classes are well known outside of Australia.
(C) Its next scheduled season begins in the winter.
(D) It was established by a local organization.

23. What is suggested about Mason Hall?

(A) Its opening will be slightly delayed.
(B) Its design was inspired by aboriginal art.
(C) It was constructed by a private corporation.
(D) It is larger than Mason Stage.

24. What is NOT identified on the form?

(A) How part of the organization's budget should be used
(B) When membership cards can be expected
(C) How often the Mason Center for the Arts Symphony performs
(D) Where questions should be addressed

25. According to the e-mail, what is implied about Hartford Stage?

(A) It is organized by local artists.
(B) It has multiple locations in the Hartford area.
(C) It regularly holds exhibitions featuring a variety of works.
(D) It has received the support of the Mason Center for the Arts.

실전
모의고사
1

MP3 바로 듣기

해설서 바로 가기

- **준비물:** OMR 카드, 연필, 지우개, 시계
- **시험시간:** LC 약 45분 RC 75분

나의 점수		
	LC	**RC**
맞은 개수		
환산 점수		
총점: _____ 점		

점수 환산표			
LC		**RC**	
맞은 개수	환산 점수	맞은 개수	환산 점수
96-100	475-495	96-100	460-495
91-95	435-195	91-95	425-490
86-90	405-475	86-90	395-465
81-85	370-450	81-85	370-440
76-80	345-420	76-80	335-415
71-75	320-390	71-75	310-390
66-70	290-360	66-70	280-365
61-65	265-335	61-65	250-335
56-60	235-310	56-60	220-305
51-55	210-280	51-55	195-270
46-50	180-255	46-50	165-240
41-45	155-230	41-45	140-215
36-40	125-205	36-40	115-180
31-35	105-175	31-35	95-145
36-30	85-145	36-30	75-120
21-25	60-115	21-25	60-95
16-20	30-90	16-20	45-75
11-15	5-70	11-15	30-55
6-10	5-60	6-10	10-40
1-5	5-60	1-5	5-30
0	5-35	0	5-15

TEST 1

🎧 Actual Test_1.mp3

LISTENING TEST

In the Listening test, you will be asked to demonstrate how well you understand spoken English. The entire listening test will last approximately 45 minutes. There are four parts, and directions are given for each part. You must mark your answers on the separate answer sheet. Do not write your answers in your test book.

PART 1

Directions: For each question in this part, you will hear four statements about a picture in your test book. When you hear the statements, you must select the one statement that best describes what you see in the picture. Then find the number of the question on your answer sheet and mark your answer. The statements will not be printed in your test book and will be spoken only one time.

Statement (B), "A man is pointing at a document," is the best description of the picture, so you should select answer (B) and mark it on your answer sheet.

1.

2.

GO ON TO THE NEXT PAGE

3.

4.

5.

6.

GO ON TO THE NEXT PAGE

PART 2

Directions: You will hear a question or statement and three responses spoken in English. They will not be printed in your test book and will be spoken only one time. Select the best response to the question or statement and mark the letter (A), (B), or (C) on your answer sheet.

7. Mark your answer on your answer sheet.

8. Mark your answer on your answer sheet.

9. Mark your answer on your answer sheet.

10. Mark your answer on your answer sheet.

11. Mark your answer on your answer sheet.

12. Mark your answer on your answer sheet.

13. Mark your answer on your answer sheet.

14. Mark your answer on your answer sheet.

15. Mark your answer on your answer sheet.

16. Mark your answer on your answer sheet.

17. Mark your answer on your answer sheet.

18. Mark your answer on your answer sheet.

19. Mark your answer on your answer sheet.

20. Mark your answer on your answer sheet.

21. Mark your answer on your answer sheet.

22. Mark your answer on your answer sheet.

23. Mark your answer on your answer sheet.

24. Mark your answer on your answer sheet.

25. Mark your answer on your answer sheet.

26. Mark your answer on your answer sheet.

27. Mark your answer on your answer sheet.

28. Mark your answer on your answer sheet.

29. Mark your answer on your answer sheet.

30. Mark your answer on your answer sheet.

31. Mark your answer on your answer sheet.

PART 3

Directions: You will hear some conversations between two or more people. You will be asked to answer three questions about what the speakers say in each conversation. Select the best response to each question and mark the letter (A), (B), (C), or (D) on your answer sheet. The conversations will not be printed in your test book and will be spoken only one time.

32. What is being advertised in the newspaper?
    (A) A government event
    (B) A sports competition
    (C) A farmers' market
    (D) A building project

33. What does the woman suggest?
    (A) Getting there early
    (B) Selling food
    (C) Buying tickets
    (D) Inviting friends

34. What does the man say he will do?
    (A) Order some products
    (B) Return an item
    (C) Prepare some food
    (D) Check a newspaper

35. What is the man's problem?
    (A) He arrived late for a concert.
    (B) He has lost an item.
    (C) He missed his reservation.
    (D) His membership has expired.

36. What is the man asked to show?
    (A) A bank statement
    (B) An order form
    (C) A credit card
    (D) A parking voucher

37. What will the woman probably do next?
    (A) Talk with a manager
    (B) Reserve a parking space
    (C) Issue a receipt
    (D) Cancel a ticket

38. What are the speakers talking about?
    (A) A show
    (B) A movie
    (C) A seminar
    (D) A conference

39. What do the speakers say about Kate Ha?
    (A) She has visited many countries.
    (B) She performed at a theater.
    (C) She spoke at an event.
    (D) She learned to play an instrument.

40. When will the speakers probably meet?
    (A) On Thursday
    (B) On Friday
    (C) On Saturday
    (D) On Sunday

41. In what area does the man work?
    (A) Real estate
    (B) Career counseling
    (C) Public transportation
    (D) Tourism

42. What does the woman ask the man?
    (A) What the total price will be
    (B) Where she can buy a map
    (C) How she would commute to work
    (D) When the apartment will be rented

43. What does the man recommend?
    (A) Taking the subway
    (B) Visiting an agency
    (C) Buying some furniture
    (D) Consulting a professional

GO ON TO THE NEXT PAGE

44. What does the man want to purchase?

(A) Corporate stationery
(B) Advertising space
(C) Promotional items
(D) Web site optimization

45. When is a discount available?

(A) When fewer images are used
(B) When new customers are referred
(C) When payment is made in advance
(D) When large orders are placed

46. What does the woman mean when she says, "Of course"?

(A) She can partially pay in advance for T-shirts.
(B) She is willing to provide related information.
(C) She wants to negotiate with the man.
(D) She wants to buy some books from the man's store.

47. What does the woman say about the sweater on the mannequin?

(A) It is the wrong size.
(B) It is too expensive.
(C) It is not made of wool.
(D) It is on special offer.

48. What does the man offer to do?

(A) Give a reduction
(B) Call other stores
(C) Have the sweater altered
(D) Reserve an item at the counter

49. What additional service does the woman request?

(A) Home delivery
(B) Tailoring
(C) Style advice
(D) Gift wrapping

50. Why is the woman calling?

(A) To inquire about a form
(B) To confirm a reservation
(C) To reschedule an appointment
(D) To give a reference

51. What does the man want to do?

(A) Call a pharmacy
(B) Go to a different location
(C) See a different doctor
(D) Change jobs

52. What does the man say he has to do tomorrow afternoon?

(A) Collect some medication
(B) Finish a report
(C) Meet with a customer
(D) Attend an interview

53. Where do the speakers probably work?

(A) At a recruitment agency
(B) At a manufacturing plant
(C) At a computer firm
(D) At an accountancy office

54. What most likely is the subject of the training session?

(A) Workplace safety
(B) Project management
(C) Accounting principles
(D) Software development

55. Why does the man say, "Tell me about it"?

(A) He has something to say to the woman.
(B) He wants to know more about an event.
(C) He agrees with the woman.
(D) He wants to share some information with the woman.

56. Where do the speakers most likely work?

(A) At an electrical store
(B) At a hotel
(C) At a conference venue
(D) At a furniture company

57. What does the woman suggest?

(A) Cleaning some furniture
(B) Buying some lamps
(C) Hiring an assistant
(D) Arranging a call

58. What does the man say should be the next step?

(A) Requesting a payment
(B) Looking at a brochure
(C) Getting feedback from customers
(D) Writing a proposal

59. Why is the woman calling?

(A) She forgot some papers.
(B) She missed a flight.
(C) Her car broke down.
(D) Her baggage did not arrive.

60. What does the woman ask for?

(A) Sending documents
(B) Making photocopies
(C) Canceling an order
(D) Rescheduling a meeting

61. Why does the man say, "You bet I will"?

(A) He will bet some money on a sports game.
(B) He will make additional copies.
(C) He will book an earlier flight to Mumbai.
(D) He will arrange for a delivery.

Newton Recreation Center Seminars Week of 10/15	
Wednesday	Yoga for seniors
Thursday	Cooking without sugar
Friday	Weight loss strategies
Saturday	Exercising for children
Sunday	Time management

62. What most likely is the man's profession?

(A) Personal trainer
(B) Business consultant
(C) Cook
(D) Doctor

63. What does the woman ask the man about?

(A) Opening hours
(B) Recommended foods
(C) Service costs
(D) Job requirements

64. Look at the graphic. On which day will the woman visit Newton Recreation Center?

(A) Wednesday
(B) Thursday
(C) Friday
(D) Saturday

GO ON TO THE NEXT PAGE

Apartment Name	Type	Location
San Leandro	1-bedroom	Right next to 67th Avenue Subway Station
James Wood	3-bedroom	700 meters from Amsterdam Central Station
Tangle Wood	1-bedroom	Opposite from Central Bus Terminal
Wolf Creek	2-bedroom	Beside the Wolf Creek Bus Stop

Class	Time
Understanding the different perspectives	Monday 9:00 A.M. – 10:00 A.M.
The History of European Art	Tuesday 2:00 P.M. – 3:00 P.M.
Visual Arts at a Glance	Wednesday 6:00 P.M. – 7:00 P.M.
Drawing for Beginners	Thursday 7:00 P.M. – 8:30 P.M.

65. Where does the man work?

(A) At an architect's office
(B) At a construction firm
(C) At a real estate company
(D) At a transportation provider

66. Look at the graphic. Which apartment will the woman most likely move in?

(A) San Leandro
(B) James Wood
(C) Tangle Wood
(D) Wolf Creek

67. What will the woman probably do at lunchtime tomorrow?

(A) Go on a bus journey
(B) Look at a property
(C) Attend a work meeting
(D) View a construction site

68. What is the woman interested in doing at the gallery?

(A) Leading a tour
(B) Meeting with a painter
(C) Registering for a job fair
(D) Attending a class

69. What does the man say about the classes?

(A) A class is full.
(B) A manager is unavailable.
(C) An instructor is sick.
(D) A sign is wrong.

70. Look at the graphic. What class would the woman take?

(A) Understanding the different perspectives
(B) The History of European Art
(C) Visual Arts at a Glance
(D) Drawing for Beginners

PART 4

Directions: You will hear some talks given by a single speaker. You will be asked to answer three questions about what the speaker says in each talk. Select the best response to each question and mark the letter (A), (B), (C), or (D) on your answer sheet. The talks will not be printed in your test book and will be spoken only one time.

71. How should the listeners report their working hours?

(A) By marking them on a timesheet
(B) By emailing their managers
(C) By recording them online
(D) By putting a card into a machine

72. According to the speaker, where can the listeners find further instructions?

(A) On the company Web site
(B) From their managers
(C) From the personnel department
(D) In their information packs

73. When should the listeners inform their managers?

(A) When their passwords don't work
(B) When their paychecks are incorrect
(C) When they forget to report their working hours
(D) When they work overtime

74. What is the talk mainly about?

(A) Promotional merchandise
(B) Equipment defects
(C) Company sales
(D) Price increases

75. According to the speaker, where does the company currently advertise?

(A) On billboards
(B) In newspapers
(C) In cinemas
(D) On the Internet

76. What will Joanne do next?

(A) Present statistics
(B) Distribute samples
(C) Conduct an interview
(D) Purchase equipment

77. What product is being advertised?

(A) A power generator
(B) A training course
(C) A monthly publication
(D) A software program

78. What does the speaker highlight about the product?

(A) It is powerful.
(B) It is customizable.
(C) It is best-selling.
(D) It is expensive.

79. How can the listeners find out more information?

(A) By reading an article
(B) By downloading a sample
(C) By attending a meeting
(D) By calling a phone number

80. What is the speaker announcing?

(A) A sales trip
(B) A work assignment
(C) A recruitment campaign
(D) A vacation policy

81. What has probably been a problem?

(A) Efficiency of working hours
(B) A scheduling conflict
(C) An outdated online system
(D) Some old-fashioned office furniture

82. What are the listeners required to do from today?

(A) Record overtime hours
(B) Reserve desks in advance
(C) Travel with teammates
(D) Request vacation online

GO ON TO THE NEXT PAGE

83. Who most likely are the listeners?

(A) Caterers
(B) Ticket sellers
(C) Musicians
(D) Festival attendees

84. Why should the listeners look out for the blue flags?

(A) To get some water
(B) To take a rest
(C) To attend a concert
(D) To meet some artists

85. What does the man mean when he says, "without further ado"?

(A) There is no extra work.
(B) There are no bands to play.
(C) There are no more delays.
(D) There are no more performance evaluations.

86. What are the listeners being asked to decide?

(A) What kind of printers to buy
(B) How to improve a process
(C) Where to locate a new office
(D) When to have a party

87. What does the speaker say about the budget?

(A) It has been exceeded.
(B) There is extra money in it.
(C) There will be a new budgeting process.
(D) It will be smaller next year.

88. What are the listeners asked to do?

(A) Request travel vouchers
(B) Meet with a supervisor
(C) Sign up for a course
(D) Indicate a preferred product

89. What kind of event is taking place?

(A) A theater performance
(B) A grand opening
(C) A closing-down sale
(D) An award ceremony

90. What is mentioned about JWC Inc.?

(A) It is sponsoring a competition.
(B) It is moving out of town.
(C) It is charging an entry fee.
(D) It is putting on a show.

91. What does the man mean when he says, "I feel butterflies in my stomach flying everywhere"?

(A) He is nervous.
(B) He suffers from indigestion.
(C) He feels very comfortable.
(D) He sees some butterflies flying everywhere.

92. Who most likely is sponsoring a contest?

(A) A radio station
(B) A beverage company
(C) A record label
(D) An airline association

93. What will the winner receive?

(A) A trip
(B) An instrument
(C) A discount voucher
(D) A collection of glasses

94. According to the speaker, what can be found on a Web site?

(A) Ingredient lists
(B) Musical lyrics
(C) Fan testimonials
(D) Flight times

The Board of Flights

Flight	Departure Time	Destination
KR – 201	11:00 A.M.	Seoul
KL – 909	1:30 P.M.	Paris
AE – 405	3:30 P.M.	San Francisco
BA – 603	6:00 P.M.	London

Body of Proof

At The Hallows Theater

Performance Starts: 7:00 P.M.
Ticket Price: $25
Seat: B21
Name: Ms. Hanna Hunt

95. Where is the announcement being made?

(A) In an airport
(B) In a bus depot
(C) In a car showroom
(D) In a travel agency

96. Look at the graphic. Where most likely is the destination of the listeners?

(A) Seoul
(B) Paris
(C) San Francisco
(D) London

97. Why should Ms. Ha go to the service desk?

(A) To have her luggage checked
(B) To recover a lost item
(C) To receive a free upgrade
(D) To pick up a ticket

98. What does the speaker apologize for?

(A) A performance having been cancelled
(B) Some tickets being unavailable
(C) A price being incorrect
(D) Some actors needing to be replaced

99. What will take place on Friday night?

(A) A dance contest
(B) A college lecture
(C) A special show
(D) An outdoor market

100. Look at the graphic. Which information on the ticket has been changed?

(A) The name of the play
(B) The time of the performance
(C) Ticket price
(D) The seating number

This is the end of the Listening test. Turn to Part 5 in your test book.

GO ON TO THE NEXT PAGE

READING TEST

In the Reading test, you will read a variety of texts and answer several different types of reading comprehension questions. The entire Reading test will last 75 minutes. There are three parts, and directions are given for each part. You are encouraged to answer as many questions as possible within the time allowed.

You must mark your answers on the separate answer sheet. Do not write your answers in your test book.

PART 5

Directions: A word or phrase is missing in each of the sentences below. Four answer choices are given below each sentence. Select the best answer to complete the sentence. Then mark the letter (A), (B), (C), or (D) on your answer sheet.

101. The product ------- service personalizes a customer's shopping experience through Web sites and mobile devices.

(A) recommend
(B) recommendable
(C) recommends
(D) recommendation

102. From the 1990s, river cruise ships began to look ------- different with bigger cabins and new amenities.

(A) primarily
(B) allegedly
(C) radically
(D) formerly

103. The computer trains ------- to recognize patterns in a strikingly human-like way.

(A) itself
(B) which
(C) some
(D) theirs

104. When writing an investment -------, you need an executive summary to preface your report.

(A) indication
(B) proposal
(C) advice
(D) intention

105. The customer turned into an ------- supporter of the product and recommended it to 20 of his friends.

(A) enthuse
(B) enthusiasm
(C) enthusiastic
(D) enthusiastically

106. If you are not satisfied with any product that we sell, we will promptly replace it with ------- one or refund your money.

(A) another
(B) each other
(C) all other
(D) others

107. The Environmental Guidelines were adopted by NERI in February, and will be put into ------- beginning 1 August.

(A) procedure
(B) effect
(C) progress
(D) condition

108. Customers are ------- for replacing or repairing the hardware if it is damaged or destroyed while in their possession.

(A) responsibly
(B) responsive
(C) responsibility
(D) responsible

109. Salespeople are ------- engaged away from the employer's place of business in performing their primary duty of selling novelty items.
(A) customarily
(B) entirely
(C) decreasingly
(D) immovably

110. A company can attract more highly ------- personnel if it can offer stock options, bonuses, or other incentives.
(A) inferior
(B) qualified
(C) apparent
(D) processed

111. Cloud service aggregation brings together every aspect of the cloud into one ------- platform or service.
(A) consolidate
(B) consolidates
(C) consolidator
(D) consolidated

112. Mr. Johnson requires everyone on his team to come into the office at least ------- a week to touch base in person.
(A) once
(B) all
(C) ever
(D) some

113. The US-based company will wait ------- next year to begin expanding into the federal IT market.
(A) since
(B) in
(C) until
(D) behind

114. CFL bulbs save up to $200 ------- every five bulbs replaced, according to the Environmental Protection Agency.
(A) along
(B) for
(C) in
(D) up

115. Dylan Raina has been focusing on his work for the past year, ------- to be the best salesperson at Babon Motors.
(A) aspiring
(B) aspire
(C) has aspired
(D) is aspiring

116. Overtime is work done by hourly-paid employees beyond the ------- work hours per week.
(A) regular
(B) chronic
(C) persevering
(D) rhythmical

117. We provide our customers with high-quality kids toys, and all the toys available through our Web site are innovative and, -------, fun.
(A) above all
(B) compared to
(C) except for
(D) far apart

118. KNG is ------- supporting thousands of companies worldwide to migrate to the latest technologies.
(A) extremely
(B) presently
(C) enormously
(D) definitively

119. The efforts to monitor and reduce expenditure can be ------- to a single individual or department.
(A) limited
(B) remained
(C) assorted
(D) started

120. Employees can work out schedule changes ------- themselves to accommodate their personal needs.
(A) without
(B) inside
(C) through
(D) among

GO ON TO THE NEXT PAGE

121. Leisure activities and team-building exercises can help employees become more ------- in their jobs.

(A) motivate
(B) motivated
(C) motivation
(D) motivator

122. Lexington Toys and Dolls will provide a full refund if the product is -------.

(A) defect
(B) defection
(C) defected
(D) defective

123. President Paul Evans says the company's products are designed to withstand the ------- conditions.

(A) harshly
(B) more harshly
(C) harsher
(D) harshest

124. ------- our sales goals seem to have been reached sooner than we expected, we need to wait until all the data is collected and analyzed to know for sure.

(A) In spite of
(B) Even if
(C) Despite
(D) As though

125. Those freight companies serving the national market must ------- to pick up and deliver anywhere in the country, anytime.

(A) prepared
(B) preparing
(C) be prepared
(D) being prepared

126. The tickets for Mr. Nguyen's concert in Singapore ------- almost immediately after they went on sale.

(A) will sell out
(B) had sold out
(C) selling out
(D) sold out

127. Universal Superstore offers customers DIY classes ------- they can decorate their homes without experts' help.

(A) in that
(B) so that
(C) such as
(D) in addition

128. Since the renewable energy industry has ------- been affected by the global financial crisis, Green Power could develop rapidly.

(A) shortly
(B) minutely
(C) promptly
(D) hardly

129. The information provided by a focus group often gives more ------- information than large surveys.

(A) depending
(B) dependable
(C) depended
(D) dependability

130. Please ------- using cell phones and leaving your seat during takeoff and landing.

(A) admit to
(B) reply to
(C) care for
(D) refrain from

PART 6

Directions: Read the texts that follow. A word, phrase, or sentence is missing in parts of each text. Four answer choices for each question are given below the text. Select the best answer to complete the text. Then mark the letter (A), (B), (C), or (D) on your answer sheet.

Questions 131-134 refer the following advertisement.

Since it first opened 20 years ago, Bestway has expanded from a small family-run store to become the leading ------- of home electronics, appliances and furniture rentals nationwide.
131.

Bestway ------- the full range of household electronics(televisions, audio equipment,
132.
computers, etc.), home appliances(dishwashers, laundry machines) and an impressive selection of furniture. As well as standard rentals, Bestway also offers a Rent-to-Buy plan, which allows customers to purchase the products over an ------- period of time while renting
133.
the product. -------.
134.

For more information, call us today toll-free at 555-9009, or visit our Web site.

131. (A) provide
(B) provided
(C) providing
(D) provider

132. (A) supplied
(B) supplies
(C) was supplying
(D) had supplied

133. (A) accomplished
(B) awkward
(C) exceptional
(D) extended

134. (A) Monthly rental costs should be increased once again.
(B) A high selling price is not necessarily an assurance of good quality.
(C) A good plan will help people to retire in comfort and safety.
(D) This plan helps them equip and furnish their homes at affordable costs.

GO ON TO THE NEXT PAGE

Questions 135 -138 refer to the following e-mail.

To: Gavin Lavondoski <glavondoski@marketing123.com>
From: Lisa Winston <lw@leviathan-interiors.com>
Date: November 22
Subject: Fall PR Campaign
Attachment: new_lines_list.xls

Dear Gavin,

------- . Consequently, I would like us to start thinking about how we are going to promote
135.
these new items through our online and print marketing campaigns.

I am attaching a list of the new items that we ------- in our stores, along with a brief
136.
description of each and links to further product information online. You will note that
many of the items are made wholly from recycled materials, so this could be a key theme
of our marketing. A few of our competitors have successfully ------- the environmental
137.
sustainability of their product offering, and, as you know, they have gained a favorable
------- from consumers by pursuing this strategy.
138.

Many thanks,

Lisa Winston
Managing Director
Leviathan Interiors

135. (A) We will soon be collecting some
creative ideas for new products.
(B) We will soon be expanding our
sales network and hire more sales
representatives.
(C) We will soon be launching a new
line of products across our stores.
(D) We will soon be releasing our new
draft advertisement to the public.

136. (A) carrying
(B) are carried
(C) have carried
(D) will be carrying

137. (A) highlighting
(B) highlights
(C) highlighted
(D) highlighter

138. (A) process
(B) reason
(C) response
(D) dilemma

Questions 139 -142 refer to the following memo.

To: All staff
From: Sung-chul Shin
Date: June 17
Subject: FlexMail transition

Just a quick ------- to all colleagues that today, June 17, marks our final transition to the
139.
new FlexMail e-mail software. ------- close of business today, our old Maxi Notes e-mail
140.
application will no longer be operational, and you will not be able to log in anymore. All
your messages, folders and address books have been migrated to FlexMail and will be
accessible there.

-------. As we all know, Maxi Notes frequently experienced server issues, which prevented
141.
e-mails being viewed or stopped users being able to log in.

The FlexMail software works in a completely different way, storing e-mail on multiple small
servers, rather ------- on one central server, so we will experience far fewer problems
142.
accessing our e-mail.

For more information on FlexMail, and full training support, please visit our dedicated page
on the company intranet at www.HYC-industries.com/technicalsupport/FlexMail. Also, of
course, feel free to get in touch with us in the technical department if you have any queries.

139. (A) remind
(B) reminder
(C) reminded
(D) reminding

140. (A) From
(B) Through
(C) To
(D) Besides

141. (A) We trust that the new system will
increase the speed and quality of the
Internet.
(B) We trust that you will find FlexMail a
vast improvement over Maxi Notes.
(C) We trust that FlexMail and Maxi Notes
are very convenient and easy to use.
(D) We trust that your knowledge, skills
and experience will be among our most
valuable assets.

142. (A) than
(B) which
(C) to
(D) more

GO ON TO THE NEXT PAGE

Questions 143 -146 refer to the following letter.

Pifco Lighting
389 Robarts Way,
Tressel Trading Park, Toronto, ON

Mr. P. Cole,
Needham, Nesbit and Partners
Underbridge Lane,
Toronto, ON

Dear Mr. Cole,

Thank you for your e-mail dated June 10th. Following your order of Trevis halogen strip lighting on May 29th and ------- delivery (June 6th), you stated that the lighting surrounds
143.
were different from those ordered. However, according to our records of your original order, the model you ordered (Trevis) does not include the kind of surround that you mentioned. There is a 'Trevis Deluxe' version ------- does include this feature, although it retails at $49 a
144.
piece as opposed to $39 for the basic version.

After checking the brochure closely, we did notice that the picture for the basic model was the same as for the deluxe. This mistake seems to have gone unnoticed when the brochures
-------. As such, we feel we are partly to blame for this confusion. Therefore, we are willing to
145.
replace the basic version that we installed with the deluxe version at no extra charge.

-------. We really hope that you continue to use and recommend our services in the future.
146.

Yours Sincerely,
James Aston
Head of Marketing

143. (A) successive
(B) subsequent
(C) previous
(D) foregoing

144. (A) who
(B) where
(C) how
(D) which

145. (A) were printed
(B) are printed
(C) were printing
(D) are printing

146. (A) We would like to apologize sincerely for any inconvenience.
(B) We advise you to install some more lighting if you want to make your place more family friendly.
(C) We would like to compensate for your recent inconvenience and expenses.
(D) We refurbish old electric lighting fixtures and turn them into new interior items.

PART 7

Directions: In this part you will read a selection of texts, such as magazine and newspaper articles, e-mails, and instant messages. Each text or set of texts is followed by several questions. Select the best answer for each question and mark the letter (A), (B), (C), or (D) on your answer sheet.

Questions 147 -148 refer to the following advertisement.

Vision Interior Design

Cutting-edge design tailored to each homeowner's tastes

Award-winning design team with decades of experience

--Quick turnaround--
--Free quotes--
--Project management--
--References available--

Please visit our expansive showroom in Bowie Avenue in Garrett City, or visit us online at *www.visiondesign.com*.

---

147. For whom is this advertisement intended?

(A) Homeowners
(B) Restaurant managers
(C) Shareholders
(D) Fashion designers

148. What is indicated about Vision Interior Design?

(A) It acquires its materials from local producers.
(B) It will soon open an additional store.
(C) It displays examples of its work.
(D) It matches the prices of its competitors.

GO ON TO THE NEXT PAGE

Questions 149 -150 refer to the following advertisement.

Need Space?

Do you sometimes feel that your home or office space just isn't big enough? Do you dream of having more space but just don't know where to start?

Townsend Space Planners, a local business made up of architects and interior design experts with decades of experience, can transform any living or office space into a practical area that suits your needs. We work one-on-one with you to find out what you would like and plan our designs from there. Check out our free color catalog featuring some of our previous home and office transformations.

Give us a call at 1-800-555-1000 or contact us through our Web site at *townsendspace planners.com* for a complimentary pamphlet. Once you decide that you would like to take the next step, a member of our design team can visit you within one to two days after you contact us.

Townsend Space Planners

149. What is being advertised?

(A) A holiday package
(B) An employment agency
(C) A design service
(D) A law firm

150. What is offered for free?

(A) A brochure
(B) Some blueprints
(C) A consultation
(D) Regular cleaning services

Questions 151 -152 refer to the following text message chain.

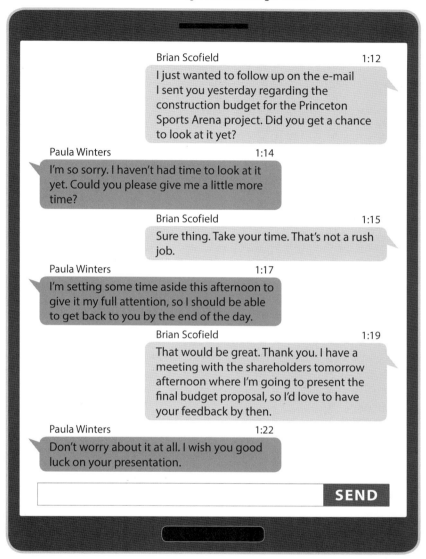

Brian Scofield   1:12

I just wanted to follow up on the e-mail I sent you yesterday regarding the construction budget for the Princeton Sports Arena project. Did you get a chance to look at it yet?

Paula Winters   1:14

I'm so sorry. I haven't had time to look at it yet. Could you please give me a little more time?

Brian Scofield   1:15

Sure thing. Take your time. That's not a rush job.

Paula Winters   1:17

I'm setting some time aside this afternoon to give it my full attention, so I should be able to get back to you by the end of the day.

Brian Scofield   1:19

That would be great. Thank you. I have a meeting with the shareholders tomorrow afternoon where I'm going to present the final budget proposal, so I'd love to have your feedback by then.

Paula Winters   1:22

Don't worry about it at all. I wish you good luck on your presentation.

SEND

151. At 1:15, what does Mr. Scofield most likely mean when he writes, "Sure thing"?

(A) He knows what tasks still need to be done.
(B) He is very confident about Ms. Winters' abilities.
(C) He will wait until Ms. Winter checks the e-mail.
(D) He needs some additional funds for his project.

152. What will Mr. Scofield present tomorrow?

(A) A new product
(B) A restructuring plan
(C) A report
(D) Some customer feedback

GO ON TO THE NEXT PAGE

Questions 153-154 refer to the following article.

National Science Journal

Conference News

On October 12 and 13, the International Association of Medical Imaging (IAMI) will hold its tenth annual conference. The event will take place at the newly built Foster Center in Birmingham, England.

The conference will feature keynote speaker Dr. Margie Santos. There will also be several plenary sessions held by a number of leaders from the medical imaging field. The sessions will cover the latest research in the industry.

Online registration for the event is available at *www.iami.org/annual*. For a list of hotels, restaurants, and attractions near the Foster Center, please visit *www.iami.org/annual-faq*.

153. What is mentioned about the conference?

(A) It will take place at a hospital.
(B) It is held on a yearly basis.
(C) It is for photographers.
(D) It is on a weekend.

154. What information is the organization providing online?

(A) Names of restaurants near the conference location
(B) Ratings of national parks around the Foster Center area
(C) A list of attractive locations to hold a conference
(D) Notes from the plenary sessions

National Postal Service

Prior to packing your items for shipment, please refer to the following information:

An overweight fee will be charged at a rate of $40 per kilogram for any package over 40 kilograms. —[1]—.

Packages must be securely closed. —[2]—. Be sure to seal all envelopes, either with tape or glue. Packages are required to be taped with packing tape. —[3]—. The worker has the right to deny shipment if the package has not been securely sealed.

We guarantee delivery to any address in the country within one week. —[4]—. If your shipment arrives later than a week after posting, your shipping cost will be refunded to you.

Thank you for choosing National Postal Service.

155. What is the purpose of the notice?

(A) To explain some changes to shipping
(B) To announce a change of address
(C) To detail a shipping policy
(D) To advertise supplies

156. In which of the positions marked [1], [2], [3], and [4] does the following sentence best belong?

"Please note that your package will be inspected by a postal worker at the time you drop it off for shipping."

(A) [1]
(B) [2]
(C) [3]
(D) [4]

157. According to the notice, what will happen if the shipping guarantee is not fulfilled?

(A) The shipment will be packed for the customer.
(B) The shipping fee will be returned to the customer.
(C) The price of all contents in the package will be refunded.
(D) The person who is supposed to receive the shipment will be contacted.

GO ON TO THE NEXT PAGE

Chaka Cuisine
58 Lion Terrace, Edinburgh, EH11 2JR

10 July

Mr. Ali Faheed
40 Watchpark Lane
Edinburgh, EH11 2JR

Dear Mr. Faheed,

We'd like to be among the first to welcome you to the neighborhood. As you're becoming familiar with the area, we'd like to extend an invitation to you to dine at Chaka Cuisine, a popular Indian restaurant located across the street from the Muir Hotel. We are open Monday to Saturday from 3 P.M. to 10 P.M. Reservations are recommended on weekends. Our phone number is 044–843–7042.

When you come to Chaka Cuisine, present this letter and receive 35 percent off our lunch menu. This deal expires on the 28th of August, so stop by soon!

Best wishes,

Sunil Patel
Sunil Patel
Owner and Chef, Chaka Cuisine

158. What is the purpose of the letter?

(A) To promote community events
(B) To attract a new customer
(C) To organize a neighborhood tour
(D) To confirm a room reservation

159. What is implied about Mr. Faheed?

(A) He often goes on business trips.
(B) He reviews local restaurants.
(C) He accepted a lunch invitation.
(D) He recently moved.

160. According to the letter, what will happen after August 28?

(A) A discount will no longer be offered.
(B) Menu prices will go up.
(C) Business hours will be extended.
(D) Mr. Patel will relocate to another location.

Questions 161 -163 refer to the following article.

North Elmery Arts Festival

W9 Sep. – The annual North Elmery Arts Festival, which will be held from 17 to 18 September at Urban Arena, is expected to have more than 30,000 people this year. The festival started out as a one-day event with fewer than a hundred local craftspeople and artists. This year, more than 400 artists from all over the country will participate.

The festival is open to the public and free of charge. In addition to art displays, there will be dance and music performances. Also, a wide selection of snacks and beverages will be available at stands for purchase. Free shuttle bus service to and from City Hall will be available, as well as complimentary parking at the arena.

The festival will run from 11 A.M. to 11 P.M. on Saturday, with world-famous singer Christie Brahan taking the main stage at 8 P.M. On Sunday, the festival hours will be 11 A.M. to 6 P.M. It is recommended to arrive early to get the best seats. For more information, visit www. nelmeryarts.org.uk.

161. What is the purpose of the article?
(A) To provide an overview of a local event
(B) To describe famous international artwork
(C) To publicize the opening of a new arena
(D) To announce an annual music competition

162. For what will guests be charged?
(A) Seat reservations
(B) Bus rides
(C) Parking
(D) Food

163. What is indicated about Ms. Brahan?
(A) She is a world-renowned dancer.
(B) She will be at Urban Arena on September 17.
(C) She currently lives in North Elmery.
(D) She will provide a performance schedule.

GO ON TO THE NEXT PAGE

Questions 164 -167 refer to the following letter.

January 12

In response to the recent article about the possible construction of a Goodway Superstore in Blue Mill, I would like to express my concerns about having this store here. —[1]—.

For one thing, a large retailer such as Goodway Superstore almost always hurts local small businesses, inevitably making them close down. We may think that it's great to have a large selection of goods at low prices, yet the fact is that the entire local economy shrinks. —[2]—.

Furthermore, retailers such as Goodway Superstores severely underpay their employees. A company spokesman, John Mitchell, recently spoke at the Blue Mill Town Officials' Meeting, claiming that the addition of the store would mean hundreds of jobs for local residents and an injection of money into the local economy. —[3]—. What he left out, however, was that Goodway Superstore pays most of its employees the minimum wage. What's more, those people do not even receive health insurance.

At this point, local residents need to use reason in order to differentiate between falsehoods and the truth. Mr. Mitchell should be held accountable for blatantly misrepresenting his company in order to get approval for the store to be built in our town. —[4]—. For this reason, I will be attending the next meeting of the Blue Mill Town Officials. It will take place on January 23 at 7:00 P.M. at the Blue Mill Government Center. Soon I will be going to each house in town with a petition to ban the construction of the new Goodway Superstore in the town of Blue Mill. I hope many of our town's residents will add their name to it.

Thank you,
Drake Miller

164. Who is Mr. Mitchell?

(A) A senior editor
(B) The CEO of Goodway Superstores
(C) A company representative
(D) A news reporter

165. In which of the positions marked [1], [2], [3], and [4] does the following sentence best belong?

"That means we no longer have as much money to purchase those cheap products."

(A) [1]
(B) [2]
(C) [3]
(D) [4]

166. Why will Mr. Miller attend the meeting on January 23?

(A) To discuss his plans to open up a competing business
(B) To express his opposition to the building of a store
(C) To announce the financial implications for the area
(D) To share his ideas for improving employee wages

167. What will Mr. Miller encourage Blue Mill residents to do?

(A) Sign a petition against the construction of a Goodway Superstore
(B) Visit the current location of the Goodway Superstore
(C) Spend their money at local small businesses
(D) Get in touch with town officials

GO ON TO THE NEXT PAGE

To	All staff
From	Jesse Hommes
Date	July 12
Subject	A new plan

Our demographics team would like to do some field research in areas related to the clients for whom we provide advertising services. This will be the largest research project our company has ever taken on. And we are hoping that we can get as many members of our organization involved as possible. We are trying to get a broad range of demographic data to help us market our clients, so we need to create several surveys that we can use in the field. We also need people to go out and conduct the surveys. For these reasons, we would like to get all of our employees involved if possible.

This opportunity offers everyone involved a chance to use their knowledge and experience to help our company. What's more, the work will provide everyone with valuable experience.

To prepare everyone for this large project, we will hold one-hour information sessions on both Thursday and Friday, July 19 and 20, at 10:30 A.M. in Room 728. The sessions will cover the following information:
* the areas the surveys need to cover
* how to write questions for the surveys
* how to select survey participants
* company rules for administering the surveys

For those of you who will not be at work on the above-mentioned dates, please let me know via e-mail. I can meet with you separately at a convenient time to go over what is covered at the session.

Thank you,
Jesse Hommes
General Director
Greatpitch LLC

168. What most likely is Greatpitch?

(A) A publisher
(B) A Web site design company
(C) A local supermarket
(D) An advertising agency

169. What does Mr. Hommes want employees to do?

(A) Contact some clients
(B) Administer some surveys
(C) Edit some company materials
(D) Review some legal documents

170. What is indicated about the information sessions?

(A) They will be hosted by a client.
(B) Their dates are subject to change.
(C) They will be held at different locations.
(D) They will take place on multiple days.

171. Who is asked to send an e-mail to Mr. Hommes?

(A) Employees who will not be at work on July 19 and 20
(B) Clients who are interested in participating in a study
(C) New members of the demographics research team
(D) All department directors at Greatpitch

GO ON TO THE NEXT PAGE

Questions 172 -175 refer to the following online chat discussion.

👤 **Susan Kang**

👤 **Susan Kang**   **9:46** ▲

Did you hear the news? The board of directors is considering merging our company with Rumi Electronics in South Korea.

Helena Duffy   **9:47**

Yes, the issue was also discussed at the staff meeting yesterday afternoon.

Michael Western   **9:47**

I heard in the meeting our company almost decided on merging the companies to compete against other major companies in Europe.

👤 **Susan Kang**   **9:50**

I know the small and medium companies have currently trouble staying competitive in the electronics industry.

Helena Duffy   **9:51**

Our company is going to hold a press conference to announce that the merger will go ahead.

👤 **Susan Kang**   **9:53**

I wonder what my job will be like and how much it will change. I'm also kind of worried about our possible restructuring. You know, I've been working for this company over 15 years.

Michael Western   **9:54**

That's what I'm talking about. Sometimes many senior employees are impelled to quit their jobs because of the restructuring plan. I was a little nervous, too.

Helena Duffy   **9:55**

As far as I know, there won't be a major restructuring. Everything will probably stay the same. So put your mind at ease about that. I heard all of us will be in charge of training employees working in the manufacturing factories.

👤 **Susan Kang**   **9:57**

Good to know. That's a relief for me. You know, the threat of firing has suddenly increased over a couple of days.

SEND ▼

172. What are the speakers mainly talking about?

(A) An upcoming press conference
(B) A possible merger
(C) A fierce competition
(D) An employee's retirement

173. At 9:54, what does Mr. Western most likely mean when he writes, "That's what I'm talking about"?

(A) He is saying the same thing over and over.
(B) He is also worried about the possible merger.
(C) He understands the market trends in the electronics industry.
(D) He knows as much as Ms. Duffy knows about the merger.

174. What is implied about Mr. Western?

(A) He is a specialist in mergers and acquisitions.
(B) He is worried about the financial standing of his company.
(C) He oversees all of the assembly line workers in his plant.
(D) He has been with the company for a long time.

175. What new task might the speakers be responsible for?

(A) Mailing brochures to customers
(B) Preparing for press conferences
(C) Holding training sessions
(D) Ordering new office equipment

GO ON TO THE NEXT PAGE

Seta's Air Duct Cleaning Service
Using technology to ensure your home has the highest air quality!

Try our expert service for your home or business! A cleaning by Seta means the following:
- 100% of mold, fungi, mildew, and bacteria will be removed from air ducts.
- Only the latest technology will be used, including a high-velocity vacuum treatment, a UV light treatment, and a long-lasting biocide application.
- Your heating and air conditioning will operate more efficiently.
- Our service is the best!

Call one of our customer service representatives at 800-555-1987 to schedule an appointment. We offer convenient appointment times seven days a week. Please note that we provide services only to homes and businesses within a 30-mile radius of Kingsfield City.

Our rates are the lowest in the area. And, unlike our competitors, all of our quoted fees are final. So you know what you will be paying even before we have started cleaning!

And we are now offering 20% off of a full cleaning if you make your reservation before August 10.

Call us today or visit us online at *www.setaclean.com*!

Seta's Air Duct Cleaning Service
10 Bearstown Road, Kingsfield City, MD 82911

Service Number: 682619
Customer Name: Xi Lao
Address: 7289 Wentworth Drive, Middleton, MD 87618
Date: August 9
Technician: Barry Cofield
Services Provided: Full cleaning service with UV treatment and biocide application
Charges: $350
Method of Payment: Check
Payment Status: Paid in full

Thank you for your business!

176. What is indicated about the cleaning service offered by Seta?

(A) It is a quick process.
(B) It involves several processes.
(C) It takes an entire day to be completed.
(D) It is performed by the owner of the company.

177. What is a benefit of having clean air ducts?

(A) The heater will likely last longer.
(B) The heating and air conditioning will be more efficient.
(C) Air will move through the home in a different direction.
(D) The home's air quality and temperature will be easier to control.

178. According to the advertisement, how is Seta different from its competitors?

(A) It informs customers of the full price before the service begins.
(B) It provides customers with additional cleaning solutions.
(C) It uses energy-efficient lighting to perform its work.
(D) It gets the most regular customers in the area.

179. What is suggested about Ms. Lao?

(A) She saved 20 percent on her cleaning.
(B) She emailed a company representative.
(C) She paid for the service with a credit card.
(D) She had all of her air ducts replaced by Seta.

180. What is most likely true about Middleton, MD?

(A) It is the area where Ms. Lao operates her business.
(B) It is the previous location of Seta headquarters.
(C) It has a large number of single-family homes.
(D) It is within 30 miles of Kingsfield City, MD.

GO ON TO THE NEXT PAGE

Questions 181 -185 refer to the following e-mail and form.

Date	:	May 12
To	:	J.Pierce@hko.net
From	:	Kay.Moore@jetsensuites.com
Subject	:	Welcome

Dear Mr. Pierce,

Thank you for accepting a position at Winston Fullmore Hotel. We are excited to have you come on board as a member of our landscaping crew. I have attached an order form to this e-mail for your required uniform. Please print out the form, complete it, and send it to Jenson Uniforms by the end of the week. We will cover the cost of two uniform packages. We have an account with Jenson Uniforms, so the bill for the items will be sent directly to us. Please include our customer account number on the form to ensure that we get the bill sent to us. The number is 10411. We look forward to seeing you next Friday on your first day of work. Incidentally, we will be letting most of our staff off early that day to celebrate our company's 20th anniversary.

Sincerely,
Kay Moore
Assistant Manager, Winston Fullmore Hotel

Jenson Uniforms
The nation's leader in work apparel for the hospitality industry

Order Form for Male Uniforms

Employee: _____
Company Code: _____

Clothing Package

Select Quantity		Total Price
_____	Kitchen (chefs and cooks) ($80)	_____
_____	Dining Floor (hosts and waitstaff) ($70)	_____
_____	Guest Services 1 (front desk staff, management) ($80)	_____
_____	Guest Services 2 (porter, valet) ($80)	_____
_____	Maintenance (landscapers and custodians) ($60)	_____

Order Specifications

Size: Small _____   Medium _____   Large _____
Name to be embroidered on shirt / jacket:

_____

Tax (5%): _____
Total enclosed: _____

181. Why must Mr. Pierce complete a form?

   (A) He misplaced his work uniform.
   (B) He needs clothing for his new job.
   (C) He is joining a different team at his work.
   (D) He needs to send his manager a copy of the form.

182. What is indicated about the Winston Fullmore Hotel?

   (A) It opened two decades ago.
   (B) It is currently undergoing renovations.
   (C) It is located close to Jenson Uniforms.
   (D) It is hiring for several different positions.

183. Why should Mr. Pierce provide a code on the form?

   (A) To indicate where the merchandise should be sent
   (B) To have the bill forwarded to the hotel
   (C) To explain which style of uniform to send
   (D) To get a discount on the purchase

184. What does Jenson Uniforms sell?

   (A) Outfits for team sports
   (B) Tailored clothing
   (C) Casual clothes
   (D) Work apparel

185. Which clothing package should Mr. Pierce select?

   (A) Kitchen
   (B) Guest Services 1
   (C) Guest Services 2
   (D) Maintenance

GO ON TO THE NEXT PAGE

eBus to Deliver Electric Buses to Union City Metro

By Joe Dombrowski

The Union City Metro transportation system announced yesterday that it had made a contract with electric bus manufacturer eBus for the purchase of forty new electric eBus-1 buses. The decision to purchase the buses was made after Union City government officials traveled to Seattle to see that city's successful electric bus program, which also uses eBus' technology.

The selling point was that unlike traditional electric buses, which must use an awkward, expensive electrical system mounted above everywhere the bus goes, the eBus-1 doesn't need any overhead electric lines. Instead, the eBus-1 uses ultracapacitors to store enough energy for it to get from one stop to the next. And at each stop, there is a so-called electric umbrella that charges the ultracapacitors in even less time than it takes for passengers to enter or exit the bus. The electric umbrella is a safe technology that will allow these new buses to cover all of Union City's two-hundred square miles.

The new electric buses are only the beginning of the Metro system's shift away from diesel-powered buses, which have been used in the city for the past three decades. Since the electric buses do not emit any greenhouse gases and are quiet to boot, they will be a welcome change to Union City, which has struggled for years with its air-quality issues. The buses will be introduced slowly, as the electric umbrellas are installed. The first ones will be in operation on bus routes that are under five miles in length and have less than ten stops.

Negotiations between Metro officials and eBus have been going on for two and a half years. A contract was expected sooner, but the city government was reluctant to fund the project. Metro President, Kevin Chaltham says, "They weren't sure if the expense of purchasing these electric buses was worth it. They wanted a bus that was cheaper and environmentally friendly, but they also wanted one that could be driven anywhere in the city. But after they saw the eBus-1 in action on their trip to Seattle, they were ready to buy them for our city!"

Union City Metro Bus Schedule

Route	Distance	Length of Trip	Number of Stops
Blue Line	10 Miles	42 Minutes	18
Red Line	7 Miles	31 Minutes	9
Yellow Line	4 Miles	29 Minutes	9
Green Line	3 Miles	29 Minutes	11

New Electric Buses and Air quality

• Introduction of New Electric Buses

Union city's population was growing rapidly, and, at the same time, city diesel buses added significantly to air pollution and had high fuel costs. Air quality was the reason the City Council of Union City decided to use electric buses and get away from diesel.

Union City launched forty electric buses six months ago. All of the electric buses have been developed and manufactured by eBus Corporation. The new type of electric bus operates more efficiently, emits no longer CO_2 and is quieter. In a three-month test run, an international team of technical experts from eBus optimized the buses for the requirements of the city's environmental and operating conditions.

• Electric Buses Improve Air Quality in Union City

Electric buses generate 30% more revenue and 92% more efficient than diesel buses per day and 25 tonnes of CO_2 emission is cut every month for every diesel bus replaced by an electric bus. They have improved the air quality of Union City and also reduced our dependence on foreign oil.

186. Why was the purchase of the electric buses finally approved?

(A) Government officials were impressed by the buses.
(B) City residents requested that they be purchased.
(C) The manufacturer discounted the price.
(D) Traffic has increased in the city.

187. For how long has the Union City Metro used diesel-powered buses?

(A) 10 years
(B) 20 years
(C) 30 years
(D) 40 years

188. Why did it take such a long time to get the new buses approved?

(A) The city's power supply wasn't powerful enough for an electric bus system.
(B) The government officials were concerned about the electric umbrellas.
(C) The design of the bus was not yet approved by the city.
(D) The expense of the purchase was questioned.

189. Which bus route will most likely use the new buses first?

(A) The Blue Line
(B) The Red Line
(C) The Yellow Line
(D) The Green Line

190. What is implied about the city's air quality?

(A) It will continue to be the most important issue.
(B) It has been improved by the new buses.
(C) It will depend on the types of cars on the roadway.
(D) It needs to be studied by a team of scientists.

GO ON TO THE NEXT PAGE

Questions 191-195 refer to the following memo, article, and announcement.

Memorandum

To: All Employees, Charlotte office
From: Douglas Wulf, Chief Operations Officer
Date: January 20
Re: Museum Info and Parking Changes

AGI Industries has been involved in planning the construction of the North Carolina Arts Center for some time, and our company has made a large contribution to help fund this project. And what's more, our chief executive officer has been appointed chair of the museum's board. When the museum opens later this year, he will join the mayor at the podium during the opening ceremony. We are proud of his efforts and proud to play such a big part in the completion of this wonderful project. If you are interested in finding out how you can become more involved, please contact the CEO's assistant, Gabriel Lessing, for more information.

Next, as you are probably aware, the construction of the North Carolina Arts Center will begin next Monday on the east side of our property. During construction, Central Ave. will be closed to normal traffic so that construction vehicles may move freely between Maple Ave. and the construction site. This also means that our parking lot will be unavailable during the entire construction phase. All employees will now need to park at the municipal parking garage on West Main Street. Our company will provide a free shuttle service every 15 minutes between 7 A.M. and 9 A.M. and 4 P.M. and 6:30 P.M., Monday to Friday from the parking garage to our doorstep. To use both the garage and the shuttle, simply flash your AGI Industries ID badge upon entering, and you will not be charged. The trip takes 10 minutes, so please plan ahead for the extra time you will need to get to the office. Thank you in advance for your patience.

New Museum to Open

Charlotte, North Carolina (October 28) - The state's first public art museum opened yesterday with a gala ribbon-cutting ceremony attended by more than 500 local residents, benefactors, politicians and local business owners.

Located off of Central Avenue, the North Carolina Arts Center is a beautiful, modern building that's perfect for displaying all types of art. "The museum will no doubt help transform Charlotte into the art capital of the south," said Mayor John Preston in his welcoming speech.

More than a dozen area artists including sculptor Pierre Rolland, have donated works to the museum's permanent collection. The opening exhibition, *Modern South*, features art that highlights the dramatic changes that have taken place in the south over the last fifty years. This compelling exhibition features paintings, sculptures, prints, and photos. "This museum is a great source for local students. And the current exhibition highlights the transition from the South's agricultural roots in farming to a modern lifestyle," said Charlotte High School history teacher Amy Sinclair, who attended the ceremony. She added, "I have already arranged field trips for all of my classes."

According to Andrew Haru, the chair of the museum's board, the museum has lined up a series of lectures and workshops, and one of its wings includes studio space for local students. Mr. Haru encourages all local residents to get involved with the museum. "We currently have several workshops for people who would like to learn more about art. So come down and see what the museum has to offer," said Mr. Haru. Admission to the museum is $5 for the general public and $3 for students. Hours of operation are from 8 A.M. to 5 P.M., Tuesday through Sunday.

◆ North Carolina Arts Center Workshop

The North Carolina Arts Center offers one- and two-week workshops in the winter, designed to give local residents an intensive and unique experience in art and design. Classes meet between November 20 and December 20 at Seminar Room 403 Tuesday through Friday from 9 A.M. to 5 P.M.

Enrollment is limited to 15 people per workshop, with the exception of digital media workshops, which are limited to 25 people. Tuition for most one-week workshops is $120, and $200 for two-week workshops.

Winter workshop offerings and schedules will be available in mid-November. Please check the types of workshops we typically offer at *www.ncartscenter.com*.

* A 20 percent discount will be offered to employees in AGI Industries.

191. What is the purpose of the memo?

(A) To share the construction schedule for a new office
(B) To request donations to a new art museum
(C) To inform employees of a temporary change in routine
(D) To give instructions to employees to attend a board meeting

192. According to the memo, how can the employees use the parking garage for free?

(A) By showing a copy of the memo to the parking attendant
(B) By using vouchers provided by AGI Industries
(C) By showing proof that they work for AGI Industries
(D) By placing employee stickers on their car

193. How much would the employees in AGI industries pay for a two-week workshop?

(A) $ 86
(B) $120
(C) $160
(D) $ 200

194. What is implied about Charlotte?

(A) The art museum shows works from local artists.
(B) The town has several museums.
(C) The downtown area has changed significantly over the years.
(D) Tourism is the town's largest industry.

195. Who most likely is the chief executive officer at AGI Industries?

(A) Mr. Preston
(B) Mr. Rolland
(C) Mr. Lessing
(D) Mr. Haru

GO ON TO THE NEXT PAGE

Questions 196 -200 refer to the following notice and e-mails.

The Rose Hill Farmers Market is Back!

The Rose Hill Chamber of Commerce is happy to announce that the Rose Hill Farmers Market will return this year, starting April 5 and taking place each Saturday morning from 8 A.M. to 11:30 A.M. in the parking lot of Lee District Recreation Center. Area farmers and small restaurants are invited to come and set up a booth at the market and sell produce and prepared foods.

We currently have four different-sized spaces in which to sell your products:

- **Space 1:** Standard spaces for small produce displays. These will be located in the parking lot area in front of the recreation center (10'L x 10'W) $80 per day.

- **Space 2:** Ideal for larger produce vendors. The extra space allows multiple large bins for the display of numerous items. These spaces are on each side of the standard spaces (10'L x 15'W) $125 per day.

- **Space 3:** Located on left side of the recreation center, electrical hookups. These spaces are designated for vendors requiring a power source. They are perfect for small prepared food vendors who don't require a water source and don't have their own trailer (10'L x 15'W) $175 per day.

- **Food Vendor Only Space:** Restaurant owners who have their own trailer to prepare and sell food from can reserve a space with access to electricity and water. The food vendor spaces will be located on the right side of the recreation center (10'L x 10'W) $190 per day.

Please know that the recreation center will be closed during the event. So if you need a washing space, please prepare what you will need beforehand.

To reserve a space, contact event director Brad Williams at bwilliams@rosehill.org or (775) 575-4331.

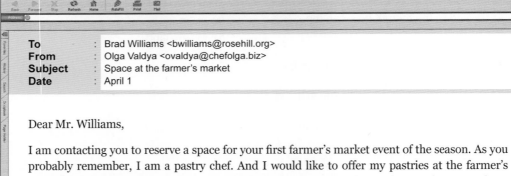

To	:	Brad Williams <bwilliams@rosehill.org>
From	:	Olga Valdya <ovaldya@chefolga.biz>
Subject	:	Space at the farmer's market
Date	:	April 1

Dear Mr. Williams,

I am contacting you to reserve a space for your first farmer's market event of the season. As you probably remember, I am a pastry chef. And I would like to offer my pastries at the farmer's market. I hope to reserve one of the 'Space 3' area for my booth. The smaller display spaces have been adequate in years past, but my business has expanded. So I'm planning to offer many more goods this time around.

Please confirm that I can receive a space.

Sincerely,
Olga Valdya

1.

2.

GO ON TO THE NEXT PAGE ➡

3.

4.

5.

6.

GO ON TO THE NEXT PAGE

PART 2

Directions: You will hear a question or statement and three responses spoken in English. They will not be printed in your test book and will be spoken only one time. Select the best response to the question or statement and mark the letter (A), (B), or (C) on your answer sheet.

7. Mark your answer on your answer sheet.

8. Mark your answer on your answer sheet.

9. Mark your answer on your answer sheet.

10. Mark your answer on your answer sheet.

11. Mark your answer on your answer sheet.

12. Mark your answer on your answer sheet.

13. Mark your answer on your answer sheet.

14. Mark your answer on your answer sheet.

15. Mark your answer on your answer sheet.

16. Mark your answer on your answer sheet.

17. Mark your answer on your answer sheet.

18. Mark your answer on your answer sheet.

19. Mark your answer on your answer sheet.

20. Mark your answer on your answer sheet.

21. Mark your answer on your answer sheet.

22. Mark your answer on your answer sheet.

23. Mark your answer on your answer sheet.

24. Mark your answer on your answer sheet.

25. Mark your answer on your answer sheet.

26. Mark your answer on your answer sheet.

27. Mark your answer on your answer sheet.

28. Mark your answer on your answer sheet.

29. Mark your answer on your answer sheet.

30. Mark your answer on your answer sheet.

31. Mark your answer on your answer sheet.

PART 3

Directions: You will hear some conversations between two or more people. You will be asked to answer three questions about what the speakers say in each conversation. Select the best response to each question and mark the letter (A), (B), (C), or (D) on your answer sheet. The conversations will not be printed in your test book and will be spoken only one time.

32. Who is the man?

(A) A hotel employee
(B) A computer programmer
(C) A tourist guide
(D) A store manager

33. Why is the woman calling?

(A) To reserve a hotel room
(B) To inquire about a reservation
(C) To change some dates
(D) To arrange a meeting

34. What does the man say he will do?

(A) Update a reservation
(B) Mail a letter
(C) Send a confirmation
(D) Collect an invoice

35. What job are the candidates applying for?

(A) Executive secretary
(B) Applications specialist
(C) Events organizer
(D) Editorial assistant

36. How many candidates will be interviewed?

(A) One
(B) Two
(C) Three
(D) Four

37. What does the woman say about Wednesday?

(A) She is free all day.
(B) She has an interview.
(C) She is leaving the office early.
(D) She is not available.

38. What are the speakers doing?

(A) Purchasing supplies
(B) Working on a fence
(C) Repairing a vehicle
(D) Painting a truck

39. What do the speakers need?

(A) Wooden planks
(B) Spare parts
(C) Paint
(D) Brushes

40. When will the task probably be completed?

(A) This morning
(B) This afternoon
(C) Tomorrow morning
(D) The day after tomorrow

41. What business does the man work for?

(A) A vehicle manufacturer
(B) An advertising firm
(C) A magazine publisher
(D) An entertainment company

42. Why does the woman say, "Not anymore"?

(A) She's out of stock on a certain item.
(B) She doesn't currently work for the magazine company.
(C) She has no problem with the production.
(D) She cannot repair or replace some defective items.

43. Why was the launch date changed?

(A) More sales planning was needed.
(B) A negotiation had not been made.
(C) Marketing budgets decreased.
(D) Production equipment was out of order.

GO ON TO THE NEXT PAGE

44. Where most likely does the conversation take place?

(A) In a shipping company
(B) In a moving company
(C) In a train terminal
(D) In an airport

45. Why does the man say, "Hold on for a second"?

(A) He asks the woman to pick up her luggage.
(B) He has to look up his record.
(C) He needs the woman's helping hand with his move.
(D) He wants the woman to take fast hold of the handle.

46. Where does the man suggest the woman go?

(A) To a real estate agency
(B) To a baggage claim area
(C) To a customer service desk
(D) To a parking lot

---

47. What are the speakers mainly discussing?

(A) Accounting needs
(B) Office maintenance
(C) A marketing campaign
(D) A customer relationship

48. What does the man suggest?

(A) Moving to a larger office
(B) Using a different supplier
(C) Hiring an outside consultant
(D) Renting some equipment

49. What does the woman want the man to get?

(A) A financial statement
(B) An updated list of suppliers
(C) Product descriptions
(D) Contact information

50. Who is the man?

(A) A university professor
(B) A local historian
(C) A business owner
(D) A newspaper reporter

51. What does the man want to talk about?

(A) A fundraising project
(B) A job opportunity
(C) A competition
(D) A field trip

52. When will the speakers most likely meet?

(A) At 1:00 P.M.
(B) At 2:00 P.M.
(C) At 3:00 P.M.
(D) At 4:00 P.M.

---

53. Where do the speakers most likely work?

(A) At a factory
(B) At a museum
(C) At a stadium
(D) At a gift store

54. Why does the woman need some boxes?

(A) To increase production
(B) To store some decorations
(C) To place an order
(D) To clear her desk

55. What will the woman most likely do at lunch?

(A) Check an invoice
(B) Purchase a gift
(C) Talk with a manager
(D) Meet some interviewees

56. What are the speakers mainly talking about?

(A) A sharp drop in sales
(B) Serious security problems
(C) A reorganization at a company
(D) A strike for mutual benefit

57. What does the man imply about the bank?

(A) It is in a sound financial situation.
(B) It will guarantee long-term job security.
(C) It is planning to purchase some vacuum cleaners.
(D) It will merge with a competitor.

58. Why does the man say, "It's utterly out of the question"?

(A) He thinks it doesn't make much sense.
(B) He doesn't have any questions.
(C) He thinks the women are getting off the subject.
(D) He doesn't understand the meaning of the question.

59. Where most likely do the speakers work?

(A) In a college
(B) In an office
(C) In a factory
(D) In a bank

60. What does the man ask about?

(A) The name of a coworker
(B) The rate of pay
(C) The schedule for production
(D) The location of an item

61. What does the woman remind the man to do?

(A) Get her signature
(B) Contact Jessica
(C) Take a vacation
(D) Resubmit a timesheet

www.eazyrecruiter.com

• Marketing Supervisor	Downtown office
• Social Media Consultant	Work from home
• Advertising Coordinator	Overseas post
• Public Relations Advisor	Corporate headquarters

62. What does the woman say she likes about her current job?

(A) Her coworkers
(B) Her commute
(C) The pay
(D) The benefits

63. Look at the graphic. Which job will the woman most likely apply for?

(A) Marketing Supervisor
(B) Social Media Consultant
(C) Advertising Coordinator
(D) Public Relations Advisor

64. What does the man say he will do soon?

(A) Retire from his company
(B) Enroll in a business course
(C) Apply at another firm
(D) Transfer departments

GO ON TO THE NEXT PAGE

Accounting Software Package	Regular Price
Professional Package	$420
Gold Package	$350
Office Package	$290
Basic Package	$200

Product	Original Price	Discounted Price (20%)
BK Home Theater 310	$520	$416
BK Home Theater 486	$710	$568
BK Home Theater 512	$820	$656
BK Home Theater 684	$1,180	$944

65. Why does the woman call?

(A) To ask for some product information
(B) To enroll in a professional medical course
(C) To recommend newly released products
(D) To complain about the company's poor services

66. What information does the man require?

(A) The number of employees
(B) The serial number of a product
(C) The recruiting schedules
(D) The new general accounting skills

67. Look at the graphic. How much will the woman probably pay?

(A) $420
(B) $350
(C) $290
(D) $200

68. Who most likely is the woman?

(A) A store owner
(B) A customer
(C) An electrician
(D) A sales person

69. Look at the graphic. What item will the man probably purchase?

(A) BK Home Theater 310
(B) BK Home Theater 486
(C) BK Home Theater 512
(D) BK Home Theater 684

70. What does the woman ask the man to do?

(A) Get free installation
(B) Send a new catalogue
(C) Call the customer service representative
(D) Go over the instruction manual

PART 4

Directions: You will hear some talks given by a single speaker. You will be asked to answer three questions about what the speaker says in each talk. Select the best response to each question and mark the letter (A), (B), (C), or (D) on your answer sheet. The talks will not be printed in your test book and will be spoken only one time.

71. What is the purpose of the message?

(A) To answer a request
(B) To apologize for a mistake
(C) To request a payment
(D) To alter an installation date

72. What does the caller say the company needs to do before giving a price?

(A) Recruit some staff
(B) Schedule an inspection
(C) Take some measurements
(D) Request a quote

73. What does the caller ask the listener to provide?

(A) A reference number
(B) Credit card information
(C) Bank account details
(D) A suitable time

74. What does Tony's sell?

(A) Maintenance tools
(B) Garden furniture
(C) Electrical appliances
(D) Health foods

75. What can customers receive with purchases over $100?

(A) A longer warranty
(B) Free advice
(C) Discount vouchers
(D) Free delivery

76. What will happen in one week?

(A) An offer will end.
(B) A contract will expire.
(C) Opening hours will change.
(D) New stock will go on sale.

77. Who is Mr. Andrew Kim?

(A) A marketing manager
(B) A company executive
(C) A newspaper journalist
(D) A financial analyst

78. What did Mr. Andrew Kim announce?

(A) An updated product
(B) A new factory
(C) Increased production
(D) New management

79. What will happen at the plant in the UK?

(A) Construction will be finished.
(B) Higher wages will be demanded.
(C) New management will be hired.
(D) Only one model will be produced.

80. Where is the announcement being made?

(A) In a store
(B) In a factory
(C) In an art gallery
(D) In a restaurant

81. What change is being announced?

(A) A sound system will be installed.
(B) Employees will have to work late.
(C) A security system will be upgraded.
(D) New stock will be delivered.

82. What does the man mean when he says, "when they leave for the day"?

(A) When they will take a day off.
(B) When they take a one-day trip.
(C) When they leave work.
(D) When they leave the memo.

GO ON TO THE NEXT PAGE ➡

83. What is the main purpose of the announcement?

(A) To educate the public on environmental pollution
(B) To describe weather changes due to global warming
(C) To announce the winner of a lottery
(D) To warn the listeners of dangerous weather conditions

84. According to the speaker, what are the signs of approaching bad weather?

(A) Sunny skies before slight rain
(B) Tranquility after heavy rain with thunder
(C) Darkness with no rain
(D) A sudden rise in temperature

85. What are the listeners told to do?

(A) Go on a road trip
(B) Find shelter and protect themselves
(C) Move to a community center
(D) Collect more information about global warming

86. Who most likely is the speaker?

(A) A ticket seller
(B) A café owner
(C) A tour guide
(D) A real estate agent

87. What are the listeners asked to do?

(A) Buckle their seatbelts
(B) Show their tickets
(C) Return within two hours
(D) Recommend a trip

88. What does the woman mean when she says, "Let's hit the road"?

(A) She wants to drive a new car.
(B) She wants to climb a mountain.
(C) She wants the road to be repaved.
(D) She wants to get the tour started.

89. What has changed?

(A) A service provider
(B) A renovation project
(C) A business schedule
(D) A meeting location

90. What does the speaker suggest was a problem in the past?

(A) Customer relationships
(B) Staff illness
(C) Office space
(D) Computer maintenance

91. What does the speaker remind the listeners to do?

(A) Visit an office
(B) Check signs
(C) Send an e-mail
(D) Attend a meeting

92. What type of business does the speaker most likely work for?

(A) A design agency
(B) An art museum
(C) A glass factory
(D) A public relations firm

93. According to the speaker, what is special about the company?

(A) It uses traditional methods.
(B) It offers classes to the public.
(C) It does not make a profit.
(D) It is open every day.

94. What will the listeners do soon?

(A) Make some products
(B) Watch a live demonstration
(C) Purchase some item
(D) Sign up for an activity

The confirmed program schedule & speaker information

Program	Time
Job Search Strategy	Tuesday 12:00 P.M. – 1:30 P.M.
Networking	Wednesday 2:00 P.M. – 3:30 P.M.
Preparing for a Job Interview	Thursday 1:00 P.M. – 2:30 P.M.
Job Market Analysis	Friday 3:00 P.M. – 4:30 P.M.

Revised Schedule of Classes

Class	Location	Instructor
Basic Yoga	Room 210	Ms. Vanessa McGowan
Intermediate Yoga	Cancelled	Ms. Fiona Glendale
Basic Swimming	Wimbledon Indoor Swimming Pool	Ms. Jessica Phelphs
Advanced Aerobic	Room 310	Ms. Sarah Finley

95. Where most likely is the speaker?

(A) At an entrance of a library
(B) At a local restaurant
(C) At a history museum
(D) At a career fair

96. What does the speaker recommend the listeners do?

(A) Provide more seats
(B) Come early to attend a program
(C) Organize a municipal event
(D) Reserve their seats at least 24 hours in advance

97. Look at the graphic. What time will "Job Search Strategy" probably start?

(A) 12:00 P.M.
(B) 1:00 P.M.
(C) 2:00 P.M.
(D) 3:00 P.M.

98. Where most likely is the announcement being made?

(A) At a fitness center
(B) At a media company
(C) At a college
(D) At a hospital

99. According to the announcement, when will the next class be?

(A) Tomorrow
(B) In two days
(C) In two weeks
(D) In three weeks

100. Look at the graphic. Who most likely is the speaker?

(A) Ms. Vanessa McGowan
(B) Ms. Fiona Glendale
(C) Ms. Jessica Phelphs
(D) Ms. Sarah Finley

This is the end of the Listening test. Turn to Part 5 in your test book.

GO ON TO THE NEXT PAGE

READING TEST

In the Reading test, you will read a variety of texts and answer several different types of reading comprehension questions. The entire Reading test will last 75 minutes. There are three parts, and directions are given for each part. You are encouraged to answer as many questions as possible within the time allowed.

You must mark your answers on the separate answer sheet. Do not write your answers in your test book.

PART 5

Directions: A word or phrase is missing in each of the sentences below. Four answer choices are given below each sentence. Select the best answer to complete the sentence. Then mark the letter (A), (B), (C), or (D) on your answer sheet.

101. If the customer is yet to decide on the property to be bought, the home loan company can help ------- find the right property.

(A) he
(B) his
(C) him
(D) himself

102. Managers should be aware that ------- insignificant moments can have a lasting impact on employees' lives.

(A) seemed
(B) seems
(C) seemingly
(D) seem

103. The following terms are not ------- mutually exclusive, and in some cases may have overlapping meanings.

(A) barely
(B) necessarily
(C) highly
(D) gradually

104. Our business partnerships range from ------- new business activities to business extensions of established firms into new markets.

(A) totaling
(B) total
(C) totally
(D) totaled

105. Pro Bike Shop has issued discounts to 20 customers who have brought in old bikes ------- one of the store's models.

(A) in exchange for
(B) with exchange
(C) exchanging of
(D) exchanges

106. We got ------- all the paperwork in an hour or two.

(A) along with
(B) across to
(C) through
(D) out

107. We had three times ------- transactions as we had been seeing over the previous three weeks.

(A) as many
(B) more than
(C) too much
(D) much more

108. The CEO let the employees do their jobs even though he thought the results would ------- be better if he did them himself.

(A) previously
(B) usually
(C) probably
(D) lately

109. Technology is the lifeblood of business, running entire organizations and keeping employees in touch with ------- in real time.

(A) one another
(B) the other
(C) another
(D) other

110. Customer-focused companies always remember to ------- receipt of a customer complaint as soon as possible.

(A) correspond
(B) assent
(C) cooperate
(D) acknowledge

111. The New York Dairy was forced to discard 65 percent of its yogurt because it failed ------- quality standards.

(A) had met
(B) to meet
(C) meets
(D) meet

112. LightWay Electric will focus on expanding appliance sales networks, ------- strengthening sales channels with enhanced training programs.

(A) except for
(B) in addition to
(C) whether
(D) as if

113. Our disaster recovery services have become ------- for small and medium-sized businesses in recent years.

(A) capable
(B) comparable
(C) affordable
(D) predictable

114. The production cost has been ------- for, but the output value has not yet been included in the results.

(A) explained
(B) accounted
(C) dominated
(D) recorded

115. If a company has a large ------- of its business in a particular market, it can easily dominate the market and abuse its dominant position.

(A) combination
(B) equivalence
(C) proportion
(D) compromise

116. The Chairman of BizCore moved to New York City, ------- he founded a financial services company called Avalon Research.

(A) what
(B) where
(C) which
(D) while

117. SolarTech, Inc. makes solar systems affordable by requiring no payments for 18 months, and low monthly payments -------.

(A) still
(B) almost
(C) already
(D) thereafter

118. Top-down growth eventually leads to a crisis of autonomy, so lower level managers must be given more ------- if the organization is to continue to grow.

(A) policy
(B) registration
(C) authority
(D) claim

119. Our suppliers ------- to stably provide the products and services that satisfy the quality that we require at competitive prices.

(A) requests
(B) requesting
(C) to request
(D) are requested

120. Finding good suppliers and maintaining solid relations with them are vital elements in ------- a sound purchasing strategy.

(A) ensured
(B) ensuring
(C) ensures
(D) ensure

GO ON TO THE NEXT PAGE

121. Part-time employees typically work fewer hours ------- a work week than full-time employees.

(A) between
(B) among
(C) during
(D) above

122. The inventor recently developed a low-cost, eco-friendly bike made ------- entirely from recycled cardboard and rubber.

(A) almost
(B) near
(C) well
(D) more

123. Consumer Guide can help you sort through the ------- options and make well-founded purchasing decisions.

(A) bewilderment
(B) bewildering
(C) bewilders
(D) bewildered

124. Entrepreneurs with enough resources are ------- in their ability to launch a business idea.

(A) confident
(B) confidential
(C) confidently
(D) confidence

125. We need to determine ------- can be accomplished to provide the most accurate and timely information to the operators.

(A) those
(B) what
(C) there
(D) whether

126. Owing to its less ------- cost, many homeowners prefer online advertising to print advertising for listing their houses for sale.

(A) expense
(B) expensive
(C) expensively
(D) expenses

127. Qualified candidates ------- via telephone and scheduled for testing and an interview.

(A) will contact
(B) would contact
(C) will be contacted
(D) have contacted

128. The shift in organizational culture will enable employees to work efficiently, ------- boosting productivity and staff engagement.

(A) while
(B) than
(C) also
(D) moreover

129. We could have finished this by now if the tools ------- on time.

(A) arrived
(B) would arrive
(C) had arrived
(D) had been arriving

130. Not ------- knows exactly what computer viruses are or how viruses can affect their computer.

(A) anyone
(B) ourselves
(C) everyone
(D) themselves

PART 6

Directions: Read the texts that follow. A word, phrase, or sentence is missing in parts of each text. Four answer choices for each question are given below the text. Select the best answer to complete the text. Then mark the letter (A), (B), (C), or (D) on your answer sheet.

Questions 131-134 refer the following article.

Tests on the Effectiveness of Caffeine Intake for Alertness

It is a commonly held belief ------- drinking coffees wakes us up and improves our
　　　　　　　　　　　　　　　131.
concentration. However, a recent study has cast doubt on this -------. Researchers studied a
　　　　　　　　　　　　　　　　　　　　　　　132.
group of 100 people over a period of a month. Half the group drank real coffee twice a day,
while the other half of the group drank placebos–drinks that they thought were real coffee,
but which actually contained no caffeine. The researchers then performed daily tests to find
out whether the real coffee drinkers were any more ------- than the placebo drinkers. -------.
　　　　　　　　　　　　　　　　　　　　　133.　　　　　　　　　　　　　**134.**
Therefore, the study did not conclude that coffee has any of the beneficial effects that many
of us believe it to have.

131. (A) which
(B) that
(C) whom
(D) why

132. (A) assumption
(B) problem
(C) test
(D) trial

133. (A) alert
(B) alerts
(C) alerted
(D) alerting

134. (A) The results showed some positive effects of coffee on the two groups.
(B) The results showed coffee has become a very popular beverage in the world.
(C) The results showed coffee drinkers were less prone to some types of cancers.
(D) The results showed no difference between the reactions of the two groups.

GO ON TO THE NEXT PAGE

Questions 135 -138 refer to the following e-mail.

From: no-reply@maltaair.com
To: A.DaSilva@mailme.net
Subject: Your recent trip with us
Date: November 4

Dear Mr. Da Silva,

Thank you for choosing to fly with us recently on our Valletta–Paris route.

We take great pride in constantly improving the experiences of our customers, so we would be extremely grateful if you could ------- a short survey to let us know how we did on your
135.
trip with us.

The survey contains just 20 short questions and should ------- you no longer than ten
136.
minutes. You can access it at our Web site by visiting the following address: www.MaltaAir.com/survey.

-------. As a token of our appreciation, all survey participants will be entered into a prize
137.
------- to win two free tickets to a destination of the winner's choice.
138.

Thank you again for your custom.

Malta Air Customer Service

---

135. (A) write down
(B) put up
(C) fill in
(D) drop by

136. (A) cost
(B) finish
(C) take
(D) bring

137. (A) We hope our customers will check our Web site for more helpful ideas.
(B) Your feedback will allow us to further improve our award-winning customer service.
(C) Our company will gain new clients through careful selection and strategic sales.
(D) Your opinions about our new product lines are very important to ensure customer satisfaction.

138. (A) contest
(B) drawing
(C) offer
(D) discount

Ms. Pamela Wilson

781 Belvedere Road

Rockwall, AZ 21902

Dear Ms. Wilson,

Thank you very much for your letter of November 12, detailing problems that you are experiencing with your purchase from us. -------. Please follow the simple process outlined
139.
below to ------- the item to us.
140.

First, fill in the form enclosed with this letter to tell us what the problem is with the product.

Then, remove the sticker that is ------- to the form, and affix it to a suitable box of small
141.
packet. Place the product inside, and send it to us from any post office, free of charge. If possible, please use the packaging in which the item was delivered to you.

I would like to take this opportunity to express my ------- apologies to you for the problems
142.
with your item, and I can assure you that we will do our upmost to deliver a replacement item to you as soon as possible which will meet with your satisfaction.

Yours sincerely,

Paul Gruber

Home Products Direct Inc.

---

139. (A) We think it was totally the shipping company's mistake.
(B) We are always happy to replace faulty products.
(C) All sales are final and there are no returns or exchanges.
(D) Our technicians will repair it if you can bring the product.

140. (A) delay
(B) refund
(C) purchase
(D) return

141. (A) attach
(B) attaching
(C) attached
(D) attachable

142. (A) sincerity
(B) sincerely
(C) most sincere
(D) more sincere

GO ON TO THE NEXT PAGE

Questions 143 -146 refer to the following article.

Everyone in the aviation industry is looking forward to the Annual Aviation Professionals Convention, which ------- this year at the Grand Hotel in downtown Pressley City.
143.

Key themes of this year's convention will be air safety and the future of the passenger airliner, given the major manufacturers' recent decisions to move ahead with production of extra large airplanes. The keynote speech will be given by Bob Rainsworth, who was until recently Lead Designer at Jefferson Avionics. He will be discussing changes in airplane design, and how these are ------- to impact on the industry going forward.
144.

-------. Any aviation professionals still hoping to get hold of a ticket should contact the
145.
Aviation Professionals Association as soon as possible in order to ------- a place.
146.

143. (A) will hold
(B) is being held
(C) held
(D) has held

144. (A) likely
(B) probable
(C) notable
(D) desired

145. (A) The event will develop into a major festival.
(B) The event looks set to be well attended.
(C) Many people from all over the nation participated in the event.
(D) The theme of the event will be changed every month.

146. (A) maintain
(B) plan
(C) deserve
(D) secure

PART 7

Directions: In this part you will read a selection of texts, such as magazine and newspaper articles, e-mails, and instant messages. Each text or set of texts is followed by several questions. Select the best answer for each question and mark the letter (A), (B), (C), or (D) on your answer sheet.

Questions 147 -148 refer to the following message.

Date: Tuesday, March 9
Time: 12:15 P.M.
For: Ted Odell
Caller: Rob Smith
Phone: 202-555-5681

Message:

Mr. Smith has changed his mind regarding the herringbone pattern flooring he picked yesterday. He would like to have the flooring pattern changed to the chevron pattern instead. Please get in touch with him to let him know that you have gotten this message.

Taken by: Deborah Mitchell

147. Why did Mr. Smith call Mr. Odell?
(A) To inquire about a job
(B) To discuss a new brochure
(C) To meet at a different time
(D) To alter a recent order

148. What does Mr. Smith ask Mr. Odell to do?
(A) Provide the prices for two types of flooring
(B) Confirm the receipt of the message
(C) Change the size of a room's floor plan
(D) Have his assistant send some floor samples

GO ON TO THE NEXT PAGE

Questions 149-150 refer to the following text message chain.

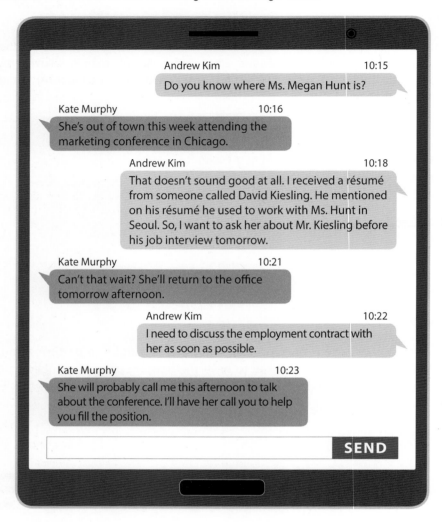

Andrew Kim   10:15
Do you know where Ms. Megan Hunt is?

Kate Murphy   10:16
She's out of town this week attending the marketing conference in Chicago.

Andrew Kim   10:18
That doesn't sound good at all. I received a résumé from someone called David Kiesling. He mentioned on his résumé he used to work with Ms. Hunt in Seoul. So, I want to ask her about Mr. Kiesling before his job interview tomorrow.

Kate Murphy   10:21
Can't that wait? She'll return to the office tomorrow afternoon.

Andrew Kim   10:22
I need to discuss the employment contract with her as soon as possible.

Kate Murphy   10:23
She will probably call me this afternoon to talk about the conference. I'll have her call you to help you fill the position.

SEND

149. At 10:21, what does Ms. Murphy mean when she writes, "Can't that wait"?

(A) She asks Mr. Kim to wait for her.
(B) She has an urgent matter to attend to.
(C) She wants to postpone Mr. Kiesling's job interview.
(D) She wonders Mr. Kim can wait until Ms. Hunt returns.

150. What will Ms. Hunt probably do this afternoon?

(A) She will contact Mr. Kim.
(B) She will return to the office.
(C) She will attend a conference.
(D) She will interview Mr. Kiesling.

Branson Nursing Supplies

5150 Daniel Road, Bates, Mississippi 87721

Delivery Invoice

Date: August 10
Invoice No: 780018
Purchased by: Jill McCarthy
Delivery Address: 5629 Sheely Highway, Pocahontas, Tennessee 76482

PH-Tech Digital Blood Pressure Monitor	$ 105.99
Nurse Uniform, Size: Medium	$ 69.99
Biotic Flexible Bandage Spray, 10 cans	$ 99.99
Nugeine Sanitizing Wipes, Box of 1000	$ 39.99
Subtotal	$ 315.96
Discount	− $ 9.99
Tax	$ 10.00
Total	$ 315.97

Thank you for your first purchase at Branson Nursing Supplies. As a way of saying 'thank you', we gave you a 10% discount on the Deal-of-the-Day item.

---

151. What is suggested about Jill McCarthy?

(A) She just moved to a new area and became a nurse.
(B) She is a new customer at Branson Nursing Supplies.
(C) She has had high blood pressure for most of her life.
(D) She got a discount on her purchase through her employer.

152. Which item was part of the Deal of the Day?

(A) PH-Tech Digital Blood Pressure Monitor
(B) Nurse Uniform
(C) Biotic Flexible Bandage Spray
(D) Nugeine Sanitizing Wipes

GO ON TO THE NEXT PAGE

Questions 153-155 refer to the following letter.

Taylor Yoga Studios
7091 Hollows Road
Houser, Texas 89105

Mr. Tom Haushka
6511 Lynchburg Lane
Houser, Texas 89105

Dear Tom,

Thank you for coming to the studio earlier in the week. After all of the communication we have had with each other over the past few months, it was very nice to finally meet you here in person.

I'm happy to let you know that we would like to offer you a position at our studio. Based on your knowledge of Cardi-Yoga, Hatha Yoga, and Vinyasa Yoga, I hope you can start as a substitute teacher for these classes in the fall period, which lasts from September 1 to November 30. I know that your specialty is Bikram Yoga, but that class has been postponed until the next period due to enrollment issues. We hope you can learn about how our school works during this time so you will be prepared to become a full-time employee in the next period.

Then in the winter period, which lasts from December 1 to February 28, you will transit into being a full-time employee. At that time, you will be the instructor of our Bikram, Hatha, and Yin Yoga classes.

We believe you will be able to contribute much to our organization. We all look forward to having you join our team. I have included all of the necessary paperwork for you to complete before becoming an employee at our yoga studio. Please complete all of the forms and return them to me as soon as possible.

Sincerely,

Robert Waits
Director

---

153. What is the purpose of the letter?

(A) To ask about some job benefits
(B) To seek a job promotion
(C) To ask about a hiring policy
(D) To offer a job opportunity

154. According to the letter, what is true about Mr. Haushka?

(A) He has several years of experience.
(B) He has met Robert Waits.
(C) He wants to set up a meeting with Mr. Waits.
(D) He was previously employed by another studio.

155. Which class will NOT take place in the fall period?

(A) Cardi-Yoga
(B) Hatha Yoga
(C) Vinyasa Yoga
(D) Bikram Yoga

Questions 156-158 refer to the following e-mail.

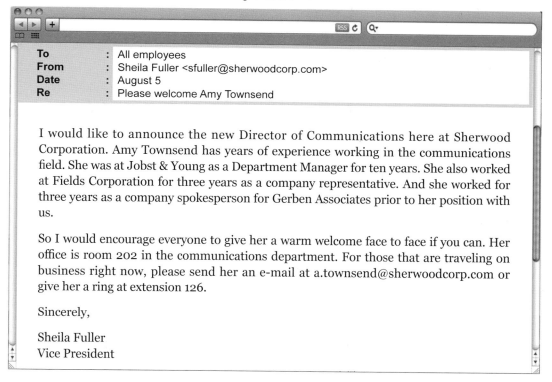

To	:	All employees
From	:	Sheila Fuller <sfuller@sherwoodcorp.com>
Date	:	August 5
Re	:	Please welcome Amy Townsend

I would like to announce the new Director of Communications here at Sherwood Corporation. Amy Townsend has years of experience working in the communications field. She was at Jobst & Young as a Department Manager for ten years. She also worked at Fields Corporation for three years as a company representative. And she worked for three years as a company spokesperson for Gerben Associates prior to her position with us.

So I would encourage everyone to give her a warm welcome face to face if you can. Her office is room 202 in the communications department. For those that are traveling on business right now, please send her an e-mail at a.townsend@sherwoodcorp.com or give her a ring at extension 126.

Sincerely,

Sheila Fuller
Vice President

156. What is the purpose of the e-mail?

(A) To seek ideas for a company gathering
(B) To announce the hiring of a new employee
(C) To ask for recommendations for promotions
(D) To explain a new policy to an employee

157. What was Ms. Townsend's position prior to arriving at Sherwood Corporation?

(A) Department manager
(B) Company representative
(C) Company spokesperson
(D) Director of communications

158. What method of response is NOT suggested for contacting Ms. Townsend?

(A) Sending her an e-mail
(B) Calling her on the phone
(C) Sending her a letter
(D) Visiting her in person

GO ON TO THE NEXT PAGE

Questions 159 -161 refer to the following advertisement.

Venus Fitness and Recreation Center

Venus Fitness and Recreation Center opened last month, bringing a spectacular new exercise facility to Belmont County. Located on top of a large hill, the 8,000 sq. ft. fitness and recreation center offers a multitude of exercise options for everyone. —[1]—. From the Olympic-size, ten-lane indoor swimming pool to its four indoor basketball courts, this place has it all!

—[2]—. So parents who visit for a workout can leave their children with our skillful and caring workers. And the kids will get plenty of exercise, too! —[3]—. The play center has a ball pool that kids just love. It also has a jungle gym, padded kids' climbing walls, and an obstacle course.

For general information about Venus Fitness and Recreation Center, feel free to visit our Web site at www.venuscenter.com. —[4]—. For information about pricing or to simply get directions, contact our front desk by phone at 800-555-1000.

159. What is indicated about Venus Fitness and Recreation Center?

(A) It will be opening soon.
(B) It offers swimming classes.
(C) It will host the Olympic games.
(D) It is located in Belmont County.

160. In which of the positions marked [1], [2], [3], and [4] does the following sentence best belong?

"In addition, Venus Fitness and Recreation Center houses a day care and play center."

(A) [1]
(B) [2]
(C) [3]
(D) [4]

161. According to the advertisement, how can one get information about fees?

(A) By going to the center's Web site
(B) By emailing the center's director
(C) By calling the center's front desk
(D) By reading a pamphlet with the advertisement

The Wilson Museum

Just for Art Lovers!

Now is the best time to show your support for art. The Wilson Museum is the largest fine art museum on the east coast. Now we have begun a program for those who share our passion for art. For $100 a year, you can become a member of the Wilson Museum Members' Club. As a member, you can enjoy the following benefits:

- Free admission into the museum at all times
- Free parking in our covered parking garage
- Invitations to luncheons at the museum
- Free admission to artist talks at the museum
- A 30% discount on all goods from our museum shop
- A free subscription to our monthly newsletter

Don't pass up this amazing opportunity! Due to limited space in the club, we are limiting membership to 200 people. So sign up now!

To join the Wilson Museum Members' Club, visit our Web site at www. wilsonmuseum.org/memclub or call us at 800-555-2100.

162. What is the purpose of the notice?

(A) To advertise an upcoming show
(B) To announce a new museum program
(C) To inform members of parking issues
(D) To detail changes to a membership

163. What is NOT mentioned as a benefit offered by the Wilson Museum Members' Club?

(A) Reduced prices at the museum shop
(B) Complimentary parking at the museum
(C) Discounted membership rates
(D) Free entrance to the museum

164. What is indicated about the Wilson Museum Members' Club?

(A) Only a select number of people will be allowed to join.
(B) The program will be discontinued due to a lack of interest.
(C) The newsletter is the major attraction for the club.
(D) Several artists are now members of the club.

GO ON TO THE NEXT PAGE

Paradise Resort, The Best Place to Stay for a Vacation!

Since its grand opening five years ago, Paradise Resort has been voted "Best Resort in Jamaica" for each and every year. The resort, built on 40 acres of prime real estate, offers beautiful white sandy beaches, world-class luxury suites, and five-star meals prepared by some of the world's most famous chefs.

Earlier in the year, the resort opened a huge health club on the southern part of its property. The club features a weight room with every piece of equipment imaginable, a full-sized basketball court, a swimming pool, and an aerobics room. What's more, the facilities feature a spa with indoor and outdoor hot tubs. There are even licensed masseurs offering Swedish deep tissue massage, shiatsu massage, and reiki healing techniques.

If you are considering a stay at Paradise Resort, try the Sun Ray Special. For $699 per night, you and a guest can stay in a luxurious suite right next to the beach. A $900 value, the special includes a three-course brunch brought to your room on every day of your stay.

The resort also offers several free services to all guests. There is a shuttle that picks up and drops off guests at Kingston International Airport. Wireless Internet is available in all suites. There is also a "Movie of the Night" seven nights a week in our cinema, which is located in the resort center.

Call us now at 800-555-6722 to book your stay with Paradise Resort!

165. What has changed at Paradise Resort?

(A) The suites were refurbished.
(B) Some new facilities have opened.
(C) Prices have been raised temporarily.
(D) Some new chefs have been hired.

166. What is the Sun Ray Special?

(A) A bus that picks up guests
(B) The name of a suite
(C) The name of a dish
(D) The name of a package

167. What is NOT stated about Paradise Resort?

(A) It offers a complimentary shuttle service for all guests.
(B) It allows guests to access the Internet from their suites.
(C) It is located close to Kingston International Airport.
(D) It has a movie theater on the premises.

GO ON TO THE NEXT PAGE

NOTICE TO ALL RESIDENTS OF THE CITY OF LANDSDOWNE

Yard Waste Program

Beginning this year, the City of Landsdowne will offer a yard waste collection program to all city residents. —[1]—. Yard waste will be collected only on designated yard waste days. —[2]—. This program has no affiliation with the city's residential garbage service, so yard waste will not be collected if it is placed outside of your residence on days not specifically designated as yard waste days. Yard waste days are scheduled for the second Tuesday of every month. —[3]—. Yard waste includes leaves and numerous types of clippings such as grass, branches, and bush. —[4]—.

Please follow these rules to ensure that your yard waste is collected:
- Leave waste at the outermost curb area. It will be picked up between 7 A.M. and 12 P.M.
- Place yard waste directly in large brown paper waste bags, which are available at the Landsdowne Government Center for free. You may also find them in the lawn department of any local hardware store.
- Branches and sticks that are too large for yard waste bags must be organized into a bundle and securely tied with string.
- Any dirt or stones will not be collected.
- Any yard waste left in a plastic bag will not be collected.

168. What is announced in the notice?

(A) A donation program to help pay for the city's garbage fees
(B) Some rules for properly recycling beverage containers
(C) A program that helps people dispose of yard refuse
(D) Changes to the residential garbage service

169. Where can residents obtain waste bags?

(A) At a supermarket
(B) At a local community center
(C) At an online hardware distributor
(D) At the Landsdowne government headquarters

170. What is mentioned about branches?

(A) They must be fastened together with string.
(B) They have to be cut and placed in paper bags.
(C) They will not be collected with any other items.
(D) They won't be picked up if they stick together.

171. In which of the positions marked [1], [2], [3], and [4] does the following sentence best belong?

"All yard waste collected is taken to a composting site where it is processed for re-use."

(A) [1]
(B) [2]
(C) [3]
(D) [4]

GO ON TO THE NEXT PAGE

Questions 172 - 175 refer to the following online chat discussion.

👤 **Jean Holloway**	

Jean Holloway 10:01

Daniel, have you reserved a table for dinner today? I'm really looking forward to our event tonight.

Daniel Fisher 10:03

Me, either. I've already called and booked a table at Morning Calm Restaurant known as the most popular Toronto eatery. Brandon is coming at 7 sharp.

Brandon Jackson 10:04

Sure, I'll be there at 7. But I don't know where the restaurant is. Is it a new one? I've never tried it before.

Jean Holloway 10:06

No, Morning Calm is one of the most popular restaurants in Toronto where you can enjoy really exceptional Korean food. Besides, it has a fantastic atmosphere. It's right next to Five Seasons Hotel located on Yorkville Avenue.

Daniel Fisher 10:07

I completely agree with Jean. I'll never forget the taste of the meat wrapped in lettuce. Wow, my mouth is watering and I can't wait to eat it there.

Jean Holloway 10:09

It is decorated with traditional Korean artworks and ornaments. For me, it's like an exotic excursion in Toronto.

Brandon Jackson 10:11

I really want to try Korean Barbeque and feel the atmosphere you guys are talking about.

Jean Holloway 10:13

We haven't gotten together for a while. Let's have some fun tonight!

Daniel Fisher 10:14

Yeah, I've missed you guys so much. I'll meet you all down there tonight!

Brandon Jackson 10:16

My workload is pretty light today, so I won't have any trouble getting away on time there.

Jean Holloway 10:17

Good. Hey, I'm taking off. I need to do some editing and proofreading work. See you later, guys!

SEND

172. What is mentioned about Morning Calm Restaurant?

(A) It provides a fine dining experience.
(B) It has an extensive vegetarian menu.
(C) It is located inside Five Seasons Hotel.
(D) It is very popular for delicious grilled steaks.

173. What is suggested about Mr. Fisher?

(A) He is very good at cooking.
(B) He wants to experience foreign cultures.
(C) He has eaten Korean barbeque before.
(D) He has never been to Morning Calm Restaurant.

174. At 10:17, what does Ms. Holloway mean when she writes, "I'm taking off"?

(A) She will board a flight soon.
(B) She will try to lose her weight.
(C) She will take a vacation.
(D) She will get back to her work.

175. What kind of company does Ms. Holloway work for?

(A) An art gallery
(B) A design company
(C) A catering service company
(D) A publishing company

GO ON TO THE NEXT PAGE

Questions 176 -180 refer to the following e-mails.

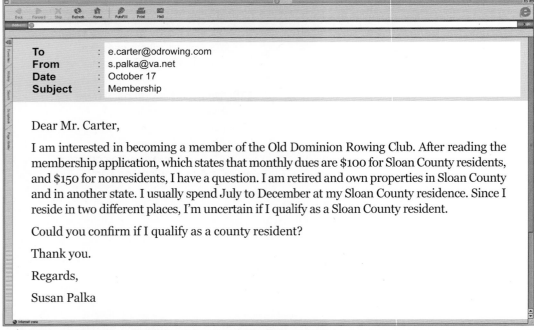

To   : e.carter@odrowing.com
From   : s.palka@va.net
Date   : October 17
Subject : Membership

Dear Mr. Carter,

I am interested in becoming a member of the Old Dominion Rowing Club. After reading the membership application, which states that monthly dues are $100 for Sloan County residents, and $150 for nonresidents, I have a question. I am retired and own properties in Sloan County and in another state. I usually spend July to December at my Sloan County residence. Since I reside in two different places, I'm uncertain if I qualify as a Sloan County resident.

Could you confirm if I qualify as a county resident?

Thank you.

Regards,

Susan Palka

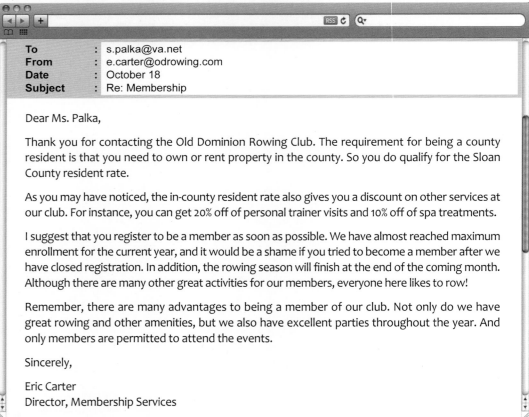

To   : s.palka@va.net
From   : e.carter@odrowing.com
Date   : October 18
Subject : Re: Membership

Dear Ms. Palka,

Thank you for contacting the Old Dominion Rowing Club. The requirement for being a county resident is that you need to own or rent property in the county. So you do qualify for the Sloan County resident rate.

As you may have noticed, the in-county resident rate also gives you a discount on other services at our club. For instance, you can get 20% off of personal trainer visits and 10% off of spa treatments.

I suggest that you register to be a member as soon as possible. We have almost reached maximum enrollment for the current year, and it would be a shame if you tried to become a member after we have closed registration. In addition, the rowing season will finish at the end of the coming month. Although there are many other great activities for our members, everyone here likes to row!

Remember, there are many advantages to being a member of our club. Not only do we have great rowing and other amenities, but we also have excellent parties throughout the year. And only members are permitted to attend the events.

Sincerely,

Eric Carter
Director, Membership Services

176. Why did Ms. Palka write the first e-mail?

(A) To ask about an upcoming event
(B) To request a catalog from the club
(C) To inquire about a registration policy
(D) To provide billing information to the club

177. What is indicated about Ms. Palka?

(A) She owns a boat.
(B) She does not have a job.
(C) She works for the rowing club.
(D) She is visiting the area on vacation.

178. What is NOT stated as a benefit of membership?

(A) Social events
(B) Rowing lessons
(C) Access to a spa
(D) Personal trainer services

179. How much will Ms. Palka be charged for a monthly membership?

(A) $80
(B) $100
(C) $120
(D) $150

180. When will the rowing season end this year?

(A) July
(B) October
(C) November
(D) December

GO ON TO THE NEXT PAGE

Questions 181 -185 refer to the following invoice and survey form.

Fairtown Auto Body

8916 Morton Avenue, Los Angeles, CA 90317
310-555-6910

* The city's most popular auto body shop! We require that all of our collision specialists have California state certification for auto body repair. Free estimates!

Customer Information
Name: <u>Blake Carter</u>   Number: <u>310-555-8219</u>   Address: <u>1851 Terrace Road, Los Angeles, CA 90612</u>

Vehicle Information
Make: <u>Pinarello</u>   Model: <u>2012 Mendo AX</u>   License Plate: <u>UKO-713</u>

Part/Service Description Cost

Part/Service Description	Cost
New OEM Front Left Fender	$ 280.00
Paint	$ 80.00
Labor(2 hours)	$ 200.00
Subtotal	$ 560.00
Tax	$ 56.00
Total	$ 616.00
Billed to insurance company	$ 516.00
Balance Due	$ 100.00

Customer signature: *Blake Carter*

* Please note: We replace any part that has been damaged by collision with a new OEM part. Otherwise, we will replace it with a used part.

Thank you for choosing Fairtown Auto Body!

Customer Survey
How did you find out about our company? (choose one)
__ Radio / Television Advertisement
__ Newspaper / Magazine Advertisement
✓ Other: *My sister had her car repaired by your shop.*

Were you satisfied with...
– workmanship? Yes /(No)
– cost?(Yes)/ No
– repair time? Yes /(No)

Did our staff...
– behave in a polite manner?(Yes)/ No
– provide you with enough details of your repairs?(Yes)/ No
– return your car to you cleaned and detailed?(Yes)/ No

Please share any additional comments below:
The color your shop painted my fender does not exactly match the color of the car. It is slightly darker than the rest of my car. I have talked to my insurance company, Quikco, about this issue, and they will be contacting you.
It also took several days longer than promised for the work to be completed. I was promised that the car would be repaired and ready to be picked up on the 3rd. However, the car wasn't available for pick up until the 9th.

181. Why did Mr. Carter take his car to Fairtown Auto Body?

(A) His fender was replaced due to corrosion.
(B) His fender was not an OEM replacement.
(C) His fender was damaged in a collision.
(D) His fender needed to be repainted.

182. How much did Quikco have to pay for the repairs?

(A) $280.00
(B) $516.00
(C) $560.00
(D) $616.00

183. How did Mr. Carter learn about Fairtown Auto Body?

(A) From a licensed repairman
(B) From a member of his family
(C) From an employee of the shop
(D) From a radio advertisement

184. Based on Mr. Carter's survey comments, what could Fairtown Auto Body do to improve?

(A) Finish its work in a more timely manner
(B) Enlarge its waiting area
(C) Provide more surveys for its customers
(D) Lower the prices of its repair services

185. What is NOT suggested about Fairtown Auto Body?

(A) It will estimate the cost of repairs for free.
(B) It requires its collision specialists to be certified.
(C) It is the most well-known shop in its area.
(D) It can provide discounts for customer referrals.

GO ON TO THE NEXT PAGE

Questions 186-190 refer to the following letter, form, and announcement.

The Reno Symphony Orchestra
Annual Fundraiser Announcement

January 10

Dear Friend,

The Reno Symphony Orchestra is a non-profit organization comprising mainly volunteers. Therefore, we rely on donations and fundraising to meet our operating costs. We are now starting our fundraiser campaign for yet another year, and we have some exciting news for you.

This year, by donating a small amount of money to our symphony orchestra, you'll get the chance to attend an open-house event including a short performance by some of our symphony orchestra members. The open house will be catered by local restaurant, Blank Check Eatery. And that's not all! You will also be entered into a drawing for many great prizes. The open house will take place on February 14, and the drawing will be held the following week on February 22.

If you are interested, please respond by filling in the attached card and sending in a check for your donation. Every $30 you donate entitles you to one admittance to the open house on the 14th and one ticket for the prize drawing on the 22nd. One of the prizes that will be available is a six-month pass to our performances. That means you'll get to see twelve of our concerts, a $480 value!

For more information, contact our office at 977-555-7822.

Sincerely,

Suzanne Crocker
Suzanne Crocker
Executive Director

Name:
Pablo Torres

Address:
7899 Hampton Road
Bates, Nevada 27721

Phone:
977-131-0098

I have enclosed a check for:
$60

Signature:
Pablo Torres

Please return this form and your payment to:
The Reno Symphony Orchestra
1226 Gainsville Way
Reno, Nevada 27721

YEARLY OPEN HOUSE EVENT

Interested in joining the Reno Symphony Orchestra? Curious about our programs? Not sure which ensemble might be right for you and your children? Just want to hear some great music on a Saturday?

Join us at our yearly open house event on March 25 to see what they are all about! This year's open house will feature a short performance from each one of our musical areas, orchestra, band, and jazz.

Prospective RSO families will have the chance to socialize with conductors and current professional musicians, ask questions about the program and see what our RSO is all about!

Open House Schedule

10:00 A.M. – 11:00 A.M.	Jazz Performance
11:00 A.M. – 12:30 P.M.	Orchestra Performances (Interlude, Concert, and Symphony)
12:30 P.M. – 2:00 P.M.	Lunch & Social Hour
2:00 P.M. – 2:30 P.M.	Q&A

Location: 1226 Gainsville Way, Reno, Nevada 27721

---

186. Why did Ms. Crocker write the letter?

(A) To promote a newly-created organization
(B) To notify the winner of a raffle prize
(C) To announce a fundraising campaign
(D) To explain a new company policy

187. What is most likely true about the Reno Symphony Orchestra?

(A) It regularly holds drawings at its performances.
(B) It often practices at open-house events.
(C) It has expanded its concert schedule.
(D) It does not pay most of its members.

188. In the announcement, the word "Prospective" in paragraph 3, line 1 is closest in meaning to

(A) Loyal
(B) Predictable
(C) Potential
(D) Several

189. What is the normal price for one ticket to a concert by the Reno Symphony Orchestra?

(A) $30
(B) $40
(C) $60
(D) $480

190. What can be inferred about Mr. Torres?

(A) He has seen performances by the Reno Symphony.
(B) He and another person will attend the open house.
(C) He will receive one raffle ticket for his donation.
(D) He will accompany his wife and child to a performance.

GO ON TO THE NEXT PAGE

Questions 191-195 refer to the following evaluation form, e-mail, and document.

The Law Offices of Park and Kim
Annual Employee Evaluation

Form #2, Section I

Employee Name: Edward Gragus
Title: Office Manager
Manager: Charles Hutchinson

Please complete this form by giving a written detail of the employee's work performance this past year. Please submit this form as well as Form #1 to the Human Resources Manager, upon completion.

Written Detail of Employee's Work Performance:

Mr. Gragus has been with our branch for the past four years. He is a dedicated professional who always gets the job done, no matter how much time and effort it takes. He possesses excellent organizational skills, taking responsibility for much of the organizational planning needed by our office. He also works well with others. In fact, whenever someone from our office is needed to work with a client on a business-related matter, Mr. Gragus is the first person we send. Indeed, he never fails to make a good impression with any clients we do business with. Lastly, he possesses excellent leadership qualities, the kind our office needs. When anyone has a question, they naturally go to him for answers. I recommend Mr. Gragus for the position of office manager at our firm.

Signature: _Charles Hutchinson_   Date : _November 14_

Note: Please submit this all necessary forms to the Human Resources Manager no later than Friday, November 18.

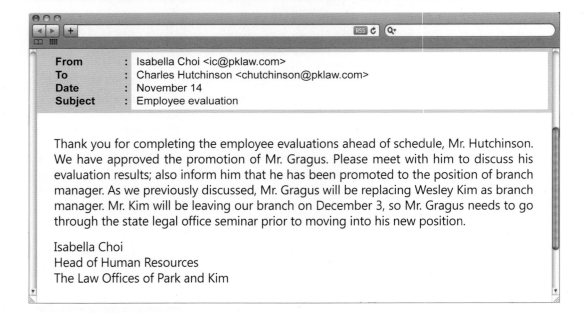

From	:	Isabella Choi <ic@pklaw.com>
To	:	Charles Hutchinson <chutchinson@pklaw.com>
Date	:	November 14
Subject	:	Employee evaluation

Thank you for completing the employee evaluations ahead of schedule, Mr. Hutchinson. We have approved the promotion of Mr. Gragus. Please meet with him to discuss his evaluation results; also inform him that he has been promoted to the position of branch manager. As we previously discussed, Mr. Gragus will be replacing Wesley Kim as branch manager. Mr. Kim will be leaving our branch on December 3, so Mr. Gragus needs to go through the state legal office seminar prior to moving into his new position.

Isabella Choi
Head of Human Resources
The Law Offices of Park and Kim

APPROVAL OF TRANSFER REQUEST

Dear Mr. Wesley Kim,

You requested the transfer to our branch office in San Francisco on November 10th. We are very pleased to inform you that the board of directors has consented to your transfer request. You will begin to work there on December 10th.

Please stay on for the next two weeks to help train someone to fill the position. We currently have several employees who would make good candidates for your position. We would be very happy if you share your thoughts with your replacement.

Your kind cooperation will be highly appreciated.

Sincerely,

Isabella Choi
Head of Human Resources
The Law Offices of Park and Kim

191. What is NOT mentioned about Mr. Gragus in the evaluation form comments?

(A) He always completes his tasks.
(B) He is a creative person.
(C) He is well organized.
(D) He often works with clients.

192. In the evaluation form, what are managers directed to do?

(A) Schedule a meeting with human resources personnel.
(B) Complete a self-evaluation.
(C) Submit recommendations by mid-November.
(D) Send evaluation forms to Ms. Choi.

193. What is suggested about the performance evaluation process?

(A) It occurs twice a year.
(B) It involves a meeting between managers and employees.
(C) It is done more frequently for office employees.
(D) It is only applicable to some employees.

194. What does the e-mail indicate about Mr. Gragus?

(A) He welcomes employee evaluations.
(B) He is moving to another firm.
(C) He returned the form promptly.
(D) He needs additional training.

195. Why will Mr. Kim probably leave the office?

(A) He will be laid off in December.
(B) He needs to quit his job for his venture business.
(C) He wants to work in another branch.
(D) He is asked to go overseas.

GO ON TO THE NEXT PAGE

The Alexandria Aquarium Volunteer Program

Requirements:
– 18+ years of age
– High school diploma
– Satisfactory recommendation from previous or current employers
– Ability to commit to one full shift each week
– A clean, professional appearance
– Reliable transportation to the aquarium
– The ability to attend employee training

Attendance:
Volunteers will work one full shift each week during the season they are hired. Fall and winter volunteers work shifts from 10 A.M. to 2 P.M. on weekends. Spring and summer volunteers have weekday shifts from 10 A.M. to 4 P.M. However, they might have to work on a weekend shift, which runs from 10 A.M. to 6 P.M. Shifts are assigned by the aquarium's assistant manager.

If you are interested in volunteering at the city's best aquarium, visit our Web site at alexaq. org for an application. If you have any questions, contact Russ Slone at 703-221-8923 or rslone@alexaq.org. Applications for the spring program must be submitted by the end of the business day on March 18. Training for the spring program begins on March 28.

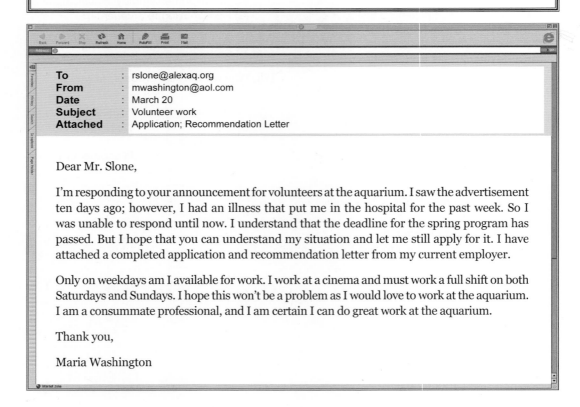

To	: rslone@alexaq.org
From	: mwashington@aol.com
Date	: March 20
Subject	: Volunteer work
Attached	: Application; Recommendation Letter

Dear Mr. Slone,

I'm responding to your announcement for volunteers at the aquarium. I saw the advertisement ten days ago; however, I had an illness that put me in the hospital for the past week. So I was unable to respond until now. I understand that the deadline for the spring program has passed. But I hope that you can understand my situation and let me still apply for it. I have attached a completed application and recommendation letter from my current employer.

Only on weekdays am I available for work. I work at a cinema and must work a full shift on both Saturdays and Sundays. I hope this won't be a problem as I would love to work at the aquarium. I am a consummate professional, and I am certain I can do great work at the aquarium.

Thank you,

Maria Washington

To : mwashington@aol.com
From : rslone@alexaq.org
Date : March 21
Subject : Re: Volunteer work

Dear Ms. Washington,

I've just read your e-mail and received your application and recommendation letters.

We would like to arrange for an interview with you. However, our aquarium is usually very busy during the weekdays, so all of our interviews will be conducted this Saturday to find the most qualified volunteers.

If you are still interested in working for us, please call my office phone at 703-221-8923 or send me an e-mail to set up your interview time.

We appreciate your interest in the Alexandria Aquarium.

Russ Slone
Personnel Manager
The Alexandria Aquarium

196. What is NOT a requirement of the volunteer position?

(A) Completion of high school
(B) Attendance at staff training
(C) A recommendation letter
(D) Experience at an aquarium

197. On what date were applications due for spring positions?

(A) March 10
(B) March 18
(C) March 20
(D) March 28

198. What does Ms. Washington request in her e-mail?

(A) Consideration for her late application
(B) An extra weekend shift at the aquarium
(C) Information about employee training
(D) More time to submit her high school diploma

199. What is suggested about Ms. Washington?

(A) She used to manage an aquarium.
(B) She will interview some applicants on Saturday.
(C) She works as a biology teacher at a high school.
(D) She will have a scheduling conflict with her interview.

200. In the first e-mail, the word "consummate" in paragraph 2, line 3, is closest in meaning to

(A) unlimited
(B) absolute
(C) dependent
(D) bold

Stop! This is the end of the test. If you finish before time is called, you may go back to Part 5, 6, and 7 and check your work.

NO TEST MATERIAL ON THIS PAGE

ANSWER SHEET

토익 850+ 벼락치기 10일 완성 LC+RC

LISTENING (Part I-IV)

NO.	ANSWER	NO.	ANSWER	NO.	ANSWER	NO.	ANSWER	NO.	ANSWER
	A B C D		A B C D		A B C D		A B C D		A B C D
1	Ⓐ Ⓑ Ⓒ Ⓓ	21	Ⓐ Ⓑ Ⓒ Ⓓ	41	Ⓐ Ⓑ Ⓒ Ⓓ	61	Ⓐ Ⓑ Ⓒ Ⓓ	81	Ⓐ Ⓑ Ⓒ Ⓓ
2	Ⓐ Ⓑ Ⓒ Ⓓ	22	Ⓐ Ⓑ Ⓒ Ⓓ	42	Ⓐ Ⓑ Ⓒ Ⓓ	62	Ⓐ Ⓑ Ⓒ Ⓓ	82	Ⓐ Ⓑ Ⓒ Ⓓ
3	Ⓐ Ⓑ Ⓒ Ⓓ	23	Ⓐ Ⓑ Ⓒ Ⓓ	43	Ⓐ Ⓑ Ⓒ Ⓓ	63	Ⓐ Ⓑ Ⓒ Ⓓ	83	Ⓐ Ⓑ Ⓒ Ⓓ
4	Ⓐ Ⓑ Ⓒ Ⓓ	24	Ⓐ Ⓑ Ⓒ Ⓓ	44	Ⓐ Ⓑ Ⓒ Ⓓ	64	Ⓐ Ⓑ Ⓒ Ⓓ	84	Ⓐ Ⓑ Ⓒ Ⓓ
5	Ⓐ Ⓑ Ⓒ Ⓓ	25	Ⓐ Ⓑ Ⓒ Ⓓ	45	Ⓐ Ⓑ Ⓒ Ⓓ	65	Ⓐ Ⓑ Ⓒ Ⓓ	85	Ⓐ Ⓑ Ⓒ Ⓓ
6	Ⓐ Ⓑ Ⓒ Ⓓ	26	Ⓐ Ⓑ Ⓒ Ⓓ	46	Ⓐ Ⓑ Ⓒ Ⓓ	66	Ⓐ Ⓑ Ⓒ Ⓓ	86	Ⓐ Ⓑ Ⓒ Ⓓ
7	Ⓐ Ⓑ Ⓒ Ⓓ	27	Ⓐ Ⓑ Ⓒ Ⓓ	47	Ⓐ Ⓑ Ⓒ Ⓓ	67	Ⓐ Ⓑ Ⓒ Ⓓ	87	Ⓐ Ⓑ Ⓒ Ⓓ
8	Ⓐ Ⓑ Ⓒ Ⓓ	28	Ⓐ Ⓑ Ⓒ Ⓓ	48	Ⓐ Ⓑ Ⓒ Ⓓ	68	Ⓐ Ⓑ Ⓒ Ⓓ	88	Ⓐ Ⓑ Ⓒ Ⓓ
9	Ⓐ Ⓑ Ⓒ Ⓓ	29	Ⓐ Ⓑ Ⓒ Ⓓ	49	Ⓐ Ⓑ Ⓒ Ⓓ	69	Ⓐ Ⓑ Ⓒ Ⓓ	89	Ⓐ Ⓑ Ⓒ Ⓓ
10	Ⓐ Ⓑ Ⓒ Ⓓ	30	Ⓐ Ⓑ Ⓒ Ⓓ	50	Ⓐ Ⓑ Ⓒ Ⓓ	70	Ⓐ Ⓑ Ⓒ Ⓓ	90	Ⓐ Ⓑ Ⓒ Ⓓ
11	Ⓐ Ⓑ Ⓒ Ⓓ	31	Ⓐ Ⓑ Ⓒ Ⓓ	51	Ⓐ Ⓑ Ⓒ Ⓓ	71	Ⓐ Ⓑ Ⓒ Ⓓ	91	Ⓐ Ⓑ Ⓒ Ⓓ
12	Ⓐ Ⓑ Ⓒ Ⓓ	32	Ⓐ Ⓑ Ⓒ Ⓓ	52	Ⓐ Ⓑ Ⓒ Ⓓ	72	Ⓐ Ⓑ Ⓒ Ⓓ	92	Ⓐ Ⓑ Ⓒ Ⓓ
13	Ⓐ Ⓑ Ⓒ Ⓓ	33	Ⓐ Ⓑ Ⓒ Ⓓ	53	Ⓐ Ⓑ Ⓒ Ⓓ	73	Ⓐ Ⓑ Ⓒ Ⓓ	93	Ⓐ Ⓑ Ⓒ Ⓓ
14	Ⓐ Ⓑ Ⓒ Ⓓ	34	Ⓐ Ⓑ Ⓒ Ⓓ	54	Ⓐ Ⓑ Ⓒ Ⓓ	74	Ⓐ Ⓑ Ⓒ Ⓓ	94	Ⓐ Ⓑ Ⓒ Ⓓ
15	Ⓐ Ⓑ Ⓒ Ⓓ	35	Ⓐ Ⓑ Ⓒ Ⓓ	55	Ⓐ Ⓑ Ⓒ Ⓓ	75	Ⓐ Ⓑ Ⓒ Ⓓ	95	Ⓐ Ⓑ Ⓒ Ⓓ
16	Ⓐ Ⓑ Ⓒ Ⓓ	36	Ⓐ Ⓑ Ⓒ Ⓓ	56	Ⓐ Ⓑ Ⓒ Ⓓ	76	Ⓐ Ⓑ Ⓒ Ⓓ	96	Ⓐ Ⓑ Ⓒ Ⓓ
17	Ⓐ Ⓑ Ⓒ Ⓓ	37	Ⓐ Ⓑ Ⓒ Ⓓ	57	Ⓐ Ⓑ Ⓒ Ⓓ	77	Ⓐ Ⓑ Ⓒ Ⓓ	97	Ⓐ Ⓑ Ⓒ Ⓓ
18	Ⓐ Ⓑ Ⓒ Ⓓ	38	Ⓐ Ⓑ Ⓒ Ⓓ	58	Ⓐ Ⓑ Ⓒ Ⓓ	78	Ⓐ Ⓑ Ⓒ Ⓓ	98	Ⓐ Ⓑ Ⓒ Ⓓ
19	Ⓐ Ⓑ Ⓒ Ⓓ	39	Ⓐ Ⓑ Ⓒ Ⓓ	59	Ⓐ Ⓑ Ⓒ Ⓓ	79	Ⓐ Ⓑ Ⓒ Ⓓ	99	Ⓐ Ⓑ Ⓒ Ⓓ
20	Ⓐ Ⓑ Ⓒ Ⓓ	40	Ⓐ Ⓑ Ⓒ Ⓓ	60	Ⓐ Ⓑ Ⓒ Ⓓ	80	Ⓐ Ⓑ Ⓒ Ⓓ	100	Ⓐ Ⓑ Ⓒ Ⓓ

READING (Part V - VII)

NO.	ANSWER	NO.	ANSWER	NO.	ANSWER	NO.	ANSWER	NO.	ANSWER
	A B C D		A B C D		A B C D		A B C D		A B C D
101	Ⓐ Ⓑ Ⓒ Ⓓ	121	Ⓐ Ⓑ Ⓒ Ⓓ	141	Ⓐ Ⓑ Ⓒ Ⓓ	161	Ⓐ Ⓑ Ⓒ Ⓓ	181	Ⓐ Ⓑ Ⓒ Ⓓ
102	Ⓐ Ⓑ Ⓒ Ⓓ	122	Ⓐ Ⓑ Ⓒ Ⓓ	142	Ⓐ Ⓑ Ⓒ Ⓓ	162	Ⓐ Ⓑ Ⓒ Ⓓ	182	Ⓐ Ⓑ Ⓒ Ⓓ
103	Ⓐ Ⓑ Ⓒ Ⓓ	123	Ⓐ Ⓑ Ⓒ Ⓓ	143	Ⓐ Ⓑ Ⓒ Ⓓ	163	Ⓐ Ⓑ Ⓒ Ⓓ	183	Ⓐ Ⓑ Ⓒ Ⓓ
104	Ⓐ Ⓑ Ⓒ Ⓓ	124	Ⓐ Ⓑ Ⓒ Ⓓ	144	Ⓐ Ⓑ Ⓒ Ⓓ	164	Ⓐ Ⓑ Ⓒ Ⓓ	184	Ⓐ Ⓑ Ⓒ Ⓓ
105	Ⓐ Ⓑ Ⓒ Ⓓ	125	Ⓐ Ⓑ Ⓒ Ⓓ	145	Ⓐ Ⓑ Ⓒ Ⓓ	165	Ⓐ Ⓑ Ⓒ Ⓓ	185	Ⓐ Ⓑ Ⓒ Ⓓ
106	Ⓐ Ⓑ Ⓒ Ⓓ	126	Ⓐ Ⓑ Ⓒ Ⓓ	146	Ⓐ Ⓑ Ⓒ Ⓓ	166	Ⓐ Ⓑ Ⓒ Ⓓ	186	Ⓐ Ⓑ Ⓒ Ⓓ
107	Ⓐ Ⓑ Ⓒ Ⓓ	127	Ⓐ Ⓑ Ⓒ Ⓓ	147	Ⓐ Ⓑ Ⓒ Ⓓ	167	Ⓐ Ⓑ Ⓒ Ⓓ	187	Ⓐ Ⓑ Ⓒ Ⓓ
108	Ⓐ Ⓑ Ⓒ Ⓓ	128	Ⓐ Ⓑ Ⓒ Ⓓ	148	Ⓐ Ⓑ Ⓒ Ⓓ	168	Ⓐ Ⓑ Ⓒ Ⓓ	188	Ⓐ Ⓑ Ⓒ Ⓓ
109	Ⓐ Ⓑ Ⓒ Ⓓ	129	Ⓐ Ⓑ Ⓒ Ⓓ	149	Ⓐ Ⓑ Ⓒ Ⓓ	169	Ⓐ Ⓑ Ⓒ Ⓓ	189	Ⓐ Ⓑ Ⓒ Ⓓ
110	Ⓐ Ⓑ Ⓒ Ⓓ	130	Ⓐ Ⓑ Ⓒ Ⓓ	150	Ⓐ Ⓑ Ⓒ Ⓓ	170	Ⓐ Ⓑ Ⓒ Ⓓ	190	Ⓐ Ⓑ Ⓒ Ⓓ
111	Ⓐ Ⓑ Ⓒ Ⓓ	131	Ⓐ Ⓑ Ⓒ Ⓓ	151	Ⓐ Ⓑ Ⓒ Ⓓ	171	Ⓐ Ⓑ Ⓒ Ⓓ	191	Ⓐ Ⓑ Ⓒ Ⓓ
112	Ⓐ Ⓑ Ⓒ Ⓓ	132	Ⓐ Ⓑ Ⓒ Ⓓ	152	Ⓐ Ⓑ Ⓒ Ⓓ	172	Ⓐ Ⓑ Ⓒ Ⓓ	192	Ⓐ Ⓑ Ⓒ Ⓓ
113	Ⓐ Ⓑ Ⓒ Ⓓ	133	Ⓐ Ⓑ Ⓒ Ⓓ	153	Ⓐ Ⓑ Ⓒ Ⓓ	173	Ⓐ Ⓑ Ⓒ Ⓓ	193	Ⓐ Ⓑ Ⓒ Ⓓ
114	Ⓐ Ⓑ Ⓒ Ⓓ	134	Ⓐ Ⓑ Ⓒ Ⓓ	154	Ⓐ Ⓑ Ⓒ Ⓓ	174	Ⓐ Ⓑ Ⓒ Ⓓ	194	Ⓐ Ⓑ Ⓒ Ⓓ
115	Ⓐ Ⓑ Ⓒ Ⓓ	135	Ⓐ Ⓑ Ⓒ Ⓓ	155	Ⓐ Ⓑ Ⓒ Ⓓ	175	Ⓐ Ⓑ Ⓒ Ⓓ	195	Ⓐ Ⓑ Ⓒ Ⓓ
116	Ⓐ Ⓑ Ⓒ Ⓓ	136	Ⓐ Ⓑ Ⓒ Ⓓ	156	Ⓐ Ⓑ Ⓒ Ⓓ	176	Ⓐ Ⓑ Ⓒ Ⓓ	196	Ⓐ Ⓑ Ⓒ Ⓓ
117	Ⓐ Ⓑ Ⓒ Ⓓ	137	Ⓐ Ⓑ Ⓒ Ⓓ	157	Ⓐ Ⓑ Ⓒ Ⓓ	177	Ⓐ Ⓑ Ⓒ Ⓓ	197	Ⓐ Ⓑ Ⓒ Ⓓ
118	Ⓐ Ⓑ Ⓒ Ⓓ	138	Ⓐ Ⓑ Ⓒ Ⓓ	158	Ⓐ Ⓑ Ⓒ Ⓓ	178	Ⓐ Ⓑ Ⓒ Ⓓ	198	Ⓐ Ⓑ Ⓒ Ⓓ
119	Ⓐ Ⓑ Ⓒ Ⓓ	139	Ⓐ Ⓑ Ⓒ Ⓓ	159	Ⓐ Ⓑ Ⓒ Ⓓ	179	Ⓐ Ⓑ Ⓒ Ⓓ	199	Ⓐ Ⓑ Ⓒ Ⓓ
120	Ⓐ Ⓑ Ⓒ Ⓓ	140	Ⓐ Ⓑ Ⓒ Ⓓ	160	Ⓐ Ⓑ Ⓒ Ⓓ	180	Ⓐ Ⓑ Ⓒ Ⓓ	200	Ⓐ Ⓑ Ⓒ Ⓓ

ANSWER SHEET

토익 850+ 벼락치기 10일 완성 LC+RC

LISTENING (Part I-IV)

NO.	ANSWER	NO.	ANSWER	NO.	ANSWER	NO.	ANSWER	NO.	ANSWER
1	A B C D	21	A B C D	41	A B C D	61	A B C D	81	A B C D
2	A B C D	22	A B C D	42	A B C D	62	A B C D	82	A B C D
3	A B C D	23	A B C D	43	A B C D	63	A B C D	83	A B C D
4	A B C D	24	A B C D	44	A B C D	64	A B C D	84	A B C D
5	A B C D	25	A B C D	45	A B C D	65	A B C D	85	A B C D
6	A B C D	26	A B C D	46	A B C D	66	A B C D	86	A B C D
7	A B C D	27	A B C D	47	A B C D	67	A B C D	87	A B C D
8	A B C D	28	A B C D	48	A B C D	68	A B C D	88	A B C D
9	A B C D	29	A B C D	49	A B C D	69	A B C D	89	A B C D
10	A B C D	30	A B C D	50	A B C D	70	A B C D	90	A B C D
11	A B C	31	A B C D	51	A B C D	71	A B C D	91	A B C D
12	A B C	32	A B C D	52	A B C D	72	A B C D	92	A B C D
13	A B C	33	A B C D	53	A B C D	73	A B C D	93	A B C D
14	A B C	34	A B C D	54	A B C D	74	A B C D	94	A B C D
15	A B C	35	A B C D	55	A B C D	75	A B C D	95	A B C D
16	A B C	36	A B C D	56	A B C D	76	A B C D	96	A B C D
17	A B C	37	A B C D	57	A B C D	77	A B C D	97	A B C D
18	A B C	38	A B C D	58	A B C D	78	A B C D	98	A B C D
19	A B C	39	A B C D	59	A B C D	79	A B C D	99	A B C D
20	A B C	40	A B C D	60	A B C D	80	A B C D	100	A B C D

READING (Part V-VII)

NO.	ANSWER	NO.	ANSWER	NO.	ANSWER	NO.	ANSWER	NO.	ANSWER
101	A B C D	121	A B C D	141	A B C D	161	A B C D	181	A B C D
102	A B C D	122	A B C D	142	A B C D	162	A B C D	182	A B C D
103	A B C D	123	A B C D	143	A B C D	163	A B C D	183	A B C D
104	A B C D	124	A B C D	144	A B C D	164	A B C D	184	A B C D
105	A B C D	125	A B C D	145	A B C D	165	A B C D	185	A B C D
106	A B C D	126	A B C D	146	A B C D	166	A B C D	186	A B C D
107	A B C D	127	A B C D	147	A B C D	167	A B C D	187	A B C D
108	A B C D	128	A B C D	148	A B C D	168	A B C D	188	A B C D
109	A B C D	129	A B C D	149	A B C D	169	A B C D	189	A B C D
110	A B C D	130	A B C D	150	A B C D	170	A B C D	190	A B C D
111	A B C D	131	A B C D	151	A B C D	171	A B C D	191	A B C D
112	A B C D	132	A B C D	152	A B C D	172	A B C D	192	A B C D
113	A B C D	133	A B C D	153	A B C D	173	A B C D	193	A B C D
114	A B C D	134	A B C D	154	A B C D	174	A B C D	194	A B C D
115	A B C D	135	A B C D	155	A B C D	175	A B C D	195	A B C D
116	A B C D	136	A B C D	156	A B C D	176	A B C D	196	A B C D
117	A B C D	137	A B C D	157	A B C D	177	A B C D	197	A B C D
118	A B C D	138	A B C D	158	A B C D	178	A B C D	198	A B C D
119	A B C D	139	A B C D	159	A B C D	179	A B C D	199	A B C D
120	A B C D	140	A B C D	160	A B C D	180	A B C D	200	A B C D

☑ **최신 경향 완벽 반영**
최신 시험 분석 · 반영은 물론,
효과적인 대비 전략 수록

토익 850+ 벼락치기

고득점을 위한 비법 공개
850점 이상 목표달성을 위한
1타 강사만의 필수 학습 내용 공개

동영상 강의 무료 제공
책과 함께 보면
실력 200% 상승

💡 **850점 플러스 전략**
가장 넘기 힘든 850점!
850+를 위한 개념만 집약!

해 설 서

PAGODA Books

토익 850+ 벼락치기

해 설 서

PAGODA Books

1 1인 사진은 현재 진행 동사 [is/are -ing]를 집중해서 듣고 인물의 상태 및 동작을 가장 잘 묘사한 것을 정답으로 확인한다.

(A) A woman is drinking a cup.
··· 마시고 있지 않으므로 오답 ❌

(B) A woman is talking on the phone.
··· 오답 소거 후, 남는 (B)가 정답 ⭕

(C) A woman is typing on a keyboard.
··· 여자가 타자를 치고 있지 않으므로 오답 ❌

(D) A woman is writing on a board.
··· 사진에 칠판이 없으므로 오답 ❌

여자가 컵으로 마시고 있다.
여자가 전화 통화를 하고 있다.
여자가 키보드에 타자를 치고 있다.
여자가 칠판에 쓰고 있다.

☑ 사진에 가능한 정/오답 표현
A woman is holding a cup. ⭕
A woman is hanging up the phone. ❌

여자가 펜을 들고 있다.
여자가 전화를 끊고 있다.

어휘 board 칠판, 보드, 판

---

2 2인 이상 사진은 틀린 명사가 사진에 등장하는지 확인한 후, 보기의 동사를 모두 집중해서 듣고 가장 잘 묘사한 것을 정답으로 확인한다.

(A) They're wearing helmets.
··· 오답 소거 후, 남는 (A)가 정답 ⭕

(B) They're walking beneath a tree.
··· 나무 아래를 걸어가고 있지 않으므로 오답 ❌

(C) They're facing each other.
··· 서로 마주 보고 있지 않으므로 오답 ❌

(D) They're carrying their bicycles.
··· 현재 자전거를 들고 가는 동작이 아니므로 오답 ❌

그들은 헬멧을 쓰고 있다.
그들은 나무 아래를 걸어가고 있다.
그들은 서로 마주 보고 있다.
그들은 자전거를 들고 가고 있다.

☑ 사진에 가능한 정/오답 표현
They're standing next to each other. ⭕
They're pulling their bicycles. ❌

그들은 나란히 서 있다.
그들은 그들의 자전거를 끌고 가고 있다.

어휘 beneath ～아래   carry 들고 가다, 나르다   face 마주 보다

---

3 2인 이상 사진은 틀린 명사가 사진에 등장하는지 확인한 후, 보기의 동사를 모두 집중해서 듣고 가장 잘 묘사한 것을 정답으로 확인한다.

(A) Some movers are loading a vehicle with furniture.
··· 오답 소거 후, 남는 (A)가 정답 ⭕

(B) One of the man is opening the rear door of the truck.
··· 열고 있지 않으므로 오답 ❌

(C) Some boxes are being stacked.
··· 현재 누군가로 인해 박스들이 쌓이고 있는 동작이 아니므로 오답 ❌

(D) A truck is being parked in a garage.
··· 현재 누군가로 인해 주차되고 있지 않으므로 오답 ❌

운송업체 직원들이 차량에 가구를 싣고 있다.
남자들 중 한 명이 트럭의 뒷문을 열고 있다.
박스들이 쌓여지고 있다.
차고에 트럭이 주차되고 있다.

☑ 사진에 가능한 정/오답 표현
Both men are wearing a hat. ⭕
They are lifting up some boxes. ❌

남자 두 명 모두 모자를 쓰고 있다.
그들은 박스들을 들어 올리고 있다.

어휘 mover 운송업체/이사짐 업체 직원   load 싣다   rear 뒤의   stack 쌓다   garage 차고

4 사물 및 풍경 사진은 보기에서 현재 진행 수동태 동사 [is/are being p.p.]는 오답 소거한다.

(A) Some boats are lined up in a row.
⋯ 사진에 줄지어 있는 배들이 없으므로 오답 ❌
(B) A building has arched openings.
⋯ 오답 소거 후, 남는 (B)가 정답 ⭕
(C) Some vehicles are facing a low wall.
⋯ 사진에 벽을 마주 보고 있는 차량들이 없으므로
오답 ❌
(D) Some houses are being built next to a waterway.
⋯ 현재 누군가로 인해 수로 옆에 집들이 지어 지고
있지 않으므로 오답 ❌

배들이 한 줄로 줄지어 있다.
건물에 아치형 구멍들이 있다.
몇몇 차량들이 낮은 벽을 향해 있다.
몇몇 집들이 수로 옆에 지어지고
있다.

☑ 사진에 가능한 추가 정/오답 표현   There are some columns next to each other. ⭕
A flag pole is being installed on the exterior of the
building. ❌

기둥들이 나란히 있다.
깃대가 건물 외벽에 설치되고 있다.

어휘 line ~을 따라 줄을 세우다   in a row 한 줄로   arched 아치 모양의   opening (사람 등이 지나가거나 할 수 있는) 구멍, 틈
vehicle 차량   waterway 수로

---

5 2인 이상 사진은 틀린 명사가 사진에 등장하는지 확인 후, 보기의 동사를 모두 집중해서 듣고 가장 잘 묘사한 것을 정답으로 확인한다.

(A) A plane is parked at a terminal.
⋯ 오답 소거 후, 남는 (A)가 정답 ⭕
(B) All of the passengers are carrying a luggage.
⋯ 모두가 짐을 들고 가는지 알 수 없으므로 오답 ❌
(C) Some people are standing in a circle.
⋯ 사람들이 원형을 이루고 있지 않으므로 오답 ❌
(D) A crowd has gathered beneath the bridge.
⋯ 사진에 다리가 없으므로 오답 ❌

비행기가 터미널에 주차되어 있다.
모든 승객들이 짐을 들고 가고 있다.
몇몇 사람들이 둥그렇게 서 있다.
사람들이 다리 아래 모여 있다.

☑ 사진에 가능한 추가 정/오답 표현   There are clouds in the sky. ⭕
Some lines are being painted. ❌

하늘에 구름이 있다.
선들이 칠해지고 있다.

어휘 terminal (버스·보트·항공기 등이 서는) 터미널   in a circle 원형을 이루어, 둥그렇게   crowd 사람들, 군중, 무리

---

6 사물 및 풍경 사진은 보기에서 현재 진행 수동태 동사 [is/are being p.p.]는 오답 소거한다.

(A) Some trees are being planted.
⋯ 현재 누군가로 인해 심어지고 있지 않으므로 오답 ❌
(B) A staircase leads up to a building.
⋯ 오답 소거 후, 남는 (B)가 정답 ⭕
(C) A sculpture is leaning against the wall.
⋯ 조각상이 벽에 기대어져 있지 않으므로 오답 ❌
(D) A stone column is being erected.
⋯ 현재 누군가로 인해 돌기둥이 현재 세워지고 있지
않으므로 오답 ❌

나무들이 심어지고 있다.
계단이 건물로 이어진다.
조각상이 벽에 기대어져 있다.
돌기둥이 세워지고 있다.

☑ 사진에 가능한 추가 정/오답 표현   A sculpture is set on a pedestal. ⭕
A lawn is being mowed. ❌

조각상이 받침돌에 놓여 있다.
잔디가 깎이고 있다.

어휘 staircase 계단   lead to ~로 이어지다   sculpture 조각상   lean against(=prop against) ~에 기대어 놓다
column 기둥   erect 세우다

7 1인 사진은 현재 진행 동사 [is/are -ing]를 집중해서 듣고 인물의 상태 및 동작을 가장 잘 묘사한 것을 정답으로 확인한다.

(A) A man is opening a cupboard.
　⋯▶ 열고 있는 동작이 아니므로 오답 ❌
(B) A man is standing at a kitchen counter.
　⋯▶ 오답 소거 후, 남는 (B)가 정답 ⭕
(C) A man is putting a kettle on the stove.
　⋯▶ 사진에 주전자는 등장하지 않았으므로 오답 ❌
(D) A man is washing some vegetables.
　⋯▶ 씻고 있는 동작이 아니므로 오답 ❌

남자는 찬장을 열고 있다.
남자는 부엌 조리대에 서 있다.
남자는 가스레인지에 주전자를 놓고 있다.
남자는 채소를 씻고 있다.

☑ **사진에 가능한 추가 정/오답 표현**
A man is cutting some vegetables. ⭕
Some containers are set on the counter. ⭕
A light is being turned on. ❌

남자가 채소를 자르고 있다.
몇몇 용기들이 조리대에 놓여 있다.
조명이 켜지고 있다.

어휘 **cupboard** 찬장　**kettle** 주전자　**stove** 난로, 가스레인지

---

8 1인 사진은 현재 진행 동사 [is/are -ing]를 집중해서 듣고 인물의 상태 및 동작을 가장 잘 묘사한 것을 정답으로 확인한다.

(A) A man is applying paint to the roof.
　⋯▶ 바르고 있는 동작이 아니므로 오답 ❌
(B) A ladder is propped against the house.
　⋯▶ 오답 소거 후, 남는 (B)가 정답
(C) A man is replacing broken tiles.
　⋯▶ 교체 중인 부서진 타일들이 등장하지 않았으므로 오답 ❌
(D) A window is being installed near a building entrance.
　⋯▶ 현재 누군가로 인해 설치되는 동작이 아니므로 오답 ❌

남자가 지붕에 페인트를 칠하고 있다.
사다리가 집에 기대어져 있다.
남자가 부서진 타일을 교체하고 있다.
건물 출입구 근처에 창문이 설치되고 있다.

☑ **사진에 가능한 추가 정/오답 표현**
A man has climbed onto a ladder. ⭕
A man is painting the roof. ❌

남자가 사다리에 올라타 있다.
남자가 지붕을 페인트칠하고 있다.

어휘 **apply A to B** A를 B에 바르다　**prop against** ~에 기대어 놓다

---

9 사물 및 풍경 사진은 보기에서 현재 진행 수동태 동사 [is/are being p.p.]는 오답 소거한다.

(A) A railing is casting a shadow.
　⋯▶ 오답 소거 후, 남는 (A)가 정답
(B) Some street lamps are being repaired.
　⋯▶ 현재 누군가로 인해 수리되는 동작이 아니므로 오답 ❌
(C) A flag has been raised on a pole.
　⋯▶ 사진에 깃발이 등장하지 않았으므로 오답 ❌
(D) A woman is walking under an archway.
　⋯▶ 사진에 여자와 아치형 입구가 등장하지 않았으므로 오답 ❌

난간이 그림자를 드리우고 있다.
몇몇 가로등들이 수리되고 있다.
깃발이 깃대에 올려져 있다.
여자가 아치형 입구 아래를 걸어가고 있다.

☑ **사진에 가능한 추가 정/오답 표현**
A railing borders a walkway. ⭕
Some people are leaning against the railing. ❌

길을 가르는 난간이 죽 이어져 있다.
사람들이 난간에 기대어져 있다.

어휘 **cast a shadow** 그림자를 드리우다　**street lamp** 가로등　**flag** 깃발　**pole** 깃대, 막대기　**archway** 아치형 입구

10 2인 이상 사진은 틀린 명사가 사진에 등장하는지 확인한 후, 보기의 동사를 모두 집중해서 듣고 가장 잘 묘사한 것을 정답으로 확인한다.

(A) A man is writing on a notepad.
⋯ 쓰고 있는 동작이 아니므로 오답 ✕

(B) They are holding a container.
⋯ 사진에 용기는 등장하지 않으므로 오답 ✕

(C) A woman is putting on a jacket.
⋯ 입는 동작이 아니므로 오답 ✕

(D) They are greeting each other across the table.
⋯ 오답 소거 후, 남는 (D)가 정답 ◎

남자가 메모지에 쓰고 있다.
그들은 용기를 들고 있다.
여자는 재킷을 입고 있는 중이다.
그들은 테이블 너머로 서로 인사를 나누고 있다.

☑ 사진에 가능한 추가 정/오답 표현
They are shaking hands. ◎
A man is putting on a tie. ✕

그들은 악수를 하고 있다.
남자는 넥타이를 매고 있다.

[어휘] notepad 메모지   hold (손, 팔 등으로) 잡고/쥐고/들고/안고/받치고 있다   container 용기, 그릇   put on ~을 입다(동작)

---

11 사물 및 풍경 사진은 보기에서 현재 진행 수동태 동사 [is/are being p.p.]는 오답 소거한다.

(A) The street is being polished.
⋯ 현재 누군가로 인해 거리가 닦이고 있는 동작이 아니므로 오답 ✕

(B) Some flowers are being displayed.
⋯ 현재 진행 수동태 동사가 상태를 표현한 예외적인 경우로, 사진 속에 사람이 등장하지 않아도 정답이 될 수 있다. 오답 소거 후, 남는 (B)가 정답 ◎

(C) An awning stretches from the building.
⋯ 건물이나 그 건물을 따라 나 있는 차양이 아닌 천막만 등장하였으므로 오답 ✕

(D) A bicycle is secured to a post.
⋯ 사진에 자전거가 없으므로 오답 ✕

거리가 닦이고 있다.
꽃들이 진열되어 있다.
차양이 건물로부터 뻗어 있다.
자전거가 기둥에 묶여 있다.

☑ 사진에 가능한 추가 정/오답 표현
An area is shaded. ◎
Some flower pots are being placed. ✕

한 구역이 그늘져 있다.
화분들이 놓여지고 있다.

[어휘] polished (윤이 나도록) 닦다, 윤/광을 내다   awning (창이나 문 위의) 차양, 비/햇빛 가리개   stretch (어떤 지역에 걸쳐) 뻗어 있다/펼쳐지다/이어지다   secure (단단히) 고정시키다/잡아매다

---

12 2인 이상 사진은 틀린 명사가 사진에 등장하는지 확인한 후, 보기의 동사를 모두 집중해서 듣고 가장 잘 묘사한 것을 정답으로 확인한다.

(A) Some people are performing outdoors.
⋯ 오답 소거 후, 남는 (A)가 정답 ◎

(B) A stage is being set up on a walkway.
⋯ 현재 누군가로 인해 설치되는 동작이 아니므로 오답 ✕

(C) A drum set is being assembled.
⋯ 현재 누군가로 인해 조립되고 있는 동작이 아니므로 오답 ✕

(D) Tree branches are being cleared off.
⋯ 현재 누군가로 인해 치워지고 있는 동작이 아니므로 오답 ✕

몇몇 사람들이 야외에서 공연하고 있다.
무대가 길에 설치되고 있다.
드럼 세트가 조립되고 있다.
나뭇가지들이 치워지고 있다.

☑ 사진에 가능한 추가 정/오답 표현
A drum set has been placed outdoors. ◎
An audience is attending a performance. ✕

드럼 세트가 야외에 놓여 있다.
청중들이 공연을 관람하고 있다.

[어휘] walkway 길   assemble 조립하다   tree branch 나뭇가지   clear off 치우다

1 who 의문문에 구 형태인 someone이 정답이다.

Who was hired as the new research assistant?
(A) I need some assistance.
(B) On the 19th floor.
(C) Someone from Hong Kong.

새로운 연구 조교로 누가 채용됐나요?
전 도움이 조금 필요합니다.
19층에.
홍콩에서 온 누군가.

귀로 풀 때 전략

(A) 유사 발음 함정
(B) 구 형태, 다른 의문문에 대한 답변
(C) (A), (B)가 확실한 오답, 들을 이유 없음

눈으로 풀 때 전략

(A) 문제의 assistant와 유사 발음(assistant) 함정으로 오답 ❌
(B) 구 형태이나, Where 의문문에 대한 답변(장소 전치사 on) 이므로 오답 ❌
(C) 구 형태이며, Who 의문문에 someone으로 답변한 정답 ⭕

[어휘] hire 고용하다   research assistant 연구 조교   assistance 도움, 지원

---

2 ask는 항상 정답이다.

Where should I take my client from Hong Kong for dinner?
(A) They're waiting downstairs.
(B) Ask Lisa for a recommendation.
(C) Pasta would be great.

홍콩에서 오는 제 고객을 저녁 식사에 어디로 모시고 가면 좋을까요?
그들이 아래층에서 기다리고 있어요.
Lisa에게 추천해달라고 하세요.
파스타면 좋겠네요.

귀로 풀 때 전략

(A) downstairs가 있으므로 살려 두기
(B) 무조건 정답 표현 ask
(C) (B)가 확실한 정답, 들을 이유 없음

눈으로 풀 때 전략

(A) 문제에 They가 받을 수 있는 단어가 없으므로 오답 ❌
(B) 무조건 정답 표현인 ask가 있으므로 정답 ⭕
(C) 구 형태이나, 질문과 무관한 답변이므로 오답 ❌

[어휘] downstairs 아래층에서   recommendation 추천

---

3 It depends on은 항상 정답이다.

How can I cancel my subscription?
(A) It depends on the contract you signed.
(B) At the pharmacy.
(C) Pick it up at the newsstand.

구독을 어떻게 취소할 수 있나요?
서명한 계약서에 따라 다릅니다.
약국에서.
신문 가판대에서 가져가세요.

귀로 풀 때 전략

(A) 무조건 정답 표현 It depends on
(B) (A)가 확실한 정답, 들을 이유 없음
(C) (A)가 확실한 정답, 들을 이유 없음

눈으로 풀 때 전략

(A) 무조건 정답 표현인 It depends on이 있으므로 정답 ⭕
(B) 구 형태이나, Where 의문문에 대한 답변(장소 전치사)이 므로 오답 ❌
(C) 구 형태이나, 질문과 무관한 답변이므로 오답 ❌

[어휘] subscription 구독   newsstand (길거리, 역 등의) 신문/잡지 가판대

4 might know는 항상 정답이다.

Haven't we met our production goals for this quarter?
(A) By 8 o'clock.
(B) We haven't been introduced.
(C) Ms. Anderson might know.

우리가 이번 분기 생산 목표를 달성하지 않았나요?
8시까지.
우리는 서로 소개받지 않았습니다.
Anderson 씨가 아마 알고 있을 거예요.

귀로 풀 때 전략
(A) 구 형태, 다른 의문문에 대한 답변
(B) 문장 형태, 살리기
(C) 무조건 정답 표현 might know

눈으로 풀 때 전략
(A) 구 형태이나, Where 의문문에 대한 답변(장소 전치사)이므로 오답 ❌
(B) 정답이 될 수 있는 문장 형태지만, 질문에 대한 적절한 답변을 하고 있지 않으므로 오답 ❌
(C) 무조건 정답 표현인 might know가 있으므로 정답 ⭕

어휘 production goal 생산 목표 quarter 분기

5 평서문에는 문장 형태의 보기가 정답이다.

These fruits were grown locally.
(A) And they're delicious, too.
(B) 25 dollars.
(C) No, the local grocery store.

이 과일들은 현지 지역에서 재배되었습니다.
그리고 맛있기도 합니다.
25달러.
아니요, 지역 식료품점.

귀로 풀 때 전략
(A) 문장 형태, 살리기
(B) 구 형태, 다른 의문문에 대한 답변
(C) 유사 발음 함정

눈으로 풀 때 전략
(A) 평서문에 And로 연결 지은 답변이므로 정답 ⭕
(B) 구 형태이나, How much 의문문에 대한 답변이므로 오답 ❌
(C) 문제의 locally와 유사 발음(local) 함정으로 오답 ❌

어휘 locally 지역에서, 현지에서 grocery store 식료품점

6 청유의문문에서 문장 형태인 That's a good idea.가 정답이다.

Why don't we offer a reward to the Sales Team?
(A) That's a good idea.
(B) I only shop during sales.
(C) At the awards ceremony.

영업팀에게 상금을 주는 것이 어떨까요?
좋은 생각입니다.
저는 할인 기간에만 쇼핑을 합니다.
시상식에서.

귀로 풀 때 전략
(A) 청유의문문에 대한 무조건 정답 표현
(B) 동일 발음 함정
(C) 청유의문문에 구 형태로 답변

눈으로 풀 때 전략
(A) That's a good idea.로 공손하게 답변한 정답 ⭕
(B) 문제의 sales와 동일 발음 함정으로 오답 ❌
(C) 구 형태이나, Where 의문문에 대한 답변(장소 전치사)이므로 오답 ❌

어휘 sales 영업, 매출 award ceremony 시상식

7 일반의문문에는 No가 있는 보기가 정답이다.

Is Mr. Gabbis leaving the firm?
(A) He confirmed both our proposals.
(B) It usually leaves at 3:15.
(C) No, he's being transferred to the London office.

Gabbis 씨가 회사를 떠나나요?
(A) 그가 우리의 제안서 둘 다 확인했어요.
(B) 그것은 보통 3시 15분에 출발합니다.
(C) 아니요, 그는 London 사무실로 전근 갑니다.

귀로 풀 때 전략
(A) 유사 발음 함정
(B) 동일 발음 함정
(C) (A), (B)가 확실한 오답, 들을 이유 없음

눈으로 풀 때 전략
(A) 문제의 firm과 유사 발음(confirm) 함정으로 오답 ✕
(B) 문제의 leaving와 동일 발음 함정으로 오답 ✕
(C) 일반의문문은 동사에 대해서 Yes / No를 묻는 질문에 대해 No라고 답변한 정답 ◎

[어휘] manage 경영/관리/감독하다   instructions 설명서   safety procedures 안전 절차

8 What 의문문은 오답 소거 전략으로 푼다.

What construction project are you managing?
(A) Building a community center.
(B) Where are the detailed instructions?
(C) It's part of our safety procedures.

어떤 건설 프로젝트를 관리하고 있나요?
문화센터를 건설하는 것.
상세한 설명서가 어디에 있나요?
그것은 우리의 안전 절차 중 한 부분입니다.

귀로 풀 때 전략
(A) 구 형태, What 의문문에 대한 답변
(B) 유사 발음 함정
(C) 문장 형태, 살리기

눈으로 풀 때 전략
(A) 구 형태이며, What 의문문에 대한 답변이므로 정답 ◎
(B) 문제의 construction과 유사 발음(instructions) 함정으로 오답 ✕
(C) 정답이 될 수 있는 문장 형태지만, 질문에 대한 적절한 답변을 하고 있지 않으므로 오답 ✕

[어휘] manage 경영/관리/감독하다   instructions 설명서   safety procedures 안전 절차

9 check는 거의 정답이다.

Mr. Sutton's train arrives at 2, right?
(A) It's a long trip.
(B) Several times a day.
(C) We should check the schedule.

Sutton씨의 기차가 2시에 도착하죠, 그렇죠?
이것은 긴 여행이네요.
하루에 여러 번.
우리는 일정을 확인하는 것이 좋겠어요.

귀로 풀 때 전략
(A) 문장 형태, 살리기
(B) 구 형태, 다른 의문문에 대한 답변
(C) 대부분의 경우 정답인 표현 check

눈으로 풀 때 전략
(A) 문제에서 It이 받을 수 있는 단어가 없으므로 오답 ✕
(B) 구 형태이나, How often 의문문에 대한 답변이므로 오답 ✕
(C) 대부분의 경우 정답인 표현 중 하나인 check가 있으므로 정답 ◎

[어휘] long trip 장거리 여행   schedule 일정

10 I'm not sure는 항상 정답이다.

Are you attending the seminar on healthy diet or the one on physical fitness?
(A) Yes, it's very healthy.
(B) I'm not sure.
(C) Sometime after 1.

건강한 습관에 대한 세미나 또는 신체 건강 중 어느 세미나에 참석하시나요?
네, 이것은 매우 건강에 좋아요.
잘 모르겠어요.
1시 이후 언젠가.

귀로 풀 때 전략
(A) 동일한 발음 함정
(B) 무조건 정답 표현 I'm not sure.
(C) (B)가 확실한 정답, 들을 이유 없음

눈으로 풀 때 전략
(A) 문제의 healthy와 동일 발음 함정으로 오답 ✕
(B) 무조건 정답 표현 I'm not sure가 있으므로 정답 ◎
(C) 구 형태이나, When 의문문에 대한 답변이므로 오답 ✕

[어휘] healthy diet 건강식   physical fitness (좋은) 몸 컨디션; 신체 적성   healthy 건강한, 건강에 좋은

1 Which 의문문은 the ~ one이 정답이다.

Which computer monitor did you order?
(A) Unless it's large enough.
(B) He'll supervise the packing of the order.
(C) I bought the cheapest one.

어느 컴퓨터 모니터를 주문했나요?
그것이 충분히 크지 않다면
그는 주문품을 포장하는 것을 감독할 겁니다.
가장 저렴한 것으로 구매했어요.

귀로 풀 때 전략
(A) 구 형태, 살리기
(B) 동일 발음 함정
(C) the ~one을 듣고 정답!

눈으로 풀 때 전략
(A) 구 형태이나, 질문과 무관한 답변으로 오답 ✗
(B) 문제의 order와 동일 발음 함정으로 오답 ✗
(C) Which 의문문의 정답 가능 표현인 the ~ one이 있으므로 정답 ⊙

어휘 unless ~하지 않는다면   supervise 감독/지휘/지도하다   packing 포장

---

2 What ~ fee 의문문은 dollar 등 화폐단위가 정답이다.

What's the membership fee at the museum on Sherman Street?
(A) He's already a member.
(B) The schedule's on the table.
(C) Twenty dollars for special exhibits.

Sherman 가에 있는 박물관의 가입비는 얼마인가요?
그는 이미 회원입니다.
일정표가 테이블 위에 있습니다.
특별 전시품에 대해 20달러.

귀로 풀 때 전략
(A) 유사 발음 함정
(B) 동일/유사 발음 없는 문장 살리기
(C) dollars를 듣고 정답!

눈으로 풀 때 전략
(A) He가 문제에서 받을 수 있는 명사가 없으면, 문제의 membership과 유사 발음(member) 함정으로 오답 ✗
(B) 동일/유사 발음 함정이 없는 문장이나, 질문과 무관한 답변이므로 오답 ✗
(C) What 의문문과 fee가 함께 쓰여 가격을 묻는 문제 유형으로 dollars가 있으므로 정답 ⊙

어휘 membership fee 가입비   exhibit 전시품

---

3 Who 의문문은 보기 주어 I가 답이다.

Who can demonstrate setting up the projector?
(A) I just saw it next door.
(B) I can, in a moment.
(C) A new project.

누가 프로젝터를 설치하는 것을 보여주실 수 있나요?
제가 옆방에서 그것을 봤어요.
제가, 곧이요.
새로운 프로젝트요.

귀로 풀 때 전략
(A) 문장 형태, 살리기
(B) 주어 I를 듣고 정답!
(C) 유사 발음 함정

눈으로 풀 때 전략
(A) 정답이 될 수 있는 문장 형태지만, 질문에 대한 적절한 답변을 하고 있지 않으므로 오답 ✗
(B) Who 의문문의 정답인 주어 I가 있으므로 정답 ⊙
(C) 문제의 projector와 유사 발음(project) 함정으로 오답 ✗

어휘 demonstrate 증거를 들어가며 보여 주다   set up (기계/장비를) 설치하다   in a moment 곧바로

4 방법을 묻는 How 의문문은 오답 소거 전략으로 푼다.

How did the event coordinator select on the dress code for the banquet?
(A) As soon as it arrives.
(B) She used colors that match our company logo.
(C) A confirmation code.

행사 진행자가 연회 복장 규정을 어떻게 선택했나요?
그것이 도착하면 곧.
그녀는 우리 회사의 로고에 맞는 색들을 사용했어요.
확인 코드.

귀로 풀 때 전략
(A) 구 형태, 다른 의문문에 대한 답변
(B) 문장 형태, 살리기
(C) 동일 발음 함정

눈으로 풀 때 전략
(A) 구 형태이나, When 의문문에 대한 답변(시간 표현 soon)이 있으므로 오답 ❌
(B) 문장 형태이며, 질문에 대한 적절한 답변을 하고 있으므로 정답 ⭕
(C) 문제의 code와 동일 발음 함정으로 오답 ❌

[어휘] coordinator 진행자 dress code 복장 규정 confirmation code 확인 코드

---

5 의외성 있는 답변이 정답이 될 수 있다.

What time did you get on the bus to work today?
(A) I actually walked this morning.
(B) A one-way ticket.
(C) It starts at 8 o'clock.

오늘 회사로 올 때 몇 시에 버스를 탔나요?
사실은 오늘 아침은 걸어서 왔습니다.
편도 티켓.
이것은 8시에 시작합니다.

귀로 풀 때 전략
(A) 우선 순위 표현인 actually가 있는 문장, 살리기
(B) 구 형태, 다른 의문사 의문문에 대한 답변
(C) What time 의문문에 문장 형태로 답변

눈으로 풀 때 전략
(A) this morning이라는 시간 표현이 있는 문장으로 질문에 대해 알맞은 답변을 한 정답 ⭕
(B) 구 형태이나, What 의문문에 대한 답변이므로 오답 ❌
(C) 문제에서 It으로 받을 수 있는 단어가 없으므로 오답 ❌

[어휘] one-way 편도의

---

6 What 의문문은 오답 소거 전략으로 푼다.

What floor is PG Development Team on?
(A) The building directory is at the main entrance.
(B) Down the hall and to the left.
(C) Yes, I brought a copy of the map.

어느 층에 PG 개발팀이 있나요?
건물 안내도가 중앙 출입구에 있어요.
복도를 따라 가다가 왼쪽으로.
네, 제가 지도를 가져왔어요.

귀로 풀 때 전략
(A) 동일/유사 발음 없는 문장, 살리기
(B) 구 형태, 다른 의문사 의문문에 대한 답변
(C) Yes를 듣자마자 오답!

눈으로 풀 때 전략
(A) 문장 형태이며, 질문에 대한 적절한 답변을 하고 있으므로 정답 ⭕
(B) 구 형태이나, Where 의문문에 대한 답변이므로 오답 ❌
(C) 의문사 의문문에는 Yes 답변이 나올 수 없으므로 오답 ❌

[어휘] building directory 건물 안내도

7 방법을 묻는 How 의문문은 through가 정답이다.

How did you get the discount vouchers for the play?
(A) I prepaid through online.
(B) Usually 20 percent off.
(C) No, the mail hasn't arrived.

연극 할인권을 어떻게 구하셨나요?
온라인으로 선결제했어요.
보통 20% 할인.
아니요, 우편이 아직 도착하지 않았어요.

귀로 풀 때 전략

(A) 동일/유사 발음 없는 문장
(B) 구 형태, 다른 의문사 의문문에 대한 답변
(C) No를 듣고 오답!

눈으로 풀 때 전략

(A) 방법을 묻는 How 의문문 유형에서 자주 출제되는 through 전치사구가 있는 정답 ⭕
(B) 구 형태이나, How much 의문문에 대한 답변이므로 오답 ❌
(C) 의문사 의문문에는 No 답변이 나올 수 없으므로 오답 ❌

어휘 voucher 상품권, 할인권, 쿠폰   play 연극   prepay 선불하다. (운임 따위를) 미리 치르다

---

8 Where 의문문의 우회적인 내용으로 정답을 줄 때는 우선 순위 전략으로 정답을 찾을 수 있다.

Where's the book signing being held?
(A) Next Monday works for me.
(B) A well-known authors.
(C) Oh, I thought you couldn't make it.

책 사인회가 어디에서 이루어지고 있나요?
저는 다음 주 월요일에 시간이 됩니다.
잘 알려진 작가.
아, 저는 당신이 못 오실 줄 알았어요.

귀로 풀 때 전략

(A) 동일/유사 발음 없는 문장, 살리기
(B) 구 형태, 다른 의문사 의문문에 대한 답변
(C) Oh를 듣고 정답!

눈으로 풀 때 전략

(A) 정답이 될 수 있는 문장 형태지만, 질문에 대한 적절한 답변을 하고 있지 않으므로 오답 ❌
(B) 구 형태이나, Who 의문문에 대한 답변이므로 오답 ❌
(C) Oh가 있는 문장으로, 질문에 대해 알맞게 답변한 정답 ⭕

어휘 signing 사인회   well-known 유명한, 잘 알려진

---

9 How long 의문문은 「about + 시간 표현」이 정답이다.

How long does fight take to New York?
(A) About 8 hours.
(B) It was a great trip.
(C) Around 4.

뉴욕까지 이 비행은 얼마나 걸리나요?
대략 8시간.
훌륭한 여행이었어요.
4시쯤.

귀로 풀 때 전략

(A) How long 의문문에 구 형태로 답변
(B) (A)가 확실한 정답, 들을 이유 없음
(C) (A)가 확실한 정답, 들을 이유 없음

눈으로 풀 때 전략

(A) 구 형태이며, How long 의문문에 대한 답변인(about + 시간 표현)이므로 정답 ⭕
(B) 정답이 될 수 있는 문장 형태지만, 질문에 대한 적절한 답변을 하고 있지 않으므로 오답 ❌
(C) 구 형태이나, What 의문문에 대한 답변이므로 오답 ❌

어휘 flight 비행

10 Why 의문문은 구보다는 문장이 정답이다.

Why are you working this weekend?
(A) It should work.
(B) I have a deadline coming up.
(C) Weekly meetings.

이번 주말에 왜 일하나요?
작동될 겁니다.
마감일이 다가오고 있어요.
주간 회의들.

귀로 풀 때 전략
(A) 유사 발음 함정
(B) 동일/유사 발음 없는 문장, 살리기
(C) 유사 발음 함정

눈으로 풀 때 전략
(A) 문제의 working과 유사 발음(work) 함정으로 오답 ✕
(B) 문장 형태이며, 질문에 대해 알맞은 답변을 하고 있으므로 정답 ◎
(C) 문제의 weekend와 유사 발음(weekly) 함정으로 오답 ✕

어휘 **deadline** 기한, 마감 시간 **weekly** 매주의, 주간의

1 일반의문문은 문장이 정답이다.

Did the attendees like our career development program we offered last month?
(A) The organizer is analyzing their feedback.
(B) In the Research & Development department.
(C) Two weeks ago.

참석자들이 우리가 지난 달 제안한 경력 개발 프로그램을 좋아했나요?
주최 측이 그들의 의견을 분석 중입니다.
연구 개발 부서에서.
2주 전에.

귀로 풀 때 전략

(A) 동일/유사 발음 없는 문장, 살리기
(B) 구 형태, 다른 의문사 의문문에 대한 답변
(C) 구 형태, 다른 의문사 의문문에 대한 답변

눈으로 풀 때 전략

(A) 정답이 될 수 있는 문장 형태이며, 아직 결과가 안 나왔다고 적절한 답변을 하고 있으므로 정답 ◎
(B) 구 형태이나, Where 의문문에 대한 답변(장소 전치사 in)이므로 오답 ✕
(C) 구 형태이나, When 의문문에 대한 답변(시간 표현)이므로 오답 ✕

[어휘] career 직업, 경력   development 발달, 개발   organizer 조직자, 주최자   analyze 분석하다   feedback 피드백, 의견

2 일반의문문은 No가 있는 보기가 정답이다.

Are there any seats available for the next Wednesday's home improvement class?
(A) This house will sell fast.
(B) He is no available until next week.
(C) No, but we will open one more on Friday.

다음 주 수요일 주택 개선 공사 강의를 위한 좌석이 남아 있을까요?
이 집은 빨리 판매가 될 겁니다.
그는 다음 주쯤에나 시간이 됩니다.
아니요, 하지만 금요일에 하나 더 개설할 예정입니다.

귀로 풀 때 전략

(A) 동일/유사 발음 없는 문장
(B) 동일/유사 발음 없는 문장
(C) No가 있는 문장, 정답!

눈으로 풀 때 전략

(A) 정답이 될 수 있는 문장 형태지만, 질문에 대한 적절한 답변을 하고 있지 않으므로 오답 ✕
(B) 정답이 될 수 있는 문장 형태지만, He가 지칭하는 것이 문제에 없으므로 오답 ✕
(C) 동사에 대해서 Yes/No를 묻는 일반의문문에서 No라고 답하고 적절한 답을 하고 있으므로 정답 ◎

[어휘] available 이용할 수 있는   home improvement 주택 개조(개선 공사)

3 일반의문문은 Yes가 있는 보기가 정답이다.

Have you considered teaching a training session at 6:00 A.M.?
(A) Yes, but it's too hard for me to wake up early.
(B) They considered it a lot.
(C) He is available this afternoon.

오전 6시에 교육시간을 진행하는 것을 고려해 보았나요?
네, 하지만 아침 일찍 일어나는 것이 너무 힘들어요.
그들은 그것을 많이 고려했어요.
그는 오후에 시간이 돼요.

귀로 풀 때 전략

(A) Yes가 있는 문장, 살리기
(B) 동일 발음 함정
(C) Yes/No가 없는 문장, 오답 소거!

눈으로 풀 때 전략

(A) 동사에 대해서 Yes/No를 묻는 일반의문문에서 Yes라 답하고 적절한 답을 하고 있으므로 정답 ◎
(B) 정답이 될 수 있는 문장 형태지만, They가 지칭하는 것이 문제에 없고 문제의 considered가 동일 발음 함정으로 오답 ✕
(C) 정답이 될 수 있는 문장 형태지만, He가 지칭하는 표현이 없으므로 오답 ✕

[어휘] consider 사려/고려/숙고하다   training session 교육

4 부정의문문은 보기에 Yes와 No가 모두 있을 경우에는 Yes가 정답이지만 동일 발음 어휘가 있는 경우 소거한 후, 문장이 정답이다.

Shouldn't we change Ms. Harrison's speech with Mr. Dowson's?
(A) The room doesn't have a screen he requested.
(B) No, his speech was quite impressive.
(C) At room 21.

Harrison씨와 Dowson씨의 연설을 바꿔야 하지 않을까요?
이 방에는 그가 요청한 스크린이 없어요.
아니요, 그의 연설은 꽤 인상적이었어요.
21번 방에서.

귀로 풀 때 전략
(A) 동일/유사 발음 없는 문장, 살리기
(B) 동일 발음 함정
(C) 구 형태이나, 다른 의문사 의문문에 대한 답변

눈으로 풀 때 전략
(A) 동사에 대해서 묻는 부정의문문에서 문장 형태로 적절한 답을 하고 있으므로 정답 ◎
(B) 동사에 대해서 묻는 부정의문문에서 No라 답하고 있지만, 문제의 speech와 동일 발음 함정으로 오답 ✗
(C) 구 형태이나, Where 의문문에 대한 답변(장소 전치사 at)이므로 오답 ✗

어휘 speech 연설, 담화   impressive 인상적인

---

5 부정의문문에서 Yes가 있는 보기가 정답이다.

Weren't you supposed to submit your research proposal by noon?
(A) The figures were incorrect.
(B) I suppose it'll happen.
(C) Yes, I'm working on it right now.

연구 제안서를 정오까지 제출하는 거 아닌가요?
수치들이 맞지 않아요.
그것이 일어날 거라 생각합니다.
네, 지금 하고 있어요.

귀로 풀 때 전략
(A) 동일/유사 발음 없는 문장, 살리기
(B) 유사 발음 함정
(C) Yes가 있는 문장, 정답!

눈으로 풀 때 전략
(A) 정답이 될 수 있는 문장 형태지만, 질문에 대한 적절한 답변을 하고 있지 않으므로 오답
(B) 정답이 될 수 있는 문장 형태지만, it이 지칭하는 것이 문제에 없고, 문제의 supposed와 유사 발음(suppose) 함정으로 오답
(C) 동사에 대해서 Yes/No를 묻는 부정의문문에서 Yes라 답하고 적절한 답을 하고 있으므로 정답 ◎

어휘 research proposal 연구 제안서   suppose (~일 것이라고) 생각하다, 추정/추측하다   figure 수치, 숫자

---

6 부정의문문에서 Not that I know of.는 항상 정답이다.

Won't temporary packers be employed during the winter holiday season?
(A) Not that I know of.
(B) It's a special deal.
(C) That should be on the package box.

임시 포장 직원들이 겨울 휴가 기간에 더 고용되지 않나요?
제가 아는 바로는 아닙니다.
이것은 특가 상품입니다.
그것은 포장 박스에 있을 겁니다.

귀로 풀 때 전략
(A) 부정의문문 무조건 정답 표현
(B) (A)가 확실한 정답, 들을 이유 없음
(C) (A)가 확실한 정답, 들을 이유 없음

눈으로 풀 때 전략
(A) 부정의문문에 무조건 답이 되는 Not that I know of. 보기 문장이므로 정답 ◎
(B) 정답이 될 수 있는 문장 형태지만, it이 지칭하는 것이 문제에서 없으므로 오답 ✗
(C) 정답이 될 수 있는 문장 형태지만, 문제의 packers와 유사 발음(package) 함정이며, that을 지칭하는 것이 문제에 없으므로 오답 ✗

어휘 packer 포장 담당 직원   holiday season 휴가 기간   special deal 특가 상품

7 부정의문문에서 Yes가 있는 보기가 정답이다.

Thompson knows how to get to the Mackenzi Castle, doesn't he?
(A) Yes, he volunteers to guide visitors every week.
(B) It departs at 7:30 P.M.
(C) At a historical site.

Thompson이 Mackenzi Castle로 가는 방법을 알고 있죠, 그렇지 않나요?
네, 그는 매주 방문객들을 안내하는 자원 봉사를 합니다.
그것은 오후 7:30에 출발합니다.
유적지에서.

귀로 풀 때 전략
(A) Yes가 있는 문장, 살리기
(B) (A)가 확실한 정답, 들을 이유 없음
(C) (A)가 확실한 정답, 들을 이유 없음

눈으로 풀 때 전략
(A) 동사에 대해서 Yes/No를 묻는 부정 부가의문문에서 Yes라고 하고 적절한 답을 하고 있으므로 정답 ◎
(B) 정답이 될 수 있는 문장 형태지만, it이 지칭하는 것이 문제에서 없으므로 오답 ✖
(C) 구 형태이나, Where 의문문에 대한 답변(장소 전치사 at)이므로 오답 ✖

어휘 guide (길, 장소로) 안내하여 데려가다/보여 주다 depart 떠나다, 출발하다 historical site 유적지

8 부정의문문에서 Yes가 있는 보기가 정답이다.

The company vacation policy was newly introduced, wasn't it?
(A) She was officially introduced to staff members.
(B) The training session was called off.
(C) Yes, we have five additional days now.

회사 휴가 정책이 새롭게 도입되었죠, 그렇지 않나요?
그녀는 공식적으로 직원들에게 소개되었어요.
직원 교육이 취소되었어요.
네, 우리는 이제 5일이 추가로 생겼어요.

귀로 풀 때 전략
(A) 동일 발음 함정
(B) 동일/유사 발음 없는 문장, 살리기
(C) Yes가 있는 문장, 정답!

눈으로 풀 때 전략
(A) 정답이 될 수 있는 문장 형태지만, 문제의 introduced와 동일 발음 함정으로 오답 ✖
(B) 정답이 될 수 있는 문장 형태지만, 질문에 대한 적절한 답변을 하고 있지 않으므로 오답 ✖
(C) 동사에 대해서 Yes/No를 묻는 부정 부가의문문에서 Yes라고 하고 적절한 답을 하고 있으므로 정답 ◎

어휘 policy 정책, 방침 call off ~을 취소/철회하다 additional 추가의

9 긍정 부가의문문에는 No가 있는 보기가 정답이다.

There are no more candidates to the manager position remaining, are there?
(A) The final round of interview with the executives.
(B) No, we have to accept internal applications.
(C) At least two recommendation letters.

매니저 자리에 대한 남아있는 지원자가 더 없죠, 그렇죠?
임원진들과의 최종 인터뷰.
아니요, 우리는 내부 지원서를 받아야 합니다.
최소한 2개의 추천서.

귀로 풀 때 전략
(A) 구 형태, 다른 의문사 의문문에 대한 답변
(B) No가 있는 문장, 살리기
(C) 구 형태, 다른 의문사 의문문에 대한 답변

눈으로 풀 때 전략
(A) 구 형태이나, What 의문문에 대한 답변이므로 오답 ✖
(B) 동사에 대해서 Yes/No를 묻는 긍정 부가의문문에서 No라고 하고 적절한 답을 하고 있으므로 정답 ◎
(C) 구 형태이나, How many 의문문에 대한 답변이므로 오답 ✖

어휘 candidate 후보자 remaining 남아있는 accept 받아들이다 internal 내부의 recommendation letter 추천서

10 긍정 부가의문문에서 No가 있는 보기가 정답이지만 동일 발음 어휘가 있는 경우 소거한 후, 우선 순위로 의문문 보기가 정답이다.

Ms. Emerson hasn't made a reservation for the annual banquet yet, has she?

(A) Please bring me a menu.

(B) Was she supposed to?

(C) No, it is reserved only for visitors.

Emerson씨가 연례 연회를 예약하지 않았죠, 그렇죠?
저에게 메뉴를 가져다 주세요.
그녀가 했어야 하나요?
아니요, 그것은 방문객들을 위해서만 예약되어 있어요.

귀로 풀 때 전략

(A) 동일/유사 발음 없는 문장, 살리기

(B) 문장 형태인 (A)를 소거한 후, 정답!

(C) 유사 발음 함정

눈으로 풀 때 전략

(A) 정답이 될 수 있는 문장 형태이지만, 질문에 대한 적절한 답변을 하고 있지 않으므로 오답 ❌

(B) 동사에 대해서 묻는 긍정 부가의문문에서 동사가 있는 의문문으로 적절하게 반문하고 있으므로 정답 ⭕

(C) 동사에 대해서는 Yes/No를 묻는 긍정 부가의문문에서 No라고 했지만 질문에 대한 적절한 답변을 하고 있지 않으며, 문제의 reservation과 유사 발음(reserved) 함정인 오답 ❌

어휘] **annual** 연례의, 매년의   **menu** 메뉴

1 청유의문문에서는 문장 형태인 That's a good idea.가 정답이다.

Why don't you postpone the deadline for the job applications for the assistant position?
(A) That's a good idea.
(B) He'll conduct job interviews.
(C) No, we don't have enough candidates.

부매니저 자리 지원서 마감일을 연기하는 게 어떨까요?
좋은 생각입니다.
그가 면접을 진행할 겁니다.
아니요, 우리는 충분한 지원자들이 없어요.

귀로 풀 때 전략
(A) 청유의문문 무조건 정답 표현
(B) (A)가 확실한 정답, 들을 이유 없음
(C) (A)가 확실한 정답, 들을 이유 없음

눈으로 풀 때 전략
(A) 청유의문문에 That's a good idea.로 공손하게 수락한 정답 표현 ◎
(B) 정답이 될 수 있는 문장 형태지만, He가 지칭하는 것이 문제에 없으므로 오답 ✖
(C) No로 시작하는 문장은 청유의문문에서 오답으로 자주 출제된다. 문맥상으로도 연기를 제안했는데 No라고 하고 충분한 지원자가 없다고 답한 것은 적절하지 않으므로 오답 ✖

어휘 postpone 연기하다   deadline 마감 시간   job applications 구직, 취업 지원서   candidate 후보자, 지원자

---

2 청유의문문에 No problem이 정답이다.

Could you decorate these birthday cakes before you leave today?
(A) He's the new baker.
(B) My birthday is November 4th.
(C) No problem, they will be ready by then.

오늘 퇴근 전까지 이 생일 케이크들을 장식해주실 수 있나요?
그는 새로 온 제빵사입니다.
제 생일은 11월 4일입니다.
문제 없습니다, 그때까지면 준비되어 있을 겁니다.

귀로 풀 때 전략
(A) 동일/유사 발음 없는 문장, 살리기
(B) 동일 발음 함정
(C) 청유의문문 무조건 정답 표현

눈으로 풀 때 전략
(A) 정답이 될 수 있는 문장 형태지만, He가 지칭하는 것이 문제에 없으므로 오답 ✖
(B) 정답이 될 수 있는 문장 형태지만, 문제의 birthday와 동일 발음 함정으로 오답 ✖
(C) 청유의문문에 No problem으로 공손하게 답변한 정답 ◎

어휘 decorate 장식하다   leave 떠나다   baker 제빵사   be ready 준비가 되다

---

3 청유의문문에 Sure가 정답이다.

Will you bring your own gardening tools at the demonstration?
(A) This shovel has an easy grip.
(B) At the cooking demonstration.
(C) Sure, but they are all very old.

당신의 원예 도구들을 시연 때 가져오실 수 있나요?
이 삽은 잡기 쉽게 되어있어요
요리 시연에서.
물론이죠, 하지만 모두 오래된 것들입니다.

귀로 풀 때 전략
(A) 동일/유사 발음 없는 문장, 살리기
(B) 구 형태, 다른 의문사 의문문에 대한 답변이며 동일 발음 함정
(C) 청유의문문 무조건 정답 표현

눈으로 풀 때 전략
(A) 정답이 될 수 있는 문장 형태지만, 질문에 대한 적절한 답을 하고 있지 않으므로 오답 ✖
(B) 구 형태이나, Where 의문사 의문문에 대한 답변(장소 전치사 at)이며, 문제의 demonstration과 동일 발음 함정으로 오답 ✖
(C) 청유의문문에 Sure로 공손하게 답변한 정답 ◎

어휘 gardening tools 원예 도구   demonstration (무엇의 작동 과정이나 사용법에 대한 시범) 설명   grip 잡는/쥐는 방식

4 When이 있는 간접의문문은 시간 표현이 있는 보기가 정답이다.

Do you know when the clients are arriving today?
(A) At the Crenos International Airport.
(B) Maybe around 2:30 P.M.
(C) It's a new software program.

오늘 언제 고객들이 도착하는지 알고 있나요?
Crenos 국제 공항에서
아마도 2시 30분쯤.
이것은 새로운 소프트웨어 프로그램입니다.

귀로 풀 때 전략
(A) 구 형태, 다른 의문사 의문문에 대한 답변
(B) 간접의문문 내의 의문사(When)에 대한 답변
(C) (B)가 확실한 정답, 들을 이유 없음

눈으로 풀 때 전략
(A) 구 형태이나, Where 의문문에 대한 답변(장소 전치사 at)이므로 오답 ❌
(B) When 의문문에 구 형태의 시간 표현으로 답변한 정답 ⭕
(C) 정답이 될 수 있는 문장 형태지만, 간접의문문 문제 내의 의문사(when)에 대한 적절한 답을 하고 있지 않으며 It이 지칭하는 것이 없으므로 오답 ❌

[어휘] client 고객, 의뢰인   around ~쯤

---

5 ask는 항상 정답이다.

Do you think Mr. Barron would prefer morning or afternoon flight?
(A) No, there was bad weather.
(B) They are arriving in the morning.
(C) Why don't you ask him?

Barron씨가 오전 또는 오후 비행 중 무엇을 선호할 거라 생각하나요?
아니요, 날씨가 좋지 않았어요.
그들은 오전에 도착합니다.
그에게 물어보는 것이 어떨까요?

귀로 풀 때 전략
(A) No를 듣고 오답!
(B) 동일/유사 발음 없는 문장
(C) 무조건 정답 표현 ask

눈으로 풀 때 전략
(A) Yes/No로 시작하는 문장이 오답으로 많이 출제되며, 질문에 대한 적절한 답변이 아니므로 오답 ❌
(B) 선택 사항인 morning이 언급되었으나, They가 지칭하는 것이 문제에 없으므로 오답 ❌
(C) 무조건 정답 표현인 ask가 있으므로 정답 ⭕

[어휘] prefer 선호하다   bad weather 궂은 날씨

---

6 선택 의문문에 Actually가 정답이다.

Are you ready to print your handout or are you still revising?
(A) He'll hand them out.
(B) Actually, our presentation isn't until 11.
(C) Tammy is installing a new printer.

유인물을 인쇄할 준비가 되었나요, 아니면 아직도 검토 중인가요?
그가 그것들을 나눠줄 겁니다.
사실, 우리의 발표는 11시쯤이에요.
Tammy가 새로운 프린터를 설치 중입니다.

귀로 풀 때 전략
(A) 유사 발음 함정
(B) 선택의문문 정답 표현
(C) (B)가 확실한 정답, 들을 이유 없음

눈으로 풀 때 전략
(A) 선택 사항인 handout이 언급되었으나, he와 them이 지칭하는 것이 문제에 없으므로 오답 ❌
(B) Actually가 있는 문장으로 알맞은 답변을 하고 있으므로 정답 ⭕
(C) 정답이 될 수 있는 문장 형태지만, 질문에 대한 적절한 답변을 하고 있지 않으므로 오답 ❌

[어휘] handout 유인물   revise 변경/수정하다   hand out 나눠주다   install 설치하다

7 선택 의문문은 오답 소거 전략으로 푼다.

Should we hold the company retreat in April or July?
(A) Yes, they're in the budget.
(B) Our boss will treat us.
(C) The Marketing Team will attend the expo this July.

4월 또는 7월 중 회사 야유회를 언제 열까요?
네, 그것은 예산에 있습니다.
우리의 상사가 우리를 대접할 것입니다.
마케팅팀이 이번 7월에 박람회에 참석할 겁니다.

귀로 풀 때 전략
(A) Yes를 듣고 오답!
(B) 유사 발음 함정!
(C) (A), (B)가 확실한 오답, 들을 이유가 없음

눈으로 풀 때 전략
(A) Yes로 시작하는 문장이 오답으로 많이 출제되며, 질문에 대한 적절한 답변이 아니므로 오답 ✗
(B) 문제의 retreat과 유사 발음(treat) 함정으로 오답 ✗
(C) 선택 사항인 July를 언급했으나, 7월을 선택하지 않은 우회적인 답변을 하고 있으므로 정답 ◎

[어휘] company retreat 회사 연수, 야유회   budget 예산   expo 박람회

8 평서문에 well이 정답이다.

But I think you liked the apartment on Auckland Avenue.
(A) Well, its rent was too high.
(B) The address was printed wrong.
(C) You will find the details on the Web site.

하지만 저는 당신이 Auckland 가에 있는 아파트를 좋아한다고 생각했어요.
글쎄요, 임대료가 너무 비싸요.
주소가 잘못 인쇄되었어요.
세부 사항들을 웹사이트에서 찾으실 수 있을 겁니다.

귀로 풀 때 전략
(A) 평서문 정답 표현
(B) (A)가 확실한 정답, 들을 이유 없음
(C) (A)가 확실한 정답, 들을 이유 없음

눈으로 풀 때 전략
(A) well이 있는 문장으로 알맞은 답변을 하고 있으므로 정답 ◎
(B) 정답이 될 수 있는 문장 형태이지만, 질문에 대한 적절한 답변이 아니므로 오답 ✗
(C) 정답이 될 수 있는 문장 형태지만, 질문에 대한 적절한 답변이 아니므로 오답 ✗

[어휘] rent 집세, 임차료   address 주소   find 찾다, 발견하다   details 세부 사항

9 평서문은 오답 소거 전략으로 푼다.

I still find your advertisements in my inbox.
(A) Yes, she'll come tomorrow.
(B) Just click "Unsubscribe" button on the bottom.
(C) By express mail.

저는 아직도 광고들을 받은 편지함에서 보게 됩니다.
네, 그녀는 내일 올 겁니다.
맨 아래 '구독 취소' 버튼을 클릭해 주세요.
빠른 우편으로

귀로 풀 때 전략
(A) Yes가 있는 문장, 살리기
(B) Yes/No가 없는 문장으로 (A)를 소거한 후, 정답!
(C) 구 형태, 다른 의문사 의문문에 대한 답변

눈으로 풀 때 전략
(A) Yes로 시작하는 문장이 오답으로 많이 출제된다. 또한, 질문에 대한 적절한 답변이 아니며, she가 지칭하는 것이 문제에 없으므로 오답 ✗
(B) 정답이 될 수 있는 문장 형태지만, 질문에 대한 적절한 답변을 하고 있으므로 정답 ◎
(C) 구 형태이나, How 의문문에 대한 답변(by 전치사구)이므로 오답 ✗

[어휘] inbox (컴퓨터) 받은 편지함   bottom 맨 아래   express mail 속달 우편 서비스

10 평서문에 and가 정답이다.

The restaurant should have more discounted menu options.
(A) I would like to join your reward program.
(B) And it started to offer various lunch specials.
(C) A 30% discount coupon.

레스토랑에는 할인된 메뉴 선택 사항들이 더 있을 겁니다.
당신의 보상 제도에 가입하고 싶습니다.
그리고 레스토랑은 다양한 점심 특선 메뉴들을 제공하기 시작했어요.
30% 할인 쿠폰.

귀로 풀 때 전략

(A) 문장 형태, 살리기
(B) 평서문 정답 표현
(C) (B)가 확신한 정답, 들을 이유 없음

눈으로 풀 때 전략

(A) 정답이 될 수 있는 문장 형태지만, 질문에 대한 적절한 답변을 하고 있지 않으므로 오답 ❌
(B) and가 있는 문장으로 알맞은 답변을 하고 있으므로 정답 ⭕
(C) 구 형태이나, How much 또는 What 의문문에 대한 답변이므로 오답 ❌

어휘 discounted 할인된   menu options 메뉴 선택   reward program 보상 제도

Questions 1 through 3 refer to the following conversation.

M: Hello, ❶I'm calling to ask about your Food Technology Conference in Clinton. I tried to book a space for the company exhibition booth, but I was not able to proceed to the payment page. **W:** Sorry for your inconvenience but it's ❷due to a technical problem on our Web site. We are working on it now. Don't worry. I can accept your registration now. In which space do you want to set up your booth? **M:** I remember the booth space we reserved last year was great. Is it possible to have the same one? **W:** ❸Can I get your company name? I can check your records and figure out if that booth space is available.	**남:** 안녕하세요. 저는 Clinton에서 하는 Food Technology Conference에 대해 문의하려고 전화했습니다. 저는 회사 전시 부스를 위한 공간을 예약하려고 했지만, 결제 페이지로 넘어갈 수가 없었습니다. **여:** 불편을 끼쳐드려 죄송합니다만 저희 웹사이트에 기술적인 문제가 있어서요. 저희가 지금 해결하는 중입니다. 걱정하지 마세요. 지금 귀하의 등록을 받을 수 있습니다. 어느 공간에 부스를 설치하길 원하십니까? **남:** 작년에 예약했던 부스 공간이 좋았다고 기억합니다. 같은 공간으로 가능합니까? **여:** 회사 이름 좀 알려주실 수 있을까요? 당신의 기록을 확인해서, 그 공간이 이용 가능한지 알아보겠습니다.

[어휘] **book** 예약하다   **booth** (칸막이를 한) 작은 공간, 부스   **proceed** 나아가다, 이동하다, 진행하다   **set up** 설치하다   **record** 기록

---

1   What is the main <u>purpose of the call</u>?

···➤ I'm calling과 같은 전화를 건 이유를 말할 때 쓰이는 표현이 들리면 답을 확인한다.

(A) To <u>confirm an order</u>

  ···➤ 명사 an order는 스크립트에서 더 구체적으로 언급될 것이므로 동사를 키워드로 잡는다.

(B) To request a <u>newsletter</u>
(C) To buy a <u>flight ticket</u>
(D) To reserve an <u>exhibition space</u>

전화의 주요 목적은 무엇인가?
주문을 확인하기 위해
소식지를 요청하기 위해
비행기표를 구매하기 위해
전시 공간을 예약하기 위해

[해설] 전화를 건 목적을 묻는 문제 유형으로, 스크립트에서 주제/목적 문제의 정답 단서 표현인 I'm calling을 들려 준다. 보기의 reserve는 스크립트에서 book으로 패러프레이징 되었지만, 스크립트에서 보기 키워드인 exhibition과 space를 같이 들려준 (D) To reserve an exhibition space가 정답이다.

---

2   What has <u>caused a problem</u>?

···➤ because, due to와 같은 원인을 말할 때 쓰는 표현이 들리면 답을 확인한다.

(A) A <u>price</u> has increased.
(B) A <u>mailing address</u> is incorrect.
(C) A <u>Web site</u> is malfunctioning.
(D) A <u>deadline</u> has passed.

문제를 일으킨 원인은 무엇인가?
가격이 올랐다.
우편 주소가 정확하지 않다.
웹사이트가 오작동한다.
마감일이 지났다.

[해설] 문제를 일으킨 원인을 묻는 문제 유형이다. 듣기에서 이유/원인 문제의 정답 단서 표현인 due to를 들려 주고, 보기의 malfunctioning을 듣기에서 technical problem으로 패러프레이징하고 보기 키워드인 Web site를 같이 들려준 (C) A Web site is malfunctioning.이 정답이다.

---

3   What does the <u>woman ask for</u>?

···➤ 여자의 말에서 Can you, Would you, Why don't you와 같은 요청할 때 쓰는 표현이 들리면 답을 확인한다.

(A) An <u>e-mails address</u>
(B) A <u>company name</u>
(C) An <u>employee ID number</u>
(D) An <u>order confirmation number</u>

여자는 무엇을 요청하는가?
이메일 주소
회사 이름
직원 신분 번호
주문 확인 번호

[해설] 여자가 요청한 것을 묻는 문제 유형이다. 스크립트에서 제안/요청 문제의 정답 단서 표현인 Can I를 여자의 말에서 들려 주고, 보기 키워드인 company name을 같이 들려준 (B) A company name이 정답이다.

Questions 4 through 6 refer to the following conversation.

W: ❶Taylor, did you review our advertising banner for the new e-book of Ace Publishing? Can you tell me what you think of it?

M: Well, Ace Publishing told us that ❷the new product has been totally upgraded and has new features such as a battery saving mode so it's long lasting and has a special feature, a memo function with a touch pen. It would be perfect for businesspeople who frequently take long trips or for students who take notes during class.

W: That could be a good point. ❸Why don't we make some revisions to the advertisement focusing on those features?

여: Taylor, Ace Publishing의 새로운 전자책 광고 배너에 대해서 검토해 보았나요? 그것에 대해 어떻게 생각하는 지 말해주실 수 있나요?

남: 글쎄, Ace Publishing이 말하기를 새로운 제품이 완전히 업그레이드되었고 배터리 절약 모드와 같은 새로운 기능이 있어 오래 지속될 수 있고 터치 펜이 있는 특별한 메모 기능이 추가되었다고 합니다. 그것은 자주 장거리 출장을 떠나는 비즈니스맨이나, 수업 중에 필기하는 학생들에게 완벽할 것입니다.

여: 그 부분은 좋은 지적일 수 있습니다. 그러한 기능에 초점을 맞춘 광고로 수정하는 것이 어떻겠습니까?

[어휘] feature 특징   long lasting 오래 지속되는, 지속될 수 있는   frequently 자주, 흔히   revision 수정, 검토, 변경

4 What industry do the speakers most likely work in?
···➤ 화자들의 직종을 묻는 문제는 항상 첫 화자에서 정답을 알려 준다.
(A) Publishing
(B) Advertising
(C) Electronics
(D) Tourism

화자들은 어느 분야에서 일하겠는가?
출판업
광고업
전자 기술 산업
관광업

[해설] 첫 화자에서 advertising(광고)을 검토했는지 물었으니, 화자들은 광고 분야에서 일할 것이므로 (B) Advertising이 정답이다.

5 What does the man say about a new product?
···➤ 문제 키워드와 보기 키워드가 함께 들린 것이 정답이다.
(A) It is smaller.
(B) It is lighter.   보기에 명사가 없으므로 스크립트에서
(C) It is durable. ···➤ 형용사 비교급이 패러프레이징 되어 나올
(D) It is selling fast.   수 있다는 점을 미리 예상한다.

남자는 새로운 제품에 대해 무엇이라고 말하는가?
작아졌다.
가벼워졌다.
오래 지속된다.
잘 팔린다.

[해설] 남자가 새로운 제품에 대해서 언급한 사실을 묻는 문제이다. 문제 키워드와 함께 보기 키워드를 같이 들려주는 것을 정답으로 고른다. 스크립트에서 남자가 문제 키워드인 a new product를 언급하고, 스크립트의 long lasting을 durable로 패러프레이징해서 들려주었으므로 정답은 (C) It is durable.이다.

6 What does the woman suggest?
···➤ Can you, Would you, Why don't you와 같은 요청할 때 쓰는 표현이
여자의 말에서 들리면 답을 확인한다.
(A) Redesigning the advertisement
(B) Changing a vendor
 ···➤ a vendor는 듣기에서 더 구체적으로 언급될 명사라
 동사(Changing)를 키워드로 잡는다.
(C) Rescheduling a meeting
(D) Collecting feedback from customers
 ···➤ customers는 듣기에서 더 구체적으로 언급될 명사라
 명사(feedback)를 키워드로 잡는다.

여자는 무엇을 제안하는가?
광고를 다시 디자인하는 것
판매 회사를 바꾸는 것
미팅 일정을 다시 잡는 것
고객으로부터 의견을 수집하는 것

[해설] 여자가 제안한 것을 묻는 문제이다. 스크립트에서 여자가 제안/요청 문제의 정답 단서 표현인 Why don't we ~?라는 제안하는 표현과 함께 보기의 Redesigning을 스크립트에서 revisions로 패러프레이징하고, 보기 키워드인 advertisement를 그대로 들려준 (A) Redesigning the advertisement가 정답이다.

Questions 7 through 9 refer to the following excerpt from a meeting.

W: As I announced in the last meeting, ❶we are going to use the new company logo from the beginning of next year. With the new logo, we will also start to use the new letterhead on all outgoing documents, mainly on e-mails and letters. The communication office will send a guideline on how to use them. For a smooth transition, ❷ there will be a series of trainings. The one for our department will take place next Thursday at 4 P.M. in Meeting Room B. ❸I know some of you need to spend the whole next week setting up the company booth and advertising our company at the Job and Career Fair. In case of that other sessions will also be held during the following two weeks.

여: 지난 회의에서 공지했듯이, **우리는 내년 초부터 새로운 회사 로고를 사용할 겁니다.** 새로운 로고와 함께, 우리는 또한 이메일과 편지를 중심으로 모든 발신 문서들에 새로운 회사 레터헤드를 사용하기 시작할 것입니다. 통신 사무소에서는 그것을 어떻게 사용할 지에 대한 지침서를 보낼 예정입니다. 순조로운 이행을 위해, **일련의 교육이 있을 예정입니다.** 우리 부서를 위한 교육은 회의실 B에서 다음 주 목요일 오후 4시에 할 예정입니다. 일부 직원들은 다음 주 내내 취업 박람회에서 회사 부스를 세우고 우리 회사를 홍보한다는 것을 잘 알고 있습니다. 그럴 경우, 다음 2주 동안 다른 교육도 개최될 것입니다.

[어휘] letterhead 편지지의 윗부분에 인쇄된 개인/회사/단체의 이름과 주소 outgoing (특정 장소에서) 떠나는/나가는, 발신 guideline 지침서 transition 이행, 이동 training (특정 직업/일에 필요한) 교육, 훈련, 연수

---

7 What is the speaker mainly discussing?
⋯ 주제를 묻는 문제는 스크립트의 첫 번째 ~ 두 번째 문장에서 정답이 나온다.
(A) A new product launch
(B) A shipping policy
(C) A change to the company logo
(D) A job interview schedule

화자는 주로 무엇에 대해 말하고 있는가?
신제품 출시
배송 정책
회사 로고의 변경
면접 일정

[해설] 스크립트의 첫 문장에서 new가 보기에서는 change로 패러프레이징 되었고, 보기 키워드인 company logo를 스크립트에서 그대로 들려준 (C) A change to the company logo가 정답이다.

---

8 What does the speaker say will be scheduled at the company next Thursday?
⋯ 문제 키워드와 보기 키워드가 함께 들린 것이 정답이다.
(A) A contract negotiation
(B) A training session
(C) A move to a new office
(D) Installation of new computers

화자는 회사에서 다음 주 목요일에 무슨 일정이 잡혀 있다고 말하는가?
계약 협상
교육
새로운 사무실로의 이전
새 컴퓨터들의 설치

[해설] 다음 주 목요일에 회사에서 예정된 일을 묻는 문제로, 문제 키워드인 next Thursday와 함께 듣기에서 a series of trainings를 들려준 (B) A training session이 정답이다.

---

9 Why will some staff members be unavailable next week?
⋯ 문제 키워드와 보기 키워드가 함께 들린 것이 정답이다.
(A) They will conduct a survey.
(B) They will be on vacation.
(C) They will volunteer at a charity.
(D) They will attend a job fair.

일부 직원들은 왜 다음 주에 시간이 안 되는가?
설문을 진행할 것이다.
휴가를 갈 것이다.
자선 단체에서 봉사할 것이다.
취업 박람회에 참석할 것이다.

[해설] 다음 주에 직원들이 시간이 안 되는 이유를 묻는 문제이다. 키워드인 next week를 스크립트에서 그대로 들려 주고, 보기 키워드인 attend를 스크립트에서 spend로 패러프레이징, 보기 키워드인 job fair를 그대로 들려준 (D) They will attend a job fair.가 정답이다.

Questions 10 through 12 refer to the following advertising.

M: ⑩⑪If you are operating a small business like a jewelry boutique, don't miss this. How many hours do you spend taking inventory of items that you sell in your business? Our inventory tracking software. Essay Inventory, is a user friendly one applicable to your existing system. You don't need to count every item after business hours. With a few clicks, you can link your POS system to it. It will automatically reflect all of your sales, returns and unexpected losses when they occur. When the amount of stocks of any item is low, it will send you a message to your mobile device asking if it can place an order through auto ordering system. If you want to find more about us, ⑫please visit our Web site at www.easyinventory.com and see what we have to offer.

남: 만일 당신이 쥬얼리 상점과 같은 작은 사업을 운영한다면, 이것을 놓치지 마세요. 당신의 사업에서 판매하는 물건의 재고 정리하는 데 몇 시간을 소비하나요? 우리의 재고 추적 소프트웨어인 Easy Inventory는 기존의 시스템에 적용할 수 있는 사용하기 쉬운 소프트웨어입니다. 당신은 업무 시간 이후에 모든 물건들을 셀 필요가 없습니다. 몇 번의 클릭으로 당신은 POS 시스템에 접속할 수 있습니다. 당신의 모든 매출, 수익, 그리고 예상하지 못한 손실이 발생하면 그것은 자동적으로 반영될 것입니다. 품목에 있는 물건의 양이 적을 때는 당신에게 모바일 장치로 메시지를 보내 자동 주문 시스템을 통해 주문할 것인지 물을 것입니다. 저희에 대해 더 알고 싶으시면, 저희의 **웹사이트 www.easyinventory.com을 방문하셔서** 저희가 제공하는 게 무엇인지 확인하여 주십시오.

[어휘] operate 운영하다   inventory 물품 목록, 재고(품)   take inventory 재고 조사를 하다   applicable 해당되는, 적용가능한   count 세다, 계산하다   reflect 나타내다, 반영하다   returns 수익   unexpected 예상 밖의   loss 손실   stock 재고품

10 Who is the advertisement most likely <u>intended</u> for?
⋯→ 광고가 누구를 의도한 건지를 묻는 문제는 스크립트의 첫 번째 ~ 두 번째 문장에서 정답이 나온다.
(A) <u>Photographers</u>
(B) <u>Actors</u>
(C) <u>Language instructors</u>
(D) Business owners

이 광고는 누구를 위한 것이겠는가?
사진 작가들
배우들
외국어 강사들
사업자들

[해설] 스크립트의 첫 문장에서 If you are operating a small business가 Business owners로 패러프레이징 되었고, 보기 키워드인 business를 그대로 들려준 (D) Business owners가 정답이다.

11 What is being <u>advertised</u>?
⋯→ 스크립트의 서두 문장에서 정답이 나온다.
(A) A <u>grocery shop</u>
(B) A software program
(C) A <u>job opening</u>
(D) A <u>clearance sale</u>

무엇이 광고되고 있는가?
식료품점
소프트웨어 프로그램
일자리 공고
재고 정리 세일

[해설] 무엇이 광고되고 있는지를 묻는 문제는 스크립트의 서두에서 정답이 나온다. 스크립트에서 문제 키워드인 software를 그대로 들려준 (B) software program이 정답이다.

12 What are listeners <u>invited</u> to do?
⋯→ 스크립트에서 Please, I'd like you to, suggest, recommend와 같은 요청할 때 쓰는 표현이 들리면 답을 확인한다.
(A) Make a <u>phone call</u>
(B) Install a <u>trial version</u>
(C) Go to a Web site
(D) Print out a <u>coupon</u>

청자들은 무엇을 하도록 요청 받았는가?
전화를 하는 것
시험 버전을 설치하는 것
웹사이트에 방문하는 것
쿠폰을 인쇄하는 것

[해설] 요청한 것을 묻는 문제로, 스크립트에서 제안/요청 문제의 정답 단서 표현인 Please와 함께 보기 키워드인 Go를 스크립트에서 visit로 패러프레이징하고, Web site는 그대로 들려준 (C) Go to a Web site가 정답이다.

Questions 1 through 3 refer to the following conversation.

M: ❶ I placed an online order for my cousin's birthday cake to this bakery yesterday and I was hoping my order might be ready to be picked up. My name is Josh Green.	**남:** 제가 어제 제 사촌의 생일 케이크를 이 베이커리로 온라인 주문을 했는데, 오늘 찾아갔으면 해서요. 제 이름은 Josh Green입니다.
W: Let me see... your name is on our order list, but I'm sorry that one of our bakers is decorating yours now. It's ❷ because you requested a customized cake with the carrot flavor and the cream cheese frosting option and sometimes it takes a little bit more time to be decorated than ready-to-made ones. If you can wait half an hour, it will be ready for you.	**여:** 잠시만요... 고객님의 이름이 주문 목록에 있는데요, 죄송하지만 저희 제빵사 중 한 명이 지금 당신의 케이크를 장식하고 있습니다. 이는 **당근 맛과 크림 치즈를 입힌 옵션이 있는 주문 제작한 케이크를 요청하셨기 때문입니다. 그리고 가끔은 그것은 즉석으로 만들어진 케이크보다 장식하는 데 시간이 좀 더 걸리기도 합니다.** 30분만 기다리시면, 케이크를 준비해 드리겠습니다.
M: Okay. ❶ I have to go get a baseball glove for my cousin at the sporting goods shop next door. So I'll come back later to pick up my order.	**남:** 네, 알겠습니다. 저는 옆 가게인 스포츠 용품점에 사촌에게 줄 야구 글러브를 사러 가야 해요. 그러니 조금 이따가 제 주문품을 찾으러 다시 올게요.

어휘 pick up (어디에서) ~을 찾다   customized 개인의 요구에 맞춘   frosting(케이크에) 설탕을 입힘   ready-to-made 즉석
sporting goods shop 스포츠 용품점

1 What are the speakers **discussing**?
···▸ 주제를 묻는 문제 유형은 첫 화자의 말에서 정답이 나온다.
(A) A Web site address
(B) A shipping fee
(C) An online order
(D) Price options

화자들은 무엇에 대해 이야기하고 있는가?
웹사이트 주소
배송비
온라인 주문
가격 선택 사항들

해설 첫 화자에서 보기 키워드인 online order를 스크립트에서 그대로 들려준 (C) An online order가 정답이다.

2 According to the **woman**, what **caused the delay**?
···▸ 여자의 말에서 because, due to와 같은 문제를 일으킨 원인을 말할 때 쓰는 표현이 들리면 답을 확인한다.
(A) A machine is **malfunctioning**. ···▸ machine은 스크립트에서 더 구체적으로 언급될 명사라 동사를 키워드로 잡는다.
(B) A delivery staff member is on **sick leave**. ···▸ a delivery staff member와 같은 표현은 스크립트에서 한 번 언급되고 he, she로 나올 수 있어 키워드로 잡지 않는다.
(C) **Online access** is not available.
(D) A special order takes more time.

여자에 의하면, 지연을 일으킨 원인이 무엇인가?
기계가 오작동 하고 있다.
배송 직원이 병가 중이다.
온라인 접속이 이용이 안 된다.
특별 주문이 시간이 더 걸린다.

해설 지연을 일으킨 원인을 묻는 문제이다. 스크립트에서 문제점을 묻는 문제의 정답 단서 표현인 because를 들려 주고 보기 키워드인 special order는 패러프레이징 되어 스크립트에서 you requested a customized cake라 들려 주었다. 또한 takes more time을 스크립트에서 takes a little bit more time으로 들려주었으므로 정답은 (D) A special order takes more time. 이다.

3 What does the **man** say he **will do**?
···▸ 남자의 말에서 문제 키워드와 보기 키워드가 함께 들린 것이 정답이다.
(A) Visit a nearby store
(B) Cancel the order ···▸ the order는 스크립트에서 더 구체적으로 언급될 명사라 동사를 키워드로 잡는다.
(C) Contact his cousin
(D) Print out a coupon

남자는 무엇을 하겠다고 말하는가?
인근 가게 방문
주문 취소
사촌에게 연락
쿠폰 인쇄

해설 문제 키워드인 will은 스크립트에서 have to로 패러프레이징 되었고, 남자의 말에서 보기 키워드인 store가 스크립트에서 shop으로 패러프레이징 되어 답을 들려준 (A) Visit a nearby store가 정답이다.

Questions 4 through 6 refer to the following conversation with three speakers.

W1: Hello, Lisa and Logan. ❹ Can I ask you about a problem with the sound system in Grand Ballroom A in our hotel? **W2:** Sure, what's the problem? **W1:** Well, recently, many customers who held events there complained that scratching sounds were heard when they speak through wireless microphones. **M:** Lisa, isn't this your area of expertise? **W2:** Yes, ❺ I think we should reset the frequency setting in each ballroom. I would have to examine them thoroughly, but there may be some radio wave interference. **M:** ❻ OK, I just need a list of the rooms that require resetting. Then, I will make a schedule for this work.	**여1:** 안녕하세요, Lisa씨와 Logan씨. **저희 호텔 Grand Ballroom A 음향 시스템 문제에 대해서 물어봐도 될까요?** **여2:** 네, 무슨 일인가요? **여1:** 글쎄, 최근에 거기서 행사를 개최한 많은 고객들이 그들이 무선 마이크를 통해 말할 때, 긁는 소리가 들린다고 불평했어요. **남:** Lisa, 이건 당신의 전문 분야 아닌가요? **여2:** 네, 제 생각에 저희가 각 연회장의 주파수 설정을 다시 해야 할 것 같아요. 제가 철저히 조사해야겠지만, 전파 간섭이 있을 수도 있어요. **남:** 네, 저는 그럼 다시 맞춰야 하는 것이 요구되는 **각 방들의 목록이 필요합니다.** 그런 후, 이 작업에 대한 일정을 잡겠습니다.

[어휘] sound system 음향 장치 scratching 긁는 wireless 무선의 microphone 마이크 expertise 전문 지식/기술 examine 조사/검토하다 thoroughly 철저히 radio wave 전파 interference 방해, 간섭 reset (기기/조종 장치 등의 시간/숫자 등을) 다시 맞추다

---

4 What <u>problem</u> are the speakers <u>discussing</u>?
··· 주제를 묻는 문제 유형은 첫 화자의 말에서 정답이 나온다.
(A) Some <u>sounds</u> are not clear.
(B) Some <u>names</u> are omitted.
(C) Some furniture should be <u>replaced</u>.
(D) Some <u>monitors</u> are not turned on.

화자들은 어떤 문제에 대해 이야기하고 있는가?
소리가 깨끗하지 않다.
이름들이 누락되었다.
가구가 교체되어야 한다.
모니터들이 켜져 있지 않다.

[해설] 첫 화자에서 보기 키워드인 sound system에 문제가 있다고 했으니 정답은 (A) Some sounds are not clear. 이다.

---

5 What does the woman mean when she says, "<u>I think we should reset the frequency setting in each ballroom</u>"?
··· 문제 키워드 I think we should reset the frequency setting in each ballroom. 으로 잡고 스크립트에서 보기 키워드 문장과 같이 들린 것이 정답이다.
(A) She points out a <u>mistake</u>.
(B) She would like to write a <u>proposal</u>.
(C) She is <u>too busy</u> to do the task by herself.
··· task는 스크립트에서 더 구체적인 명사로 언급될 것이므로 동사를 키워드로 잡는다.
(D) She wants to give an <u>answer</u>.

여자가 "제 생각에 저희가 각 연회장의 주파수 설정을 다시 해야 할 것 같아요."라 말한 의도는 무엇인가?
실수를 지적한다.
제안서를 쓰고 싶어한다.
혼자서 업무를 하기에 너무 바쁘다.
답을 주고 싶어한다.

[해설] isn't로 시작하는 일반의문문으로 질문을 하고 이에 대한 대답을 문제 키워드인 "Yes, I think we should reset the frequency setting in each ballroom."이라고 했다. 문제 키워드가 보기 키워드인 answer로 패러프레이징 되어 (D) She wants to give an answer.가 정답이다.

---

6 What does the <u>man</u> say he <u>needs</u>?
··· 문제 키워드와 보기 키워드가 함께 들린 것이 정답이다.
(A) The <u>model numbers</u>
(B) A <u>list of rooms</u>
(C) The <u>name of speakers</u>
(D) An <u>event schedule</u>

남자는 무엇이 필요하다고 말하는가?
제품 모델 번호
방들의 목록
화자들의 이름
행사 일정

[해설] 문제 키워드인 need를 스크립트에서 그대로 들려 주면서 보기 키워드 A list of rooms를 함께 들려준 (B) A list of rooms가 정답이다.

Questions 7 through 9 refer to the following announcement.

M: ❶Attention, please. As we announced on our Web site, Giant Water Pipe, one of the most famous rides in our Orlando Amusement Park, is not available now since ❷there is a minor mechanical problem with it. We regret the inconvenience this may cause and ask you to take nearby rides. Before you leave for other rides, ❸make sure that you pick up a fast pass ticket by its entrance. Once the repair is done, we'll announce it so that you can return to the Giant Water Pipe. Please listen attentively for the announcement. We apologize again for this inconvenience and thank you for your cooperation.

남: 주목해 주세요. 저희가 웹사이트에서도 발표했듯이, Orlando 놀이 공원에서 가장 유명한 놀이기구 중 하나인 Giant Water Pipe는 현재 작은 기계 문제 때문에 이용할 수 없습니다. 우리는 이것이 야기할 수 있는 불편함에 대해 유감스럽고 주변 놀이기구를 타기를 권해 드립니다. 다른 놀이기구를 타러 가기 전에, **입구에서 빠른 통과 티켓을 가져가는 것을 잊지 마세요.** 수리가 끝나면, Giant Water Pipe로 돌아올 수 있도록 공지해 드리겠습니다. 이 방송을 경청해서 들어주시기를 바랍니다. 다시 한 번 불편을 끼쳐 사과드리고 협조에 감사드립니다.

[어휘] ride 놀이기구   mechanical 기계로 작동되는   pick up (어디에서) ~을 찾다/찾아오다   attentively 신경써서, 조심스럽게

---

7 Where is the <u>announcement</u> being made?
⋯▶ 주제를 묻는 문제는 스크립트의 서두에서 정답 단서가 나온다.
(A) At a <u>museum</u>
(B) At a <u>university</u>
(C) At an <u>amusement park</u>
(D) At a <u>ski resort</u>

공지가 이루어지는 곳은 어디인가?
박물관에서
대학에서
놀이 공원에서
스키장에서

[해설] 두 번째 문장에서 보기 키워드인 amusement park를 그대로 들려준 (C) At an amusement park가 정답이다.

---

8 According to the speaker, what is the <u>problem</u>?
⋯▶ but, problem, however와 같은 문제점을 말할 때 쓰는 표현이 들리면 답을 확인한다.
(A) Machine malfunctioning
(B) A <u>regular inspection</u>
(C) <u>Heavy traffic</u>
(D) <u>Road construction</u>

화자에 의하면, 무엇이 문제인가?
기계 오작동
정기 검사
교통 체증
도로 건설

[해설] 문제점이 무엇인지 묻는 문제이다. 스크립트에서 문제점을 묻는 문제의 정답 단서 표현인 problem과 함께 mechanical을 보기 키워드인 machine으로 패러프레이징해서 답을 들려준 (A) Machine malfunctioning이 정답이다.

---

9 What are listeners <u>asked</u> to do?
⋯▶ Please, I'd like you to, suggest, recommend와 같은 요청할 때 쓰는 표현이 들리면 답을 확인한다.
(A) Go to <u>the cafeteria</u>
(B) Get a <u>ticket</u>
(C) Take some <u>pamphlets</u>
(D) Sign up for a <u>membership</u>

청자들은 무엇을 요청 받는가?
구내식당으로 가는 것
티켓을 받는 것
팸플릿을 가져가는 것
멤버십에 가입하는 것

[해설] 청자가 요청한 것을 묻는 문제로, 스크립트에서 제안/요청 문제의 정답 단서 표현인 make sure와 함께 보기 키워드인 tickets을 들려준 (B) Get a ticket이 정답이다.

Questions 10 through 12 refer to the following excerpt from a meeting and chart.

	Speedy Movie	Quick Movie
Daily Update	✓	✓
24-hour Customer Service		✓
Weekly Magazine	✓	✓
Mobile Application	✓	

	Speedy Movie	Quick Movie
매일 최신영화	✓	✓
24시간 고객 서비스		✓
주간지	✓	✓
스마트폰 앱	✓	

W: Before we decide our advertising plan for the next quarter, ⑩I would like to say I am happy that you did a great job last quarter in the successful launch of the new online movie streaming service, Speedy Movie. ⑪Since I started the business, it was a huge challenge to make a transit from the traditional movie rental service. Now, we have to move on to the next step to secure our presence in this market. Look at the chart. ⑫It shows what we are doing and what we are not, compared to those of our leading competitor, Quick Movie. You will easily find what aspect we need to improve in order for us to remain competitive in the market. Would you come up with some ideas to fill up that gap?

여: 다음 분기의 광고 계획을 결정하기 전에, 저는 여러분이 지난 분기에 성공적으로 출시한 새로운 온라인 영화 스트리밍 서비스인 Speedy Movie에 대해 기쁘다고 말씀드리고 싶습니다. 이 사업을 시작한 이래로 전통적인 영화 대여 서비스에서 변화를 만드는 것은 큰 도전이었습니다. 이제 우리는 이 시장 안에서 현재 위치를 유지하기 위해 다음 단계로 나아가야 합니다. 차트를 한번 봐주세요. 이것은 우리의 선두 경쟁사, Quick Movie와 비교하여 우리가 하고 있고 하고 있지 않은 것을 보여 줍니다. 여러분은 우리가 이 시장에서 경쟁력이 있기 위해서 어떤 점을 개선해야 하는지를 쉽게 찾을 수 있을 겁니다. 그 격차에 대해 채울 수 있는 의견들을 생각해 주시겠어요?

[어휘] **quarter** 사분기(1년의 4분의 1) **transit** 변화, 추이 **secure** 획득/확보하다, (단단히) 고정시키다 **presence** (특정한 곳에) 있음, 존재 **competitor** (특히 사업에서) 경쟁자 **secure** 측면, 양상 **competitive** 경쟁력 있는

10 What is the <u>main topic of the meeting?</u> ···› 주제를 묻는 문제는 스크립트의 서두인 첫 번째 ~ 두 번째 문장에서 정답이 나온다.
(A) A <u>special edition</u>
(B) A <u>cover design</u>
(C) A <u>future advertising plan</u>
(D) A launch event

회의의 주요 주제는 무엇인가?
특별판
표지 디자인
앞으로의 광고 계획
출시 행사

[해설] 첫 문장에서 보기 키워드인 launch를 그대로 들려준 (D) A launch event가 정답이다.

11 Who <u>most likely is the speaker?</u> ···› 화자가 누구인지 묻는 문제는 스크립트의 서두인 첫 번째 ~ 두 번째 문장에서 정답이 나온다.
(A) A <u>customer service representative</u>
(B) A <u>news reporter</u>
(C) A <u>fashion designer</u>
(D) A business owner

화자는 아마도 누구이겠는가?
고객 서비스 상담원
신문 기자
패션 디자이너
경영주

[해설] 보기 키워드인 business owner를 스크립트에서 I started the business로 패러프레이징하여 들려준 (D) A business owner가 정답이다.

12 Look at the graphic. What will the listeners most likely <u>discuss next?</u> ···› 문제 키워드와 시각 정보를 함께 확인한다.
(A) <u>Updating</u> the movie list
(B) Extending customer service hours
(C) Publishing <u>weekly magazine</u>
(D) Providing a <u>mobile service</u>

보기 모두가 시각 정보의 좌측에 제시된 항목이므로 스크립트가 시작되면, 시각 정보에서 언급되지 않은 시각 정보의 우측을 보며 집중해서 듣는다.

시각 정보를 보시오. 청자들이 다음에 나눌 대화는 무엇이겠는가?
영화 목록 업데이트
고객 서비스 시간 연장
주간 매거진 출간
휴대폰 서비스 제공

[해설] 화자의 경쟁사가 Quick Movie이다. 그러므로 화자는 Speedy Movie일 것이다. 스크립트에서 경쟁사는 하고 있지만, 우리가 하지 않고 있는 개선책을 골라야 한다. 따라서 시작 정보 Quick Movie에는 표시가 되어 있지만 Speedy Movie는 표시가 안 되어있는 (B) Extending customer service hours가 정답이다.

Questions 1 through 3 refer to the following conversation.

W: Hey, Brian. Long time no see! **M:** ❶I'm just coming back from Brazil. I visited some coffee farms to find out if they can supply our company with coffee beans. You know, we have a plan to expand our product lines. **W:** I know. So, did you find a new farm? **M:** Yes, I did. Eduardo's Coffee farm seems like it meets out standards and quality requirements. ❷But their coffee beans cost about 15% more due to a higher shipping fee. **W:** If their beans have great quality as you say, they might be worth the extra cost. The management would like to diversify the source of imported coffee beans to keep a stable supply. ❸Why don't we place a small order to see how our customers respond to it?	**여:** 안녕하세요, Brian. 오랜만이에요! **남:** 저는 막 Brazil에서 돌아왔어요. 저는 몇몇 커피 농장을 방문해서 그들이 우리 회사에 커피콩을 공급할 수 있는지 알아봤어요. 아시다시피, 우리는 우리 회사의 제품 라인을 확장할 계획이 있어요. **여:** 알고 있어요. 그래서 새로운 농장은 찾으셨나요? **남:** 네, 찾았어요. Eduardo's Coffee 농장이 우리의 기준과 품질 요구 사항을 충족하는 것 같아요. 하지만 그들의 커피콩의 가격은 높은 운송료 때문에 15%가 더 들어요. **여:** 만약 당신이 말했듯이 그들의 콩이 품질이 높다면, 추가 비용에 대한 가치가 있을 거예요. 경영진은 안정된 공급을 유지하기 위해서 수입 커피콩의 공급원을 다양화하고 싶어합니다. 고객들이 어떻게 반응할지 보기 위해 소량을 주문해보는 건 어떨까요?

어휘 farm 농장　expand 확장하다　standard 기준　quality requirements 품질 요구 사항　shipping fee 운송료　worth ~ 가치가 있는　diversify 다양화하다　source 근원, 원천　imported 수입된　respond 반응/대응하다

1 What did the <u>man do in Brazil</u>? ⋯ 문제 키워드와 보기 키워드가 함께 들린 것이 정답이다.
(A) Visit his <u>relatives</u>
(B) Open a <u>new branch office</u>
(C) Organize <u>a trade fair</u>
(D) **Look for new suppliers** ⋯ new suppliers는 스크립트에서 더 구체적으로 언급될 확률이 높으므로 동사를 키워드로 잡는다.

남자는 Brazil에서 무엇을 했는가?
친척 방문
새로운 지사 오픈
무역 박람회 준비
새로운 공급업체를 찾음

해설 남자가 Brazil에서 한 것을 묻는 문제로 문제 키워드와 보기 키워드가 함께 들린 것이 정답이다. 스크립트에서 남자가 Brazil을 언급하고 look for를 find out으로 패러프레이징해서 들려준 (D) Look for new suppliers가 정답이다.

2 What <u>problem does the man mention</u>? ⋯ 남자의 말에서 but, I'm afraid, Oh, no!, Hmm, worried, concerned, didn't, isn't, haven't, couldn't와 같은 문제점을 말할 때 쓰는 표현이 들리면 답을 확인한다.
(A) A <u>contract</u> has expired.
(B) A <u>vendor</u> did not <u>meet the standards</u>.
(C) **Some produce is expensive.** ⋯ vendor와 produce는 듣기에서 더 구체적으로 언급될 확률이 높으므로 동사를 키워드로 잡는다.
(D) <u>Weather conditions</u> are not favorable.
⋯ weather conditions는 스크립트에서 더 구체적으로 언급되겠지만 날씨 표현이 나올 경우, 정답으로 확인하기 위해 키워드로 잡는다.

남자는 어떤 문제를 언급하는가?
계약이 만료되었다.
판매사가 기준을 충족시키지 못했다.
농산물이 비싸다.
날씨 상황이 순조롭지 않다.

해설 남자가 문제점으로 언급한 것을 묻는 문제이다. 스크립트에서 문제점을 묻는 문제의 정답 단서 표현인 but을 들려 주고, 보기 키워드인 expensive를 cost about 15% more로 패러프레이징해서 들려준 (C) Some produce is expensive.가 정답이다.

3 What does the <u>woman suggest the man do</u>?
⋯ Can you, Would you, Why don't you와 같은 제안 / 요청을 말할 때 쓰이는 표현이 여자의 말에서 들리면 답을 확인한다.
(A) Use another <u>shipping method</u>
(B) <u>Hiring</u> a local agency ⋯ a local agency는 스크립트에서 더 구체적으로 언급될 확률이 높으므로 동사를 키워드로 잡는다.
(C) Move to <u>a larger booth</u>
(D) **Order a small quantity**

여자는 남자에게 무엇을 제안하는가?
다른 배송 방법을 사용하는 것
지역 대리점을 고용하는 것
더 큰 부스로 옮기는 것
적은 양을 주문하는 것

해설 여자가 요청한 것을 묻는 문제이다. 키워드에서 제안/요청 문제의 정답 단서 표현인 Why don't we ~?를 여자의 말에서 들려 주고, 보기의 Order a small quantity를 place a small order로 패러프레이징해서 들려준 (D) Order a small quantity가 정답이다.

Questions 4 through 6 refer to the following conversation.

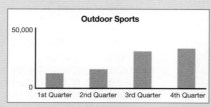

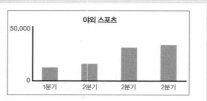

M: ❶ According to the report I reviewed, it indicates a significant decline in the number of subscribers to our magazine. Any ideas?

W: What we primarily have to do is open an online archive. It will attract a much wider readership and help us appeal to younger people.

M: Many previous subscribers have mentioned this service in the feedback form. One of our competitors, ❷ *Outdoor Sports*, introduced it and their number of subscribers dramatically increased to almost double within the same quarter.

W: ❸ Okay! Could you photocopy that file and send it to me?

남: 제가 검토한 보고서에 의하면, 우리 잡지 구독자의 수가 상당한 감소를 나타내고 있습니다. 의견 있으신 분 계신가요?

여: 우리가 주로 할 수 있는 것은 온라인 기록 보관소를 여는 것입니다. 폭넓은 구독자 층을 모으고 젊은 층에게 관심을 끌 수 있을 것입니다.

남: 많은 이전 구독자들이 설문지에서 이 서비스를 언급했습니다. 우리의 경쟁사 중 한곳인 〈Outdoor Sports〉는 이것을 도입하고 한 분기에서 극적으로 거의 두 배의 구독자 수를 늘렸습니다.

여: 그렇군요! 그 파일을 복사해서 저에게 보내주실 수 있나요?

어휘 indicate 나타내다, 보여주다   significant 상당한   decline 하락, 감소   subscriber 구독자   primarily 주로   archive 기록 보관소   attract 끌어들이다   appeal 관심/흥미를 끌다   introduce 내놓다, 도입하다   dramatically 극적으로

---

4 Where do the <u>speakers work</u>? ···› 첫 화자의 말에서 정답이 나온다.
(A) At a <u>printing</u> shop
(B) At an <u>advertising company</u>
(C) At a <u>magazine publisher</u>
(D) At a <u>sporting goods</u> store

화자들은 어디에서 일하는가?
인쇄소에서
광고 회사에서
잡지 출판사에서
스포츠 용품 가게에서

해설 첫 화자인 남자가 보기 키워드인 magazine을 언급하여 검토한 보고서에 대해 말하고 있으므로 (C) At a magazine publisher가 정답이다.

---

5 Look at the graphic. <u>When did the competitor start</u> a new service? ···› 문제 키워드와 시각 정보를 함께 확인한다.
(A) In the first quarter
(B) In the second quarter
(C) In the third quarter
(D) In the fourth quarter

시각 정보를 보시오. 경쟁사는 언제 새로운 서비스를 시작했는가?
첫 번째 분기
두 번째 분기
세 번째 분기
네 번째 분기

해설 시각 정보의 제목인 Outdoor Sports를 스크립트에서 들려 주며, 문제 키워드인 start를 스크립트에서 introduce로 패러프레이징하여 언급한 후, 새로운 사업 시작 후 한 분기에서 거의 두 배 가까이 구독자 수를 늘렸다고 했다. 따라서, 시각 정보에서 전 분기에 비해 2배 가까이 증가한 분기를 찾는다. 3분기가 2분기 대비 2배 이상 증가했으므로 정답은 (C) In the third quarter이다.

---

6 What will the <u>man do next</u>? ···› 마지막 화자의 말에서 정답이 나온다.
(A) Make <u>travel arrangements</u>
(B) Present a <u>proposal</u>
(C) <u>Contact</u> a vendor
(D) <u>Make a copy</u> of a document ···› vendor와 document는 스크립트에서 더 구체적으로 언급될 확률이 높으므로 키워드로 잡지 않는다.

남자가 다음에 할 일은 무엇인가?
여행 준비를 하는 것
제안서를 제시하는 것
판매사에게 연락하는 것
서류를 복사하는 것

해설 다음에 일어날 일을 묻는 문제 유형으로 마지막 화자의 말에서 정답을 들려 준다. 마지막 화자가 보기 키워드 중 make a copy를 스크립트에서 photocopy로 들려준 (D) Make a copy of a document가 정답이다.

Questions 7 through 9 refer to the following talk.

W: ❶Thank you for joining this meeting of the Greenville Park Foundation. As many here know, we hold events throughout the year, asking out community members to maintain the Greenville Park. Many individuals and groups of people who volunteered are already assigned to the events they want to join. ❷However, we still need more people because we have one more park to take care of than the previous year. There are a lot of opportunities, such as tree planting, park cleaning, and fence painting. ❸Please register online for any events in which you or any groups are interested.

여: 이번 Greenville Park Foundation 회의에 와주셔서 감사합니다. 여기 오신 많은 분들께서 아시다시피, 우리는 Greenville 공원을 관리하기 위해 지역 주민들께 요청해서 일 년 내내 행사를 열고 있습니다. 이미 자발적으로 지원하신 많은 개인과 단체는 이미 참여하시길 원하는 행사에 배정되셨습니다. 그러나 우리는 전년보다 공원 하나를 더 관리해야 하기에 아직 사람들이 더 필요합니다. 나무 심기, 공원 청소 그리고 울타리 칠하기 등과 같은 기회가 아직 많이 남아 있습니다. 개인이든 단체이든 간에 이와 관련된 어떤 행사에라도 관심이 있으시다면 온라인으로 등록해 주십시오.

[어휘] individual 개인   volunteer 자원/자진하다, 자원 봉사로 하다   assign 배정하다   register 등록하다

7 What is the talk <u>mainly about</u>?
⋯▶ 주제를 묻는 문제는 담화의 첫 번째 ~ 두 번째 문장에서 정답이 나온다.
(A) Maintaining <u>city parks</u>
(B) Establishing a <u>non-profit organization</u>
(C) Organizing an <u>awards ceremony</u>
(D) Advertising a <u>city festival</u>

담화는 무엇에 관한 것인가?
시 공원을 관리하는 것
비영리 기관을 설립하는 것
시상식을 준비하는 것
시 축제를 광고하는 것

[해설] 두 번째 문장에서 보기 키워드인 Maintain, park를 그대로 들려준 (A) Maintaining city parks가 정답이다.

8 What <u>problem</u> does the speaker mention?
⋯▶ but, unfortunately, not, however, problem, damage, trouble, missing, broken, bad와 같은 문제점을 말할 때 쓰는 표현이 들리면 답을 확인한다.
(A) A <u>small event venue</u>
(B) An <u>online register system</u>
(C) A <u>lack of volunteers</u>
(D) An <u>increased shipping rate</u>

화자는 어떤 문제를 언급하고 있는가?
작은 행사 장소
온라인 등록 시스템
자원 봉사자 부족
배송비 인상

[해설] 문제점으로 언급된 것을 묻는 문제이다. 스크립트에서 문제점을 묻는 정답 단서 표현인 however를 들려 주고, 보기 키워드인 lack를 need more로 패러프레이징하여 들려준 (C) A lack of volunteers가 정답이다.

9 What are the listeners <u>asked to do</u>?
⋯▶ Please, I'd like you to, recommend, suggest, ask, make sure, should, must와 같은 제안 / 요청 사항을 말할 때 쓰는 표현이 들리면 답을 확인한다.
(A) <u>Nominate</u> some candidates
(B) Sign up for events
(C) Pay a <u>deposit</u> in advance
(D) <u>Donate</u> some tools

청자들은 무엇을 요청 받았는가?
후보자들을 추천하는 것
행사에 등록하는 것
사전에 보증금을 지불하는 것
도구를 기증하는 것

[해설] 청자들이 요청 받은 것을 묻는 문제이다. 듣기에서 제안/요청 문제의 정답 단서 표현인 Please를 들려 주고, 보기 키워드인 events를 그대로 들려 주고 sign up for를 register로 패러프레이징해서 들려준 (B) Sign up for events가 정답이다.

Questions 10 through 12 refer to the following telephone message.

W: ⑩Hello, Oliver. This is Angela. I have reviewed your floor plan for Lancaster Design's new office. ⑪Actually, this is not what I want from you. I emailed the feedback on your work. They would like their office to have an open space. That means that you have to minimize the use of small, enclosed rooms such as private offices and conference rooms. ⑫Why don't you refer to our previous work with Philippe Publishing and Water Spray Landscaping? You can find it in our database. I'm looking forward to an improved version. Thanks.

여: 안녕하세요, Oliver. 저는 Angela입니다. 저는 Lancaster Design의 새로운 사무실을 위한 평면도를 검토했습니다. 사실, 이게 저희가 당신으로부터 원한 바는 아닙니다. 작업하신 것에 대해 이메일로 의견을 보내 드렸습니다. 그들은 사무실이 열린 구조로 되어있었으면 좋겠다고 했습니다. 그 말은 개인 사무실들과 회의실과 같은 작은, 막힌 공간들의 사용을 최소화 해야 한다는 것을 의미합니다. **우리가 이전에 Philippe Publishing and Water Spray Landscaping과 작업했던 것을 참고해 보시는 게 어떻겠습니까?** 우리의 데이터베이스에서 찾을 수 있을 겁니다. 보다 나은 개선안을 기대합니다. 감사합니다.

[어휘] floor plan 평면도   feedback 피드백, 의견   open 열린, 개방된   minimize 최소화하다   enclosed 에워싸인   private 개인의   refer to ~을 참조하다   looking forward to ~을 기대하다   improved 개선된   version 판

---

10 Where does the speaker probably <u>work</u>?
⋯→ 화자를 묻는 문제는 담화의 첫 번째 ~ 두번째 문장에서 정답이 나온다.
(A) At a <u>manufacturing</u> company
(B) At an <u>employment</u> agency
(C) At an <u>architectural</u> firm
(D) At an <u>advertising</u> agency

화자는 어디에서 일하겠는가?
제조 회사에서
직업 소개소에서
건축 회사에서
광고 회사에서

[해설] 화자의 근무지를 묻는 문제이다. 스크립트 초반에서 사무실의 floor plan을 검토했다고 했으므로 (C) At an architectural firm이 정답이다.

---

11 Why does the speaker say, "<u>Actually, this is not what I want</u> <u>from you</u>"?
⋯→ 문제 키워드를 Actually, this is not what I want from you.로 잡고 보기 키워드 중 함께 들린 것이 정답이다.
(A) To extend an <u>invitation</u>
(B) To offer an <u>opinion</u>
(C) To <u>explain</u> a procedure
(D) To express <u>excitement</u>

화자가 "사실, 이게 저희가 당신으로부터 원한 바는 아닙니다."라고 말한 이유는 무엇인가?
초대를 하기 위해서
의견을 주기 위해서
절차를 설명하기 위해서
신남을 나타내기 위해서

[해설] 문제 키워드인 Actually, this is not what I want from you.를 언급하고 보기 키워드인 opinion을 feedback으로 패러프레이징하여 들려준 (B) To offer an opinion이 정답이다.

---

12 What does the speaker <u>suggest</u> the listener do?
⋯→ Please, I'd like you to~, recommend, suggest, ask, make sure, should, must와 같이 제안 / 요청 사항을 말할 때 쓰는 표현이 들리면 답을 확인한다.
(A) <u>Refer to</u> some work samples
(B) <u>Consult</u> a client
(C) Conduct a <u>customer survey</u>
(D) Evaluate <u>a coworker's performance</u>

화자는 청자에게 무엇을 제안하는가?
작업 샘플을 참조하는 것
고객과 상담하는 것
고객 설문조사를 진행하는 것
동료의 업무 성과를 평가하는 것

[해설] 화자가 제안한 것을 묻는 문제이다. 스크립트에서 제안/요청 문제의 정답 단서 표현인 Why don't you를 들려 주고, 보기 키워드인 refer to와 work를 그대로 들려준 (A) Refer to some work samples가 정답이다.

Questions 1 through 3 refer to the following conversation.

W: Hi, Benjamin. I'm here to get some printer ink cartridges on my way to the office from lunch.

M: I see. ❶Did you bring the office supplies request form? I'm required to check if it is completely filled out and signed by your manager.

W: Here it is, but my manager is traveling to Brazil to attend a trade fair. He will be back in five days. We have many reports to be printed for meetings. ❷So, can you just approve it without his signature?

M: ❷That's beyond my ability. ❸I will ask Ms. Clare, my supervisor, how to deal with this case.

여: 안녕하세요, Benjamin. 저는 점심을 먹고 사무실로 들어가는 길에 프린터 잉크 카트리지를 가져가려고 여기에 왔어요.

남: 그렇군요. **사무용품 신청서 가져오셨나요?** 저는 **그게 다 작성이 됐는지** 당신의 매니저가 서명을 했는지 확인을 해야 해서요.

여: 여기 있습니다. 그런데 제 매니저는 무역 박람회에 참석하기 위해 Brazil로 갔습니다. 그가 5일 후에 돌아올 예정인데요. 회의를 위해 인쇄할 보고서들이 많아요. **그래서, 혹시 그의 서명 없이 승인해주실 수 있나요?**

남: 그건 제 능력 밖의 일이네요. 제 상사인 Clare씨에게 이 상황을 어떻게 해결할지 물어볼게요.

[어휘] on one's way 가는 길에　request form 신청서　completely 완전히　fill out 작성하다　trade fair 무역 박람회　approve 승인하다　signature 서명

1 What does the <u>man</u> <u>ask</u> for?
⋯→ 남자의 말에서 Can you, Would you, Why don't you와 같은 제안 / 요청을 말할 때 쓰는 표현이 남자의 말에서 들리면 답을 확인한다.

(A) A completed form
(B) A photo ID
(C) A signed contract
(D) An order confirmation number

남자는 무엇을 요청하는가?
작성된 서류
사진이 있는 신분증
서명된 계약서
주문 확인 번호

[해설] 남자가 요청한 것을 묻는 문제이다. 스크립트에서 남자가 Did you bring the office supplies request form?으로 사무용품 신청서를 요청하고 있으며, 보기의 completed을 스크립트에서 filled out으로 패러프레이징하여 들려준 (A) A completed form이 정답이다.

2 Why does the man say, "That's beyond my ability"?
⋯→ 따옴표 내의 문장을 키워드로 잡고, 해당 문장과 보기 키워드가 함께 들린 것이 정답이다.

(A) To give advice
(B) To indicate an error
(C) To clarify a statement
(D) To decline a request

남자가 "그건 제 능력 밖의 일이네요."라고 말한 의도는 무엇인가?
조언을 하기 위해
오류를 보여주기 위해
진술을 명확하게 하기 위해
요청을 거절하기 위해

[해설] 문제 키워드인 "That's beyond my ability." 문장 바로 전에 여자가 제안을 하는 의문문(can you just approve it without his signature?)을 말했다. 그러므로 여자의 제안에 "That's beyond my ability"라 말한 화자의 의도는 이 제안을 거절하기 위함임을 알 수 있다. 보기 키워드 중 제안에 관련한 보기는 (A)와 (D)인데 이 둘은 서로 반대되는 보기이다. 문맥상 상사의 서명 없이 승인해달라는 여자의 제안에 수락하는 표현(Sure, Of course)으로 답변하지 않고, 상사에게 물어보겠다고 했으므로 그가 제안에 거절한 것임을 알 수 있다. 정답은 (D) To decline a request이다.

3 What will the <u>man</u> <u>do</u> next? ⋯→ 다음에 할 행동을 묻는 문제는 마지막 화자의 말에서 정답을 확인한다.
(A) Order <u>printer cartridges</u>
(B) Consult his supervisor
(C) <u>Fill out</u> a new form ⋯→ new form은 듣기에서 더 구체적인 명사로 언급될 가능성이 있으므로 키워드로 잡지 않는다.
(D) Send an <u>e-mail</u>

남자가 다음에 할 일은 무엇인가?
프린터 카트리지를 주문하는 것
상사와 상의하는 것
새로운 서류를 작성하는 것
이메일을 보내는 것

[해설] 다음에 일어날 일을 묻는 문제는 마지막 화자의 말에서 정답을 들려 준다. I will ask Ms. Clare, my supervisor, how to deal with this case.에서 보기의 consult를 스크립트에서 ask로 패러프레이징하였고, 보기의 supervisor는 그대로 들려주었으므로 정답은 (B) Consult his supervisor이다.

Questions 4 through 6 refer to the following conversation with three speakers.

W1: I wanted to share my opinion with you about the **❶user's manual** you made. Most of all, I was impressed that I can clearly understand what I need to do only by looking at the drawings.

M: I'm happy to hear that. I think that we can save some resources and funds on translating it into multiple languages if it has no letters.

W2: Great. Now, let's talk about the front page.

M: Sure. What did you think?

W1: Well, **❷most user's manuals** have the product name and exact model number on the front page.

M: Yes, that's quite reasonable. I will redesign it. I should submit its final version by this Tuesday morning, right?

W2: **❸** Actually, I will discuss it in the teleconference call with the product development team on Monday afternoon to make sure if it has complete information. So, please send the final version to me that morning.

여1: 저는 당신이 만든 **사용 설명서**에 대한 제 의견을 공유하고 싶었습니다. **무엇보다도,** 저는 그림만 보고 제가 무엇을 해야 하는지 분명히 이해할 수 있다는 것에 깊은 인상을 받았어요.

남: 그 말씀을 들으니 기쁩니다. 저는 만약 글자들이 없다면 여러 언어로 번역하는 데 드는 재원과 자금을 절약할 수 있다고 생각했습니다.

여2: 훌륭합니다. 이제 첫 번째 페이지에 대해 얘기해 봅시다.

남: 물론이죠. 어떻게 생각했나요?

여1: 음. 대부분의 사용 설명서들은 제품명과 첫 페이지에 정확한 모델 번호가 나와 있는데요.

남: 네. 그것은 꽤 타당합니다. 제가 다시 디자인할게요. 이번 주 화요일 오전까지 최종본을 제출해야 하는 거 맞지요?

여2: 사실, 제가 그게 필요한 정보가 전부 갖춰졌는지 확실히 하기 위해서 **월요일 오후에 제품 개발팀이랑 화상회의 통화 때 논의해보겠습니다.** 그러니 그날 오전까지 저에게 최종본을 보내주세요.

[어휘] **user's manual** 사용 설명서 **clearly** 분명히 **resources** 자원, 재원 **fund** 자금 **translate** 번역하다 **letter** 글자 **exact** 정확한 **reasonable** 타당한 **redesign** 다시 디자인하다 **teleconference** 화상 회의

---

4 Why does the <u>woman</u> like the <u>user's manual</u>? ···› 문제 키워드와 보기 키워드가 함께 들린 것이 정답이다.

(A) It is <u>short</u>.
(B) It is easy to understand.
(C) It was <u>turned in very early</u>.
(D) It is <u>colorful</u>.

여자가 사용 설명서를 좋아하는 이유는 무엇인가?
짧다.
이해하기 쉽다.
일찍 제출되었다.
색이 다채롭다.

[해설] 여자가 사용 설명서를 좋아하는 이유에 대해서 묻는 문제로 문제 키워드 user's manual과 함께 보기 키워드 easy to understand를 같이 들려주는 것을 정답으로 한다. 스크립트에서 여자가 user's manual을 그대로 들려 주면서 clearly understand 하다고 하였으므로 clearly를 easy로 패러프레이징한 보기 정답은 (B) It is easy to understand.이다.

---

5 What does the woman imply when she says, **"most user's have the product name and exact model number on the front page"**? ···› 따옴표 내의 문장 자체를 키워드로 잡고, 해당 문장과 보기 키워드가 함께 들린 것이 정답이다.

(A) She thinks there should be some modifications.
(B) She wants to make an <u>excuse</u>.
(C) She would like to <u>compliment</u> his work.
(D) She cannot approve a <u>deadline extension</u>.

여자가 "대부분의 사용 설명서들은 제품명과 첫 페이지에 정확한 모델 번호가 나와 있는데요."를 말할 때 암시하는 것은 무엇인가요?
일부 변경사항이 있어야 한다고 생각한다.
변명을 하고자 한다.
그의 일에 대해서 칭찬하고자 한다.
마감일 연장을 승인할 수 없다.

[해설] 문제 키워드인 "most user's manuals have the product name and exact model number on the front page"를 말하고, 상대방 남자가 보기 키워드인 modifications을 스크립트에서 redesign으로 패러프레이징해서 언급했다. 또한, 문맥상 여자가 말한 뒤, 남자가 Yes라 하며 다시 디자인하겠다고 했으므로 몇 가지 수정사항이 있다는 것을 유추할 수 있다. 정답은 (A) She thinks there should be some modifications.이다.

---

6 According to the <u>woman</u>, what will happen on <u>Monday</u>?
···› 문제 키워드와 보기 키워드가 함께 들린 것이 정답이다.

(A) A <u>business trip</u>
(B) A <u>grand opening</u>
(C) A <u>factory closure</u>
(D) A teleconference

여자에 의하면, 월요일에 무슨 일이 일어날 것인가?
출장
개점
공장 폐쇄
화상 회의

[해설] 월요일에 일어날 일에 대해서 묻는 문제로, 문제 키워드와 보기 키워드를 함께 들려준 것을 정답으로 한다. 스크립트에서 여자가 문제 키워드인 Monday와 함께 키워드인 teleconference를 그대로 들려 주었으므로 정답은 (D) A teleconference이다.

Questions 7 through 9 refer to the following telephone message.

M: ❼Hi, I'm Jefferson Alvarez working at Jefferson Law office. I called a cab and I'm on the way from the airport to the office but I am now stuck in traffic. I just listened to the traffic updates on a local radio channel and found out there is a road maintenance so Romeo Express Way is reduced to one lane. ❽It says it will take around two hours to get to the downtown area but the airport is just a 30-minute drive away. I can't believe it. Anyway, can you do me a favor? I'm scheduled to conduct a job interview in an hour. When she arrives at the security desk, ❾please call me at this number. I don't have her contact information now. Her name is Julieta Fernandez. I'd like to explain why I am late on my own. Thanks.

남: 안녕하세요, 저는 Jefferson 법률 사무소에서 일하는 Jefferson Alvarez입니다. 제가 택시를 불러서 공항에서 사무실로 가는 길입니다만 교통 체증으로 지금 꼼짝도 못하고 있어요. 방금 지역 라디오 방송으로 교통 속보를 들었는데 도로 보수 공사가 있어서 Romeo Express Way가 한 차선으로 줄었다는 사실을 알게 되었어요. 공항까지는 고작 30분 거리인데, 도심지역까지 2시간 정도 걸릴거라 하네요. 믿을 수가 없군요. 아무튼, 부탁 좀 들어 주실 수 있나요? 제가 한 시간 후에 면접 일정이 잡혀 있습니다. 그녀가 보안 데스크에 도착하면, 이 번호로 전화 부탁 드립니다. 제가 지금 그녀의 연락처가 없어요. 그녀의 이름은 Julieta Fernandez예요. 제가 늦은 이유는 직접 설명하고 싶습니다. 감사합니다.

어휘 on the way 가는 중인   traffic update 교통 속보   maintenance 유지, 보수   away 떨어져, 떨어진 곳에   security 보안
on one's own 혼자

---

7 Where most likely is the speaker?
⋯➤ 화자가 어디에 있는지를 묻는 문제는 스크립트의 서두인
  첫 번째 ~ 두 번째 문장 사이에 정답이 나온다.
(A) In his office
(B) At a radio station
(C) At an airport
(D) In a taxi

화자는 아마도 어디에 있겠는가?
그의 사무실에
라디오 방송국에
공항에
택시 안에

해설 스크립트 서두에 보기 키워드인 office와 airport을 모두 들려 주고, 스크립트에서 cab을 보기 taxi로 패러프레이징하여 들려 주었다. 지금 택시를 불러서 사무실로 가는 길이라고 했으므로 정답은 (D) In a taxi이다.

---

8 What does the speaker imply when he says "I can't believe it"? ⋯➤ 따옴표 내의 문장을 키워드로 잡고, 해당 문장과 보기 키워드가 함께 들린 것이 정답이다.
(A) He is excited.
(B) He is annoyed.   ⎤
(C) He is satisfied.   ⎥⋯➤ 각 보기의 키워드들은 감정
(D) He is tired.   ⎦   표현이라는 점을 눈여겨본다.

화자가 "믿을 수가 없군요."를 말할 때 암시하는 것은 무엇인가?
신이 난다.
짜증이 난다.
만족한다.
피곤하다.

해설 따옴표 내의 문장 "I can't believe it"을 문제 키워드로 잡고, 해당 문장과 함께 들려준 보기 키워드를 정답으로 선택한다. 스크립트에서 문제 키워드인 문장 앞에서 but이라는 표현을 들려 주었다. 이것은 문제가 발생했거나 곤란한 상황일 때 쓰이는 표현이다. 화자 의도 파악 문제는 스크립트에서 패러프레이징 되어 답을 들려주는 경우가 많기 때문에, but, however, problem과 같은 단어가 따옴표 앞뒤에 나오면 보기에서 부정적인 감정 표현을 찾는 것이 방법이다. 또한 문맥상 원래 공항에서 시내까지 30분 밖에 걸리지 않지만 도로 공사로 인해 차선이 하나로 줄어 2시간이 걸린다고 말했으니 화자가 짜증이 나 있다는 것을 유추할 수 있다. 그러므로 보기 키워드 중 annoyed가 있는 (B) He is annoyed.가 정답이다.

---

9 What does the speaker request that the listener do?
⋯➤ Please, I'd like you to, suggest, recommend와 같은 제안 / 요청을
  말할 때 쓰는 표현이 들리면 답을 확인한다.
(A) Visit the security desk
(B) Give a key
(C) Issue a temporary ID
(D) Call him back
⋯➤ 보기에서 명사가 없으므로 동사를 키워드로 잡는다.

화자가 청자에게 요청한 것은 무엇인가?
보안 데스크를 방문하는 것
열쇠를 주는 것
임시 신분증을 발급하는 것
그에게 다시 전화하는 것

해설 화자가 요청한 것을 묻는 문제이다. 스크립트에서 제안/요청 문제의 정답 단서 표현인 please를 들려 주고, 보기 키워드인 call을 스크립트에서 그대로 들려준 (D) Call him back이 정답이다.

Questions 10 through 12 refer to the following telephone message.

M: Hello, Christina. ⑩ I just arrived at Bloomingdale Furniture and found my laptop is not working properly. I don't know what happened to my laptop computer. It was fine when I tested it before I left. I can use the computer in our client's office, but I'm not sure if some fonts and 3D rendering software I need are installed in it. ⑪ I will give my first presentation to Bloomingdale Furniture this afternoon, so I want it to be impressive. ⑫ I'm sorry but the best option is for you to drive here on your own with another laptop. I know there will be heavy traffic, but I don't have any other options now.

남: Christina, 안녕하세요. **저는 지금 막 Bloomingdale Furniture에 도착했는데 제 노트북이 제대로 작동하지 않는다는 것을 알게 되었어요.** 제 노트북에 무슨 일이 있었는지 알 수가 없어요. 제가 떠나기 전에 시험했을 때에는 괜찮았는데 말이죠. 저는 고객의 사무실에 있는 컴퓨터를 쓸 수 있기는 하지만, 제가 필요한 3D 랜더링 소프트웨어와 폰트들이 설치되어있는지는 알 수가 없습니다. **오늘 오후에 Blooming Furniture에서 첫 프레젠테이션을 할 예정인데 그것이 인상적이길 바라고 있습니다.** 제가 생각하기에 가장 좋은 사항은 당신이 다른 노트북을 가지고 직접 운전해서 와주시는 겁니다. 극심한 교통체증이 있을 거라는 걸 압니다. 하지만 지금으로써는 다른 선택의 여지가 없습니다.

[어휘] properly 제대로   impressive 인상적인   on your own 직접

---

10 According to the speaker, what is the <u>problem</u>?
⋯▸ but, unfortunately, not, however, problem, damage, trouble, missing, broken, bad와 같은 문제점을 말할 때 쓰는 표현이 들리면 답을 확인한다.
(A) He is late for a <u>client meeting</u>.
(B) He has a <u>scheduling conflict</u>.
⋯▸ scheduling conflict는 구체적으로 겹치는 일정으로 내용으로 들려 줄 명사이므로 패러프레이징 될 것을 예상하여 키워드로 잡아 둔다.
(C) He has difficulty finding <u>the office</u>.
(D) He has a <u>malfunctioning</u> device.
⋯▸ device는 구체적인 기계, 장치의 명칭 등으로 패러프레이징 되어 언급될 명사로 키워드로 잡지 않는다.

화자에 의하면, 무엇이 문제인가?
고객 미팅에 늦었다.
일정이 겹친다.
사무실을 찾는 데 어려움을 겪고 있다.
오작동하는 장비를 가지고 있다.

[해설] 문제점으로 언급된 것을 묻는 문제이다. 스크립트에서 문제점을 묻는 문제의 정답 단서 표현인 not working properly와 함께 보기 키워드 중 malfunctioning을 not working properly로 패러프레이징해서 들려준 (D) He has a malfunctioning device.가 정답이다.

---

11 What is scheduled for the <u>afternoon</u>?
⋯▸ 문제 키워드와 보기 키워드가 함께 들린 것이 정답이다.
(A) A <u>trade fair</u>
(B) A presentation
(C) A <u>software update</u>
(D) A <u>business travel</u>

오후에 예정되어있는 것은 무엇인가?
무역 박람회
프리젠테이션
소프트웨어 업데이트
출장

[해설] 오후에 예정되어있는 것을 묻는 문제이다. 문제 키워드인 afternoon과 함께 듣기에서 들려주는 보기 키워드를 정답으로 확인하면 된다. 스크립트에서 문제 키워드 afternoon과 함께 보기 키워드인 presentation을 그대로 들려준 보기 (B) A presentation이 정답이다.

---

12 Why does the speaker say, "<u>I know there will be heavy traffic</u>"? ⋯▸ 따옴표 내의 문장을 키워드로 잡고, 해당 문장과 보기 키워드가 함께 들린 것이 정답이다.
(A) To show <u>another route</u> ⋯▸ another route는 그대로 들려주지 않을 확률이 높으므로 스크립트에서 도로명이 나오면 답을 확인한다.
(B) To express <u>apology</u> for an <u>inconvenience</u>
(C) To suggest using <u>public transportation</u>
⋯▸ public transportation은 그대로 들려주지 않을 확률이 높으므로 구체적인 대중 교통 수단이 나오면 답을 확인한다.
(D) To remind Christina <u>to leave earlier</u>

화자는 왜 '극심한 교통체증이 있을 거라는 걸 압니다.'라 말하는가?
우회 도로를 보여주기 위해
불편함에 대해 사과하기 위해
대중교통 이용을 제안하기 위해
Christina에게 일찍 떠날 것을 상기시키기 위해

[해설] 따옴표 내의 문장 "I know there will be heavy traffic"을 키워드로 잡고, 스크립트에서 그 문장과 함께 보기 키워드 중 같이 들려준 것을 정답으로 한다. 화자가 I'm sorry라고 사과하면서 "I know there will be heavy traffic"이라 했으니 불편함에 대한 사과의 의미로 말한 것임을 알 수 있다. 보기 키워드 중 apology를 스크립트에서 I'm sorry로 패러프레이징하고 보기 키워드인 inconvenience를 문제점을 나타낼 때 쓰는 표현인 but으로 스크립트에서 패러프레이징하여 들려준 (B) To express apology for an inconvenience가 정답이다.

Questions 1 through 3 refer to the following conversation and flight schedule.

Train No.	Origin	Expected Time of Arrival	Status
ET2278	Baltimore	6:00 P.M.	On Time
VE7934	Cleveland	7:00 P.M.	Delayed
WA6745	St. Louis	4:30 P.M.	Arrived
NC8721	Dallas	6:15 P.M.	On Time

열차번호	출발	도착예정시간	상태
ET2278	Baltimore	오후 6:00	정시도착
VE7934	Cleveland	오후 7:00	지연
WA6745	St. Louis	오후 4:30	도착
NC8721	Dallas	오후 6:15	정시도착

W: I just checked the information board. ❶ Ms. Albert's train is arriving late.

M: Yeah, I heard from the announcement that strong winds and thunderstorms caused a two-hour delay. Railroad maintenance crews are removing fallen rocks and trees from the railroad.

W: Well, I don't think it is convenient for us to return to the office and come back here to pick her up.

M: Definitely not. ❷ It's a baseball game day today, so the traffic at this time is even more horrible. I think we'd better stay here and wait for her to arrive.

W: I see. ❸ Would you call the manager first and let him know what's going on here?

여: 제가 막 안내판을 확인했어요. Albert씨의 기차가 늦게 도착할 예정이라고 합니다.

남: 네, 강풍과 뇌우가 두 시간 지연을 일으켰다고 안내 방송에서 들었습니다. 철도 정비팀이 철도에서 떨어진 돌들과 나무들을 치우고 있다고 합니다.

여: 음, 저는 사무실로 갔다가 그녀를 데리러 다시 여기로 돌아오는 것이 편리하다고 생각하지 않습니다.

남: 절대 아니죠. 오늘 야구 경기가 있어요. 그래서 이 시간에 교통은 더 최악일 겁니다. 제 생각에는 여기에 있다가 그녀가 도착하기를 기다리는 게 좋을 것 같아요.

여: 네, 매니저에게 먼저 전화를 걸어 여기에 무슨 일이 일어나고 있는지 알려 주시겠어요?

[어휘] information board 안내판　thunderstorm 뇌우　railroad 철도　maintenance crew 정비 직원　fallen 떨어진　pick someone up ~을 데리러 가다

---

1 Look at the graphic. What city is Ms. Albert's train coming from? ⋯→ 문제 키워드와 시각 정보를 함께 확인한다.
(A) Baltimore
(B) Cleveland ⋯→ 보기가 시각 정보의 Origin에 제시된 정보이므로 스크립트가 시작되면 보기에 나오지 않은 시각 정보의 좌측과 우측을 보며 집중해서 듣는다.
(C) St. Louis
(D) Dallas

시각 정보를 보시오. Albert씨가 기차가 어느 도시에서 오는 것인가?
Baltimore
Cleveland
St. Louis
Dallas

[해설] 문제 키워드인 Ms. Albert's train과 함께 late라는 단어를 들려 주었다. 여기서 late는 시각 정보에서 delayed로 패러프레이징 된 것을 확인할 수 있다. 그러므로 (B) Cleveland가 정답이다.

---

2 According to the man, what is taking place today? ⋯→ 남자의 말에서 문제 키워드와 보기 키워드가 함께 들린 것이 정답이다.
(A) A musical performance
(B) A sports game
(C) A trade fair
(D) A street parade

남자에 의하면, 오늘 무슨 일이 일어나는가?
음악 공연
스포츠 게임
무역 박람회
거리 퍼레이드

[해설] 남자가 오늘 일어날 일에 대해서 묻는 문제로, 스크립트에서 문제 키워드와 보기 키워드를 함께 들려주는 것을 정답으로 골라야 한다. 스크립트에서 남자가 문제 키워드인 today와 함께 baseball game을 들려 주었다. 보기에서 스크립트의 basketball game을 패러프레이징한 (B) A sports game이 정답이다.

---

3 What does the woman ask the man to do? ⋯→ 여자의 말에서 Can you, Would you, Why don't you와 같은 제안 / 요청을 말할 때 쓰는 표현이 들리면 답을 확인한다.
(A) Pay a parking fee in advance
(B) Contact their supervisor
(C) Check the information again
(D) Buy tickets

여자는 남자에게 무엇을 요청하는가?
주차 요금을 미리 지불할 것
그들의 관리자와 연락할 것
정보를 다시 확인할 것
티켓을 구매할 것

[해설] 여자가 요청한 것을 묻는 문제이다. 스크립트에서 여자가 제안/요청 문제의 정답 단서 표현인 Would you ~?를 언급하였고, 보기 키워드 중 supervisor를 스크립트에서 manager로 패러프레이징한 (B) Contact their supervisor가 정답이다.

Questions 4 through 6 refer to the following conversation and seating chart.

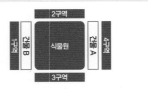

W: Hi, Bishop. ❶ I heard you moved recently. How's your new office in Building A?

M: I think the new office is quite neat and well furnished with office furniture and equipment. However, ❷ my assigned parking space is still remaining same in the parking lot behind Building B. I have to walk through the botanical garden every day.

W: Really? I'm in the same situation. I relocated to Building B, but my parking space is still in Zone 4.

M: ❸ Why don't we go to general affairs office and ask someone to switch our parking spots with each other.

여: 안녕하세요, Bishop. **최근에 이전했다고 들었어요. 건물 A에 있는 새 사무실은 어때세요?**

남: 제 생각에는 새 사무실이 매우 깔끔하고 사무용 가구와 장비가 잘 갖춰진 것 같아요. 그런데, **제가 할당 받은 주차 공간은 여전히 건물 B 뒤에 있는 같은 주차 구역이에요.** 저는 매일 식물원을 지나서 걸어 다녀야 해요.

여: 정말이요? 저도 같은 상황입니다. 저는 건물 B로 옮겼는데 제 주차 공간은 아직 4구역이에요.

남: 우리 총무과 사무실에 가서 우리 둘의 주차 공간을 서로 맞바꿔 달라고 말해보는 건 어떨까요?

[어휘] neat 깔끔한, 잘 정돈된   assigned 할당된   remain 여전히 ~이다   botanical garden 식물원   situation 상황   relocate 이전하다   general affairs 총무

---

4 According to the <u>woman</u>, what happened <u>recently</u>?
···➤ 여자의 말에서 문제 키워드와 보기 키워드가 함께 들린 것이 정답이다.
(A) Negotiating <u>a contract</u>
(B) Conducting <u>a customer survey</u>
(C) <u>Introducing</u> a new service
(D) Moving to a <u>new office</u>

여자에 의하면, 최근에 무슨 일이 일어났는가?
계약서를 협상하는 것
고객 설문조사를 하는 것
새로운 서비스를 소개하는 것
새로운 사무실로 이전하는 것

[해설] 여자가 최근에 일어난 일에 대해서 묻는 문제이다. 문제 키워드와 함께 보기 키워드를 같이 들려주는 것을 정답으로 고른다. 스크립트에서 여자가 문제 키워드인 recently와 함께 보기 키워드인 new office를 듣기에서 그대로 들려준 (D) Moving to a new office 가 정답이다.

---

5 Look at the graphic. What zone was the man <u>originally assigned</u> for parking? ···➤ 문제 키워드와 시각 정보를 함께 확인한다.
(A) Zone 1
(B) Zone 2
(C) Zone 3
(D) Zone 4

시각 정보를 보시오. 남자는 원래 어느 구역에 주차를 배정받았는가?
1구역
2구역
3구역
4구역

[해설] 스크립트에서 문제 키워드인 originally assigned에서 originally는 still로 패러프레이징하고, parking lot behind Building B라고 하며 아직도 빌딩 B 뒤의 주차장을 사용한다고 언급했다. 시각 정보에서 건물 B의 주차장으로 확인되는 (A) Zone 1이 정답이다.

---

6 What does the <u>man suggest</u> doing?
···➤ 남자의 말에서 Can you, Would you, Why don't you와 같은 제안 / 요청을
말할 때 쓰는 표현이 들리면 답을 확인한다.
(A) Checking the <u>event schedule</u>
(B) <u>Asking about a change</u> ···➤ change는 명사와 동사로 쓰이기
때문에 패러프레이징 될 확률이 높으므로 키워드로 잡지 않는다.
(C) <u>Visiting</u> another day ···➤ 보기의 another day는 '다른 날'이라는
의미로 듣기에서 좀 더 구체적인 시간표현으로 패러프레이징 되어
나올 확률이 높은 명사라 키워드로 잡지 않는다.
(D) Going to the <u>information desk</u>

남자는 무엇을 하기를 제안하는가?
행사 일정을 확인하는 것
변경에 대해 문의하는 것
다른 날 방문하는 것
안내데스크에 가는 것

[해설] 스크립트에서 남자가 제안/요청 문제의 정답 단서 표현인 Why don't we ~?를 언급하며, 스크립트의 switch를 보기에서 change로 패러프레이징한 후, 보기 키워드 ask를 듣기에서 그대로 들려준 (B) Asking about a change가 정답이다.

Questions 7 through 9 refer to the following except from a meeting and survey.

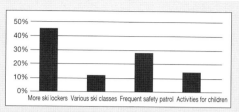

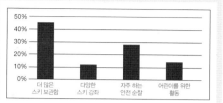

M: I think you, all department managers, have a copy of the survey results. As always, we conduct a customer survey every quarter ❼because the primary aim of our resort is to satisfy out guests' demands. Please let me briefly summarize the last quarter's survey results. Around 20,000 visitors answered the survey questions about our services and facilities. It is the second highest number of survey participants we have ever had. Most participants complain about the lack of the ski lockers around rest areas, but we don't have enough funds for that. We will have to consider it when we plan to renovate our resort. ❽However, the second most popular one can be easily solved just by some additional certified guards. ❾If you know someone to fit this position, please feel free to contact me.

남: 제가 생각하기에 모든 부서의 매니저들인 여러분 모두가 설문 조사 결과 복사본을 가지고 있습니다. 늘 그렇듯, **우리 리조트의 주된 목표가 우리의 고객 요구를 만족시키는 것이기 때문에** 우리는 매 분기 고객 설문 조사를 실시하고 있습니다. 제가 지난 분기의 설문 조사 결과를 간략하게 요약해 드리겠습니다. 약 20,000명의 방문객들이 우리 서비스와 시설에 대한 설문 조사에 응답해 주었습니다. 이는 우리가 지금까지 실시했던 설문 응답자들 중 두 번째로 높은 수치입니다. 대부분의 응답자들은 휴식 공간 주변에 스키 보관함이 부족한 것에 대해 불평하지만 우리는 충분한 자금이 없습니다. 우리는 리조트 보수를 계획할 때 고려해야 합니다. 하지만, **두 번째로 응답률이 높은 것은 일부 추가적인 자격증을 가진 요원들로 쉽게 해결할 수 있습니다.** 여러분이 이 직책에 적합한 사람을 아신다면, 언제든지 저한테 연락 부탁드립니다.

어휘 primary 주된, 주요한   demand 수요   briefly 간단히   lack 부족   fund 기금, 자금   renovate 개조/보수하다   certified 보증된, 자격증을 가진   fit (특정 직장/일자리에) 어울리게/적합하게 하다   feel free to 거리낌 없이 ~하다

---

7 According to the speaker, what is the resort's main goal?
··· 문제 키워드와 보기 키워드가 함께 들린 것이 정답이다.
(A) Expanding its business overseas
(B) Complying with regulations
(C) Increasing the number of guests
(D) Meeting guests' needs

화자에 의하면, 리조트의 주요 목표는 무엇인가?
사업을 해외로 확장하는 것
규정을 준수하는 것
고객의 수를 늘리는 것
고객의 요구를 충족하는 것

해설 리조트의 주요 목표에 대해서 묻는 문제로, 문제 키워드와 보기 키워드를 함께 들려주는 것을 정답으로 고른다. 스크립트에서 문제 키워드인 main goal을 primary aim으로, 보기 키워드인 needs를 demands로 패러프레이징한 (D) Meeting guests' needs가 정답이다.

---

8 Look at the graphic. What survey result does the speaker want to address? ··· 문제 키워드와 시각 정보를 함께 확인한다.
(A) More ski lockers
(B) Various ski classes
(C) Frequent safety patrol
(D) Activities for children

보기가 시각 정보의 하단에 제시된 정보이므로, 보기에 제시되지 않은 시각 정보의 좌측(%)을 보며 집중해서 듣는다.

시각 정보를 보시오. 화자는 어떤 설문 결과를 해결하고 싶어하는가?
더 많은 스키 보관함
다양한 스키 강좌들
자주 하는 안전 순찰
어린이를 위한 활동

해설 스크립트에서 문제 키워드인 address를 solve로 패러프레이징하여 second most popular를 들려 주었다. 시각 정보에서 두 번째로 높은 수치를 보이는 (C) Frequent safety patrol이 정답이다.

---

9 What are the listeners asked to do? ···
(A) Work longer hours
(B) Design a new advertisement
(C) Recommend job candidates
(D) Put away supplies ··· job candidates와 supplies는 좀 더 구체적인 이름과 연급될 확률이 높으므로 키워드로 잡지 않는다.

화자의 말에서 Please, Can you, Would you, Why don't you와 같은 제안 / 요청을 말할 때 쓰는 표현이 들리면 답을 확인한다.

청자들은 무엇을 하도록 요청 받는가?
야근을 하는 것
새로운 광고를 디자인하는 것
입사 지원자를 추천하는 것
물품들을 치우는 것

해설 청자들이 요청 받은 것을 묻는 문제는 화자가 요청한 것을 묻는 유형과 접근 방법이 동일하므로, 스크립트에서 제안/요청 문제의 정답 단서 표현과 함께 들려주는 보기 키워드를 답으로 찾으면 된다. 듣기에서 please와 함께 보기 키워드인 recommend job candidates를 If you know someone to fit this position ~ feel free to contact me로 패러프레이징한 (C) Recommend job candidates가 정답이다.

Questions 10 through 12 refer to the following announcement and boarding pass.

> **Guest Information**
> Check-in Date: March 3
> Room Type: Executive suite
> Number of Guests: 3 (2 adults, 1 child)
> Room Location: Beach Tower

> **투숙객 정보**
> 체크인 날짜: 3월 3일
> 객실 타입: Executive suite
> 투숙객 수: 3인(어른 2인, 어린이 1인)
> 객실 위치: Beach Tower

W: Mr. Wong. According to our records, you reserved the executive suite room with an ocean view, but unfortunately it is overbooked ⑩ because our reservation system has some technical problems. I apologize for this inconvenience. However, we have ⑪ the same type of rooms, but they are facing a city view. If you agree to stay in one of them, you will ⑫ receive vouchers for free buffet style breakfasts during your stay. They will cover your whole family. Also, your room is located on the 16th floor in City Tower. That means it is higher than the one you originally booked, so you can enjoy a fabulous night view of San Diego.

여: Wong씨. 우리 기록에 따르면, 바다 전망이 있는 고급 스위트 객실을 예약하셨는데, 안타깝게도 **우리 예약 시스템에 기술적인 문제가 있어** 초과 예약이 된 상태입니다. 이러한 불편함을 드려 사과드립니다. 하지만, 저희는 **그와 동일한 종류의 방이 있긴 합니다만,** 그 방들은 도심 전망입니다. 만약 귀하께서 그 방들 중 한 곳으로 묵어도 괜찮으시다면, 귀하가 머무는 동안 **무료 뷔페 조식권을 제공받으실 것입니다.** 이것은 귀하의 가족 전체를 포함합니다. 또한, 귀하의 객실은 City Tower의 16층에 위치해 있습니다. 이것은 귀하께서 원래 예약했던 객실보다 더 높아서, San Diego의 멋진 야경을 즐길 수 있다는 의미입니다.

[어휘] overbook 예약을 한도 이상으로 받다 face 향하다 cover 포함시키다 originally 원래, 본래 fabulous 멋진

10 According to the speaker, what caused the problem?
⋯→ 화자가 어디에 있는지를 묻는 문제는 스크립트의 서두인 첫 번째 ~ 두 번째 문장 사이에 정답이 나온다.
(A) Delay of a connecting flight
(B) Malfunctioning booking system
(C) Miscommunication between staff members
(D) Unfavorable weather conditions

화자에 의하면, 무엇이 문제를 일으켰는가?
연결편 비행기의 지연
예약 시스템의 오작동
직원 간의 잘못된 의사소통
안 좋은 날씨

[해설] 문제가 발생하게 된 이유 및 원인을 묻는 문제로, 스크립트에서 이유/원인 문제의 정답 단서 표현인 because를 언급한 부분을 집중해서 듣는다. 보기 키워드인 malfunctioning booking을 지문에서 reservation과 technical problem으로 패러프레이징하고 보기 키워드 system은 그대로 들려준 (B) Malfunctioning booking system이 정답이다.

11 Look at the graphic. Which information has changed?
⋯→ 문제 키워드와 시각 정보를 함께 확인한다.
(A) Check-in Data
(B) Room Type
(C) Number of Guests ⎤ 보기가 시각 정보의 좌측에 제시된
(D) Room Location ⎦ ⋯→ 정보이므로, 보기에 제시되지 않은 시각 정보의 우측을 보며 집중해서 듣는다.

시각 정보를 보시오. 어느 정보가 변경되었는가?
체크인 날짜
객실 종류
투숙객 수
객실 위치

[해설] 스크립트에서 문제가 있어서 방을 변경해준다고 하였다. 문제 키워드인 changed를 듣기에서 but으로 패러프레이징하고 city view를 들려 주었다. 방의 종류는 같지만 도시 전망이라 했으므로, 시각 정보에서 Room Location이 바뀐 것이 확인 가능하므로 (D) Room Location가 정답이다.

12 What will be given to Mr. Wong if he accepts the speaker's offer?
(A) Free nights at any branch
(B) More rewarding points
(C) A room upgrade
(D) Free meal vouchers

Wong씨가 화자의 제안을 수락하면 받는 것은 무엇인가?
전 지점에서의 무료 숙박
더 많은 보상 점수
룸 업그레이드
무료 식사 상품권

[해설] 화자의 제안을 수락한다면 받게 되는 것을 묻는 문제로 문제 키워드와 보기 키워드를 함께 들려주는 것을 정답으로 고른다. 스크립트에서 문제 키워드인 offer을 receive로 패러프레이징하여 언급했으며, 보기 키워드인 free와 vouchers는 그대로 언급되고 meal만 buffet style breakfast로 패러프레이징한 (D) Free meal vouchers가 정답이다.

1 단수 동사를 받는 부정대명사

One of the two systems was sold to the Avalon Inc. and
------- was used by Canon for benchmarking.
(A) some　　　　　　　(B) other
(C) the other　　　　(D) another

두 시스템 중 하나는 Avalon사에게 매각되었고, 나머지 하나는 Canon사의 벤치마킹에 사용되었다.

[해설] 빈칸 뒤에 단수 동사(was used)가 있으므로 단수 주어가 와야 할 자리이다. 보기 중 명사로 쓰일 수 없는 형용사 (B) other는 오답 소거한다. (A) some은 명사로 쓰일 수는 있으나 복수 취급하므로 오답 소거한다. 단수 명사로 쓰일 수 있는 (C) the other와 (D) another 중에 의미상 '정해진 것 중 나머지 하나'를 뜻하는 (C) the other가 정답이다. (D) another는 '(동종의) 또 다른 하나'를 뜻하는 표현이므로 해석상 맞지 않아 오답 소거한다.
[어휘] benchmarking (우수 기업의 장점을 도입해 기준으로 삼는 경영 기법) 벤치마킹

2 복수 명사를 받는 부정형용사

Whitehall Jewelers' warranty does not apply to products
that are damaged due to misuse, improper care, or -------
negligence cases.
(A) another　　　　　(B) ones
(C) others　　　　　　**(D) other**

Whitehall 보석상의 품질 보증은 잘못된 사용, 부적절한 관리, 또는 다른 부주의로 인해 손상된 제품에는 적용되지 않는다.

[해설] '앞에서 이미 언급한 것 이외의 다른 것'을 뜻하면서 셀 수 있는 명사(negligence cases)를 수식할 수 있는 부정형용사를 고르는 문제이다. (A) another 뒤에 단수 가산 명사가 와야 하고, (D) other는 뒤에 복수 가산 명사를 취해야 한다. 빈칸 뒤의 negligence cases는 복수 가산 명사이므로 other가 정답이다. 참고로 (B) ones와 (C) others는 대명사로만 사용되기 때문에 뒤에 명사(negligence cases)가 나올 수 없으므로 오답 소거한다.
[어휘] warranty 보증서, 보증　　apply to ~에 적용되다　　misuse 오용　　improper 부적당한　　negligence 부주의, 무관심

3 복수 명사를 받는 부정형용사

Owell Co. will swiftly respond to changes in the strategies of
China's and ------- international steel makers.
(A) another　　　　　**(B) other**
(C) others　　　　　　(D) each other

Owell사는 중국을 비롯한 다른 해외 철강 제조사들의 전략상의 변화에 신속히 대응할 것이다.

[해설] 복수 명사를 받을 수 있는 부정형용사를 묻는 문제이다. 복수 명사 steel makers 앞에 올 수 있는 것은 (B) other이다. (A) another는 이미 언급한 것 외에 '(동종의) 또 다른 하나'를 의미하는데, another 뒤에는 반드시 단수 가산 명사가 와야 한다. 또한 (B) other와 (C) others는 이미 언급한 것 외에 '다른 것들'을 의미하는데, other가 형용사로만 쓰이는데 비해 (C) others는 「other + 복수 명사 = others」와 같이 대명사로만 쓰이므로 오답 소거한다. (D) each other는 '서로'라는 뜻의 대명사로 형용사 자리에 쓰이지 못하므로 오답 소거한다.
[어휘] swiftly 신속히, 재빨리　　respond to ~에 대응/반응하다　　strategy 전략　　steel maker 철강 제조사

4 「of the + 불가산 명사」를 받는 부정대명사

Although we called the supplier several times, we still haven't
received ------- of the equipment we ordered three weeks ago.
(A) one　　　　　　　(B) another
(C) many　　　　　　**(D) any**

우리는 공급업자에게 여러 번 전화했음에도 불구하고, 3주 전에 주문한 장비 중 어떤 것도 아직 받지 못했다.

[해설] 「of the + 불가산 명사(equipment)」를 받을 수 있는 대명사를 묻는 문제이다. (D) any가 any of의 형태로 쓰일 경우 뒤에 단수 명사와 복수 명사, 불가산 명사를 모두 취할 수 있으므로 정답은 (D) any이다. (A) one과 (C) many는 「one/many of the + 복수 가산 명사」 구문으로 사용된다. (B) another는 대명사로 쓰일 경우 「of the + 명사」 구문으로는 사용할 수 없고 단독으로만 사용되고, 형용사로 쓰이면 단수 명사와 함께 사용되므로 오답 소거한다.
[어휘] supplier 공급업자　　equipment 장비

5 단수 가산 명사를 받는 부정형용사

------- vehicle newly licensed in the state must comply with extremely strict pollution control standards.

(A) All   **(B) Every**
(C) Most   (D) Many

그 주에서 새로 인가된 모든 차량은 아주 엄격한 오염 통제 기준을 준수해야 한다.

[해설] 단수 가산 명사를 받을 수 있는 부정형용사를 묻는 문제이다. vehicle은 단수 가산 명사이며 앞에 쓰일 수 있는 한정사는 (B) Every 이다. (A) All, (C) Most, (D) Many는 모두 가산 명사와 함께 쓰이는 경우 복수 명사를 써야 한다.

[어휘] comply with (규정, 기준)에 따르다, 준수하다   strict 엄격한   standards 기준

6 복수 동사를 받는 부정대명사

Monthly subway passes are available for commuters at a cheap price, but ------- are also reasonable.

(A) others   (B) other
(C) the other   (D) another

지하철 월 정기권은 통근자들을 위해 저렴하게 이용 가능하지만, 다른 승차권들도 비싸지는 않다.

[해설] 등위접속사 but으로 연결된 문장이고, 빈칸 뒤에 but 이하 문장의 동사가 나오므로 빈칸에는 두 번째 문장의 주어가 들어가야 한다. 또한 빈칸 뒤 동사가 are로 복수형이므로 주어도 복수형으로 일치해야 한다. 따라서 (A) others가 정답이다. (B) other는 형용사로 만 쓰이므로 반드시 뒤에 명사를 수반해야 하며, (C) the other는 형용사와 명사 두 가지 역할 모두 가능하나, '(이미 언급된 범위 내 에서) 나머지 하나'를 뜻하므로 정답으로 적절하지 않다. (D) another는 '(동종의) 또 다른 하나'라는 뜻으로 단수 취급하므로 정답이 될 수 없다.

[어휘] monthly 월간의   pass 승차권   available 이용 가능한   commuter 통근자   reasonable 비싸지 않은, 적당한

7 복수 명사를 받는 부정형용사

Almost all private business owners responding to our survey are showing an interest in joint ventures with ------- companies.

(A) another   (B) the others
(C) others   **(D) other**

우리의 설문 조사에 응답한 거의 모든 개인 사업자들은 다른 회사들과의 공동 사업에 관심을 보이고 있다.

[해설] 복수 명사인 companies를 수식하는 '다른'이란 뜻의 형용사로는 (D) other가 적합하다. other는 형용사로 쓰여 복수 가산 명사나 불 가산 명사를 받는다. (A) another는 '(동종의) 또 다른 하나'의 의미로 쓰일 때는 뒤에 단수 명사가 오지만, '추가'의 의미일 때는 복수 명사가 올 수 있다. 예를 들어, another company는 '다른 회사'이고, another two weeks는 '2주 추가로 더'라는 의미가 된다. (C) others는 대명사로만 쓰이므로, others 뒤에는 명사가 올 수 없다. (B) the others도 대명사로만 쓰이며 정해진 것 중 남은 것이 2개 이상일 때 '나머지들'을 의미하므로 오답 소거한다.

[어휘] private 개인의   survey (설문) 조사   joint venture 공동 사업

8 「of the + 복수 명사」, 「of + 대명사」를 받을 수 있는 부정대명사

------- of those involved in developing the home-cleaning robot imagined that it would be such a huge success.

(A) None   (B) Almost
(C) Whoever   (D) Anything

집 청소 로봇을 개발하는 데 참여한 사람들은 그 누구도 이렇게 큰 성공을 이룰 것이라는 것을 상상하지 못했다.

[해설] 빈칸은 주어 자리이므로 명사가 들어가야 하는데, 명사는 (A) None과 (D) Anything밖에 없다. (B) Almost는 부사이고, (C) Whoever는 동사와 함께 쓰이는 접속사이다. (D) Anything은 뒤에 「of the + 명사」를 수반하지 못하므로 오답 소거하고, 문법적으로 가능한 (A) None이 정답이다.

[어휘] involve 관련시키다, 참여시키다   huge 큰, 막대한

9 부정대명사의 의미 구별 문제

The office space will feature a 3,000-square-foot café open to ------- interested in the entrepreneurial scene.

(A) whoever   (B) some
(C) them   **(D) anyone**

그 사무실 공간에는 기업가 분야에 관심 있는 사람들 누구나에게 공개되는 3천 평방피트 규모의 카페를 특별히 포함할 예정이다.

해설 빈칸에 들어갈 알맞은 부정대명사를 찾는 문제이다. 빈칸은 전치사 to의 목적어 자리이며 과거분사 형용사인 interested의 후치 수식을 받고 있으므로 명사가 와야 하는 자리이다. 따라서, 접속사로 쓰이는 (A) whoever는 오답 소거한다. 명사인 (B) some, (C) them, (D) anyone 중에 '~에 관심 있는 사람이면 누구에게나 공개된다'는 문맥을 통해 '누구나'의 뜻을 가진 (D) anyone이 정답이다.

어휘 feature 특별히 포함하다, 특징으로 삼다   interested 관심 있는   entrepreneurial 기업가의   scene 분야, 현장, 장면

---

10 부정대명사의 의미 구별 문제

As of March 1, the bank will introduce a new fee for transferring money from one account to -------.

(A) another   (B) other
(C) some   (D) one another

3월 1일부터, 그 은행은 한 계좌에서 또 다른 계좌로의 이체에 대해 새로운 수수료를 도입할 것이다.

해설 빈칸에 들어갈 알맞은 부정대명사를 찾는 문제이다. '한 계좌에서 또 다른 계좌로'라는 의미이어야 하며, 불특정한 하나를 뜻하는 단수가 와야 하므로 (A) another가 정답이다. (B) other는 반드시 뒤에 명사를 취해야 하며, (C) some은 불특정한 복수를 뜻하므로 적합하지 않다. (D) one another는 셋 이상에서의 '서로'라는 뜻이므로 문맥상 적절하지 않다.

어휘 as of ~부터, ~자를 기준으로   introduce 도입하다, 소개하다   fee 수수료   transfer 이체하다   account 계좌

---

11 부정대명사의 의미 구별 문제

One of the purposes of the annual banquet is to give employees in different divisions an opportunity to know -------.

(A) other   **(B) one another**
(C) the other   (D) another

연례 연회의 목적 중 하나는 다른 부서의 직원들에게 서로를 알 수 있는 기회를 주는 것이다.

해설 문맥상 '서로를 알 수 있는 기회'라고 해야 자연스러우므로 셋 이상에서의 '서로'를 의미하는 (B) one another가 정답이다. 둘 사이에서의 '서로'는 each other이다. (A) other는 형용사로만 쓰이기 때문에 반드시 뒤에 명사가 와야 하며, (C) the other는 '정해진 것 중 남은 것 하나' (D) another는 '또 다른 하나'라는 의미이므로 문맥상 적절하지 않아 오답 소거한다.

어휘 purpose 목적, 의도   banquet 연회, 축하연   division 부서   opportunity 기회

---

12 부정대명사의 의미 구별 문제

Of the three applicants, two have withdrawn their applications and ------- still remains for consideration.

(A) another   (B) other
(C) the other   (D) the others

세 명의 지원자 가운데, 두 명은 지원서를 취소한 상태고 나머지 한 명은 여전히 고려 중이다.

해설 집단의 수가 한정된 상황에서 나머지가 하나일 경우는 (C) the other를, 둘 이상일 때 나머지 것들인 경우는 (D) the others를 쓴다. 셋 중 나머지 한 명을 나타내므로 복수가 아닌 단수 (C) the other가 정답이다. (A) another은 '(동종의) 또 다른 하나'라는 의미이므로 문맥상 적절하지 않고, (B) other는 형용사로만 쓰이기 때문에 뒤에 반드시 명사가 와야 한다.

어휘 withdraw 취소하다, 철회하다   remain 여전히 ~이다   consideration 고려

13 「of the + 명사」를 받는 부정대명사

Please remember to read ------- of the five articles before writing your report.
(A) no   (B) every
(C) almost   **(D) each**

보고서를 쓰기 전에 5개의 기사 각각 읽어 보는 것을 기억하세요.

[해설] 빈칸에는 read의 목적어가 들어갈 자리이다. 목적어가 될 수 있는 것은 명사나, 대명사 또는 명사 역할을 하는 구나 절인데, (A) no와 (B) every는 형용사이고, (C) almost는 부사로 목적어 자리에 적당하지 않으므로 전부 오답 소거한다. (D) each가 유일한 명사이며 each는 「each of the + 복수 명사」의 형태로 사용되기도 한다.

[어휘] article 기사   almost 거의

14 부정대명사의 의미 구별 문제

The branch manager emphasized that to deliver the product orders on time, ------- must work overtime.
(A) no one   (B) nobody
(C) one another   **(D) everyone**

지점 관리자는 시간에 맞게 상품 주문을 배송하기 위해서, 모든 사람이 초과 근무를 해야 한다고 강조했다.

[해설] 빈칸은 주어 자리이므로 주어로 쓰일 수 없는 (C) one another는 오답 소거한다. 나머지 보기들은 전부 주어 자리에 올 수 있으며 뒤에 조동사(must)가 있으므로 단/복수로 판단할 수 없는 문제이다. 따라서 해석을 따져봐야 한다. 문맥상 '모든 사람'을 뜻하는 (D) everyone이 정답이다.

[어휘] branch 지점   emphasize 강조하다   on time 시간에 맞게, 정시에   work overtime 초과 근무하다

15 부정대명사의 의미 구별 문제

This program is specifically recommended for ------- needing help with insomnia and social phobia.
(A) their   **(B) anyone**
(C) yourself   (D) ourselves

불면증과 대인 기피증으로부터 도움이 필요한 누구에게나 이 프로그램이 특히 추천된다.

[해설] 전치사(for) 다음에 명사가 없으므로, 빈칸에는 소유격 (A) their는 나올 수 없다. (C) yourself는 전치사 for의 목적어로 올 경우 주어와 일치해야 하는데, 주어는 사물인 This program이므로 적절하지 않으므로 오답 소거한다. (D) ourselves의 경우 역시 마찬가지이다. 빈칸 다음의 needing help with insomnia and social phobia는 사람과 관련된 내용으로 불특정 다수를 지칭하므로 정답은 (B) anyone이다.

[어휘] specifically 특히, 명확하게   recommend 추천하다, 권하다   insomnia 불면증   social phobia 대인 기피증

16 「of the + 불가산 명사」를 받는 부정대명사

------- of the information shown on the company's Web site turned out to be inaccurate.
(A) Another   **(B) Most**
(C) Ones   (D) Each

웹사이트상에 나와있는 대부분의 정보는 부정확한 것으로 판명되었다.

[해설] 「of the + 불가산 명사(information」를 받을 수 있는 부정대명사는 (B) Most 밖에 없다. Most는 of the 다음에 불가산 명사나 복수 가산 명사를 취할 수 있다. (A) Another와 (C) Ones는 「of the + 명사」를 수반할 수 없으며, (D) Each는 「of the + 복수 가산 명사」 형태를 취한다.

[어휘] turn out ~인 것으로 드러나다, 밝혀지다   inaccurate 부정확한

17 부정대명사의 의미 구별 문제

Tickets purchased online with a discount code are always cheaper than ------- purchased at a ticket stand.

(A) ones (B) some
(C) others (D) any

온라인상에서 할인 코드로 구입한 티켓은 티켓 가판대에서 구입한 것보다 항상 더 저렴하다.

해설 빈칸은 가산 명사 tickets를 받는 명사 자리이므로, 앞에 나온 명사나 대명사를 다시 지칭할 때 쓰는 (A) ones가 정답이다. (B) some은 전체 집합에서 불특정 일부를 가리키고, (C) others는 전체 집합에서 일부를 제외한 나머지 중의 불특정 일부를 가리키므로 오답 소거한다. (D) any는 '누구든지, 어느 것이든지'라는 의미의 부정대명사로 의미가 맞지 않으므로 오답 소거한다.

어휘 ticket stand 티켓 가판대

18 「of the + 명사」를 받는 부정대명사

Before taking the highway, please make sure that ------- of the passengers fasten their seatbelts.

(A) every (B) all
(C) each (D) one

고속도로에 진입하기 전에, 모든 승객들은 반드시 안전벨트를 매 주세요.

해설 빈칸은 뒤의 「of the + 복수 명사(passengers)」를 받는 명사 자리이므로 명사가 아닌 (A) every는 소거한다. 나머지 보기 (B), (C), (D)는 뒤에 「of the + 복수 명사」를 다 받을 수 있다. 단, 뒤에 복수 동사(fasten)가 왔으므로 복수 동사를 받는 (B) all이 정답이다. (C) each, (D) one은 단수 동사를 받는다.

어휘 highway 고속도로 fasten seatbelts 안전 벨트를 하다

19 「of the + 명사」를 받는 부정대명사

Despite the accumulated evidence on environmental degradation and climate change, ------- of the recommendations related to sustainable development have been implemented.

(A) any (B) none
(C) whoever (D) someone

환경의 질적 저하와 기후 변화에 대한 축적된 증거에도 불구하고, 환경 친화적 개발과 관련한 그 권고 사항은 아무 것도 시행되지 않았다.

해설 동사가 하나이므로, 접속사인 (C) whoever는 소거한다. 빈칸은 「of the + 복수 명사(recommendations)」를 받는 명사 자리이므로 「of the + 명사」를 수반하지 못하는 (D) someone은 오답 소거한다. (A) any와 (B) none 중에 '아무 것도 ~하지 않다'라고 해석되는 (B) none이 정답이다.

어휘 accumulated 축적된, 누적된 evidence 증거 degradation 저하 sustainable development 지속 가능한 발전, 환경 친화적 개발 implement 시행하다

20 「of the + 가산 복수 명사」를 받는 부정대명사

Lawrence and Topeka are fast becoming ------- of the most populated towns in the state of Kansas.

(A) ones (B) two
(C) both (D) much

Lawrence와 Topeka는 급속도로 Kansas 주에서의 가장 인구가 많은 마을들 중 두 곳이 되고 있다.

해설 「of the + 가산 복수 명사」를 받고 있으므로, 「of the + 명사」를 수반하지 못하는 (A) ones와 「of the + 불가산 명사」만을 취하는 (D) much는 소거한다. (B) two와 (C) both는 둘 다 「of the + 가산 복수 명사」를 수반하므로 해석을 통해 정답을 골라야 한다. Lawrence와 Topeka가 가장 인구가 많은 마을들 중에서 '둘 다가 되고 있다'가 아니라 가장 인구가 많은 마을들 중에서 '두 곳이 되고 있다'라는 의미가 해석상 적절하므로 정답은 (B) two이다.

어휘 the most populated towns 인구 밀도가 가장 높은 마을

1 5형식 「동사 + 목적어 + to부정사」로 쓰이는 표현

The speaker asked the conference attendees ------- to ask questions until he is finished with his presentation.

(A) wait   (B) waits
(C) to wait   (D) waiting

연설자는 회의 참석자들에게 그가 프레젠테이션을 마칠 때까지 질문하는 것을 기다리도록 요청했다.

[해설] 빈칸은 「ask + 목적어 + to부정사」 '목적어가 ~하도록 요청하다'라는 의미의 5형식 구문의 to부정사 자리이다. 단번에 to부정사 자리임을 눈치챌 수 있어야 한다. 정답은 (C) to wait이다.
[어휘] attendee 참석자   ask question 질문을 하다

2 5형식 「동사 + 목적어 + to부정사」로 쓰이는 표현

An unavoidable construction project in our building has caused the shipping department ------- temporarily.

(A) closes   (B) closing
(C) close   **(D) to close**

건물 내의 어쩔 수 없는 공사 때문에 배송 부서가 임시로 문을 닫게 되었다.

[해설] 빈칸은 「cause + 목적어 + to부정사」 '목적어가 ~하도록 야기하다'라는 의미의 5형식 구문의 to부정사 자리이다. 단번에 to부정사 자리임을 눈치챌 수 있어야 한다. 정답은 (D) to close이다.
[어휘] unavoidable 피할 수 없는, 어쩔 수 없는   temporarily 임시로

3 동명사를 목적어로 취하는 동사 consider

Greenland currently uses ordinary Danish kroner but has considered ------- its own currency.

(A) introducing   (B) to introduce
(C) introduce   (D) introduced

Greenland는 현재 통상 덴마크의 크로네 화폐를 사용하지만 자신들만의 화폐를 도입하는 것을 고려해 왔다.

[해설] 빈칸은 타동사 consider의 목적어 자리이다. consider는 동명사를 목적어로 취하는 동사이므로 정답은 (A) introducing이 된다.
[어휘] currently 현재, 지금   currency 화폐, 통화

4 「be invited + to부정사」

You are cordially invited ------- the fourth annual workshop for all the new workers held at Hally Hall.

(A) attends   **(B) to attend**
(C) attended   (D) attending

귀하를 Hally Hall에서 개최되는 제4회 연례 신입사원 연수에 진심으로 초대합니다.

[해설] invite는 「invite + 사람 + to부정사」의 형태로 사용되어 '~를 …하도록 초대하다'의 의미로 쓰이는데 이 문장이 수동태가 되면 「사람 + be invited + to부정사」의 형태가 된다. 따라서 수동태 be invited 뒤에 쓰이는 to부정사 형태인 (B) to attend가 정답이 된다.
[어휘] cordially 진심으로   annual 연례의, 해마다의

5 동명사/to부정사 vs. 일반명사

Bulgarini Autos has begun ------- of its new commercial van, the CTR, which is being built at its plant in Milano, Italy.

(A) production   (B) producing
(C) to produce   (D) producer

Bulgarini Autos사는 Italy의 Milano에 있는 공장에서 만들어지고 있는 새로운 영업용 밴인 CTR의 생산을 시작했다.

[해설] 빈칸은 타동사 begin의 목적어 자리로, begin은 동명사나 to부정사를 모두 목적어로 취할 수 있다. 빈칸 뒤에는 이미 전치사구가 나와 있으므로 빈칸에는 전치사구의 수식을 받을 수 있는 목적어(명사)가 들어가야 한다. 해석상으로도 '생산을 시작했다'라는 의미가 적절하므로 정답은 (A) production이다.
[어휘] commercial 상업용의, 영업용의

---

6 「be expected + to부정사」

The number of potential clients of A&D Law Firm ------- to be more than 2,000 next year.

(A) expectation   (B) is expected
(C) expected   (D) were expecting

A&D 법률 회사의 잠재 고객 수는 내년에 2,000명이 넘을 것으로 예상된다.

[해설] 빈칸은 주어 The number of potential clients의 동사 자리이다. 단수주어(the number)이므로 복수동사 (D) were expecting은 오답소거한다. 문맥상 동사 expect의 수동태 현재시제가 와야 한다. 또한, expect는 「be expected + to부정사」 '~하는 것이 예상되다'라는 의미로 쓰이는 것을 알아 두면 더 쉽게 해결할 수 있는 문제이다. 정답은 (B) is expected이다.
[어휘] the number of ~의 수   potential client 잠재 고객   law firm 법률 사무소

---

7 「request that + 주어 + (should) 동사원형」

Engineers requested that the company ------- the current computer system with new one in a month.

(A) replace   (B) replaces
(C) replaced   (D) will replace

엔지니어들은 그 회사가 한 달 이내에 현재의 컴퓨터 시스템을 새 것으로 교체해야 한다고 요구하였다.

[해설] suggest, request, demand, insist 등과 같이 주절에 제안, 요구, 주장 등의 의미를 갖는 동사가 오면 종속절은 「주어 + (should) + 동사원형」의 형태를 지닌다. 따라서, 동사원형인 (A) replace가 정답이다.
[어휘] replace A with B A를 B로 교체하다   current 현재의

---

8 to부정사를 목적격 보어로 취하는 「enable + 목적어 + to부정사」

The introduction of the GPS system ------- us to direct any incoming jobs to the nearest technician in any given area.

(A) was enabled   (B) enabling
(C) to enable   (D) has enabled

그 GPS 시스템의 도입은 외부로부터 들어오는 업무자들을 해당 지역에서 가장 가까운 곳에 있는 기술자에게 보낼 수 있도록 해 준다.

[해설] enable은 5형식 동사로 「enable + 목적어 + to부정사」 '목적어가 (to부정사)하는 것을 가능하게 하다'라는 의미로 쓰인다. 빈칸 뒤에 '목적어 + to부정사'가 연결되어 있으므로 유일한 능동태 형태인 (D) has enabled를 골라야 한다.
[어휘] introduction 도입, 소개   enable A to부정사 A가 ~할 수 있게 하다   direct 보내다   incoming 도착하는, 들어오는

9 「be permitted + to부정사」

Employees who will be a child's primary caregiver will ------- to take leave of up to a maximum of twelve months, with a combination of paid and unpaid time.
(A) permit
(B) to permit
(C) permitting
(D) be permitted

아이의 첫 번째 보육자가 되는 직원은 무급과 유급 휴가를 통틀어 최대 12개월까지의 휴가를 내는 것이 허용된다.

[해설] permit은 「permit + 목적어 + to부정사」로 쓰이는 동사이므로, 뒤에 to부정사를 바로 수반할 때는 수동태인 「be permitted + to부정사」로 쓰여야 한다. 빈칸 뒤에 to부정사를 보고 바로 수동태인 (D) be permitted를 골라야 한다.

[어휘] primary caregiver 첫 번째 보육자   be permitted to부정사 ~하도록 허용되다   take a leave 휴가를 내다   up to ~까지   a maximum of 최대 ~의   a combination of ~의 혼합/결합   paid 유급의, 보수가 주어지는   unpaid 무급의, 무보수의

---

10 to부정사를 목적어로 취하는 동사 hesitate

Please don't ------- to contact us in the future should you have additional questions.
(A) separate
(B) necessitate
(C) alternate
(D) hesitate

추가 질문이 있으시면 앞으로 주저하지 말고 저희에게 연락 주세요.

[해설] 빈칸 뒤에 to부정사가 있으므로 to부정사를 목적어로 취할 수 있는 어휘를 선택해야 한다. 보기 중 to부정사를 목적어로 취할 수 있는 동사는 (D) hesitate밖에 없다.

[어휘] should 주어 + 동사원형 (= if 주어 should 동사원형) 만약 ~한다면(가정법 미래)   separate 분리되다   necessitate ~을 필요하게 만들다   alternate 번갈아 나오게 하다   hesitate 주저하다, 망설이다

---

11 to부정사를 목적어로 취하는 동사 plan

In order to grow revenues, we plan to ------- our business by importing other fashion items beyond just sunglasses.
(A) diverse
(B) diversity
(C) diversely
(D) diversify

수익을 증가시키기 위해서, 우리는 선글라스를 넘어선 다른 패션 상품을 수입함으로써 우리 사업을 다양화할 계획이다.

[해설] 동사 plan은 뒤에 'to 명사'를 받지 않고 'to부정사'를 수반해 '~하는 것을 계획하다'로 쓰이므로 「plan to부정사」를 이루는 동사원형 (D) diversify가 정답이다.

[어휘] in order to부정사 ~하기 위해서   revenue 수익, 수입   plan to부정사 ~할 계획이다   beyond ~이상, 넘는   just 그저, 단지

---

12 「be invited + to부정사」

You are hereby ------- to submit a bid according to the indications and procedures laid down in the guideline for tender.
(A) invitation
(B) inviting
(C) invited
(D) invites

이로써 귀하는 입찰 가이드라인에 규정된 지시와 절차에 따라 입찰할 것을 요청받았습니다.

[해설] 빈칸 앞에 「are + 부사(hereby)」가 있으므로 빈칸에는 -ing 형태인 (B) inviting과 p.p. 형태인 (C) invite밖에 올 수 없다. 빈칸 뒤에 to부정사가 있으므로 「be invited + to부정사」를 이루는 (C)가 정답이다. invite는 능동태일 때 목적어를 수반하여 「invite + 목적어 + to부정사」로 쓰이고 수동태일 때 「be invited + to부정사」로 쓰인다는 점을 떠올려서 바로 (C) invited를 고를 수 있어야 한다.

[어휘] hereby (법률 문서 등에서) 이로써, 이에 의하여   submit a bid 응찰하다   indication 지시, 표시   procedure 절차, 순서   lay down 규정하다   guideline 지침, 가이드라인   tender 입찰, 상냥한, 연한

13 「request that + 주어 + (should) 동사원형」

The charity committee requested that guests ------- a donation of at least ten dollars per person.
(A) makes
(B) made
(C) has made
(D) make

자선 위원회는 참석자들이 1인당 최소 10달러를 기부해야 한다고 요청했다.

[해설] suggest, request, insist, demand 등과 같이 주절에 제안, 주장, 요구 등의 의미를 갖는 동사가 오면 종속절은 「주어 + (should) + 동사원형」의 형태를 지닌다. 따라서 빈칸에는 should가 생략된 동사원형이 와야 하므로 (D) make가 정답이 된다. 참고로, make a donation은 '기부하다'라는 의미의 숙어이므로 암기하도록 하자.
[어휘] charity 자선   committee 위원회   donation 기부, 기부금   at least 적어도   per ~당, ~마다

---

14 to부정사를 목적격 보어로 취하는 동사 「encourage + 목적어 + to부정사」

The prevention strategy ------- people to avoid risk factors known to cause cancer.
(A) is encouraged
(B) to encourage
(C) encourages
(D) to be encouraged

그 예방 전략은 사람들에게 암을 유발하는 것으로 알려진 위험 요소들을 피하도록 권장한다.

[해설] 빈칸은 문장의 동사가 들어갈 자리이다. 동사가 아닌 (B) to encourage와 (D) to be encouraged는 소거한다. 보기 중에서 동사는 (A) is encouraged와 (C) encourages인데, 빈칸 뒤의 구조가 「목적어 + to부정사」가 나와 있으므로 「encourage + 목적어 + to부정사」의 구조를 만들어주는 능동태 (C) encourages가 정답이다.
[어휘] encourage 장려하다, 권장하다   avoid 피하다   risk 위험   factor 요소   cause 원인이 되다

---

15 「be dedicated to + 명사/동명사」

Daily Stock Exchange Broadcasting is dedicated to ------- accurate investment information to help its audience make profits.
(A) providing
(B) provide
(C) provides
(D) be provided

Daily Stock Exchange Broadcasting은 청취자들이 이윤을 내는 것을 돕기 위해서 정확한 투자 정보를 제공하는 데에 헌신적이다.

[해설] be dedicated to는 뒤에는 동사원형이 아닌 명사를 받으므로 동명사 형태의 (A) providing이 정답이 된다.
[어휘] accurate 정확한   make profits 이윤을 내다

---

16 사역동사 「let + 목적어 + 원형 부정사」

The company will not let the recent financial problems ------- its long-term export strategies.
(A) affecting
(B) affected
(C) affect
(D) to affect

그 회사는 최근의 재정 문제가 장기간에 걸친 수출 전략에 영향을 주지 못하게 할 것이다.

[해설] 사역동사 let은 5형식으로 쓰일 때 목적어 뒤에 목적격 보어를 to부정사가 아닌 원형 부정사가 와야 한다. 이 문제에도 let 뒤의 목적어 (the recent financial problems) 다음에 목적격 보어가 와야 하므로 원형 부정사 형태인 (C) affect가 정답이다.
[어휘] financial 재정적인   long-term 장기간의   export 수출   strategy 전략

17 준사역동사 「help + 목적어 + 원형 부정사/to부정사」

Northridge's team of travel specialists will help customers
------- the right destination that suits their needs.
(A) would choose   **(B) choose**
(C) choice   (D) will choose

Northridge의 여행 전문가 팀은 고객들이 그들의 필요에 적합한 목적지를 선택할 수 있도록 도와드릴 것입니다.

해설 동사 help의 용법을 묻는 문제이다. help는 그 뒤에 목적어(customers)와 함께 to부정사 또는 원형 부정사를 써서 '~을 …하도록 돕다'라는 의미로 쓰이므로 정답은 (B) choose가 된다.
어휘 suit 적합하게 하다, ~에 어울리다   need 요구, 필요, 수요

---

18 「be used for 명사 / to부정사」

Unless prior arrangements are made, telephones in meeting
rooms should only be used ------- making and receiving
internal calls.
(A) to   **(B) for**
(C) over   (D) on

사전 합의가 있지 않는 한, 회의실 전화는 내부 전화를 걸고 받는 용도로만 사용되어야 한다.

해설 use가 '사용하다'라는 의미의 사용 용도를 나타낼 때는, 뒤에 「to 동사원형」 또는 「for + 명사/동명사」가 온다. 빈칸 뒤에 동명사 making이 있으므로 정답은 (B) for가 된다.
어휘 unless ~하지 않는다면   prior 사전의   arrangements 조정, 합의

---

19 「object to + 명사/동명사」

The CEO objected to ------- the blueprints proposed by the
renowned architect, Mr. Gaudi.
(A) approve   (B) approvingly
(C) approving   (D) approval

CEO는 저명한 건축가인 Gaudi씨에 의해 제안된 청사진을 승인하는 것에 반대했다.

해설 object to는 to 다음에 동사원형이 아닌 명사나 동명사가 와야 한다. 따라서 동사원형인 (A) approve를 소거하고 명사인 (D) approval과 동명사인 (C) approving 중에서 정답을 찾아야 한다. 빈칸 뒤에 목적어(the blueprints)가 수반되어 있으므로 동명사인 (C) approving이 정답이 된다.
어휘 object to ~에 반대하다, ~에 이의를 제기하다   blueprint (건물/가게 설계용) 청사진   renowned 저명한, 명성 있는

---

20 「be committed to + 명사/동명사」

Milford Motors has been committed to ------- its cars' fuel
consumption by implementing innovative technologies.
(A) lower   (B) lowers
(C) lowering   (D) lowered

Milford Motors는 혁신적인 기술을 도입함으로써 자동차의 연료 소비량을 줄이는 데에 전념해오고 있다.

해설 be committed to의 to 다음에는 동사원형이 아닌 명사나 동명사가 와야 한다. 정답은 동명사 형태의 (C) lowering이 된다.
어휘 fuel consumption 연료 소비량   implement 도입하다, 실행하다, 실현하다   innovative 혁신적인

1 명사 2개 사이에서의 해석 차이를 묻는 문제

As baby boomers retire, there will be a strong demand for ------- to help with the construction of institutions such as health care facilities.

(A) architecture   **(B) architects**
(C) architectural   (D) architecturally

베이비붐 세대들이 은퇴하면서 요양 시설과 같은 보호 시설 건축에 필요한 건축 기사에 대한 많은 수요가 있을 것이다.

[해설] 전치사(for) 뒤에 빈칸이 있으므로 빈칸은 명사를 써야 하는 자리이다. (A) architecture는 불가산 명사, (B) architects는 복수 가산 명사이므로 한정사가 없어도 둘 다 문법적으로 사용 가능하다. 따라서, 이 문제는 해석으로 따져야 하는데, '보호 시설(institutions)을 짓기 위해서 건축 기사에 대한 수요가 증가할 것'이라는 의미가 적절하므로 정답은 (B) architects가 된다.
[어휘] architecture 건축, 건축 양식   architect 건축가, 건축 기사   institutions 보호 시설, 기관   facilities 시설, 설비

2 단수 가산 명사 vs. 복수 가산 명사

Please note that Emily Amusement Park will have ------- on items like season passes, parking, and meal vouchers.

(A) discounted   (B) discount
(C) discountable   **(D) discounts**

Emily 놀이공원은 시즌 이용권, 주차, 그리고 식사권에 대해 할인할 예정임을 알아두시기 바랍니다.

[해설] have 동사 뒤에 p.p. 형태인 (A) discounted가 와야 한다고 생각할 수 있으나, 능동형 have discounted '할인했다' 뒤에 목적어 역할의 명사가 없으므로 (A) discounted는 답이 될 수 없다. 따라서 빈칸은 타동사 have 뒤에 목적어 역할의 명사를 써야 하는데, 단수 가산 명사인 (B) discount는 한정사가 없는 경우 쓸 수 없으므로 정답은 복수 가산 명사인 (D) discounts가 된다.
[어휘] voucher 상품권, 할인권   pass 통행(허가)증, 무료 입장권

3 명사 2개 사이에서의 해석 차이를 묻는 문제

Getting into physical ------- will enable you to perform better in your career.

(A) activate   (B) activeness
(C) activities   (D) actively

신체적 활동을 하는 것이 당신이 직장에서 좀 더 나은 성과를 내게 해줄 것이다.

[해설] 형용사(physical)의 수식을 받는 명사 자리이다. 보기 중 명사는 (B)와 (C)가 있는데, '운동, 활동'을 뜻하는 (C) activities가 정답이다. (B) activeness는 '활발함, 적극성'이라는 뜻이므로 문맥상 적절하지 않다.
[어휘] get into ~을 (시작)하게 되다   enable somebody to부정사 ~가 …할 수 있게 하다

4 명사 2개 사이에서의 해석 차이를 묻는 문제

The ------- delivered by Jack Smith at General Electric are now available on the company Web site.

(A) speeches   (B) speakers
(C) speech   (D) speaks

General Electric사의 Jack Smith가 한 연설은 현재 회사 웹사이트에서 보실 수 있습니다.

[해설] 빈칸은 분사(delivered)의 수식을 받는 주어 자리인데 동사가 복수형(are)이므로 복수 명사를 주어로 써야 한다. 복수 명사 (A) speeches와 (B) speakers 중에서 '연설'이라는 의미의 명사인 (A) speeches가 들어가는 것이 문맥상 적절하다.
[어휘] deliver (강의/연설 등을) 하다, 배달하다

PART 5

5 명사 2개 사이에서의 해석 차이를 묻는 문제

Many business owners have already observed that the Internet ------- is the most effective way to promote and expose the business.

(A) market　　　　　　(B) marketable
(C) marketed　　　　　**(D) marketing**

많은 회사 소유주들은 인터넷 마케팅이 판매를 촉진시키고 회사를 노출시키는 데 가장 효율적인 방법이라는 것을 이미 관측했다.

[해설] 빈칸은 that절의 단수 동사(is)에 맞는 단수 주어 자리인데, 문맥상 '인터넷 마케팅'이라는 의미가 적절하므로 정답은 (D) marketing이 된다. (A) market은 단수 가산 명사이므로 the 뒤에 올 수 있으나 의미상 '시장'이므로 뒤의 목적격 보어인 the way(방법, 방식)와는 동격이 아니므로 오답 소거한다. (D) marketing은 불가산 명사이므로 한정사가 없어도 쓰일 수 있으므로 정답이다.

[어휘] observe 관찰하다, 관측하다　promote 장려하다, 판매를 촉진시키다　expose 노출시키다

6 가산 명사 vs. 불가산 명사

Rent-A-Center offers customers an ------- to expensive furniture purchases with a unique rent-to-own program.

(A) alternative　　　(B) alternatively
(C) alternatives　　　(D) alternativeness

Rent-A-Center사는 고객들에게 특별한 rent-to-own 프로그램을 통해 비싼 가구 구매에 대한 대안을 제공한다.

[해설] 빈칸이 an 뒤에 있으므로 단수 가산 명사가 들어가야 하는데, 보기 중 단수 가산 명사는 (A) alternative이다. (D) alternativeness는 불가산 명사이므로 an 뒤에 올 수 없다. 명사 문제에서 incentive '장려금', initiative '주도권, 계획', objective '목적', characteristic '특징' 등과 같이 형용사처럼 보이는 명사를 정답으로 주는 경우가 있는데, 특히 alternativeness '대안이 있음'과 같이 거의 쓰이지 않는 명사의 생김새에 현혹되지 않도록 주의해야 한다.

[어휘] alternative 대안, 선택 가능한 것　unique 독특한, 하나밖에 없는

7 가산 명사 vs. 불가산 명사

Han Cinema Company is seeking ------- in recruiting actors and actresses for upcoming series of *Big Brothers*.

(A) assist　　　　　　(B) assistant
(C) assistance　　　(D) assisted

Han 영화사는 출시 예정의 연작 시리즈인 〈Big Brothers〉에 출연할 남녀 배우들을 뽑는 데 필요한 도움을 구하고 있다.

[해설] 빈칸은 타동사(seek)의 목적어 역할의 명사 자리인데, 보기의 명사 중 '조수, 보조원'이라는 의미의 가산 명사인 (B) assistant는 한정사 없이 단수로 쓰지 못하므로 '도움', '원조'라는 의미의 불가산 명사인 (C) assistance를 써야 한다. 이때 해석상 적절해 보인다고 해서 문법적인 오류가 있는 (B) assistant를 쓰지 않도록 주의해야 한다.

[어휘] recruit 뽑다, 고용하다　upcoming 다가오는, 곧 있을

8 가산 명사 vs. 불가산 명사

Blue Snacks Inc. is happy to announce that Blue milk candies are now available for ------- nationwide.

(A) distribute　　　　**(B) distribution**
(C) distributed　　　(D) distributor

Blue Snacks사는 Blue 밀크 캔디가 이제 전국적으로 판매가 가능해졌음을 발표하게 되어 기쁘게 생각합니다.

[해설] 한정사가 없이 빈칸이 바로 명사 자리로 나왔으므로 복수 가산 명사나 불가산 명사가 와야 하는데, 보기 중 (B) distribution은 불가산 명사, (D) distributor는 단수 가산 명사이다. 따라서 단수 가산 명사인 (D) distributor는 소거하고 불가산 명사인 (B) distribution이 정답이 된다. nationwide를 명사로 착각해서 앞에 형용사처럼 생긴 (C)를 고를 수 있는데 nationwide는 형용사(전국적인), 또는 부사(전국적으로)이고 이 문장에서는 부사로 사용되었다.

[어휘] nationwide 전국적인, 전국적으로　distribution 유통, 판매　distributor 유통업자, 유통업체 판매자

9 가산 명사 vs. 불가산 명사

Nickson School of Arts provides general ------- on improving study skills, how to approach faculty, and choice of academic programs.

(A) advice
(B) advises
(C) advised
(D) adviser

Nickson 예술 학교는 학습 능력을 향상시키고, 교수님께 어떻게 다가가고, 또 어떤 교육 과정을 선택할지에 대한 총괄적인 조언을 제공합니다.

해설 빈칸은 타동사(provide)의 목적어 역할의 명사 자리인데, 보기의 명사는 (A) advice와 (D) adviser이다. (D) adviser는 단수 가산 명사이므로 앞에 한정사가 있어야 쓰일 수 있는데, 빈칸 앞에 한정사가 없으므로 오답 소거한다. (A) advice는 불가산 명사이므로 한정사가 없어도 쓰일 수 있으니 정답이다.

어휘 faculty 교수진   academic 학업의, 학교의

---

10 가산 단수 명사 vs. 가산 복수 명사

Gordon Jeffers, mayor of Kansas City, will attend a welcome reception for ------- of the Caribbean Postal Union during their one-day visit to the city.

(A) delegate
(B) delegating
(C) delegator
(D) delegates

Kansas시의 시장인 Gordon Jeffers는 Caribbean Postal Union 대표단들의 하루 동안의 도시 방문 기간 중 그들을 위한 환영 만찬에 참석할 것이다.

해설 빈칸은 전치사 for 뒤의 명사 자리이다. (A) delegate는 '대표자'라는 의미의 단수 명사, (D) delegates는 복수 명사이다. 문장 후반부의 during 뒤에 복수 명사를 받는 대명사 their가 쓰였으므로, 빈칸에는 their가 가리키는 복수 명사 (D) delegates가 들어가야 한다.

어휘 welcome reception 환영 만찬   delegate 대표자, 대표 위원

---

11 가산 명사 vs. 불가산 명사

With the increase in ------- at the events to 100 or more, the receptions now are held primarily in the Marshal Hall at Holstra University.

(A) attendant
(B) attended
(C) attendee
(D) attendance

100명 이상으로 행사 참가자 수가 증가했으므로, 이제는 환영 행사가 주로 Holstra 대학의 Marshal Hall에서 열린다.

해설 빈칸은 전치사 in 뒤의 명사 자리인데 보기의 명사 중 단수 가산 명사인 (A) attendant와 (C) attendee는 한정사 없이 쓸 수 없으므로 불가산 명사인 (D) attendance가 정답이 된다. 불가산 명사는 한정사 없이 단독으로 쓰임이 가능하다. 해석이 맞아 보인다고 해서 문법적인 오류가 있는 (A) 또는 (C)를 고르지 않도록 주의해야 한다.

어휘 reception 환영 행사   primarily 주로   attendant 종업원   attendee 참가자

---

12 가산 명사 vs. 불가산 명사

GS Consulting's recent growth is due to innovative marketing -------, along with our cutting-edge technology and software.

(A) approach
(B) approaches
(C) approached
(D) approaching

GS Consulting사의 최근의 성장은 최신 기술과 소프트웨어와 함께 혁신적인 마케팅 접근법 덕분이다.

해설 빈칸이 전치사 due to 뒤이고, 형용사 innovative의 수식을 받는 자리이므로 빈칸에는 명사가 와야 한다. '접근, 접근법'이라는 의미의 (A) approach는 가산 명사이므로 한정사가 없으면 복수 명사를 써야 한다. 따라서 정답은 (B) approaches이다.

어휘 innovative 혁신적인   along with ~와 함께, ~와 마찬가지로   cutting-edge 최첨단의

13 가산 명사 vs. 불가산 명사

Candidates who meet the requirements can obtain -------
after completing the mentorship program.
(A) certification　　　(B) certificate
(C) certifying　　　(D) certify

요구 조건을 충족하는 후보자들은 멘토십 프로그램을 수료한 후에 자격증을 얻을 수 있다.

[해설] 빈칸은 obtain 뒤에 목적어 역할의 명사 자리인데, 해석상으로는 (B) certificate도 가능해 보이지만 certificate는 '증명서'라는 의미로 한정사 없이 단수로 쓸 수 없는 단수 가산 명사이기 때문에 답이 될 수 없다. 따라서 '자격, 자격 증명'이라는 의미의 불가산 명사 (A) certification이 답이 된다.
[어휘] requirements 요구 조건　obtain 얻다, 획득하다　mentorship 멘토십, 후견

14 한정사 문제

A formal review of ------- junior staff members is conducted
twice a year to determine who should be promoted to a
senior position.
(A) all　　　(B) every
(C) each　　　(D) little

누가 대리급으로 승진할 것인지를 결정하기 위한 모든 사원급 직원들의 공식적인 평가는 일년에 두 번 행해진다.

[해설] 복수 가산 명사(staff members)를 수식하는 한정사 자리이므로 복수 가산 명사 앞에 올 수 있는 한정사인 (A) all만이 정답이 될 수 있다. (B) every와 (C) each는 단수 가산 명사, (D) little은 불가산 명사를 받는다.
[어휘] review 검토, 평가　determine 결정하다, 알아내다　conduct (평가/검사/연구를) 행하다, 수행하다

15 명사 2개 사이에서의 해석 차이를 묻는 문제

Nutrien, Inc. actively participates in community development
and other social contribution -------.
(A) active　　　(B) actively
(C) activities　　　(D) activeness

Nutrien사는 지역 개발과 그 밖의 사회 공헌 활동에 적극적으로 참여한다.

[해설] 빈칸은 전치사(in)의 목적어 역할의 명사 자리이다. other 뒤에는 복수 가산 명사인 (C) activities도, 불가산 명사인 (D) activeness도 올 수 있기 때문에 해석 차이를 따져봐야 한다. 문맥상 '사회 공헌 활동'이라는 의미가 되어야 하므로 (C) activities가 정답이다. (D) activeness도 명사지만 '적극성'이라는 의미이므로 문맥상 적절하지 않다.
[어휘] actively 활발히, 적극적으로　contribution 공헌

16 명사 2개 사이에서의 해석 차이를 묻는 문제

Potential clients of YNOT Fitness Center can receive a one-
hour initial ------- free of charge.
(A) consultant　　　**(B) consultation**
(C) consulted　　　(D) consult

YNOT 피트니스 센터의 잠재 고객들은 한 시간의 첫 상담을 무료로 받을 수 있다.

[해설] 빈칸은 관사(a) 뒤의 명사 자리이다. 참고로 one-hour와 initial은 둘 다 형용사이므로 (A) consultant와 (B) consultation이 정답이 될 수 있다. 둘 다 단수 가산 명사이기 때문에 해석을 따져야 하는데, '잠재 고객들이 한 시간의 최초 상담을 무료로 받는 것'이므로 정답은 '상담'이라는 뜻의 (B) consultation이 된다. (A) consultant는 '상담가'라는 의미이므로 문맥상 맞지 않다.
[어휘] initial 초기의, 처음의, 최초의　free of charge 무료로

17 「there are + 복수 명사」

Should the event be fully subscribed, a waiting list will be kept and places offered if there are -------.

(A) cancels   (B) cancelled

(C) cancellations   (D) canceling

행사 예약이 꽉 차는 경우, 예약 취소가 있게 되면 대기자 명단이 작성되고 장소가 제공될 것입니다.

해설 there are는 '~가 있다'라는 의미로, 뒤에 반드시 주어인 명사를 수반해야 한다. There are로 쓰일 때는 복수 명사 주어, there is로 쓰일 때는 단수 명사 주어를 받으므로 빈칸은 복수 명사가 올 자리이다. 따라서 정답은 (C) cancellations가 된다.

어휘 subscribe 신청하다, 예약하다   waiting list 대기자 명단

---

18 가산 명사 vs. 불가산 명사

Employees who want to purchase office ------- on their corporate expense accounts are expected to obtain authorization before tomorrow.

(A) supply   **(B) supplies**

(C) supplier   (D) supplying

회사 판관비로 사무용품을 구입하길 원하는 직원은 내일 전까지 허가를 받아야 한다.

해설 빈칸은 부정사(to purchase)와 전치사(on) 사이로 타동사(purchase)의 목적어 역할의 명사가 와야 하므로 동사 (A) supply, 분사나 동명사인 (D) supplying은 제외되며 명사인 (B) supplies와 (C) supplier가 정답 후보이다. (C) supplier는 '공급업자'의 의미로 단수 가산 명사이므로 앞에 한정사가 있어야 한다. 빈칸은 한정사 없이 명사가 들어갈 자리이므로 가산 복수 명사인 (B) supplies가 정답이다. 참고로 office supplies '사무용품'은 토익에서 자주 쓰이는 복합 명사이다.

어휘 office supplies 사무용품   corporate 회사의   expense account 판관비   obtain 얻다, 획득하다   authorization 허가, 권한 부여

---

19 「various + 복수 가산 명사」

Primo Department Store has various summer job ------- for students.

(A) opens   (B) opened

(C) opening   **(D) openings**

Primo 백화점은 학생들을 위한 다양한 여름 일자리들을 가지고 있다.

해설 형용사(various) 뒤에는 복수 명사가 와야 하는데 빈칸 앞에 summer job까지 복수 명사가 나오지 않았으므로 빈칸에는 복수 명사가 와야 한다. 앞에 있는 job과 결합되어 복수 형태로 쓰여지는 job openings '공석들'이 정답이다. (A) opens와 (B) opened는 명사가 아니며, (C) opening은 단수 가산 명사이므로 복수 명사를 받아야 하는 various 뒤에 올 수 없다.

어휘 department store 백화점   various 다양한

---

20 명사 2개 사이에서의 해석 차이를 묻는 문제

Bucks Electronics has consistently surpassed its ------- in sales volume and merchandise quality.

(A) competitive   (B) competing

(C) competitors   (D) competitiveness

Bucks 전자는 판매량이나 제품 질에 있어서 그 경쟁업체들을 지속적으로 능가해 왔다.

해설 빈칸은 동사(surpass)의 목적어 자리이자 소유격 대명사(its) 뒤이므로 명사 자리이다. 소유격 뒤에는 가산 명사와 불가산 명사가 모두 올 수 있으므로, 해석을 따져봐야 하는 문제이다. 보기 중 명사는 (C) competitors '경쟁업체들'과 (D) competitiveness '경쟁력'인데 해석상 (C) competitors가 정답이 된다.

어휘 consistently 지속적으로   surpass 능가하다   sales volume 판매량

1　-ing구를 받을 수 있는 품사는 전치사와 시간/조건/양보절 접속사

------- joining the Lala Foundation, Mr. Wi worked for Aoma Travel as a Senior Marketing Manager.

(A) Just as　　　　　(B) By the time
(C) Before　　　　(D) Later

> Lala 재단에 입사하기 전에, Wi씨는 Aoma 여행사의 수석 마케팅부장으로 근무했다.

[해설] 빈칸 뒤에 -ing구가 있으므로 빈칸에는 전치사 또는 시간이나 조건, 양보를 나타내는 접속사가 올 수 있다. -ing구를 수반할 수 있는 접속사는 시간절 접속사인 (C) Before밖에 없으므로 나머지 보기는 오답 소거한다. (A) Just as, (B) By the time은 -ing구를 받지 못하고 「주어 + 동사」를 취해야 한다. (D) Later는 부사이므로 이 역시 -ing구 앞에 위치할 수 없다.

[어휘] join 가입/입사하다, 함께하다　　senior 수석의, 고위의

2　접속사 자리에서의 해석 문제

A commercial mortgage lender will insist that home buyers carry out a building survey on a property ------- a risk can be avoided.

(A) even if　　　　　(B) whether
(C) while　　　　　**(D) so that**

> 상업적인 담보 대출기관은 위험을 피할 수 있도록 주택 구매자들이 건물 조사를 실시할 것을 요구할 것이다.

[해설] 빈칸 뒤에 「주어 + 동사」가 있으므로 빈칸은 접속사 자리이다. 보기 모두 접속사이므로 해석 차이를 따져야 한다. 문맥상 '~할 수 있도록'을 뜻하는 (D) so that이 적절하다. (A) even if '~일지라도', (B) whether '~이든 아니든', (C) while '~동안에, ~반면에'는 해석상 어울리지 않으므로 오답 소거한다.

[어휘] commercial 상업적인　　mortgage 대출(금), 융자(금)　　carry out 수행/이행하다　　property 재산, 소유물, 부동산, 건물　　avoid 피하다

3　that과 함께 쓰여 접속사가 되는 now that

The construction of the public swimming pool is proceeding quickly ------- that summer is just a few months away.

(A) somewhat　　　　(B) still
(C) now　　　　　(D) later

> 이제 여름이 고작 몇 달밖에 남지 않았기 때문에, 공영 수영장의 공사가 빠르게 진행되고 있다.

[해설] now는 that과 함께 쓰이는 경우 '~이기 때문에'라는 의미의 접속사로 쓰여 절과 절을 연결할 수 있다. 따라서 빈칸에는 (C) now가 정답이 된다. 다른 보기들은 빈칸에 들어가면 that과 함께 접속사 표현을 만들어내지 못하므로 오답 소거한다.

[어휘] proceed 진행하다

4　접속사 자리에서의 해석 문제

The government must be prepared to mandate privacy protection for the people, ------- they eagerly embrace them or not.

(A) because　　　　**(B) whether**
(C) unless　　　　　(D) although

> 정부는 국민들이 적극적으로 수용하든 수용하지 않든, 국민을 위한 사생활 보호 정책을 지시할 준비가 되어있어야 한다.

[해설] 빈칸은 절과 절을 연결하는 자리이므로 빈칸에는 접속사가 와야 한다. 보기 모두 접속사이므로 해석으로 따져야 하는 문제이다. 문장 마지막의 or not을 힌트로 whether ~ or not '~이든 아니든' 구문임을 알 수 있다. 따라서 정답은 (B) whether이다.

[어휘] mandate 권한, 명령/지시하다　　embrace 받아들이다, 수용하다

5 -ing구를 받을 수 있는 품사는 전치사나 특정 시간/조건/양보절 접속사

------- submitting the application through e-mail, make sure all the necessary documents are attached.
(A) If   **(B) When**
(C) During   (D) How

이메일을 통해 신청서를 제출하실 때는, 필요한 문서가 모두 다 첨부되었는지 확인하세요.

해설 빈칸 뒤에 -ing구가 있다. (A) If는 뒤에 완벽한 문장만 받을 수 있으므로 소거한다. (C) During은 전치사이지만 -ing구를 받지 못하고 특정 기간을 말해주는 명사를 취하므로 소거한다. (D) How는 명사절 접속사로 뒤에 완전한 문장이나 to부정사를 받는다. (B) When만이 유일하게 -ing구를 취할 수 있으므로 정답은 (B) when이다.

어휘 submit 제출하다   application 지원(서)   attach 첨부하다

6 접속사 자리에서의 해석 문제

------- the renovation work is complete, Durban Parks & Recreation will provide afterschool and other community building programs form Monday through Friday.
(A) Although   (B) Usually
(C) Then   **(D) Now that**

보수 공사가 끝났으므로 Durban Parks & Recreation에서는 월요일부터 금요일까지 방과 후 프로그램과 다른 지역사회 프로그램을 제공할 것이다.

해설 빈칸 뒤에 주어(the renovation work)와 동사(is)가 있으므로 빈칸은 접속사 자리이다. 부사절 접속사 (A) Although와 (D) Now that 중 문맥상 '~이므로'라는 의미가 적절하므로 (D) Now that이 정답이 된다. (B) Usually와 (C) Then은 부사이다.

어휘 afterschool 방과 후의   community 주민, 지역 사회

7 접속사 자리에서의 해석 문제

The Gourmet restaurant can accommodate more than 200 diners, ------- other restaurants in this area have a maximum occupancy of only 70 people.
(A) because   (B) what
(C) which   **(D) whereas**

Gourmet 식당은 200명 이상을 수용할 수 있는 반면, 이 지역 다른 식당들은 최대 70명 정도의 수용 능력을 갖고 있다.

해설 빈칸 뒤에 주어(other restaurants)와 동사(have)가 있으므로 빈칸은 접속사 자리이다. 사람 명사(diners)를 수식하는 who는 보기에 없으므로 관계대명사 자리는 아님을 알 수 있다. 부사절 접속사 (A) because와 (D) whereas 중 문맥상 '~인 반면에'라는 의미가 적절하므로 (D) whereas가 정답이 된다.

어휘 diner 식사하는 손님   maximum 최고/최대의   occupancy (건물/방/토지 등의) 사용, 수용 능력

8 접속사 자리에서의 해석 문제

The demand for natural rubber has also decreased tremendously ------- the sales of new automobiles have been reduced by 20%.
(A) in order that   (B) despite
(C) because   (D) therefore

신차들의 판매가 20% 감소했기 때문에, 천연 고무에 대한 수요 역시 상당히 감소했다.

해설 빈칸 뒤에 주어(the sales)와 동사(have been reduced)가 있으므로 빈칸은 접속사 자리이다. 부사절 접속사 (A) in order that과 (C) because 중 문맥상 '~이기 때문에'라는 의미가 적절하므로 (C) because가 정답이 된다. (A) in order that은 '~하기 위하여'라는 의미의 접속사이므로 문맥상 맞지 않다. (B) despite는 전치사이고 (D) therefore는 부사이다.

어휘 natural rubber 천연 고무   tremendously 엄청나게

9 접속사 자리에서의 해석 문제

Passengers may carry a couple of spare pairs in their cabin baggage, ------- they can fit into a 1-liter plastic bag.
(A) provided that   (B) as though
(C) in fact   (D) rather than

승객들은 짐이 1리터 비닐봉지에 들어간다면, 객실 수하물로 한두 개 정도의 여분을 더 가지고 갈 수 있다.

[해설] 빈칸 뒤에 주어(they)와 동사(can fit)가 있으므로 빈칸은 접속사 자리이다. 부사절 접속사 (A) provided that과 (B) as though 중 문맥상 '~하다면'이라는 의미의 접속사 (A) provided that이 들어가는 것이 적절하다. (B) as though는 '마치 ~인 것처럼'이라는 의미의 접속사이므로 적절하지 않다. (C) in fact는 접속부사이며, (D) rather than은 '~보다는'이라는 의미의 등위접속사 표현이다.

[어휘] passenger 승객   spare 여분의   cabin baggage 객실 수하물   fit into ~에 꼭 들어맞다, 어울리다   plastic bag 비닐봉지

10 접속사 자리에서의 해석 문제

------- the product has evolved through name changes and enhancements, Techron Mini 5 is still known for its integration and ease of use that have attracted customers for years.
(A) Whenever   **(B) Although**
(C) Despite   (D) So that

비록 Techron Mini 5가 제품명 변경과 성능 강화를 통해 발전해왔음에도 불구하고, 여전히 수년간 고객들을 끌었던 통합성과 사용의 용이함으로 유명하다.

[해설] 빈칸 뒤에 주어(the product)와 동사(has evolved)가 있으므로 빈칸은 접속사 자리이다. (C) Despite는 전치사이므로 답이 될 수 없고, 부사절 접속사 (A) Whenever, (B) Although, (D) So that 중 문맥상 '~에도 불구하고'라는 의미의 접속사 (B) Although가 들어가는 것이 적절하다.

[어휘] evolve 발달/진전하다   enhancement 개선, 향상, 증가   be known for ~로 알려져 있다   integration 통합   ease 용이함, 편안함

11 접속사 자리에서의 해석 문제

You will receive a shipping confirmation e-mail ------- the order has been shipped from our warehouse in New York.
(A) but   (B) so
(C) than   **(D) once**

일단 주문품이 New York에 있는 저희 창고에서 출하되고 나면 배송 확인 이메일을 받으실 겁니다.

[해설] 빈칸 뒤에 주어(the order)와 동사(has been shipped)가 있으므로 빈칸은 접속사 자리이다. (A) but과 (B) so도 등위접속사로서 빈칸에 올 수는 있으나 문맥상 맞지 않으므로 문맥상 적절한 '일단 ~하고 나면'이라는 의미의 접속사인 (D) once가 정답이 된다.

[어휘] confirmation e-mail (거래/예약 등의) 확인 이메일   warehouse 창고

12 접속사 자리를 단번에 찍어야 하는 문제

If you have questions, ask them before the meeting ------- your manager can have ample time to find the answers to your questions.
(A) but also   (B) because of
(C) so that   (D) such as

만약 질문이 있으면, 매니저가 답변을 준비할 충분한 시간을 가질 수 있도록 회의 전에 미리 하세요.

[해설] 빈칸 뒤에 주어(your manager)와 동사(can have)가 있으므로 빈칸은 접속사 자리이다. 보기 중 부사절 접속사는 (C) so that뿐이며, 문맥상으로도 '~할 수 있도록'이라는 의미가 되는 것이 적절하므로 (C) so that이 정답이 된다. (A) but also는 앞에 not only와 함께 쓰이는 상관접속사 구문 표현이고, (B) because of와 (D) such as는 전치사이므로 오답 소거한다.

[어휘] ample 충분한

13 접속사 자리를 단번에 찍어야 하는 문제

------- our Personnel Manager decides on hiring you, he will create the online SEA as a job offer.
(A) Almost
(B) Most
(C) Once
(D) Soon

일단 저희 인사과장이 당신을 고용하는 데 대한 결정을 하고 나면, 고용 제안의 일환으로 온라인 SEA 양식을 만들 것입니다.

[해설] 빈칸 뒤의 주어(our Personnel Manager)와 동사(decides)가 있으므로 빈칸은 접속사 자리이다. 보기 중에 접속사는 '일단 ~하면'이라는 의미의 (C) Once뿐이다. (A) Almost는 부사이며, (B) More는 명사/형용사/부사의 역할을 하고, (D) soon은 부사이므로 오답 소거한다.
[어휘] personnel 인사과   job offer 일자리 제의

---

14 접속사 자리를 단번에 찍어야 하는 문제

------- you don't know HTML and can't afford a Web designer, you can probably set up an online store with IMAX.
(A) In spite of
(B) Even if
(C) Moreover
(D) Meanwhile

비록 당신이 HTML을 모르고 웹디자이너를 고용할 금전적 여유가 없을지라도, IMAX를 사용해서 온라인 상점을 개설할 수 있을 것입니다.

[해설] 빈칸은 두 절을 이어주는 접속사 자리이다. 보기 중 접속사는 (B) Even if 밖에 없으므로 해석할 필요없이 바로 정답이 나오는 문제이다. (A) In spite of는 전치사, (C) Moreover와 (D) Meanwhile은 접속부사이므로 오답 소거한다.
[어휘] afford (금전적/시간적) 여유가 되다   set up 설치하다, 개설하다

---

15 접속사 자리를 단번에 찍어야 하는 문제

The drastic reduction was modified the following year, ------- the company suffered a net loss of $47 million.
(A) although
(B) despite
(C) however
(D) nevertheless

그 회사가 4,700만 달러의 순손실을 입었음에도 불구하고, 급격한 감소는 그 다음 해에 완화되었다.

[해설] 빈칸은 두 절을 연결하는 접속사 자리이다. 보기 중 접속사는 (A) although밖에 없으므로 해석할 필요 없이 (A)를 정답으로 고른다. (B) despite는 전치사, (C) however와 (D) nevertheless는 접속부사이므로 오답 소거한다.
[어휘] drastic 과감한, 급격한   modify 완화/조절하다   suffer 겪다. 당하다   net loss (총수익이 총비용보다 적은 만큼의 손실) 순손실

---

16 시간절 접속사 뒤에 올 수 있는 형태는 「주어 + 동사」 혹은 분사 구문

If you don't present your driver's license when ------- to by a police officer, you will be issued a ticket.
(A) ask
(B) asked
(C) asking
(D) to ask

경찰에게 신분증을 요구받을 때 운전 면허증을 제시하지 않으면, 범칙금 고지서를 발급받을 것이다.

[해설] 시간절 접속사 when 뒤의 빈칸이므로 「주어 + 동사」나 분사 구문이 와야 한다. 보기의 구성상 「주어 + 동사」가 빈칸 하나에 들어갈 수는 없으니 분사 구문이 와야 하는데, -ing 분사 구문은 목적어를 수반하고 p.p. 분사 구문은 목적어를 수반하지 않는다. 빈칸 뒤의 구성이 「to by + 명사」로 목적어가 오지 않았으므로 p.p. 형태의 분사 구문인 (B) asked가 정답이다.
[어휘] present 제시하다   issue 발급하다

17 접속사 자리에서의 해석 문제

The Fair Trade Commission will withdraw the fine ------- the company's exaggerated ads have been corrected.
(A) once
(B) while
(C) despite
(D) whereas

공정거래위원회는 그 회사의 과장된 광고가 수정되고 나면 벌금형을 철회할 것이다.

[해설] 빈칸은 두 절을 연결하는 접속사 자리다. 보기 중 전치사인 (C) despite를 제외한 (A) once, (B) while, (D) whereas는 접속사로써 정답이 될 수 있다. 문맥상 광고를 수정하면 벌금형을 철회할 것이므로 '일단 ~하고 나면'의 뜻을 지닌 (A) once가 정답이다.
[어휘] withdraw 철회하다   fine 벌금   exaggerated 과장된

---

18 -ing구를 받을 수 있는 품사는 전치사와 시간/조건/양보절 접속사

------- suffering from a shortage of construction equipment, the work crew were able to complete the paving on Sagamore Parkway in time for the parade.
(A) Despite
(B) Regarding
(C) Nevertheless
(D) Therefore

건설 장비 부족을 겪었음에도 불구하고, 작업반은 행진에 맞춰 Sagamore Parkway 포장을 완료할 수 있었다.

[해설] 빈칸 뒤에 -ing구가 있으므로 빈칸에는 전치사나 시간/조건/양보절 접속사만이 올 수 있다. (C) Nevertheless와 (D) Therefore는 접속부사이므로 오답 소거한다. 전치사인 (A) Despite와 (B) Regarding만이 정답이 될 수 있다. 문맥상 '건설장비 부족을 겪었음에도 불구하고'라는 의미가 되어야 하므로 '~에도 불구하고'라는 의미의 전치사 (A) Despite가 정답이다.
[어휘] shortage 부족   paving 포장 (공사)   parade 퍼레이드, 행진

---

19 명사구를 받을 수 있는 품사는 전치사

------- the personal attention the employees have provided, Coban Investment Consulting could get its long-term retention of clients.
(A) In that
(B) Even though
(C) Just as
(D) Thanks to

직원들이 쏟아 부은 개인적 관심 덕분에, Coban Investment Consulting사는 장기적인 고객 보유율을 얻을 수 있었다.

[해설] 빈칸 뒤는 the personal attention (that) the employees have provided로, 실질적으로 명사구(the personal attention)가 있는 셈이다. 따라서 빈칸에는 전치사만이 올 수 있다. (A) In that, (B) Even though, (C) Just as는 전부 접속사이므로 전치사 자리에 올 수 없으며 (D) Thanks to가 유일한 전치사 보기로 정답이 된다.
[어휘] long-term 장기간의   retention 유지/보수   thanks to ~덕분에

---

20 -ing구를 받을 수 있는 품사는 전치사와 시간/조건/양보절 접속사

------- seeking full-time jobs, qualified applicants are reassessing their expectations and considering taking internships.
(A) Given that
(B) Instead of
(C) Otherwise
(D) Due to

자격 있는 지원자들은 정규직을 구하는 대신 본인들의 기대치를 재평가하고 인턴십을 수료하는 것을 고려하고 있다.

[해설] 빈칸 뒤에 -ing구가 있으므로 「주어 + 동사」를 받아야 하는 접속사 (A) Given that과 접속부사로 쓰이는 (C) Otherwise는 오답 소거한다. 보기 중 -ing구를 받을 수 있는 것은 전치사인 (B) Instead of와 (D) Due to 둘 뿐인데 '정규직을 구하다'와 '기대치를 재평가하고 인턴십을 고려한다'는 내용이 서로 상반되고 있으므로 'A 대신 B하다'의 구조에 적합한 전치사는 (B) Instead of가 정답이 된다. (D) Due to '~로 인해'는 원인과 결과를 나타내므로 의미상 부적절하다.
[어휘] seek 구하다   qualified 자격이 있는   reassess 재평가하다   given that ~를 고려하면

1 해석으로 구별하는 전치 수식 분사 문제

Milano Inc., an ------- company based in Durban seeks to employee a Senior Marketing Director.
(A) establishes　　　　(B) establish
(C) establishing　　　 **(D) established**

> Durban에 본사를 둔 인정받는 기업인 Milano사는 선임 마케팅 이사를 고용하고자 한다.

해설 빈칸은 명사 앞에서 전치 수식을 하는 형용사 자리이므로 분사인 (C) establishing과 (D) established가 정답 후보이다. 동사인 (A) establishes와 (B) establish는 오답 소거한다. 전치 수식은 해석을 따져야 하는데 established는 '인정받는, 확고히 자리를 잡은'이라는 뜻의 굳어진 분사 표현으로도 쓰이므로 정답은 (D)이다.
어휘 be based in ～에 본사를 둔　　seek to부정사 ～하기를 시도/추구하다

2 목적어 유무로 구별하는 후치 수식 분사 문제

Employees wishing to address the Board should follow the guideline ------- in the employee handbook.
(A) outline　　　　　(B) outlines
(C) outlining　　　　**(D) outlined**

> 이사회와 연락하고 싶은 직원들은 직원용 안내서에 나와 있는 지침을 따라야 한다.

해설 (A) outline과 (B) outlines는 명사이거나 동사인데, 빈칸은 의미상 복합 명사가 될 수도 없으며('지침'을 따르는 것이지 '지침 아웃라인'을 따르는 것이 아님), 동사는 이미 should follow가 있기 때문에 오답 소거한다. 명사(the guideline) 뒤에서 후치 수식해주는 형용사 (C) outlining과 (D) outlined만이 정답 후보이므로 후치 수식 분사 문제이다. 후치 수식 분사 문제는 목적어 유무를 따져서 풀어야 하므로 목적어가 없는(in the employee handbook) 구조에서는 p.p. 형태인 (D) outlined가 정답이다.
어휘 address ～에게 이야기를 하다. (편지 등을) 보내다

3 감정 유발(-ing) vs. 감정 느낌(p.p.) 문제

With the advancement of computer technology, the number of specifications for a video card has become -------.
(A) overwhelmingly　　　**(B) overwhelming**
(C) overwhelmed　　　　(D) overwhelms

> 컴퓨터 기술의 발전으로, 영상 카드의 설명서의 수가 압도적으로 많아졌다.

해설 be동사나 become 뒤에는 보어 역할의 형용사가 와야 하므로 (B) overwhelming과 (C) overwhelmed에서 답을 찾아야 한다. overwhelming과 overwhelmed도 감정 동사로 취급해 주므로 감정을 유발시키면 -ing, 감정을 느끼면 p.p.를 써줘야 한다. 주어인 '설명서의 수'가 '압도감을 유발하는' 것이지 '압도감을 느끼는' 것이 아니므로 -ing 형태인 (B) overwhelming이 정답이다.
어휘 advancement 진보, 발전　　specifications 상세 내역, 컴퓨터 설비 등에 대한 구조나 성능

4 목적어 유무로 구별하는 후치 수식 분사 문제

Acme Superstore, a retail company ------- the Cloverdale area, announced that it would merge with Fast Save.
(A) serving　　　　(B) served
(C) service　　　　　(D) serves

> Cloverdale 지역에 서비스를 제공하는 소매업체인 Acme Superstore는 Fast Save사와 합병할 것이라고 발표했다.

해설 빈칸 뒤에 「the + 명사」가 있으므로 명사인 (C) service는 소거한다. 동사인 (D) serves 역시 본동사(announced)가 있으므로 소거한다. 분사인 (A) serving과 (B) served가 남게 되면서 앞에 있는 명사를 수식하는 후치 수식 분사 자리임이 드러나는데, 후치 수식은 목적어가 있으면 -ing, 없으면 p.p.로 접근해야 한다. 빈칸 뒤에 목적어(the Cloverdale area)가 있으므로 정답은 -ing 형태의 (A) serving이다.
어휘 retail 소매　　merge 합병하다　　serve (상품, 서비스를) 제공하다

5 목적어 유무로 구별하는 분사 구문 문제

As ------- in our last newsletter, Mrs. Marriot joined Best Eastern as our Financial Manager in March.
(A) note   (B) notation
(C) noted   (D) notes

지난 사내 소식지에서 언급되어 있듯이, Marriot씨는 3월에 재무 매니저로 Best Eastern에 입사했습니다.

[해설] 빈칸이 전치사 뒤라고 해서 명사인 (B) notation을 골라서는 안 된다. notation은 '(수학, 과학, 음악에서의) 표기법/기호'를 뜻하는 명사이므로 의미상 적절하지 않다. As를 접속사로 보면 부사절을 이끄는 접속사(as) 뒤에는 주어와 동사를 쓰거나, 목적어 유무에 따라 -ing 또는 p.p. 형태를 쓸 수 있다. 빈칸 뒤에 목적어가 없으므로 p.p. 형태인 (C) noted가 정답이다. 참고로 「as + p.p.」는 '~된 대로, ~되어 있듯이'의 의미의 관용적 표현으로 자주 쓰인다.

[어휘] note 언급하다, ~에 주목하다   newsletter 소식지, 회보   join 가입/입사하다, 함께 하다

6 목적어 유무로 구별하는 분사 구문 문제

------- the amount of time children spend at home, there is no doubt that parents play the most important role in shaping the way children conduct themselves.
(A) To consider   **(B) Considering**
(C) Considered   (D) Consideration

아이들이 집에서 보내는 시간을 고려해 볼 때, 부모들이 아이들의 행동 양식을 형성하는 데 가장 중요한 역할을 한다는 것은 의심할 여지가 없다.

[해설] 콤마(,) 뒤에 주절의 형태가 완전한 상태로 콤마(,) 앞에는 「전치사 + 명사」, 「접속사 + 주어 + 동사」 또는 -ing나 p.p. 형태의 분사 구문이 올 수 있으므로, 보기 중에 (B) Considering과 (C) Considered가 가능하다. 분사 구문은 목적어가 있으면 -ing, 없으면 p.p. 형태를 써야 하는데, 빈칸 뒤에 목적어(the amount of time)가 있으므로 정답은 (B) Considering이 된다.

[어휘] doubt 의심, 의혹   play a role 역할을 하다   shape 형성하다   conduct 행동하다

7 해석으로 구별하는 전치 수식 분사 문제

Executive meetings are held regularly on the third Wednesday of each month, except in December when there is no ------- meeting.
(A) scheduling   (B) scheduler
(C) scheduled   (D) schedule

간부 회의는 예정된 회의가 없는 12월만 제외하고 매달 세 번째 수요일에 정기적으로 열린다.

[해설] 빈칸은 명사(meeting) 앞에서 수식하는 형용사 자리이므로 형용사 역할의 분사 (A) scheduling과 (C) scheduled가 정답 후보가 된다. 전치 수식은 수식 받는 명사의 입장에서 능동적으로 '~하는'이면 -ing, 수동적으로 '~된'이면 p.p. 형태를 써야 한다. 회의는 스스로 '예정하는' 것이 아니라 누군가에 의해 '예정된' 것이므로 정답은 (C) scheduled이다.

[어휘] executive meeting 간부/임원 회의

8 목적어 유무로 구별하는 후치 수식 분사 문제

G&S Retail Services, originally ------- as Gary and Stuart Shopping, was founded in the early 1950's in Canada.
(A) knowing   (B) was known
(C) known   (D) know

원래는 Gary and Stuart Shopping사로 알려진 G&S Retail Services사는 1950년대 초반 캐나다에서 설립되었다.

[해설] 이미 동사(was founded)가 있는 문장으로 빈칸에 동사 형태인 (B) was known과 (D) know는 들어갈 수 없다. 빈칸 앞의 명사 G&S Retail Services를 후치 수식하는 분사로써 (A) knowing과 (C) known이 정답 후보인데, 목적어가 빈칸 뒤에 없으므로 p.p. 형태인 (C) known이 정답이다.

[어휘] originally 원래, 최초에   found 설립하다, 세우다

9 목적어 유무로 구별하는 후치 수식 분사 문제

Morgan Creek Apartment has just implemented a new policy ------- all residents to pay online.

(A) requires   **(B) requiring**
(C) require   (D) required

Morgan Creek 아파트는 모든 거주자들에게 온라인으로 지불하도록 하는 정책을 막 시행했다.

[해설] 문장 전체의 주어(Morgan Creek Apartment)와 동사(has implemented)는 갖추어져 있는 상태이므로, 빈칸은 동사 자리가 아닌 명사(policy)를 수식하는 형용사 역할의 분사 자리이다. 따라서 동사인 (A) requires는 소거시키고, which가 생략된 문장에서 (C) require 역시 선행사(a new policy)와 수 일치가 맞지 않으므로 오답 소거한다. 명사를 후치 수식하는 분사 (B) requiring과 (D) required 중에서 뒤에 목적어(all residents)를 수반하고 있으므로 정답은 -ing 형태의 (B) requiring이다.

[어휘] implement 시행하다   resident 거주자

---

10 목적어 유무로 구별하는 분사 구문 문제

The position as Project Manager in Texaco tends to be considered temporary, ------- it impossible to attract talented leaders.

(A) has rendered   (B) rendered
(C) render   **(D) rendering**

Texaco사의 프로젝트 매니저 자리는 임시직으로 여겨지는 경향이 있으므로, 재능 있는 리더들을 끌어들이는 것을 불가능하게 한다.

[해설] 콤마(,) 앞까지 이미 완전한 문장이 갖추어져 있는 상태이므로, 콤마 뒤에는 「접속사 + 주어 + 동사」 형태를 쓰거나 부사구 역할을 하는 -ing 또는 p.p. 형태의 분사 구문이 올 수 있다. 분사 구문은 목적어 유무를 따져야 하는데, 빈칸 뒤에 목적어 역할의 명사(it)가 있으므로 -ing 형태인 (D) rendering이 정답이다.

[어휘] tend to ~하는 경향이 있다   render ~하게 만들다

---

11 무조건 현재분사를 사용하는 자동사 문제

Even though the road construction has slowed the traffic down, there have not been any major changes to ------- bus routes.

(A) exist   **(B) existing**
(C) existed   (D) being existed

도로 공사가 교통을 지체시키고 있음에도 불구하고, 기존의 버스 노선에 아무런 변경 조치도 없었다.

[해설] 빈칸은 명사(bus routes)를 수식하는 분사 형용사 자리이다. (A) exist는 동사원형으로 빈칸 앞에 있는 to와 결합하여 to부정사가 되면 exist는 자동사이기 때문에 뒤에 명사(bus routes)를 취할 수 없다. 자동사가 분사가 되면 -ing로만 쓰이고, p.p. 형태로는 쓰이지 않는다는 점에서 -ing 형태인 (B) existing이 정답이다.

[어휘] road construction 도로 건설 공사   slow down 속도를 늦추다   traffic 차량들, 교통량   route 노선

---

12 무조건 현재분사를 사용하는 자동사 문제

By 2022, the Hoje Foundation will improved the lives of 10 million children ------- in the poorest local communities.

(A) live   **(B) living**
(C) lived   (D) lives

2020년까지 Hoje 재단은 가장 빈곤한 지역 사회에 살고 있는 아동 천만 명의 삶을 향상시킬 것이다.

[해설] 이미 본동사가 있으므로(will have improved) 빈칸에는 동사가 더 올 수 없다. 따라서 동사 형태인 (A) live와 (D) lives는 소거한다. 문맥상 '가장 빈곤한 지역 사회에 살고 있는 아동 천만 명의 삶'이라는 의미가 되어야 하므로 빈칸 앞의 명사(children)를 후치 수식하는 형용사로써 (B) living과 (C) lived가 남는데 자동사는 분사로 쓰이면 -ing 형태로만 쓰이므로 (B) living이 정답이다.

[어휘] foundation 재단   improve 향상시키다   local community 지역 사회

13 감정 유발(-ing) vs. 감정 느낌(p.p.) 문제

This year's sales figures were so ------- that all executives felt uncomfortable with it.

(A) depress   (B) to depress

(C) depressing   (D) depressed

> 올해의 판매 실적이 너무 실망스러워서 임원들 모두 마음이 편치 못했다.

[해설] 빈칸은 동사 were의 보어가 들어갈 자리로 명사 또는 형용사가 와야 하는데, 빈칸 앞에 부사 so가 있으므로 빈칸에는 형용사가 와야 한다. 따라서 형용사 역할을 할 수 있는 (C) depressing과 (D) depressed가 답이 될 수 있는데, 감정분사 문제이므로 감정 유발의 명사를 수식하면 -ing, 감정 느낌의 명사를 수식하면 p.p. 형태를 고른다. This year's sales figures는 depress를 '유발하는' 것이지 '느끼는' 것이 아니므로 -ing 형태인 (C) depressing이 정답이다.

[어휘] executive 임원, 이사   uncomfortable 불편한   depress 낙담시키다, 의기소침하게 하다   depressed 암울한

14 감정 유발(-ing) vs. 감정 느낌(p.p.) 문제

DDC Times announced that the decrease in consumer spending in LA County could have ------- consequence for the local economy.

(A) worried   **(B) worrying**

(C) worry   (D) to worry

> DDC Times는 LA에서의 소비자들의 소비 감소가 지역 경제에 있어 걱정스러운 결과를 초래할 수 있다고 발표했다.

[해설] 빈칸에는 빈칸 뒤의 명사(consequence)를 수식하는 형용사가 와야 하는데, 형용사 형태인 (A) worried와 (B) worrying은 감정분사이므로 감정 유발의 명사를 수식하면 -ing, 감정 느낌의 명사를 수식하면 p.p. 형태를 고른다. consequence는 worry를 '유발하는' 것이지 '느끼는' 것이 아니므로 -ing 형태인 (B) worrying이 정답이다.

[어휘] consequence 결과

15 목적어 유무로 구별하는 후치 수식 분사 문제

All customers ------- a current account with BK Bank are given $100 worth of restaurant coupons.

(A) open   (B) opened

(C) will open   **(D) opening**

> BK 은행에서 당좌예금을 개설하는 모든 고객들은 100달러 가치의 레스토랑 쿠폰을 받으시게 됩니다.

[해설] 이미 문장 내에 본동사(are given)가 있으므로 빈칸은 동사 자리가 아니다. 따라서 동사 (A) open과 (C) will open은 소거한다. 주어(all customers)를 후치 수식하는 분사 (B) opened와 (D) opening이 남는데 후치 수식은 목적어 유무를 따져야 한다. 뒤에 목적어(a current account)가 있으므로 -ing 형태인 (D) opening이 정답이다.

[어휘] current account 당좌예금   worth ~의 가치가 있는

16 무조건 현재분사를 사용하는 자동사 문제

This letter is in response to your telephone call on August 24 ------- about the status of your credit card account.

(A) inquire   **(B) inquiring**

(C) being inquired   (D) inquired

> 이 편지는 8월 24일에 신용카드 계좌 상태에 대해 문의한 귀하의 전화에 대한 답신입니다.

[해설] 이미 주어(this letter)와 본동사(is)가 있으므로 빈칸은 동사 형태인 (A) inquire는 올 수 없다. 빈칸은 앞에 있는 명사(your telephone call)를 수식하는 분사 자리이므로 (B) inquiring과 (D) inquired가 정답 후보인데, inquire는 자동사이므로 자동사가 분사가 되는 형태는 -ing이기 때문에 (B) inquiring이 정답이다.

[어휘] in response to ~에 응하여, 답하여   status 상태

17 목적어 유무로 구별하는 후치 수식 분사 문제

The current job fair ------- by Nemesis Communications has attracted many job seekers as well as headhunters who are in search of qualified employees.

(A) sponsor   (B) sponsoring
(C) to sponsor   **(D) sponsored**

Nemesis Communications사의 후원을 받은 현재의 취업 박람회는 자격을 갖춘 직원들을 찾고 있는 헤드헌터들뿐만 아니라 많은 구직자들을 끌어 모으고 있다.

[해설] 이미 본동사(has attracted)가 있으므로 빈칸은 동사 자리가 아니라 앞에 있는 The current job fair를 후치 수식하는 형용사 자리이다. (C) to sponsor는 명사 뒤에서 후치 수식이 가능하나 앞에 있는 명사와의 해석 관계가 맞지 않으므로 소거한다. 분사 후치 수식으로 (B) sponsoring, (D) sponsored가 정답 후보이다. 후치 수식은 목적어 유무를 따지므로 목적어가 뒤에 없는 빈칸에는 p.p. 형태인 (D) sponsored가 정답이다.

[어휘] sponsor ~을 후원하다   job seeker 구직자   headhunter (인재 스카우트 전문가) 헤드헌터

18 토익이 좋아하는 전치 수식 분사 표현

Kevin Walsh is a highly ------- executive with 17 years of domestic and international management experience.

(A) accomplish   **(B) accomplished**
(C) accomplishing   (D) accomplishment

Kevin Walsh는 17년간의 국내외 관리 경력을 지닌 매우 뛰어난 임원이다.

[해설] 빈칸은 명사(executive)를 수식하면서 부사(highly)의 수식을 받는 품사가 와야 하므로 형용사 자리이다. 따라서 형용사로 쓰이는 분사 (B) accomplished 혹은 (C) accomplishing이 정답 후보이다. 해석상 '매우 뛰어난 임원'이라고 해야 자연스러우므로 '기량이 뛰어난, 성취된'이라는 뜻의 accomplished가 정답으로 적절하다. accomplished는 일종의 굳어진 분사로서 '기량이 뛰어난, 재주가 많은, 성취된'이라는 의미로 쓰이는 형용사이다.

[어휘] highly 매우, 아주, 몹시   executive 임원   domestic 국내의   accomplish 성취하다   accomplished 뛰어난, 성취된 accomplishment 성취

19 감정 유발(-ing) vs. 감정 느낌(p.p.) 문제

M&B Publishing will conduct a more ------ promotional campaign before introducing the new magazine.

(A) excitement   **(B) exciting**
(C) excited   (D) excite

M&B Publishing은 신간 잡지를 소개하기 전에 더 흥미진진한 판촉 캠페인을 할 것이다.

[해설] 빈칸은 명사(promotional campaign)를 수식하는 형용사 자리이다. 보기 중 형용사인 (B) exciting과 (C) excited는 감정 분사이므로 감정을 유발하는 명사면 -ing, 감정을 느끼는 명사면 p.p. 형태를 고른다. promotional campaign은 흥미를 유발하는 것이지 흥미라는 감정을 느끼는 대상이 아니기 때문에 정답은 (B) exciting이다.

[어휘] conduct 수행하다   promotional campaign 판매 촉진 홍보, 판촉 캠페인

20 감정 유발(-ing) vs. 감정 느낌(p.p.) 문제

Sky Motors will keep its customers ------- by changing the chord design used in its new line of electric cars to enhance durability and reliability.

(A) to satisfy   (B) satisfies
(C) satisfying   **(D) satisfied**

Sky Motors는 새로운 기종의 전기 자동차에 사용되는 코드 디자인을 바꾸어 내구성과 안정성을 향상시킴으로써 지속적으로 고객들을 만족하게 할 것이다.

[해설] keep이 5형식 동사로 쓰였으므로, 빈칸은 목적어(its customers) 다음의 목적격 보어가 와야 할 자리이다. 따라서 형용사나 명사가 와야 하는데 보기 중 명사는 없고 형용사는 (C) satisfying과 (D) satisfied가 있다. 형용사의 수식을 받는 명사 customers가 만족감을 느끼게 유지할 것이라는 문맥이므로 감정을 느낄 때 쓰는 p.p. 형태의 감정분사인 (D) satisfied가 정답이다.

[어휘] new line of 새로운 기종의   enhance 높이다, 향상시키다   durability 내구성, 지속성   reliability 신뢰성, 안정성

1 No sooner로 이끌어지는 부정어구 도치

------- had the government announced the new tax policy than people began to raise questions.
(A) When (B) The sooner
(C) No sooner (D) Although

정부가 새로운 세금 정책을 발표하자마자 사람들이 의문을 제기 하기 시작했다.

[해설] 빈칸 뒤에 「had + 주어 + p.p.」 구조를 보는 순간, 빈칸은 도치를 이끄는 자리임을 눈치챌 수 있어야 한다. 도치를 이끌 수 있는 보기는 부정어구 도치를 만들어주는 (C) No sooner밖에 없다. 「No sooner A + 과거완료 + ~ than B」는 '~하자마자 …했다'로 해석되는 구문이다. No sooner로 이끌어지면 부정어구가 문장을 이끈 것이므로 부정어구 도치를 만든다.

[어휘] tax policy 세금 정책 raise questions 의문을 제기하다

2 '~역시도, ~도 마찬가지로'를 말해주는 so 도치

As our aging population continues to grow, ------- the demand for both healthcare workers and residential care facilities.
(A) so does (B) as long as
(C) whereas (D) as to

노령화 인구가 지속적으로 증가함에 따라서 보건 전문가와 재택 간호 시설에 대한 수요도 증가하고 있다.

[해설] 빈칸 앞에 「As + 주어 + 동사」로 접속사절이 있으므로, 콤마(,) 다음에는 주절이 와야 한다. (B) as long as와 (C) whereas는 접속사이므로 뒤에 「주어 + 동사」가 와야 하며, 빈칸 뒤 문장이 주절이 되지 못하므로 빈칸에는 올 수 없다. (D) as to는 '~에 관해서는'이라는 의미의 전치사이므로 주절을 이끌 수 없다. 주어, 동사 간의 도치를 일으킨 (A) so does만이 유일하게 정답이 될 수 있는 보기이다. so로 이끌어지는 「동사 + 주어」는 문맥상 앞 절을 받아서 '~역시도, ~도 마찬가지로'라는 의미가 된다.

[어휘] aging population 노령화 인구 healthcare 건강 관리의, 의료의 residential care 거주/재택 간호

3 「Should + 주어 + 동사원형」으로 이끌어지는 가정법 미래 도치 구문

------- anyone need assistance at any time during the conference, please press star, then zero and an operator will help you.
(A) Because **(B) Should**
(C) Though (D) Will

회의 중 언제라도 도움이 필요하시면, 별표를 누르고 0번을 누르시면 교환원이 도와드릴 것입니다.

[해설] 빈칸 뒤에는 주어와 동사로 이루어진 절이 나와 있으므로 빈칸에는 접속사가 들어가야 하는 것으로 보일 수 있지만 접속사 (A) Because나 (C) Though가 들어가면 뒤에 주어(anyone)와 동사(need)의 수 일치가 맞지 않다. 반면, should로 이끌어지는 가정법 도치 구문이 되면 원래 형태가 If anyone should need assistance인 문장에서 if가 생략되면서 should가 주어 앞으로 도치되어 현재 문장인 Should anyone need assistance ~가 되는 것이므로 (B) Should만이 구조와 해석이 모두 맞는 정답이다. (D) Will로 이끌어지는 가정법 도치 구문은 없다.

[어휘] press 누르다 operator 교환원

4 「Had + 주어 + p.p.」로 이끌어지는 가정법 과거완료 도치 구문

------- it not been for her help, I estimate that it would have taken more than a week to finish the report.
(A) If **(B) Had**
(C) Should (D) Have

그녀의 도움이 아니었더라면, 나는 그 보고서를 끝내는 데에 일주일이 넘게 걸렸을 거라고 추정한다.

[해설] If it had not been for her help라는 if절에서 if가 생략되고 가정법 도치가 되어 Had it not been for her help가 된 것이므로 (B) Had가 정답이다. (A) If는 뒤에 「주어 + 동사」가 와야 하는데, 빈칸 뒤의 구조가 it not been이므로 「주어 + 동사」가 이어져 있지는 않은 구조이다. (C) Should는 「Should + 주어 + 동사원형」으로 도치를 만들어 주며, (D) Have는 도치를 이끌어주지 못한다.

[어휘] estimate 추정하다

5 Rarely로 이끌어지는 부정어구 도치

------- does the department send examiners to other cities for recruiting purposes.

(A) Even   **(B) Rarely**

(C) However   (D) Appropriately

그 부서는 고용 목적을 위해서 조사관들을 다른 도시들로 거의 보내지 않는다.

[해설] 빈칸 뒤에 「does + 주어 + 동사원형」이 나왔으므로 부정어구 도치 문제임을 눈치챌 수 있어야 한다. 부정어구는 보기 중 (B) Rarely 밖에 없다.

[어휘] examiner 조사관

---

6 「only + 시간 표현 부사」 부정어구 도치

Only then did the sales team ------- aware of the fact that there were more difficulties ahead than they had expected.

(A) became   **(B) become**

(C) becomes   (D) have become

그제서야 영업팀은 그들이 예상한 것보다 더 많은 어려움이 앞에 놓여있다는 사실을 알게 되었다.

[해설] 「only + 시간 표현 부사」가 앞으로 나왔으므로 부정어구 도치 중 하나에 속한다. 따라서 only then 이후의 구조는 「did + he + 동사원형」이 되어야 하므로 동사원형인 (B) become이 정답이다.

[어휘] only then 그제서야, 그때서야   aware ~을 알고 있는   ahead 앞으로, 미리

---

7 '~역시도, ~도 마찬가지로'를 말해주는 so 도치

As the number of homes for sale in the state grows, ------- the pressure to sell them.

(A) so does   (B) while

(C) as long as   (D) besides

국내에 매물로 나온 주택의 수가 증가함에 따라 이들을 팔아야 한다는 압박감도 역시 커지고 있다.

[해설] 빈칸 앞에 「As + 주어 + 동사」로 접속사 절이 있으므로, 콤마(,) 다음에는 주절이 와야 한다. (B) while과 (C) as long as는 접속사이므로 뒤에 「주어 + 동사」가 와야 하며, 빈칸 뒤에 주절이 아닌 종속절이 되므로 적절하지 않다. (D) besides는 '~옆에'라는 의미의 전치사로, 주절을 이끌 수 없으므로 오답 소거한다. 따라서, 주어와 동사 간의 도치를 일으킨 (A) so does만이 유일하게 정답이 될 수 있는 보기이다. so로 이끌어지는 「동사 + 주어」는 문맥상 앞 절을 받아서 '~역시도, ~도 마찬가지로'라는 의미가 된다.

[어휘] for sale 판매용인, 팔려고 내놓은   pressure 압박(감)

---

8 '~역시도, ~도 마찬가지로'를 의미하는 nor 도치

The taxi coupons are not transferable nor ------- be used to tip the driver.

(A) they cannot   (B) they can

(C) can they   (D) cannot they

택시 쿠폰은 양도가 불가능하고 운전자에게 팁으로 주기 위한 목적으로도 사용될 수 없다.

[해설] 완전한 부정문 문장이 끝나고 nor가 빈칸 앞에 있으므로 부정문 뒤에서 '~역시도, ~도 마찬가지로'라는 해석을 만들어주는 nor 도치 표현이 왔음을 눈치채야 한다. nor 뒤에는 「동사 + 주어」 순으로 도치가 되야 하므로 (C) can they가 정답이다. 참고로, 이미 nor에서 부정이 표현되어 있으므로 can 뒤에 not이 올 수는 없다. 따라서 (D) cannot they는 오답이 된다.

[어휘] transferable 양도/이동이 가능한   tip 팁을 주다

9 little로 이끌어지는 부정어구 도치

Little ------- the young IBM professional realize at the time that this isolated incident would change her life forever.
(A) do   **(B) did**
(C) has   (D) had

그 젊은 IBM 전문가는 그 당시 이번 단 한 번의 사건이 자신의 인생을 영원히 바꿀 것이라고는 거의 생각하지 못했다.

[해설] 부정어 little이 문장 맨 앞으로 나왔으므로 부정어구 도치 문장이다. 「부정어구 + do/does/did + 주어 + 동사원형」의 구조여야 하므로 (C) has와 (D) had는 탈락된다. (A) do는 주어(the young IBM professional)가 3인칭 단수로 does가 되야 하므로 소거하고, 가능성 있는 보기는 (B) did 밖에 없으며, that절 이하의 동사 would change를 통해 주절에 과거시제가 와야 함을 알 수 있다.
[어휘] realize 깨닫다, 알아차리다   isolated 단 한 번의, 고립된

---

10 「Had + 주어 + p.p.」로 이끌어지는 가정법 도치 구문

------- the workers followed the safety precautions more carefully, many of the accidents would have been avoided.
(A) Should   (B) When
(C) Had   (D) Never

근로자들이 안전 예방수칙을 더 신중하게 따랐더라면, 많은 사고들을 피할 수 있었을 것이다.

[해설] (A) Should로 시작하는 문장을 가정법 도치를 이끌며 「should + 주어 + 동사원형」의 구조로 쓰이기 때문에 지금의 구조와는 맞지 않다. (B) When은 부사절 접속사로써 when절과 주절의 시제가 일치해야 하는데 followed와 would not have happened는 시제 관계를 when(~할 때)으로 이어주기에는 일치하지 않으므로 오답 소거한다. (D) Never는 문두에 쓰여지면 부정어구 도치를 이끄는 데 빈칸 뒤의 구조는 부정어구 도치(Never + do/does/did + 주어 + 동사원형)와는 상관없는 구조이므로 소거된다. (C) Had로 이끌어지면 「Had + 주어 + p.p.」의 구조로 If절의 도치 구문을 만들며, 주절의 「would have p.p.」와도 가정법 과거완료의 공식이 성립되므로 가정법 도치 중 「Had + 주어 + p.p.」로 이끌어지는 가정법 과거완료의 도치를 만드는 (C) Had가 정답이다.
[어휘] safety precautions 안전 예방책   avoid 피하다

---

11 「Should + 주어 + 동사원형」으로 이끌어지는 가정법 도치 구문

------- any problems be found with the product, please return it for repair or replacement.
(A) As if   (B) When
(C) Should   (D) If

만약 이 제품에 대해서 문제를 찾게 된다면, 수리나 교환을 위해서 반납하십시오.

[해설] (A) As if, (B) When, (D) If는 접속사이므로 뒤에 「주어 + 동사」를 취해야 하는데, 빈칸 뒤에는 any problems be found로 일반적인 「주어 + 동사」가 연결되어있지 않다. 일반적인 문장이라면 주어와 동사가 수 일치가 되야 하므로 any problems are found가 되어야 한다. (C) Should는 가정법 도치를 이끌며, If any problems should be found ~였던 것이 if가 생략이 되어 Should any problems be found ~가 된 문장이다.
[어휘] repair 수리하다   replacement 교체, 교환

---

12 「only + 시간 표현 부사」 부정어구 도치

Only after it fired its CEO did the company ------- to recover from the threat of bankruptcy.
(A) start   (B) to start
(C) has started   (D) starts

CEO를 해고하고 나서야, 회사가 파산의 위기에서부터 회복하기 시작했다.

[해설] 「only + 시간 표현 부사」으로 이끌어진 문장이므로 부정어구 도치가 쓰여져야 한다. Only after it fired its CEO 뒤로 「did + 주어 + 동사원형」이 나와야 하므로 보기 중 동사원형인 (A) start가 정답이다.
[어휘] threat 협박, 위협   bankruptcy 파산

13 보어 도치를 이끄는 보어 자리

------- are my diploma and letters of recommendation for you to look at.

(A) Enclose
(B) Enclosing
(C) Encloses
(D) Enclosed

동봉된 것은 귀하가 보실 수 있는 졸업증명서와 추천서입니다.

[해설] 빈칸은 주어 자리로 착각할 수 있으나, 주어로 쓰일 수 있는 명사가 보기에 없다. 원래 문장인 My diploma and letters of recommendation are enclosed에서 보어가 도치 되어 Enclosed are my diploma and letters of recommendation이 된 것이므로 정답은 보어 (D) Enclosed가 정답이다.

[어휘] diploma 졸업장, 수료장   letter of recommendation 추천서

14 Never로 이끌어지는 부정어구 도치

Never had Ms. Peterson ------- such a significant amount of salary until she joined the company.

(A) sees
(B) saw
(C) seeing
(D) seen

Peterson씨는 이 회사에 입사하기 전까지는 이 정도로 많은 급여를 받은 적이 없었다.

[해설] Never로 문장을 이끌고 있으므로 뒤에는 부정어구 도치가 와야 한다. 원래 문장은 Ms. Peterson had never seen ~이 부정어구 도치가 되어 Never had Ms. Peterson seen ~이 된 것이므로 빈칸에는 p.p. 형태인 (D) seen이 와야 한다.

[어휘] significant 상당한, 많은

15 Not only로 이끌어지는 부정어구 도치

------- did sales prices rise in the last year, but shipping fees also increased.

(A) Though
(B) In addition
(C) Not only
(D) Furthermore

작년에 판매 가격이 상승했을 뿐만 아니라 배송비 또한 증가했다.

[해설] 빈칸 뒤에 「did + 주어 + 동사원형」으로 도치가 이끌어졌으므로 빈칸은 도치를 이끄는 표현을 골라야 한다. 보기 중 유일하게 도치를 이끌 수 있는 것은 부정어구 도치를 이끄는 (C) Not only뿐이다.

[어휘] price 가격   fee 요금, 수수료, 공공요금

16 Seldom으로 이끌어지는 부정어구 도치

------- has one person ever handled a contract negotiation all by himself like Mr. Moore did.

(A) Yet
(B) Seldom
(C) Once
(D) Either

그 누구도 Moore씨가 했던 것처럼 계약 협상을 혼자서 처리한 적이 거의 없다.

[해설] 빈칸 뒤에 「has + 주어 + p.p.」로 도치가 이끌어졌으므로 빈칸은 도치를 이끄는 표현을 골라야 한다. 보기 중 유일하게 도치를 이끌 수 있는 것은 부정어구 도치를 이끄는 (B) Seldom뿐이다.

[어휘] handle 처리하다   by oneself 혼자서, 스스로

17 '~역시도, ~도 마찬가지로'를 의미하는 so 도치

As the number of students enrolled in Environmental Studies increases, ------- the demand for professors to instruct them.

(A) when
(B) whereas
(C) so does
(D) regarding

환경학에 등록한 학생들의 수가 증가하면서 학생들을 지도할 교수들에 대한 수요도 함께 증가하고 있다.

[해설] 빈칸 앞에 「as + 주어 + 동사」로 접속사절이 있으므로, 콤마(,) 이후부터는 주절이 와야 한다. (A) when과 (B) whereas는 접속사이므로 뒤에 「주어 + 동사」가 와야 하며, 종속절이 되므로 적절하지 않다. (D) regarding는 '~에 관하여'라는 의미의 전치사이므로 주절을 이끌 수 없다. 주어 동사 간의 도치를 일으킨 (C) so does만이 유일하게 정답이 될 수 있는 보기이다. so로 이끌어지는 「동사 + 주어」는 문맥상 앞 절을 받아서 '~역시도, ~도 마찬가지로'라는 의미가 된다.

[어휘] enroll 등록하다. 입학/입대하다   instruct 지시하다. 가르치다

18 보어 도치를 이끄는 보어 자리

------- in the information packet are the neighborhood map and lists of some popular restaurants and attractions.

(A) Inclusion
(B) Included
(C) Including
(D) Include

안내책자에 포함된 것은 주변 지역 안내도와 몇몇 인기 있는 레스토랑과 명소에 대한 목록들입니다.

[해설] 빈칸은 주어 자리로 착각할 수 있으나, 주어로 쓰일 수 있는 명사인 (A) Inclusion은 복수 동사인 are와 수 일치가 맞지 않다. 원래 문장 The neighborhood map and lists of some popular restaurants and attractions are included ~에서 보어가 도치되어 Included are the neighborhood map and lists of some popular restaurants and attractions ~가 된 것이므로 정답은 (B) Included이다.

[어휘] packet 꾸러미   attraction 명소

19 Rarely로 이끌어지는 부정어구 도치

According to the survey conducted by DNC Research Group, ------- do working moms have time for their hobbies especially those living in cities.

(A) rare
(B) rarely
(C) rarefy
(D) rareness

DNC 리서치 그룹에 의해서 행해진 설문 조사에 따르면, 특히 도시에 사는 워킹맘들은 그들의 취미를 위한 시간이 거의 없다.

[해설] 부정어구인 rarely로 이끌어져서 부정어구 도치를 만들어주는 문장 구조이다. Working moms rarely have time for their hobbies ~가 「부정어구 + do/does/did + 주어 + 동사원형」의 공식에 따라 부정어구 도치가 되면 rarely do working moms have time for their hobbies ~가 되어야 한다. 따라서 빈칸은 부정어구 도치를 만들어주는 부정어 부사인 (B) rarely가 정답이 된다.

[어휘] conduct 시행하다   those (= those people) ~하는 사람들   rarefy 희박하게 하다

20 보어 도치를 이끄는 보어 자리

------- are the descriptions of currently available positions that need to be filled as soon as possible.

(A) Attach
(B) Attachment
(C) Attaching
(D) Attached

첨부된 것은 현재 가능한 빨리 채워져야 하는 공석들에 대한 설명이다.

[해설] 빈칸은 주어 자리로 착각할 수 있으나 주어로 쓰일 수 있는 명사인 (B) Attachment는 복수 동사인 are와 수 일치가 맞지 않다. 원래 문장 The descriptions are attached ~에서 보어가 도치되어 Attached are the descriptions ~가 된 것이므로 정답은 (D) Attached이다.

[어휘] description 설명. 기술   available position 공석

1 뒤에 완전한 문장을 받는 where

The Chairman of BizCore moved to New York City, ------- he founded a financial services company called Avalon Research.
(A) what　　(B) **where**
(C) which　　(D) while

BizCore사 회장은 New York 시로 이전하여 거기에서 Avalon Research라는 금융 서비스 회사를 설립했다.

[해설] 빈칸은 선행사(News York City)를 꾸며주는 관계사 자리이므로 관계사 역할을 하지 못하는 (A) what과 (D) while은 소거한다. 보기 중 관계사는 (B) where와 (C) which인데, where는 뒤에 완전한 문장을, which는 뒤에 불완전한 문장을 받는다. he founded a financial services company called Avalon Research는 「주어 + 동사 + 목적어」로 이루어진 완전한 문장이므로 정답은 (B) where이다.
[어휘] chairman 회장　found 창립하다, 설립하다　financial services company 금융 서비스 회사

2 뒤에 동사를 바로 받는 사람 주격 관계대명사

Candidates ------- meet the requirements should submit a cover letter with salary requirements and résumé to staffing@hnewsorg.com.
(A) **who**　　(B) whose
(C) which　　(D) in which

자격 요건을 충족하는 지원자들은 희망 연봉이 명시된 자기소개서와 이력서를 staffing@hnewsorg.com으로 제출해야 합니다.

[해설] 빈칸은 뒤에 동사가(meet) 이어지고 있으므로, 사람 선행사를 받는 주격 관계사 (A) who가 정답이다. (C) which도 주격이긴 하나 사람 선행사를 받지는 못한다.
[어휘] candidate 후보자, 지원자　requirement 자격 요건　cover letter 자기소개서　salary requirement 희망 연봉

3 뒤에 동사를 바로 받는 사람 주격 관계대명사

I would like to thank Jack Pringle, ------- has agreed to deliver the keynote address at the annual conference.
(A) whichever　　(B) **who**
(C) whose　　(D) anyone

연례 회의에서 기조 연설을 해주는데 동의한 Jack Pringle 씨에게 감사를 표하고자 합니다.

[해설] 빈칸은 명사(Jack Pringle)를 수식하는 관계대명사 절의 주격 관계대명사 자리이다. 선행사(Jack Pringle)가 사람이고 빈칸 뒤에 동사(has)가 이어지고 있으므로, 사람을 선행사로 받는 주격 관계사 (B) who가 정답이다. (A) whichever와 (D) anyone은 관계사 역할을 하지 않으며 (C) whose는 관계사 역할은 하나, 완전한 문장을 받아야 하므로 오답 소거한다.
[어휘] agree to ~하는 데 동의하다　deliver (연설/강연 등을) 하다　keynote address 기조 연설　annual conference 연례 회의

4 관계절 내의 동사는 선행사와 수 일치

Bestech Electronics will launch a new line of compact home appliances designed for singles that ------- in small places.
(A) residence　　(B) residing
(C) **reside**　　(D) resides

Bestch Electronics는 소형 주택에 사는 독신들을 위해서 고안된 새로운 소형 가전제품들을 출시할 것이다.

[해설] 빈칸은 선행사(singles)를 뒤에서 수식해주는 주격 관계대명사(that) 뒤이므로 동사 자리이다. 보기 중 동사로 쓰일 수 있는 것은 (C) reside와 (D) resides밖에 없다. 관계절 내의 동사는 선행사와 수 일치를 시켜야 하는데, 선행사는 복수 명사(singles)이므로 복수 동사인 (C) reside가 정답이다.
[어휘] launch 출시하다　compact 소형의　home appliance 가정용 전자 기기, 가전제품

5 완전한 문장을 받는 where vs. whose 문제

Pisnet Electronics is a multinational corporation -------
headquarters is located in Detroit, Michigan.
(A) whose   (B) where
(C) which   (D) its

> Pisnet Electronics는 다국적 기업이고, 그 기업의 본사는 Michigan 주의 Detroit에 위치해 있다.

[해설] 동사의 개수가 빈칸을 사이에 두고 앞뒤로 두 개가 있으므로 대명사의 소유격인 (D) its와 (C) which는 뒤에 불완전한 문장을 받으므로 둘 다 오답 소거한다. (A) whose와 (B) where는 둘 다 뒤에 완벽한 문장을 받을 수 있으므로, 해석 차이로 따져야 하는데, 앞의 선행사와 '~의'로 해석이 연결되면 whose가 정답이고, 앞의 선행사와 '~에서'로 해석이 연결되면 where가 정답이다. '다국적 기업에서'가 아니라 '다국적 기업의'로 뒤의 절과 해석이 연결되고 있으므로 정답은 (A) whose이다.

[어휘] multinational 다국적의   be located in ~에 위치하다

---

6 뒤에 명사부터 시작하는 완전한 문장을 받는 whose

Dr. William Thurston is an expert ------- work in developing
new drug therapies has helped reduce childhood death and
disease.
(A) that   (B) which
(C) their   **(D) whose**

> William Thurston 박사는 새로운 약물 요법을 개발하는 그의 노력이 아동 사망과 질병 감소에 일조한 전문가이다.

[해설] 빈칸은 앞의 선행사(an expert)를 수식하는 관계절을 이끄는 관계사 자리이다. 따라서 관계사가 아닌 (C) their는 오답 소거한다. (A) that과 (B) which는 뒤에 주어가 없거나 목적어가 없는 불완전한 문장이 와야 하므로 완전한 문장(work has helped reduce childhood death and disease)을 취하고 있는 빈칸에는 올 수 없다. 빈칸 뒤에 명사부터 시작하는 완전한 문장이 있으므로 (D) whose가 정답이다.

[어휘] expert 전문가   drug therapy 약물 요법   childhood death 아동 사망   disease 질병

---

7 뒤에 동사를 바로 받는 사물 주격 관계대명사

Best Price, ------- provides office supplies to our company
regularly, is known for its quality products and fast delivery.
(A) that   **(B) which**
(C) it   (D) what

> 우리 회사에 정기적으로 사무용품들을 제공하는 Best Price는 그것의 품질 좋은 제품들과 빠른 배송으로 유명하다.

[해설] 빈칸은 선행사(Best Price)를 뒤에서 수식하는 관계절을 이끄는 관계사 자리이다. 보기 중 관계사가 아닌 (C) it과 (D) what은 오답 소거한다. (A) that은 콤마(,) 뒤에는 올 수 없으므로 오답 소거하면 남는 보기는 (B) which밖에 없다. 이때 which는 뒤에 동사(provides)를 바로 취하는 주격 관계사로 쓰인 것이다.

[어휘] office supplies 사무용품   be known for ~로 유명하다

---

8 뒤에 명사부터 시작하는 완전한 문장을 받는 whose

Distinguished novelist William Evans, ------- latest book is
already on the bestseller list, is scheduled to speak at the
book fair tomorrow.
(A) whoever   (B) whom
(C) whose   (D) who

> 이미 그의 최신작이 베스트셀러 목록에 올라가 있는 저명한 소설가인 William Evans는 내일 도서전에서 연설을 할 예정이다.

[해설] 빈칸은 앞에 있는 선행사(William Evans)를 수식하는 관계절을 이끄는 관계사 자리이다. 보기 중 관계사가 아닌 (A) whoever는 소거한다. 빈칸 뒤에 명사부터 시작해서 완전한 문장이 연결되고 있으므로 정답은 (C) whose이다. (B) whom이나 (D) who는 뒤에 완전한 문장이 올 수 없으므로 오답 소거한다.

[어휘] distinguished 유명한, 성공한   novelist 소설가   be scheduled to부정사 ~하기로 예정되어 있다   book fair 도서전, 도서 전시회

9 뒤에 명사부터 시작하는 완전한 문장을 받는 whose

Passengers are allowed to carry any suitcase ------- weight is no more than 20kg at no extra charge.
(A) who   **(B) whose**
(C) which   (D) whom

> 승객들은 그 무게가 20킬로그램 이하인 여행 가방에 대해서만 추가 요금 없이 소지하도록 허용된다.

[해설] 빈칸은 앞의 선행사(any suitcase)를 수식하는 관계절을 이끄는 관계사 자리이다. 빈칸 뒤에 명사부터 시작해서 완전한 문장이 연결되고 있으므로(weight is no more than 20kg) 정답은 (B) whose이다. (A) who, (C) which, (D) whom은 뒤에 완전한 문장이 올 수 없으므로 오답 소거한다.

[어휘] passenger 승객   be allowed to부정사 ~하도록 허용되다   suitcase 여행 가방   weight 무게   at no extra charge 추가 요금 없이

---

10 「주어 + 타동사」를 받는 목적격 관계대명사

Bob was greatly influenced by his coworkers, ------- he had known for a long time.
(A) they   **(B) whom**
(C) them   (D) whose

> Bob은 오랫동안 알아온 그의 동료들에 의해 큰 영향을 받았다.

[해설] 빈칸은 앞의 선행사(his coworkers)를 수식하는 관계절을 이끄는 관계사 자리이다. 따라서, 관계사가 아닌 (A) they와 (C) them은 오답 소거한다. 빈칸 뒤의 구조가 「주어(he) + 타동사(had known)」로 목적어가 없으므로 목적격 관계사인 (B) whom이 정답이다. (D) whose는 뒤에 명사부터 시작하는 완전한 문장이 와야 하며, 이때의 명사는 대명사가 올 수 없으므로 he만 보더라도 바로 오답 소거할 수 있어야 한다.

[어휘] greatly 크게, 몹시   influence ~에게 영향을 끼치다

---

11 「주어 + 타동사」를 받는 목적격 관계대명사

All information should be entered into the database, ------- our research team has created.
(A) which   (B) that
(C) who   (D) whose

> 모든 정보는 우리 연구팀이 만든 데이터베이스에 입력되어야 한다.

[해설] 선행사가 사물(the database)이고 빈칸 이하 절에는 목적어가 비어 있으므로 빈칸에는 사물 목적격 관계대명사인 (A) which 혹은 (B) that이 들어가야 한다. 그런데 빈칸 앞에 콤마(,)가 있는 계속적 용법이므로 (A) which가 정답이다. that은 계속적 용법에서는 사용할 수 없으므로 반드시 오답 소거한다.

[어휘] enter 입력하다, 기입하다   create 만들다, 창조하다

---

12 「주어 + 타동사」를 받는 목적격 관계대명사

Newly developed technologies help automotive companies build environmentally friendly cars ------- younger customers prefer these days.
(A) whose   **(B) which**
(C) whom   (D) who

> 새로 개발된 기술들은 자동차 회사들이 요즘 젊은 고객들이 선호하는 환경 친화적인 자동차를 만드는 데 도움을 준다.

[해설] 빈칸은 앞의 선행사인(cars)를 수식하는 관계절을 이끄는 관계사 자리이다. 빈칸 뒤의 구조가 「주어(younger customers) + 타동사(prefer)」이므로 목적격 관계사인 (B) which나 (C) whom이 와야 하는데 선행사가 사물이므로 (B) which가 정답이다.

[어휘] newly 새로   automotive 자동차의   environmentally friendly 환경 친화적인   prefer 선호하다

13 뒤에 명사부터 시작하는 완전한 문장을 받는 whose

Prospective candidates ------- qualifications seem to be beneficial to the company will be contacted for an interview.
(A) their   **(B) whose**
(C) whom   (D) that

그들의 능력이 회사에 도움이 될 것 같은 유망한 후보자들은 면접 연락을 받을 것이다.

[해설] 빈칸은 선행사인(prospective candidates)를 수식하는 관계절을 이끄는 관계사 자리이다. 보기 중 관계사가 아닌 (A) their는 오답 소거한다. 빈칸 뒤에 명사로 시작하는 완전한 문장(qualifications seem to be beneficial)이 있으므로 (B) whose가 정답이다. (C) whom과 (D) that은 뒤에 불완전한 문장을 받으므로 오답 소거한다.

[어휘] prospective 유망한   beneficial to ~에게 이로운

14 뒤에 완전한 문장을 받는 where

The two managers met at the conference ------- they were impressed by each other's thorough knowledge of the field.
(A) what   (B) which
(C) where   (D) whose

그 관리자 둘은 서로의 분야에 있어 철저한 지식에 감동을 받았던 컨퍼런스에서 만났다.

[해설] 빈칸은 선행사인(the conference)를 수식하는 관계절을 이끄는 관계사 자리이다. 관계사가 아닌 (A) what은 오답 소거한다. 빈칸 뒤에는 이미 「주어 + 수동태 동사」로 이루어진 완전한 문장(they were impressed)이 있으므로 완전한 문장을 받는 (C) where가 정답이다. (B) which는 뒤에 불완전한 문장을 받으며 (D) whose는 완전한 문장을 받을 수 있지만 뒤에 대명사나 관사 등의 한정사가 올 수 없으므로 오답 소거한다.

[어휘] be impressed 감동받다   thorough 철저한, 빈틈없는   knowledge 지식

15 「전치사 + 관계대명사」 유형

The Topeka High School students will visit the place ------- which Kevin Morrison, a world-famous designer, was born.
(A) in   (B) to
(C) during   (D) for

Topeka 고등학교 학생들은 세계적으로 유명한 디자이너인 Kevin Morrison이 태어난 곳을 방문하게 될 것이다.

[해설] 관계절은 전치사를 앞으로 이동시켜 「전치사 + which/whom」 형태가 될 수 있다. 이때 적절한 전치사를 찾기 위해서는 관계절 내의 동사와 빈칸 다음의 선행사가 어울리는 전치사를 찾아야 한다. which 앞의 전치사가 들어갈 빈칸을 Kevin Morrison, a world-famous designer, was born ------- the place로 보면, 빈칸에는 in이 들어가야 하므로 정답은 (A) in이다.

[어휘] world-famous 세계적으로 유명한

16 뒤에 명사부터 시작하는 완전한 문장을 받는 whose

This social club, ------- registration process is reportedly complicated, is becoming increasingly popular among celebrities.
(A) which   (B) that
(C) whom   **(D) whose**

그 등록 절차가 까다롭다고 알려진, 그 사교 클럽은 유명인들 사이에서 점점 더 인기를 끌고 있다.

[해설] 빈칸은 앞의 선행사(This social club)를 수식하는 관계절을 이끄는 관계사 자리이다. 빈칸 뒤에 명사로 시작하는 완전한 문장(registration process is reportedly complicated)이 이어지고 있으므로 (D) whose가 정답이다. (A) which, (B) that, (C) whom은 완전한 문장을 받을 수 없으므로 모두 오답 소거한다.

[어휘] reportedly 소문에 의하면   complicated 까다로운, 복잡한   increasingly 점차적으로   celebrity 유명인사

17 뒤에 완전한 문장을 받는 where

Kathy applied to the company ------- she had previously worked as an intern as soon as she graduated from college.
(A) which   (B) who
(C) where   (D) whose

Kathy는 대학을 졸업하자마자 그녀가 이전에 인턴으로 일한 적이 있는 회사에 지원했다.

[해설] 빈칸은 앞의 선행사(the company)를 수식하는 관계절을 이끄는 관계사 자리이다. 빈칸 뒤에 완전한 문장(she had previously worked)이 있으므로 완전한 문장을 받는 (C) where가 정답이다. (A) which와 (B) who는 완전한 문장을 받을 수 없으며, (D) whose는 완전한 문장을 받을 순 있으나 뒤에 대명사가 이끄는 문장이 올 수 없으므로 오답 소거하다.
[어휘] apply to/for ~에 지원하다

18 뒤에 동사를 바로 받는 주격관계사

To visit the headquarters of Haringon Corporation, please take Highway 11 south to Exit 3, ------- is next to the Eliot Building.
(A) where   **(B) which**
(C) that   (D) who

Harrington사의 본사를 방문하기 위해서는, 3번 출구의 남쪽에 있는 11번 고속도로를 타면 되는데, 그것은 Eliot 건물 옆에 있습니다.

[해설] 빈칸 앞에 콤마(,)가 있으므로 콤마와 함께 쓰일 수 없는 (C) that은 오답 소거한다. 선행사가 사물이면서 뒤에 동사를 바로 받고 있으므로 주격 관계사인 (B) which가 정답이다. (A) where는 뒤에 완전한 문장을 받으며, (D) who는 선행사가 사람이어야 한다.
[어휘] headquarters 본사   next to ~옆에

19 「주어 + 타동사」를 받는 목적격 관계대명사

The documentary ------- Mr. Hong recommended was much more exciting than I had expected.
(A) whose   **(B) that**
(C) what   (D) whom

Hong씨가 추천한 다큐멘터리는 내가 기대했던 것보다 훨씬 더 재미있었다.

[해설] 뒤에 「주어(Mr. Hong + 타동사(recommended)」를 받으며 목적어를 취하고 있지 않으므로, 빈칸은 목적격 관계사가 와야 한다. 보기 중 목적격 관계사는 (B) that과 (D) whom인데 선행사가 사물(the documentary)이므로 사람을 선행사로 취하는 (D) whom은 정답이 될 수 없다. 사람, 사물 선행사 모두를 취할 수 있는 목적격 관계사인 (B) that이 정답이다.
[어휘] documentary 다큐멘터리, 기록물   recommend 추천하다

20 완전한 문장을 받는 where vs. whose 문제

Many customers completed the online survey conducted by T&G, ------- advertisements are deliberately humorous.
(A) whose   (B) where
(C) which   (D) that

많은 고객들이 고의적으로 웃긴 광고를 하는 T&G사의 온라인 설문 조사를 작성했다.

[해설] 빈칸 뒤에 완전한 문장이 있으므로 완전한 문장을 받을 수 있는 (A) whose와 (B) where가 정답 후보이다. 앞의 선행사와 해석적 연결이 '~의'로 이어져서 'T&G사의 광고들은 고의적으로 웃기다'라는 의미를 가지므로 소유격인 (A) whose가 정답이다.
[어휘] deliberately 고의적으로, 의도적으로   humorous 웃긴, 유머러스한

1 부사 어휘 문제

Newman Consulting is ------- obligated to provide market reports to various government departments.
(A) contractually   (B) descriptively
(C) responsibly   (D) critically

Newman Consulting사는 여러 정부 부처에 시장 보고서를 제공할 계약상의 의무가 있다.

[해설] 부사 어휘 문제이다. '(계약상, 법적으로) ~할 의무가 있다'라는 의미의 「be obligated to부정사」를 꾸며주는 부사가 들어가야 하는데, '계약상으로 의무가 있다'는 맥락이 적절하므로 정답은 (A) contractually이다. 다른 보기들은 해석상 어색하므로 오답 소거한다.
[어휘] contractually 계약상으로   descriptively 기술적으로, 묘사적으로   responsibly 확실히, 책임감 있게   critically 비판적으로

2 「a broad array of + 명사」

Superior Motors, a manufacturer of a broad ------- of components for recreational vehicles, plans to relocate its headquarters from New York to Chicago.
(A) agreement   (B) acclaim
(C) array   (D) appeal

다양한 레저용 차량 부품을 제조하는 Superior Motors사는 본사를 New York에서 Chicago로 옮길 계획이다.

[해설] 명사 어휘 문제이다. 「an array of + 복수 명사」 '다양한 ~들'이라는 숙어 표현을 알고 있으면 정답을 쉽게 고를 수 있다. (C) array 앞에는 보통 '폭넓은'이라는 의미의 형용사인 wide, broad가 자주 쓰여 a wide array of, a broad array of로 출제 되니 알아두도록 한다.
[어휘] relocate 이전하다, 옮기다   headquarters 본부, 본사   array 집합체, 모음, 무리   an array of 다양한   acclaim 갈채, 환호

3 자동사 vs. 타동사 어휘 문제

The market sources expect huge sales in the coming summer vacation that ------- with the annual marriage season.
(A) coincides   (B) accompanies
(C) consists   (D) replaces

시장 소식통들은 연례 결혼 시즌과 일치하는 이번 여름 휴가 기간에 판매가 크게 증가할 것으로 예상한다.

[해설] with과 함께 쓰이는 자동사를 찾아내는 자동사 어휘 문제이다. 문맥상 「coincide with」는 '(날짜, 시간 등이) 일치하다'라는 의미로 전치사 with와 함께 쓰이므로 (A) coincides가 정답이다. '동행하다, 동반하다'라는 의미의 (B) accompanies는 타동사로서 뒤에 전치사 없이 바로 목적어를 취하므로 문법적으로도 옳지 않으며, 문맥상으로도 어색하므로 오답 소거한다.
[어휘] coincide with ~와 일치하다   accompany ~를 동반하다   consist of ~로 구성되다   replace 대체하다

4 부사 어휘 문제

John Burrow served as Financial Director of Deep Cove Consulting between 2011 and 2014 ------- as CEO of the company from 2014 until 2017.
(A) inappropriately   **(B) subsequently**
(C) irregularly   (D) orderly

John Burrow는 2011년에서 2014년 사이에 Deep Cove Consulting의 재무 이사로 근무했으며 그 후에 2014년부터 2017년까지 CEO로 근무했다.

[해설] 부사 어휘 문제이다. 문맥상 '그 후에'라는 의미의 부사가 들어가는 것이 가장 적절하므로 정답은 (B) subsequently가 된다. 다른 보기들은 해석상 어색하므로 오답 소거한다.
[어휘] serve 근무하다   inappropriately 부적절하게   subsequently 그 후에   irregularly 불규칙적으로   orderly (형용사) 정돈된, 질서 있는

5 부사 어휘 문제

Please take five minutes to complete our patient survey, which is private and can be completed -------.
(A) perceptively   (B) descriptively
(C) ambitiously   **(D) anonymously**

5분 정도의 시간을 내서서 저희 환자 설문 조사를 작성해 주세요. 이는 비밀로 유지되며, 익명으로 작성하실 수 있습니다.

[해설] 부사 어휘 문제이다. 문맥상 '작성되다'라는 의미의 be completed를 수식하므로 '무기명으로, 익명으로'라는 의미의 부사인 (D) anonymously가 들어가는 것이 가장 적절하다. 다른 보기들은 해석상 어색하므로 오답 소거한다.

[어휘] perceptively 지각력 있게   descriptively 묘사적으로   ambitiously 야망 있게, 야심 있게   anonymously 익명으로

---

6 부사 어휘 문제

For the benefit of everyone in the classroom, all classes will start ------- at the scheduled time.
(A) punctually   (B) recently
(C) randomly   (D) accordingly

교실에 있는 모든 사람들을 위해서 모든 수업은 예정된 시간에 정확하게 시작될 것입니다.

[해설] 부사 어휘 문제이다. 문맥상 '시간을 엄수하여'라는 의미의 부사인 (A) punctually가 들어가는 것이 가장 적절하다. (B) recently는 미래 시제와 쓰일 수 없으며, (C) randomly '무작위로'와 (D) accordingly '그에 맞춰'는 해석상 적절하지 않다.

[어휘] for the benefit of ~을 위하여   punctually 시간을 엄수하여   accordingly 그에 맞춰

---

7 부사 어휘 문제

The user's manual of Robson 5 ------- states that it should not be stored in the freezer.
(A) hardly   (B) closely
(C) indefinitely   **(D) explicitly**

Robson 5 사용 설명서에 냉동실에 보관하면 안 된다고 명백하게 나와 있다.

[해설] 부사 어휘 문제이다. 문맥상 '명백히, 분명히'라는 의미의 부사인 (D) explicitly가 들어가는 것이 가장 적절하다. 다른 보기 들은 해석상 어색하므로 오답 소거한다.

[어휘] hardly 거의 ~하지 않는   closely 면밀히, 밀접하게, 친밀하게   indefinitely 무기한으로, 막연히   explicitly 명백히, 분명히

---

8 명사 어휘 관용어구 문제

Our selection process will be carried out in a ------- that can select the best candidates for the job openings.
(A) type   **(B) manner**
(C) behavior   (D) purpose

저희의 선발 과정은 공석에 가장 적합한 지원자를 선택하는 방식으로 실시될 것입니다.

[해설] 빈칸 앞에 in a를 보고 in a manner를 집어내는 관용어구 문제이다. in a ~ manner 또는 in a manner that을 '~한 방식으로'라는 의미의 숙어처럼 기억해야 한다. 따라서 (B) manner가 정답이 된다.

[어휘] selection process 선발 과정   carry out 실시하다   type 유형   manner 방식   behavior 행동   purpose 목적

9 부사 어휘 문제

Students who perform additional teaching beyond the requirements will be compensated -------.
(A) thoroughly   (B) diligently
(C) accordingly   (D) primarily

필요 조건 이상의 추가적인 수업을 한 학생들은 그에 맞춰 보상받을 것이다.

[해설] 부사 어휘 문제이다. 문맥상 '그에 따라, 그에 맞춰'라는 의미의 부사인 (C) accordingly가 들어가는 것이 가장 적절하다. 다른 보기들은 해석상 어색하므로 오답 소거한다.
[어휘] thoroughly 철저히, 완전히   diligently 부지런히, 열심히   accordingly 그에 맞춰   primarily 가장 첫 째로, 주로

---

10 동사 어휘 문제

The aim of the Annual Health Study is to ------- the effectiveness of a new dietary education.
(A) attach   **(B) assess**
(C) connect   (D) proceed

연례 보건 조사의 목적은 새로운 식이요법 교육의 효과를 평가하는 것이다.

[해설] 빈칸은 명사(the effectiveness)를 목적어로 취하고 있으므로 자동사인 (D) proceed는 바로 소거한다. 타동사 중에 문맥상 '평가하다'라는 의미의 동사인 (B) assess를 쓰는 것이 가장 적절하다.
[어휘] effectiveness 효과   dietary 식이요법의, 식사의   attach 붙이다   assess 평가하다   connect 연결하다   proceed 처리하다, 나아가다

---

11 동사 어휘 구문

The PCA Human Resources Department will ------- all applicants of any delay in the hiring process.
(A) recommend   **(B) advise**
(C) respond   (D) offer

PCA 인사부에서 모든 지원자에게 채용 과정에서의 어떠한 지연도 알려드릴 것입니다.

[해설] 동사 어휘 문제이다. 문맥상 지원자들에게 '알려 주다'라는 의미가 가장 적절한데 (B) advise는 '충고하다'라는 의미뿐만 아니라 「advise A of B」 'A에게 B를 알려주다'라는 의미로 쓰인다는 사실을 반드시 기억해 두다. 따라서 정답은 (B) advise가 된다.
[어휘] advise (정식으로) 알리다/통지하다   hiring process 채용 과정

---

12 형용사 어휘 문제

As the new office only has one meeting room, meetings are sometimes held at a ------- coffee shop.
(A) closest   **(B) nearby**
(C) quick   (D) planned

새로운 사무실에 회의실에 하나 밖에 없어서, 때때로 근처 커피숍에서 회의가 열리곤 한다.

[해설] 형용사 어휘 문제이다. 문맥상 '근처의 커피숍'이 적절하므로 (B) nearby가 답이 된다. 빈칸 앞에 a가 있는데, 최상급의 형태인 (A) closest는 the와 함께 써야 하므로 적절하지 않다.
[어휘] nearby 근처의

13 동사 어휘 문제

If you are interested in the sales manager position, please ------- BCIC office at office@bcic.org for more information.

(A) register   (B) apply

(C) contact   (D) require

영업 관리직에 관심이 있으시면, 더 많은 정보를 위해 BCIC 사무실에 office@bcic.org로 연락하세요.

[해설] 동사 어휘 문제이다. 문맥상 '접촉하다, 연락하다'라는 의미의 타동사인 (C) contact가 들어가는 것이 가장 적절하다. '등록하다'라는 의미의 (A) register는 for와 쓰이고, '지원하다, 신청하다'라는 의미의 (B) apply는 전치사 to 또는 for와 쓰이므로 오답 소거한다.

[어휘] register 등록하다　apply for/to ~에 지원하다　require 필요로 하다, 요구하다

14 형용사 어휘 문제

The Olympia Hotel has a ------- parking area and will be protected by specially hired security personnel and police officers.

(A) designated   (B) designed

(C) devoted   (D) detoured

Olympia 호텔은 지정된 주차장이 있으며, 특별히 고용된 안전 요원들과 경찰관에 의해서 보호될 것입니다.

[해설] 형용사 어휘 문제이다. 문맥상 '지정된 주차공간을 갖고 있다'는 의미이므로 '지정하다, 지명하다'라는 의미의 동사 designate의 분사형인 (A) designated가 답이 된다. 다른 보기들은 해석상 어색하므로 오답 소거한다.

[어휘] personnel 직원들　devoted 헌신적인　detour 우회(하다)

15 부사 어휘 문제

Education has become ------- expensive these days and people find it really tough to educate all of their children in a proper way.

(A) much   (B) well

(C) quite   (D) often

요즘 교육은 꽤 비싸졌으므로 사람들은 자신의 자녀들을 제대로 교육시키는 것이 매우 힘들어졌다고 생각한다.

[해설] 형용사(expensive)를 수식하는 부사 어휘 문제이다. '꽤, 매우'라는 의미의 부사인 (C) quite가 가장 적절하다. (A) much는 명사 앞에 쓰이거나 비교급으로 된 형용사나 부사를 강조할 때 쓴다. (B) well은 동사를 수식하는 부사이므로 답이 될 수 없고, '종종'이란 의미의 부사 (D) often은 현재 완료 동사인 has become과 쓰여서 '종종 되었다'라는 의미로 문맥상 적절하지 않으므로 오답 소거한다.

[어휘] tough 힘든, 어려운　educate 교육하다　proper 적당한, 적절한

16 동사 어휘 문제

The US Government has announced that it will ------- a new policy that will help consumers figure out what exactly is in the household products they use.

(A) institute   (B) prove

(C) decide   (D) remind

미국 정부는 소비자들이 사용하는 가정용품에 정확히 무엇이 들어있는지 알 수 있도록 하는 새로운 정책을 제정할 것이라고 발표했다.

[해설] 동사 어휘 문제이다. 문맥상 '(정책, 제도, 법률 등을) 제정하다'라는 의미의 동사인 (A) institute가 들어가는 것이 가장 적절하다. '결정하다'라는 의미의 (C) decide는 뒤에 to부정사나 that절을 취하며, 명사를 취할 때는 on과 함께 쓰이므로 답이 될 수 없다.

[어휘] figure out 이해하다, 알아내다　household 가정, 가족, 세대

17 동사 어휘 문제

This online form is used exclusively to market our products and better ------- our customers.

(A) offer   (B) provide

(C) serve   (D) reflect

이 온라인 양식은 오직 저희 제품들을 광고하고 고객들에게 더 나은 서비스를 제공하기 위한 용도로만 사용됩니다.

해설 동사 어휘 문제이다. '섬기다, 모시다'라는 의미의 동사인 (C) serve가 들어가는 것이 문맥상 가장 적절하므로 정답이다. (A) offer는 4형식 동사로써 뒤에 간접목적어가 있을 경우에는 바로 뒤에 직접목적어를 수반해야 한다. 따라서 지금처럼 뒤에 간접목적어(our customers)만 남아있는 경우에는 쓰일 수 없으므로 오답 소거한다.

어휘 exclusively 오로지 ~만, 독점적으로   market 광고하다   serve 응대/접대하다   reflect 반영하다

---

18 동사 어휘 문제

Booking changes, special requests, and queries are ------- by our registration team.

(A) expired   **(B) handled**

(C) replied   (D) responded

예약 변경, 특별한 요구나 문의 사항의 저희 등록팀에서 취급합니다.

해설 빈칸 앞에 있는 be동사와 결합해 수동태를 이루는 동사 어휘 문제이다. 문맥상 '취급하다, 다루다'라는 의미의 동사 (B) handled가 정답이다. '응답하다'라는 의미의 (C) replied와 (D) responded는 뒤에 항상 to가 와야 하므로 수동태로 쓰여도 be replied/responded to와 같이 to를 꼭 써줘야 한다. 따라서 (C), (D)는 답이 될 수 없으므로 오답 소거한다.

어휘 query 문의, 의문   registration 등록, 기입   expire 만료되다

---

19 복합 명사 어휘 문제

The Personnel Manager, Toshiba needs to quickly create a job ------- and get it posted on the company Web site.

(A) search   (B) attention

(C) description   (D) information

인사부장인 Toshiba씨는 직무 기술서를 빨리 만들어 회사 웹사이트에 올려야 한다.

해설 빈칸 앞에 있는 명사(job)와 연결되는 복합 명사를 찾아내는 문제이다. job description '직무 기술서'를 한 단어처럼 기억해두고, (C) description을 한 번에 고를 수 있어야 한다. 빈칸 앞에 a job을 보고 불가산 명사인 (D) information은 오답 소거한다.

어휘 job description 직무 기술서   get A posted A를 게시하다

---

20 복합 명사 어휘 문제

It is advisable that your emergency money contains about three months of living ------- in case of job loss.

(A) budgets   (B) prices

(C) credits   **(D) expenses**

비상금에는 실업의 경우를 대비해서 약 3개월치의 생활비를 포함하고 있을 것을 권장한다.

해설 빈칸 앞의 living과 결합해서 복합 명사를 이루는 자리이다. '생활비'라는 의미의 명사는 living expenses로 쓴다. 따라서 living expenses는 한 단어처럼 기억해 두고 (D) expenses를 한 번에 고를 수 있어야 한다.

어휘 in case of ~의 경우에   living expenses 생활비   job loss 실업   credit 신용 거래, (계좌) 잔고, 입금

1번–4번: 공지

Dear guest,

❶We would like to thank you for choosing to stay with us here at the Watts Lodge Hotel. In your bathroom, you'll find a range of luxury toiletries, including body lotion, shampoo, soap, and toothpaste. ❷These are all provided free of charge.

In order to protect the environment, please let us know if you want to reuse your towels. Any towels ❸left on the bathroom floor or in the bathtub will be replaced with clean towels by Housekeeping when your room is cleaned. Please hang any towels that you wish to reuse on the towel rails in the bathroom so that housekeeping can know not to replace them. Thank you in advance for joining us in our ❹commitment to reducing the hotel's impact on the environment.

친애하는 고객님.

이곳 Watts Lodge 호텔을 선택해주셔서 감사합니다. 귀하의 욕실에서는, 바디 로션, 샴푸, 비누, 치약 등 다양한 고급 세면도구들을 보실 수 있을 것입니다. **이것들은** 모두 무료로 제공됩니다.

환경 보호를 위해 수건을 재사용하시기를 원하시는지 저희에게 알려 주십시오. 욕실 바닥 또는 욕조에 **두신** 수건은 객실 청소 시 시설 관리과에서 깨끗한 수건으로 교체될 것입니다. 시설 관리과에서 교체하지 않는 것을 알 수 있도록, 재사용하고 싶으신 수건은 욕실 수건 걸이에 걸어 주십시오. 호텔이 환경에 미치는 영향을 줄이려는 저희의 **헌신**에 동참해주신 점 미리 감사 드립니다.

[어휘] a range of 다양한　toiletries 세면도구　toothpaste 치약　free of charge 무료로　protect 보호하다　environment 환경　reuse 재사용하다　bathtub 욕조　replace 교체하다　housekeeping (호텔 등의) 시설 관리과　hang 걸다　towel rail 수건걸이　in advance 미리　commitment 전념, 헌신　reduce 줄이다　impact 영향

❶ 문장 선택

지문이 시작하자마자 문장 선택 문제가 나왔으므로 바로 뒤 문장만 보고 판단할 것이 아니라 지문 전체를 읽은 뒤 돌아가서 정답이 될만한 문장을 찾아봐야 한다. 글의 흐름상 앞으로 머물 고객에게 드리는 말씀이 지문 끝까지 이어지고 있으므로 정답은 (B) We would like to thank you for choosing to stay with us here at the Watts Lodge Hotel.이 적절한 문장이 된다. (A)는 이미 머물렀던 고객에게 보내는 글이 므로 글의 흐름상 적절하지 않다. (C)는 고객에게 직접 방을 치워달라는 지문과는 무관한 내용의 지문이 이어지고 있으므로 오답이다. (D) 역시 지문 뒤의 흐름이 새로운 인사의 임명과는 전혀 무관한 내용으로 이어지고 있으므로 오답이다.

> [보기 해석] (A) 귀하가 이곳 Watts Lodge Hotel에서 머무는 것을 즐겼다는 점에 대해 저희는 기쁩니다.
> (B) 귀하가 이곳 Watts Lodge Hotel을 선택해주셔서 감사합니다.
> (C) 저희는 귀하가 떠나기 전에 방을 청소해줄 것을 강하게 권고합니다.
> (D) 저희는 새로운 지배인인 Debra Hinrich의 임명을 발표하게 되어 기쁩니다.

❷ 지시어 유형

빈칸은 주어 자리로 주어로 쓰일 수 없는 목적격 대명사 (C) Them은 소거한다. (A) This는 단수 취급 명사로 뒤에 단수 동사를 수반해야 하므로 소거하고, 복수 주어로 쓰일 수 있는 (B) Some과 (D) These 중에 앞서 언급된 body lotion, shampoo, soap, toothpaste 전부를 지칭하는 (D) These '이것들'이 정답이다. (B) Some은 '일부가 무료이다'라고 해석되는데, 뒤에서 일부만 무료라는 언급이 없었으므로, 모두 무료라는 의미의 (D) These가 정답이 된다.

❸ 형용사 어휘

빈칸은 앞에 명사구 Any towels를 수식하는 형용사 자리이다. 문맥상 '욕실 바닥 또는 욕조에 두신 수건은 객실 청소 시 시설 관리과에서 깨끗한 수건으로 교체될 것입니다'라는 의미이므로 빈칸에는 '남겨둔'이라는 의미의 (C) left가 정답이 된다. dispose는 '처분하다, 버리다'라는 의미로 맞지 않을 뿐만 아니라 of와 함께 쓰이는 자동사라서 명사 뒤에서 수식하는 수동의 의미인 과거분사가 되는 경우 disposed of가 되어야 하며, fall은 '떨어지다', go는 '가다' 등의 의미로 자동사라서 수동의 과거분사 형태로 앞 명사를 수식할 수 없다.

❹ 명사 자리

빈칸은 앞의 소유격 대명사 our의 수식을 받는 명사 자리이다. 보기 중 명사는 (B) commitment 밖에 없다. 또한, 문맥상 '호텔이 환경에 미치는 영향을 줄이려는 저희의 헌신에 동참해주신 점 미리 감사 드립니다'라는 의미이므로 빈칸에는 '헌신'이라는 의미 의 명사가 적합하다.

Dear all,

I would like to officially let you know that Tom Alexander will be leaving on June 29 to start up his own company. Tom joined our company five years ago. ❺He has played a key role in helping us transform our business process efficiently ever since. As a result, we have dramatically grown sales and become a significantly more profitable company. Under Tom's leadership, the Special Operations Unit realigned our project planning procedures, introduced rigorous quality standards, and developed a company-wide competitive strategy. ❻While the process of change was not always easy, we can all appreciate the positive results. ❼For instance, last quarter we estimate that we overtook XAL Inc. in both revenue and unit sales, for the first time ever. Tom deserves a great deal of the credit for this ❽achievement.

Please join me in wishing Tom all the best and continued success in his new business.

Best regards,

Sally Sears 모두에게,

Tom Alexander가 창업을 하기 위해 6월 29일자로 회사를 떠나게 되었음을 공식적으로 알려드리고자 합니다. Tom은 5년 전에 입사했습니다. **그는 입사 이후로 줄곧 우리의 업무 절차를 효율적으로 바꾸는 데 핵심적인 역할을 하였습니다.** 그 결과, 우리 회사의 매출이 극적으로 증가했으며, 훨씬 더 수익성 있는 회사가 되었습니다. Tom의 리더십 아래 Special Operations Unit은 우리 프로젝트 기획 절차를 재편성했으며, 엄격한 품질 기준을 도입하였고, 전사적인 경쟁력 있는 전략을 개발했습니다. 변경 절차가 항상 용이한 것은 아니었**지만**, 우리 모두는 긍정적인 결과에 감사하고 있습니다. **예를 들어**, 지난 4분기에 우리는 사상 처음으로 수입 및 판매 수량면에서 XAL 사를 추월했다고 추정합니다. Tom은 이러한 **성과**에 대해 상당한 인정을 받을 자격이 있습니다.

저와 함께 Tom의 모든 일이 잘 되기를, 그리고 새로운 사업에서도 성공이 계속되기를 기원해 주십시오.

Sally Sears 드림

어휘 play a key role 핵심적인 역할을 하다　transform 변경하다, 탈바꿈하다　dramatically 극적으로　significantly 상당히　profitable 수익성이 있는　realign 조정하다, 재편성하다　rigorous 철저한, 엄격한　company-wide 전사적인　appreciate 인정하다, 감사하다　estimate 추정하다　overtake 앞지르다, 추월하다　revenue 수입　deserve ~을 누릴 자격이 있다　a great deal of 다량의, 많은 credit 인정, 칭찬

❺ 문장 선택

빈칸 앞에는 Tom Alexander 씨가 5년 전에 입사했다는 내용이 제시되고 있으며, 빈칸 뒤에는 Tom Alexander 씨로 인해 회사의 매출액이 극적으로 증가했으며, 훨씬 더 수익성 있는 회사가 되었다며 그의 공로가 제시되고 있다. 따라서 빈칸에는 그가 회사의 매출액과 수익성을 증가시키기 위해 한 일이 무엇인지 밝히는 내용이 적절하며, 그가 입사 이후로 줄곧 우리의 업무 절차를 효율으로적으로 변경하는 데 핵심적인 역할을 했다는 내용이 정답임을 알 수 있다. 정답은 (D) He has played a key role in helping us transform our business process efficiently ever since.이다.

보기 해석 (A) 그는 통신 혁명을 촉진시키는 데 기여한 훌륭한 경영인입니다.
(B) 그는 고용 계약과 회사 규정을 위반하여 해고되었습니다.
(C) 그는 우리 회사의 새로운 지점으로 전근하여 새로 임명된 지점장으로서 근무를 시작하게 될 것입니다.
(D) 그는 입사 이후로 줄곧 우리의 업무 절차를 효율적으로 바꾸는 데 핵심적인 역할을 하였습니다.

❻ 접속사 어휘

빈칸은 부사절을 이끄는 부사절 접속사가 필요하다. 따라서 전치사인 (A) In spite of와 (C) In case of는 바로 소거한다. 나머지 보기는 해석을 따져봐야 하는데, 부사절에는 변경 절차가 용이했던 것은 아니라는 내용이, 주절에는 우리 모두 변경에 따른 긍정적인 결과에 감사할 수 있다는 내용이 등장하고 있으므로 두 절의 내용이 서로 상반되고 있음을 알 수 있다. 그러므로 빈칸에는 역접 관계를 나타내는 부사절 접속사인 (D) While이 와야 한다.

❼ 접속부사 어휘

접속 부사 어휘 문제이므로 빈칸 앞의 문장과 빈칸 뒤의 문장을 자연스럽게 이어주는 보기를 골라야 한다. 빈칸 앞에 긍정적인 결과가 언급되어 있고 빈칸 뒤에 그 사례가 나오므로, 빈칸에는 예시를 이어줄 때 쓰는 (B) For instance가 정답이다. (A) Even so는 '그렇기는 하지만', (C) On the other hand는 '반면에', (D) Nevertheless는 '그럼에도 불구하고'로 모두 의미상 적합하지 않다.

❽ 명사 어휘

빈칸에 들어갈 적절한 명사를 찾는 문제이다. 빈칸이 들어간 문장 앞에 Tom의 노력의 결과로 나타난 성과가 언급되어 있으므로, 빈칸에는 '이러한 성과에 대해 인정을 받아야 한다'는 내용이 되도록 '성과, 업적'이라는 의미의 (A) achievement가 들어가는 것이 적절하다. (B) disappointment는 '실망'이라는 의미로 맥락이 맞지 않고, (C) sale은 '매출'이라는 의미를 갖고 있으나, '매출액'을 나타낼 때는 복수 sales의 형태로 사용되어야 한다. (D) resignation은 '사임'이라는 의미로 의미상 적절하지 않다.

Runnymede Autos' Repair Shop is open Monday through Friday from 7:30 A.M. until 7:00 P.M., and Saturdays from 8:00 A.M. until 2:00 P.M. If necessary, you can leave your car with us outside these hours. We have a **❾** secure parking lot adjacent to the shop where you can drop off your vehicle out of hours. Access to the parking lot is via a safe and personalized PIN entry system. Please contact one of our representatives to request your PIN.

❿ Once we open in the morning, one of our technicians will take a look at your car. We will then contact you to let you know the outcome of their assessment of the work required. You are under no **⓫** obligation to have the work carried out by us until you inform the technician to proceed. For further details of **⓬** our terms and conditions, please visit the Runnymede Autos Web site.

Runnymede Autos' Repair Shop은 월요일부터 금요일은 오전 7시 30분부터 오후 7시까지, 그리고, 토요일에는 오전 8시부터 오후 2시까지 영업합니다. 필요하신 경우, 이 시간 이외에도 고객님의 자동차를 저희에게 맡기실 수 있습니다. 저희는 수리점 근처에 **안전한** 주차장을 보유하고 있으며, 영업 시간 외에 고객님의 차량을 이곳에 두고 가실 수 있습니다. 주차장은 안전한 개인 맞춤형의 비밀번호 입력 시스템을 통해서 들어가시게 됩니다. 비밀번호를 요청하시려면 저희 상담원 중 한 명에게 연락해 주십시오.

저희가 아침에 문을 열면 저희 기사 중 한 명이 고객님의 차를 점검할 것입니다. 그리고 나서 저희는 필요한 수리 작업을 파악한 평가 결과를 알리기 위해 연락드릴 것입니다. 고객님이 저희 기사에게 진행하라고 알리기 전에 저희에게 작업 수행을 맡기실 **의무**는 전혀 없습니다. **저희** 계약 조건에 대해 더 자세히 알고 싶으시면, Runnymede Autos의 웹사이트를 방문해 주십시오.

어휘 necessary 필요한   secure 안전한   adjacent 인접한   drop off 갖다 놓다, 내려놓다   out of hours 영업/근무 시간 외에   access 입장, 접근   via 통하여   personalized 개인 맞춤형의   PIN 개인 식별 번호, 비밀번호   entry 입장, 기입   representative 상담원, 대표 직원   request 요청하다   take a look at ~을 보다   outcome 결과   assessment 평가   require 필요하다   under no obligation to ~할 의무가 없는   carry out 수행하다   inform 알리다   proceed 진행하다   further 추가적인   terms and conditions (pl.) 계약 조건

❾ 형용사 자리

빈칸은 뒤의 명사 parking lot을 꾸미는 형용사 자리이다. 보기 중 형용사 역할을 할 수 있는 것은 (A) secure과 (D) securing인데 문맥상 '수리점 근처에 안전한 주차장'이라는 의미로 빈칸에는 '안전한'이라는 뜻의 형용사 (A) secure가 필요하다. secure는 동사일 때는 '확보하다, 안전하게 지키다', 형용사일 때는 '안전한'이라는 의미로 쓰인다. (D) securing은 '확보하는'이라는 의미의 형용사이므로 의미상 적합하지 않다.

❿ 문장 선택

앞서 Runnymede Autos' Repair Shop이란 자동차 수리점에 대해 언급하고 있으며, 빈칸 뒤에는 필요한 수리 작업을 파악한 평가 결과를 고객에게 알려줄 것이라는 내용이 등장하고 있다. 따라서 빈칸에는 작업 견적을 내기 위한 평가가 실시된다는 내용이 제시되어야 한다. 따라서 정답은 (B) Once we open in the morning, one of our technicians will take a look at your car.가 적절하다. (A)는 앞서 자동차 수리점의 영업 시간이 끝난 이후에 고객의 차를 맡길 수 있다는 안내와 상충되는 내용이므로 오답이다. 자동차는 아직 수리가 이뤄지지 않은 상황이므로 (C) 역시 오답임을 알 수 있다. (D)는 자동차의 문제점이 엔진에 기인하는지 언급되지 않았을 뿐만 아니라, 고객으로부터 자동차의 수리를 정식으로 의뢰 받은 상황이라 할 수도 없다. 아울러 자동차 엔진을 수리하기 위해 엔진을 분해한다는 것은 필요한 수리 작업을 파악하기 위한 평가라 할 수 없으므로 오답이다.

보기 해석 (A) 불법 주차 시 귀하의 자동차가 견인될 것입니다.
(B) 저희가 아침에 문을 열면, 저희 기사 중 한 명이 고객님의 차를 점검할 것입니다.
(C) 자동차 수리비를 지불하셔야 합니다.
(D) 몇몇 기계공들이 귀하의 자동차 엔진을 수리하기 위해 완전히 분해할 것입니다.

⓫ 명사 어휘

문맥상 '고객이 기사에게 (수리를) 진행하라고 알리기 전에 저희에게 작업 수행을 맡길 의무는 전혀 없다'라는 의미로 빈칸에는 '의무'라는 뜻의 명사 (D) obligation이 정답이 된다. (A) direction은 '지시'나 '방향'을 뜻하며, (B) adaptation은 '적응', (C) permission은 '허락'을 뜻하므로 모두 의미상 적절치 않다.

⓬ 지시어

빈칸 뒤에는 명사 terms and conditions가 있고 보기에 모두 소유격이 제시되어 있으므로, 해석상 알맞은 소유격을 골라야 하는 문제이다. 문맥상 '저희 조건에 대해 더 자세히 알고 싶으시면'이라는 의미이므로 빈칸에는 '저희의(우리의)'라는 뜻의 소유격 (C) our가 와야 한다.

PART 6

To: Kenneth Robles (kenneth.robles@ETpub.com)
From: Raj Patel (raj.patel@ETpub.com)
Subject: Internal Transfer
Date: July 2

Dear Kenneth,

Thank you for attending the recent interview for the internal vacancy. It is my pleasure to inform you that we **⑬** have decided to offer you the position. Should you choose to accept this offer, we would like you to move from your current department to the Editorial Department on September 10, which should allow sufficient time for your current department to find a **⑭** replacement for you, and to hand over your responsibilities to him or her.

⑮ We would ask that you keep this offer confidential. An official announcement will be made through the regular channels. If you would like to discuss anything before responding **⑯** formally to this offer, please contact Jonathan Hayes in Human Resources, who will be able to handle any queries or point you in the right direction.

Congratulations, and I look forward to hearing from you soon.

Regards,
Raj Patel

수산: Kenneth Robles (kenneth.robles@ETpub.com)
발산: Raj Patel (raj.patel@ETpub.com)
제목: 내부 이동
일자: 7월 2일

Kenneth에게,

내부 충원 자리 관련 최근 면접에 와주셔서 감사합니다. 당신에게 그 직책을 제안하기로 **결정했음**을 알려드리게 되어 기쁩니다. 이 제안을 받아들이기로 선택하신다면, 9월 10일에 당신이 현재 부서에서 편집부로 이동을 했으면 합니다. 그러면 당신의 현재 부서에서 **후임자**를 찾고, 당신의 책무를 인계하는 데 충분한 시간이 될 것입니다.

이 제안을 기밀로 해주실 것을 요청합니다. 통상적인 통로를 통해 공식 발표가 있을 것입니다. 이 제안에 **정식으로** 응답하기 전에 상의하고 싶으신 것이 있으시면, 인사부의 Jonathan Hayes에게 연락 주십시오. 어떤 문의든지 처리하거나, 당신을 올바른 방향으로 안내해줄 수 있을 것입니다.

축하합니다. 그리고 곧 당신에게 소식을 듣기를 고대합니다.

Raj Patel 배상

어휘 attend 참석하다 internal 내부의 vacancy 공석 accept 받아들이다 current 현재의 Editorial Department 편집부 sufficient 충분한 replacement 후임자 hand over 넘겨주다, 양도하다 responsibility 책임 confidential 기밀의 official 공식적인 announcement 발표 respond to ~에 응답하다 formally 정식으로, 공식적으로 Human Resources 인사부 query 문의 point (길을) 알려주다 in the right direction 올바른 방향으로 look forward to ~을 고대하다

⑬ 동사의 시제

동사 자리이므로 수 → 태 → 시제 순으로 접근한다. decide는 to부정사를 목적어로 취하는 동사로 빈칸 뒤에 목적어(to offer)가 있으므로 수동태인 (C) have been decided는 소거한다. 능동태인 (A), (B), (D) 중에 정답을 골라야 하는데, 뒤에 이어지는 흐름에서 '이 제안을 받아들이기로 선택하신다면'이라거나 마지막 문단에 '이 제안에 정식으로 응답하기 전에 상의하고 싶으신 것이 있으면 연락 주십시오'와 같은 곳을 보면 이미 결정이 확정된 상황임을 알 수 있다. 따라서 이미 결정되었음을 말해주는 현재 완료 시제인 (B) have decided가 정답이다.

⑭ 명사 어휘

문맥상 '후임자를 찾는다'라는 의미가 알맞으므로 빈칸에는 '후임자'라는 뜻의 명사가 와야 한다. (B) departure는 '출발', (C) solution은 '해결책', (D) intern은 '인턴'을 뜻하므로 의미상 적절하지 않다.

⑮ 문장 선택

빈칸 뒤에서 통상적인 통로를 통해 공식 발표가 있을 것이라는 내용이 등장하고 있으므로, 빈칸에는 그 전까지는 발표의 내용을 공개 혹은 발표하지 말 것을 요청하는 내용이 제시됨이 자연스럽다. 따라서, 논리적으로 적절한 내용의 (B) We would ask that you keep this offer confidential.이 정답이 된다. (A)는 통상적인 통로를 통해 공식적 발표가 있을 거라는 뒤의 문맥과는 상반되므로 내용이고, (C) 또한 통상적인 통로를 통해 공식 발표가 있을 거라는 내용과 무관하고 전체적인 흐름과도 어울리지 않으므로 오답이다. (D)는 내부 구인과 관련된 것일 뿐만 아니라, 통상적인 통로를 통해 공식 발표가 있을 거라는 내용과도 관련이 없으므로 오답이다.

보기 해석 (A) 우리는 당신의 의도를 공개적으로 발표해주실 것을 요청합니다.
(B) 우리는 당신이 이 제안을 기밀로 해주실 것을 요청합니다.
(C) 우리는 디지털 방송이 좀 더 나은 화질과 음질을 제공하길 요청합니다.
(D) 우리는 당신의 이력서와 자기 소개서가 최대한 빨리 제출하시기를 요청합니다.

⑯ 부사 어휘

문맥상 '이 제안에 정식으로 응답하기 전에'라는 의미가 알맞으므로 빈칸에는 '정식으로'라는 의미의 부사가 와야 한다. (A) instinctively는 '본능적으로'라는 의미의 부사이며, (B) overly는 '너무, 몹시', (D) regrettably는 '유감스럽게'라는 의미이므로 모두 문맥상 적절하지 않다.

1번–4번: 공지

The Central Library will undergo a major renovation project from early August until late December. The renovation will bring greatly ❶extended seating space to the library for those library users who choose to spend time at the library reading or studying. We will be making every effort to ensure that the renovation works cause as little disruption as possible to the library operation, ❷though it is possible that some areas of the library will be closed for short periods during this time. A schedule of planned ❸closures will be posted on library notice boards and at the library Web site during the course of the renovation. ❹All library users are recommended to check the schedule in order to avoid inconvenience.

Central 도서관은 8월 초부터 12월 말까지 대대적인 보수 공사에 들어갈 것입니다. 이 보수 공사는 도서관에서 책을 읽거나 공부하며 시간을 보내려고 선택한 이용객들에게 크게 **확장된** 좌석 공간을 제공할 것입니다. 저희는 보수 공사가 도서관 운영에 가능한 최소한의 혼란만 일으키게끔 모든 노력을 다할 것**이지만**, 이 기간 동안 잠시 도서관 일부 구역이 폐쇄될 수 있습니다. 예정된 **폐쇄** 일정은 보수 공사 기간 중 도서관 게시판 및 도서관 홈페이지에 공지될 것입니다. **모든 도서관 이용객들은 불편을 피하기 위해 일정을 확인하실 것을 권장합니다.**

어휘 undergo 겪다, 받다   renovation 보수 공사   greatly 대단히, 크게   extend 연장하다, 더 크게 만들다   extended 확장된, 연장된   extensive 대규모의, 광범위한   seating space 좌석 공간   make every effort to ~하는데 온갖 노력을 다하다   ensure 반드시 ~이게 하다, 보장하다   disruption 중단, 방해, 혼란   operation 운영   closure 폐쇄   recommend 권장/추천하다   inconvenience 불편

❶ 분사

빈칸은 복합 명사 seating space를 수식할 형용사 또는 분사형 형용사가 와야 한다. 문맥상 '이용객들에게 크게 확장된 좌석 공간을 제공할 것입니다'라는 의미이므로 빈칸에는 '확장된'이라는 의미의 과거분사 (D) extended가 정답이다. (C) extensive도 형용사이나 뜻이 '광범위한'이므로 해석상 맞지 않으므로 오답 소거한다.

❷ 부사절 접속사 어휘

빈칸은 콤마(,) 앞뒤의 문장을 연결해주는 접속사 자리이다. 따라서 접속사가 아니라 부사 역할을 하는 (A) instead '대신에'와 (D) still '여전히'는 소거한다. (C) during은 전치사이므로 소거하면 접속사 역할을 할 수 있는 보기는 (B) though밖에 없다. though는 '~이긴 하지만'이라는 의미의 접속사이므로 빈칸에 들어가게 되면, '저희는 보수 공사가 도서관에 가능한 최소한의 중단을 야기하도록 보장하기 위해 모든 노력을 다할 것이지만, 이 기간 동안 잠시 도서관 일부 구역이 폐쇄될 수 있습니다'가 되므로 의미상으로도 적합하다.

❸ 명사 어휘

빈칸은 planned의 수식을 받는 명사 자리이다. 문맥상 '예정된 폐쇄 일정은 보수 공사 기간 중 도서관 게시판 및 도서관 홈페이지에 공지될 것입니다'라는 의미이므로 빈칸에는 '폐쇄'라는 의미의 명사가 알맞다.

❹ 문장 선택

빈칸에 앞서 도서관의 보수 공사와 그로 인한 폐쇄, 그리고 예정된 폐쇄 일정은 보수 공사 기간 중 도서관 게시판 및 홈페이지를 통해 공지된다는 내용이 언급되고 있다. 따라서 빈칸에는 보수 공사와 폐쇄 조치로 인한 불편함을 피하기 위해 일정을 확인하도록 도서관 이용자들에게 권고하는 내용인 (C) All library users are recommended to check the schedule in order to avoid inconvenience.가 정답이다.

보기 해석 (A) 모든 도서관 이용자들은 새로 개정된 도서 반납 방침을 인식하고 이를 준수해야 합니다.
(B) 모든 도서관 이용자들은 개인 소지품과 귀중품을 방치된 상태로 두지 마십시오.
(C) 모든 도서관 이용자들은 폐쇄로 인한 불편을 피하기 위해 일정을 확인해야 합니다.
(D) 모든 도서관 이용자들이 필요한 정보를 찾는 데 도움이 필요하면 도서관 사서들과 협의해야 합니다.

Fitzroy Pipes – The Best Pipes in the Business!

Fitzroy Pipes manufactures piping that you can trust. ❺No other company has quality control procedures that are as rigorous as ours. Every single pipe that comes off our production lines is tested to ensure that it meets our high ❻performance standards.

What's more, we greatly value customer ❼feedback, reading and taking note of every suggestion we receive. This is then reflected into our design, production, and quality control procedures.

❽Due to this unrelenting commitment to quality and customer satisfaction, we are able to offer the best pipes in the business.

Fitzroy Pipes – 업계 최고의 파이프!

Fitzroy Pipes 사는 고객님이 신뢰할 수 있는 파이프를 제조합니다. **저희만큼 철저한 품질 관리 절차를 보유한 회사는 없습니다.** 저희 회사의 생산 라인에서 제조되는 모든 파이프는 고**성능** 기준을 반드시 충족시킬 수 있도록 검증됩니다.

게다가, 저희는 고객 **피드백**을 대단히 소중하게 생각하여, 저희가 접수한 모든 제안을 읽고 주목합니다. 그리고 이는 디자인, 생산, 품질 관리 절차로 반영됩니다.

품질 및 고객 만족을 향한 이러한 끊임없는 헌신**으로 인해**, 저희는 업계 최고의 파이프를 제공할 수 있습니다.

[어휘] manufacture 제조하다   quality control 품질 관리   procedure 절차   rigorous 철저한   ensure 반드시 ~이게 하다   high performance 고성능   what's more 뿐만 아니라   take note of ~에 주목하다   suggestion 제안   reflect 반영하다   due to ~로 인해, ~때문에   unrelenting 끊임없는   commitment 약속, 헌신

❺ 문장 선택

빈칸 앞에는 Fitzroy Pipes 사는 고객님이 신뢰할 수 있는 파이프를 제조한다는 내용이, 뒤에는 생산 라인에서 나오는 모든 파이프는 고성능 기준을 반드시 충족시키도록 검증한다는 내용이 등장하고 있다. 따라서 빈칸에는 고성능 제품의 생산과 관련된 내용인 자사의 엄격한 품질 관리 과정을 소개하는 내용이 제시되어야 한다. 정답은 (D) No other company has quality control procedures that are as rigorous as ours.이다.

[보기 해석] (A) 저희는 전 세계적인 배송 서비스를 통해 고품질 제품을 유통시킬 계획입니다.
(B) 우리 회사는 조건이 좋다면 귀사의 제품을 구매할 계획입니다.
(C) 회사들은 품질 관리에 대한 노력을 배가해야 하며, 정부는 기업들이 그렇게 하도록 해야 합니다.
(D) 저희만큼 철저한 품질 관리 절차를 보유한 회사는 없습니다.

❻ 명사 자리(복합 명사)

빈칸은 형용사 high의 수식을 받는 명사 자리이다. 문맥상 '저희의 고성능 기준을 반드시 충족시키도록'이라는 의미로 빈칸에는 '성능'이라는 명사가 와서 복합 명사를 이루어야 한다. 빈칸에는 '성능'이라는 의미의 명사 (C) performance가 와야 한다. (A) perform은 동사이며, (B) performing과 (D) performed는 형용사이므로 명사 앞에 올 수는 있으나 의미가 맞지 않으므로 오답 소거한다.

❼ 명사 어휘

문맥상 '뿐만 아니라, 저희는 고객 피드백을 대단히 소중하게 생각한다'라는 의미로 빈칸에는 '피드백'이라는 명사 어휘가 와야 한다. (B) seatback은 '의자 뒷부분'이라는 의미이며, (C) backtrack은 '되돌아가는 길', (D) backup은 '지원, 예비'를 뜻한다.

❽ 전치사 어휘

문맥상 '품질 및 고객 만족을 향한 이러한 끊임없는 헌신으로 인해, 업계 최고의 파이프를 제공할 수 있다'라는 의미로 빈칸에는 '~로 인해'라는 전치사구가 와야 하므로 정답은 (D) Due to이다. (A) Further to는 '~에 덧붙여'를 뜻하고, (B) Rather than는 '~라기 보다는', (C) Instead of는 '~대신에'라는 의미의 전치사이다.

The CEO of Clio Industries, Ms. Irina Porter, announced Wednesday that the company, ❾ which enjoys a 20 percent share of the high-end consumer camera market, will launch a new model later this month. Ms. Porter gave a ❿ preview of some of the features and benefits of the new model camera, including the ability to upload photos directly to the Internet from the camera, allowing users to display their photography on social networks without having to manually transfer the files themselves.

Industry experts expect the new camera to receive a positive response from consumers, ⓫ who have been waiting for some time for this kind of innovation in the camera market. ⓬ The stock market has already reacted favorably to Ms. Porter's announcement. The stock price of the company has gained 15 percent in Wednesday morning trade.

Clio Industries의 최고 경영자인 Irina Porter 씨는 수요일에 고급 소비자 카메라 시장의 20%를 점유한 **이 회사가** 이달 말 새로운 제품을 출시할 것이라고 발표했다. Porter 씨는 새로운 카메라의 특징과 장점 몇 가지를 **미리 소개**했는데, 카메라에서 인터넷으로 바로 사진을 올릴 수 있으므로 사용자들이 수동으로 파일을 옮겨야 할 필요가 없이 소셜 네트워크에서 자신의 사진 촬영 기술을 보여줄 수 있도록 한다.

업계 전문가들은 새로운 카메라가 카메라 시장에서 이러한 종류의 혁신을 기다려 왔던 **소비자들**에게 긍정적인 반응을 얻을 것으로 예상한다. **주식 시장은 Porter씨의 발표에 벌써 호의적으로 반응했다.** 수요일 오전 거래에서 회사의 주가가 15% 올랐다.

PART 6

어휘 high-end 고급의　launch 출시하다　directly 곧장　manually 수동으로　transfer 옮기다　industry 업계　response 반응　innovation 혁신　favorably 호의적으로　announcement 발표　trading 거래

❾ 관계대명사 자리

빈칸에는 선행사 the company를 꾸며주는 사물을 나타내는 관계대명사가 필요하며, 빈칸 뒤에 동사 enjoys가 나오므로 주어 역할을 하는 주격 관계대명사가 적합하다. (A) that과 (C) which 모두 사물 선행사를 받아 주격 관계대명사로 쓰일 수 있으나 콤마(,) 뒤에는 that이 쓰이지 못한다. 정답은 (C) which이다.

❿ 명사 자리

빈칸 앞에 관사가 있고 뒤에는 '~의'라는 뜻의 전치사 of가 있으므로 빈칸에는 명사가 와야 한다. 문맥상 'Porter 씨는 새로운 모델 카메라의 특징과 장점 몇 가지를 미리 소개했는데'라는 의미로 빈칸에는 '(상품 등이 정식 출시되기 전) 소개, 안내'라는 뜻의 명사 (D) preview가 정답이다.

⓫ 관계대명사의 격

빈칸에는 선행사 consumers를 꾸며주는 사람을 나타내는 관계대명사가 필요하며, 빈칸 뒤에 동사 have가 있으므로 빈칸에는 주어 역할을 하는 주격 관계대명사인 (B) who가 와야 한다. 9번 문제와 마찬가지로 빈칸 앞에 콤마(,)가 있으면 (C) that은 쓰이지 못한다.

⓬ 문장 선택

빈칸 앞에는 업계 전문가들이 신제품이 소비자들에게 긍정적 반응을 얻을 것으로 예상한다는 내용이 제시되고 있으며, 빈칸 뒤에는 수요일 오전 회사의 주가가 15% 상승했다는 내용이 등장하고 있으므로 빈칸에는 신제품의 출시로 인해 주식 시장에서 회사의 주가가 긍정적인 반응을 보이고 있다는 내용이 와야 한다. 정답은 (D) The stock market has already reacted favorably to Ms. Porter's announcement.이다.

보기 해석 (A) 뉴스가 발표된 이후 우리 회사의 주가는 급락했다.
(B) 해외 투자가들이 최근 주식 시장에서 주식을 매각하고 있다.
(C) 주식 시장이 안정성을 보이고 있으며, 투자가들은 엄청난 수익을 거두고 있다.
(D) 주식 시장은 이미 Porter 씨의 발표에 벌써 호의적으로 반응했다.

May 14
Julia Gomez
4578 Paulista Road
Manila, Philippines

Dear Julia Gomez,

Thank you for your application for the administrative assistant position. We very much appreciate your interest in ⑬joining our firm.

⑭Unfortunately, the position you applied for is no longer available. The position has already been filled. ⑮However, our Human Resources Department read your résumé with great interest. Your professional experience and educational background are very impressive and would, we feel, potentially make you an excellent addition to our firm.

If you have no objection, we will keep your résumé on file and get in touch with you as soon as a suitable position ⑯becomes available. In the meantime, we wish you all the best with your job hunt.

Kind regards,

Nigel Baker
Recruiting Manager
Howee Consulting

5월 14일
Julia Gomez
4578 Paulista 가
Manila, Philippines

Julia Gomez께

행정 보조원 직책에 지원해주셔서 감사합니다. 저희 회사에 **입사하려는** 귀하의 관심에 대단히 감사 드립니다.

유감스럽게도 귀하가 지원한 직책은 더 이상 공석이 아닙니다. 해당 직책은 이미 충원이 이뤄졌습니다. **그러나** 저희 인사팀은 귀하의 이력서를 매우 관심 있게 읽었습니다. 귀하의 전문적 경험과 학력이 매우 인상적이며, 저희는 귀하가 잠재적으로 저희 회사에 탁월한 인재가 될 것이라고 생각합니다.

이의가 없으시다면, 저희는 귀하의 이력서를 보관하고 있다가 적절한 직책이 **나오는** 대로 연락드릴 것입니다. 그 동안 귀하의 구직 활동에서의 행운을 기원합니다.

Nigel Baker
채용 담당 관리자
Howee Consulting

어휘 application 지원　administration 관리/행정 업무　assistant 보조원, 조수　appreciate 감사하다　unfortunately 유감스럽게도　available 이용할 수 있는, 구할 수 있는　Human Resources Department 인사팀　impressive 인상 깊은　potentially 잠재적으로　objection 이의, 반대　on file 보관되어, 기록되어　get in touch with ~와 연락하다　as soon as ~하자마자　suitable 적절한　in the meantime 그 동안에　job hunt 구직 활동　recruiting manager 채용 담당 관리자

⑬ 동사 어휘

뒤에 목적어인 our firm을 수반할 수 있는 동명사 어휘 문제이다. 문맥상, '저희 회사에 입사하려는 귀하의 관심에 대단히 감사하다'라는 의미로 빈칸에는 '입사하다'라는 뜻의 (C) joining이 정답이다.

⑭ 문장 선택

빈칸 앞에는 행정 보조원 직책에 지원하여 입사하려는 귀하의 관심에 대단히 감사 드린다는 내용이 제시되고 있으며, 빈칸 뒤에는 해당 직책의 충원이 이미 이뤄졌다는 내용이 등장하고 있다. 따라서 빈칸에는 해당 직책에 대한 충원이 이미 이뤄졌기 때문에 채용 과정이 더 이상 진행되지 않거나 혹은 해당 직책이 더 이상 공석이 아니라는 내용이 와야 함을 알 수 있다. 정답은 (B) Unfortunately, the position you applied for is no longer available.이다.

보기 해석　(A) 하지만, 저희는 귀하의 취업 면접 결과를 우려하고 있습니다.
(B) 안타깝게도, 귀하가 지원한 직책은 더 이상 공석이 아닙니다.
(C) 아울러, 귀하는 행정 보조에 최적이라 할 수 있습니다.
(D) 그러므로, 저희 채용 담당자들은 충원을 하기 위해 많은 지원서를 검토해야 합니다.

⑮ 접속부사 어휘

문맥상 '해당 직책은 이미 충원이 이루어졌다. 그러나 저희 인사팀은 귀하의 이력서를 매우 관심 있게 읽었다'라는 역접의 연결이 되므로 빈칸에는 '그러나, 하지만'이라는 뜻의 접속부사 (A) However가 정답이다. (B) Similarly는 '마찬가지로'라는 의미의 부사이며, (C) For instance는 '예를 들어', (D) As a consequence는 '그 결과'라는 뜻의 접속부사이므로 의미가 맞지 않다.

⑯ 동사 어휘

동사가 들어갈 빈칸 뒤에 명사가 아니라 형용사(available)가 왔으므로 2형식 동사로 쓰이는 (B) becomes가 정답이다. 다른 동사들은 뒤에 목적어인 명사를 취하므로 형용사인 available를 수반할 수 없다.

1번~4번: 보고서

최근 관찰에서의 조사 결과

❶우리 팀은 2주간 작업장 관찰 동안 당신의 회사 운영에 관하여 많은 것을 알게 되었습니다. —[1]—. 우리가 발견한 한 가지는 당신의 직원들은 그것이 끝날 때까지 그들의 작업을 끝까지 지켜 보는 것을 확실히 한다는 것입니다. ❹당신의 사업은 웹사이트를 제작하는데 기반을 두고 있기 때문에 프로젝트들을 끝까지 지켜볼 수 있는 능력은 필수적입니다.

—[2]—. 좋은 예로, 두 직원이 같은 일에 똑같이 이틀이라는 시간을 보내는데, 그것은 그들이 사전에 그들의 활동을 사전에 조정하지 않았기 때문입니다. 최종결과는 이 두 직원들이 자신들도 모르게 한 명이 할 수 있는 같은 일을 했다는 것입니다.

게다가, 이것은 커뮤니케이션 문제와도 관련이 있는데, 회의 참석률이 매우 낮습니다. 이미 커뮤니케이션이 당신의 작업장에서 주요 문제점이기 때문에 이것은 중요한 우려되는 점입니다. 요점은 직원들이 그들의 활동을 조정하지 않는다는 것입니다. 그들이 회의나 다른 채널을 통해서 서로 의사 소통하지 않으면 당신의 매일의 운영은 심각하게 영향을 받게 될 것입니다. —[3]—.

❷우리의 조언은 모든 회사 회의를 의무로 하는 것입니다. 직원들이 이를 좋게 생각하지 않는다면 회사에서 커뮤니케이션이 중요하고 회의에 참석하는 것이 모든 사람들이 의견을 교환하고 조정하도록 북돋아 준다는 사실을 설명해 주십시오. —[4]—. 직원들이 나은 커뮤니케이션이 각 개인에게 더 적은 작업량으로 이어진다는 것을 알게 된다면 그들은 그 변화에 대해 기뻐할 것입니다.

더욱이 당신의 회사는 매월 사교적인 행사를 주최하는 것이 좋겠다고 생각합니다. ❸회사 브런치나 퇴근 후 회식과 같은 사교적인 행사는 동지애를 높여주고 직원들 간의 관계를 발전시켜 줄 것입니다. 우리는 그것을 강조하고 싶습니다.

[어휘] **case in point** 적절한 예로   **coordinate** 조정하다   **bottom line** 결론   **profoundly** 깊이   **camaraderie** 동지애

❶ 정답 (B)

주제에 대해 묻는 문제이다. 지문 첫 번째 단락에서 팀이 2주간 작업 현장을 관찰하며 회사의 운영에 대해 많은 것을 알게 되었다는 내용이 언급되고 있으며 이후에는 회사의 운영에 부정적인 영향을 미칠 수 있는 업무 방식에 대해 지적하고 있다. 따라서 작업 현장 관찰 결과 알게된 이 회사의 운영에 대한 주제임을 알 수 있다.

❷ 정답 (A)

지문에서 권고되고 있는 내용을 묻는 문제이다. 지문 네 번째 단락에서 회사의 모든 회의에 참석을 의무로 할 것을 권고하고 있다.

❸ 정답 (C)

사교 행사에 대해 알 수 있는 내용을 묻는 문제이다. 지문 마지막 단락에서 사교 행사가 팀 동료애와 직원들 간의 관계를 향상시킬 수 있다는 점을 언급하고 있다.

❹ 정답 (B)

주어진 문장은 귀사의 거의 모든 직원들 사이에 의사 소통 수준이 비교적 낮다는 것을 알게 되었다는 내용으로 회사의 작업 현장에서 회사 운영과 관련하여 관찰된 지적 사항 중 하나임을 알 수 있다. 그러므로 의사 소통 수준이 낮다는 이야기와 관련된 정보가 제시되는 부분을 중심으로 주어진 문장이 위치할 수 있는 적절한 부분을 선택해야 한다. 두 번째 단락 초반에서 미리 활동을 조정하지 않았기 때문에 직원 두 명이 이틀간 동일한 작업을 했다는 점을 밝히고 있으며, 이는 바로 직원 사이의 소통 부재로 인한 폐해를 직접적으로 설명하고 있는 부분이라 할 수 있다. 따라서 해당 문장은 이 앞에 위치하는 것이 논리적으로 타당하다.

5번-6번: 메신저

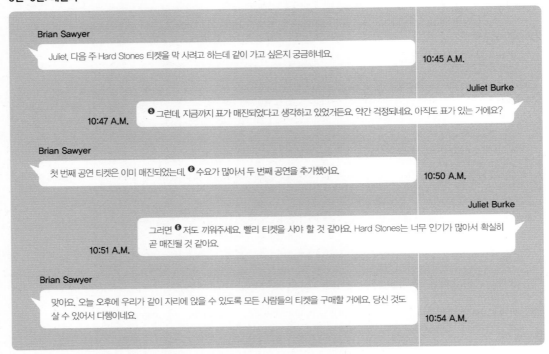

Brian Sawyer

Juliet, 다음 주 Hard Stones 티켓을 막 사려고 하는데 같이 가고 싶은지 궁금하네요.

10:45 A.M.

Juliet Burke

10:47 A.M.

❺ 그런데, 지금까지 표가 매진되었다고 생각하고 있었거든요. 약간 걱정되네요. 아직도 표가 있는 거에요?

Brian Sawyer

첫 번째 공연 티켓은 이미 매진되었는데, ❻ 수요가 많아서 두 번째 공연을 추가했어요.

10:50 A.M.

Juliet Burke

그러면 ❻ 저도 끼워주세요. 빨리 티켓을 사야 할 것 같아요. Hard Stones는 너무 인기가 많아서 확실히 곧 매진될 것 같아요.

10:51 A.M.

Brian Sawyer

맞아요. 오늘 오후에 우리가 같이 자리에 앉을 수 있도록 모든 사람들의 티켓을 구매할 거에요. 당신 것도 살 수 있어서 다행이네요.

10:54 A.M.

어휘 extremely 매우, 극도로   rush 서둘러 가다

❺ 정답 (C)

Burke 씨가 걱정하고 있는 것을 묻는 문제이다. Burke 씨는 10:47에 지금이면 표가 다 매진되어 구할 수 없을 것 같아 걱정이 되고 있음을 밝히고 있다.

❻ 정답 (B)

오전 10시 51분에 Burke 씨가 "please count me in"이라고 말한 의도에 대해 묻는 문제이다. 앞서 Burke 씨가 지금이면 표가 모두 매진되었을 것이란 걱정을 하자 Sawyer 씨가 공연이 새로 추가되었다는 사실을 전하고 있다. 이에 Burke 씨가 "please count me in"이라고 언급한 후, 표를 빨리 구매해야 한다는 의사를 밝히고 있으므로 자신도 공연을 보러 가는 것에 끼워달라는 의미임을 알 수 있다.

7번–10번: 메신저

David Faraday [2:10 오후]
Charlotte, 새로운 카메라에 대한 디자인은 어떻게 진행되고 있어요? 당신 팀이 지난 몇 달 동안 오랜 시간을 들여 왔다고 들었는데.

Charlotte McGowan [2:13 오후]
네 확실히 그랬어요. 우린 자전거 핸들에 안전하게 고정시킬 수 있는 카메라 디자인을 내 놓았어요.

David Faraday [2:14 오후]
멋지네요! 나도 자전거를 타는데, 그런 게 있으면 확실히 좋을 것 같아요.

Bella Choi [2:14 오후]
좋네요! 그 아이디어는 수요가 많을 거에요. 더욱이 새로운 브랜드이고 정말 참신해요.

Charlotte McGowan [2:15 오후]
그것은 고객들이 사이클을 타고 있는 동안에도 사진을 찍을 수 있게 해줄 거에요. 제 생각에는 이 혁신적인 제품으로 우리 경쟁사를 한 수 앞서갈 거에요.

Bella Choi [2:17 오후]
그것은 수천만 미국인들의 사랑을 받으면서 시장을 휩쓸 겁니다.

Charlotte McGowan [2:18 오후]
음… 그러길 바래요. ❼❿ 아시다시피, 보통 이러한 종류의 제품을 디자인 하는 것은 힘든 일이에요. 두 가지를 합치는 일이기 때문에 어느 정도 힘이 들어요.

David Faraday [2:21 오후]
❿ 하지만 마침내 해냈잖아요. 언제 출시 준비가 될 것 같아요?

Charlotte McGowan [2:25 오후]
첫 번째 단계는 포커스 그룹을 운영해 보는 거에요. ❾ 우리는 몇몇 소비자들을 초대했고 다음 주에 시제품을 사용해 보게 하려고 해요. 피드백에 근거하여 필요한 디자인 수정을 할 거에요. 그리고 나서 마지막 분기에는 최대한 생산하는 쪽으로 했으면 좋겠어요.

David Faraday [2:27 오후]
우리는 시장에서 주요 업체들 중에서 가장 큰 수익 증가를 볼 거에요. ❽ 저희 영업 사원들과 제가 꼭 그렇게 할 거에요.

Charlotte McGowan [2:30 오후]
그런 말을 들으니 마음이 놓이네요. 우리는 꼭 연말에 뛰어난 성과로 특별 보너스를 받을 거에요.

`SEND`

어휘   put in (시간이나 노력을) 들이다   outsmart ~보다 한 수 앞서다

❼ 정답 (D)

McGowan 씨의 디자인 프로젝트에 관해 유추할 수 있는 내용을 묻는 문제이다. McGowan 씨는 2시 18분에 이런 부류의 제품은 두 가지 기능을 합쳐야 하기 때문에 디자인하는 것이 힘들다는 점을 언급하고 있다. 이를 통해 카메라 디자인 작업이 어려웠음을 유추할 수 있다.

❽ 정답 (D)

Faraday 씨가 어떠한 종류의 일을 하는지 묻는 문제이다. Faraday 씨는 2시 27분에 자신과 영업사원들이 매출 증가를 이뤄낼 것이라 언급하고 있다. 이를 통해 Faraday 씨는 영업 분야에 종사하고 있음을 알 수 있다.

❾ 정답 (B)

다음 주에 어떠한 일이 발생할 것인지 묻고 있으므로 다음 주가 언급되는 부분에 집중해야 한다. McGowan 씨는 2시 25분에 다음 주에 시제품을 사용하도록 일부 고객들을 초청했음을 밝히고 있다. 그러므로 이를 통해 제품을 시험할 것임을 알 수 있다.

❿ 정답 (D)

오후 2시 21분에 Faraday 씨가 "You finally made it"이라고 말한 의도를 묻는 문제이다. 이에 앞서 McGowan 씨는 2시 18분에 이런 부류의 제품은 두 가지 기능을 합쳐야 한다는 점 때문에 디자인하는 것이 대개 힘들다고 언급하고 있다. 이에 Faraday 씨는 "You finally made it"이라고 이야기한 후 McGowan씨가 디자인한 신제품이 언제 출시되는지 묻고 있다. 따라서 Faraday 씨가 "You finally made it"이라고 말한 것은 McGowan 씨가 신제품에 대한 디자인 작업을 성공적으로 해냈다는 의미임을 유추할 수 있다.

11번–13번: 이메일

수신:	전직원 〈staff@stanfieldinsurance.com〉
발신:	John Piper 〈jpiper@stanfieldinsurance.com〉
제목:	Brambleton 여름 캠프
날짜:	5월 1일

Stanfield 보험사는 올 여름 Brambleton 여름 캠프에 필요한 용품들을 제공하게 될 겁니다. 이 비영리 캠프는 저렴한 등록비를 유지하고 가능한 많은 지역사회 어린이들에게 서비스를 제공하기 위해 Stanfield와 다른 회사들에 의존하고 있습니다. 그 캠프는 4세에서 11세 아이들을 위해 음식을 제공합니다. 우리 직원 중 몇 명도 아이들을 Brambleton에 보내고 있습니다.

이 캠프 용품 모으기 운동은 내일부터 시작됩니다. ⓫ 큰 상자가 건물 정문 근처에 놓여질 겁니다. 물놀이 장난감, ⓬-C 보드게임, ⓬-A 미술 용품이 특히 필요합니다. 추가로, ⓬-D 축구공, 야구공과 같은 스포츠 용품도 주시면 대단히 감사하겠습니다.

6월 2일까지 기부를 받겠습니다. ⓭ 금전적인 기부를 하고 싶다면 South Wing의 423호실의 Jasper Gold씨에게 보내주세요. 이 계획의 지원에 대해 미리 감사 드립니다.

John Piper
지역 프로젝트 담당
Stanfield 보험사

⓫ 정답 (A)

Brambleton Summer Camp를 위한 여러 가지 물품을 빌딩 정문 근처의 큰 박스에 기부해 달라고 했고, 모아진 물품들을 기부함으로써 Brambleton이라는 기관을 돕는다고 했으므로 정답은 지역 기관을 위한 지원을 요청하기 위해서라는 것을 알 수 있다.

⓬ 정답 (B)

(A) Paint brushes는 지문에서 arts and crafts supplies로, (C) Checkers set는 지문에서 board games로, (D) Tennis balls은 지문에서 sports equipment such as soccer balls and basketballs로 나와 있지만 (B) Lunch containers는 나와 있지 않다.

⓭ 정답 (C)

물품들을 기부하는 대신에 monetary donations를 하기 원하는 사람들은 Jasper Gold에게 보내라고 했으므로 (C)가 정답이다. monetary donations(금전적인 기부)가 financial contributions(재정적 기부)로 패러프레이징 되어 있다.

1번–5번: 공지–이메일

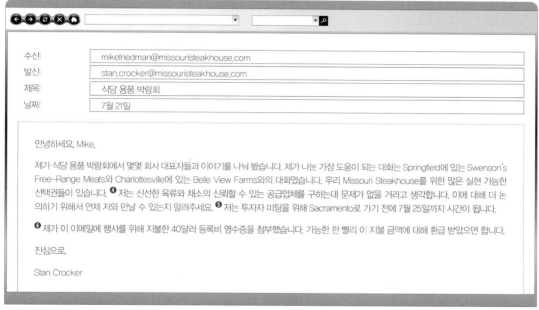

식당 용품 박람회

❶❷ 연례 식당 용품 박람회에 오세요. 7월 20일 오전 8시부터 오후 6시까지 Johnson 커뮤니티 센터에서 개최됩니다. 당신의 식당 운영을 향상시킬 수 있는 다양한 제품과 서비스를 제공하는 수백 개의 회사 대표자들을 만나 보세요. 이러한 업체들이 포함됩니다:

· 대량 식품 공급업체들: 특별 할인 가격에 육류, 과일, 채소를 제공

· 포장 공급업체들: 당신 식당의 요구를 위한 완벽한 제품을 제공. 컵, 테이크 아웃 포장 용기, 당신 식당 로고가 찍힌 쇼핑백 등과 같은 용품들을 만나 보세요.

· 청소 서비스: 큰 식당과 주방을 위한 면허가 있는 청소 서비스 제공

677-800-9682로 전화해서 미리 행사에 등록하세요. 티켓은 행사 당일 입구에서 구매할 수 있습니다. ❸ Ann Arbor 지역에 위치해 있는 모든 업체들에게 등록은 무료입니다. 모든 다른 등록업체들에게 등록비는 40달러입니다.

수신: mikefriedman@missouristeakhouse.com
발신: stan.crocker@missouristeakhouse.com
제목: 식당 용품 박람회
날짜: 7월 21일

안녕하세요, Mike,

제가 식당 용품 박람회에서 몇몇 회사 대표자들과 이야기를 나눠 봤습니다. 제가 나눈 가장 도움이 되는 대화는 Springfield에 있는 Swenson's Free-Range Meats와 Charlottesville에 있는 Belle View Farms와의 대화였습니다. 우리 Missouri Steakhouse를 위한 많은 실현 가능한 선택권들이 있습니다. ❹ 저는 신선한 육류와 채소의 신뢰할 수 있는 공급업체를 구하는데 문제가 없을 거라고 생각합니다. 이에 대해 더 논의하기 위해서 언제 저와 만날 수 있는지 알려주세요. ❺ 저는 투자자 미팅을 위해 Sacramento로 가기 전에 7월 25일까지 시간이 됩니다.

❹ 제가 이 이메일에 행사를 위해 지불한 40달러 등록비 영수증을 첨부했습니다. 가능한 한 빨리 이 지불 금액에 대해 환급 받았으면 합니다.

진심으로,

Stan Crocker

어휘 feasible 실현 가능한 head ~로 향하다

❶ **정답 (C)**

'7월 20일 오전 8시부터 오후 6시까지 Ann Arbor에 위치한 Johnson 시민 센터에서 열리는 연례 레스토랑 물품 박람회에 참석하세요.'는 7월 20일에 상품과 서비스를 보여주는 무역 전시회가 열릴 예정임을 말해 준다.

❷ **정답 (D)**

'Annual(연례의)'을 통해 행사가 매년 열리는 행사임을 알 수 있다.

❸ **정답 (D)**

두 개의 지문을 연계해서 해결하는 문제이다. 먼저 공고문에서 'Ann Arbor에 위치한 모든 사업장들은 등록비가 무료입니다. 다른 모든 등록자들에 대해서는, 등록비가 40달러입니다.'라고 언급한 사실을 확인한 뒤, 둘째 지문인 이메일에서 '이 이메일에 행사 등록비 40달러에 대한 영수증을 첨부했습니다.'라고 했으므로 이메일을 쓴 Stan Crocker가 속하는 Missouri Steakhouse는 Ann Arbor 지역 내에 있는 사업장이 아님을 유추할 수 있다.

❹ 정답 (D)

'믿을 수 있는 신선한 육류와 야채 공급 업자를 만나는 데는 문제가 없을 것이라고 생각합니다.'라고 언급했으므로 그가 행사에 참여한 이유는 그의 회사가 함께 일하게 될지 모르는 판매자들에 대한 정보를 얻기 위함을 짐작할 수 있다.

❺ 정답 (C)

'저는 투자자들의 모임을 위해 Sacramento로 출발하기 전 7월 25일까지 시간이 있을 것입니다.'라고 언급했으므로 Crocker 씨가 향하는 다음 행선지는 Sacramento임을 알 수 있다.

6번-10번: 이메일-이메일

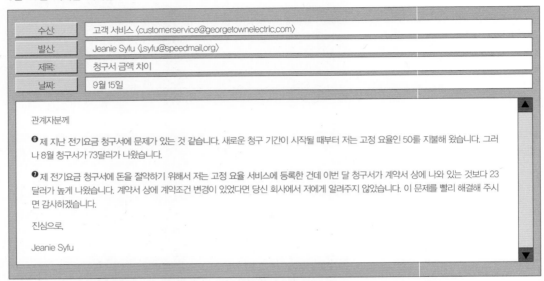

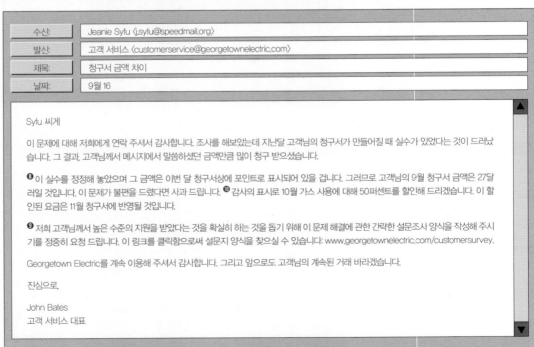

어휘 | fixed-rate (공공요금 등의) 고정 요율   resolution to ~에 대한 해결책   credit 공제액, 잔고, 입금   loyal customer 단골 고객

❻ 정답 (A)

'제 지난번 전기료 고지서에 문제가 있는 듯합니다.'를 통해 이 글의 목적은 정보에 대한 재검토를 요청하기 위함임을 알 수 있다.

❼ 정답 (C)

'저는 전기 요금을 절약하고자 고정 요금 서비스를 신청했습니다.'는 Syfu 씨가 절약하기 위해 고정 요금제를 신청했고, 따라서 매달 같은 일정 요금을 지불할 것이라고 예상한다는 사실을 말해 준다.

❽ 정답 (A)

두 개의 지문을 연계해서 해결하는 문제이다. 먼저 첫 이메일에서 Syfu 씨가 50달러가 아닌 73달러를 지불했다는 사실을 보여 준다. 그리고 두 번째 이메일에서 '우리는 이를 수정했으며 금액은 이번 달 귀하의 고지서에 포인트로 지급될 것이라 했으므로 Syfu 씨는 8월 고정 금액인 50달러보다 실수로 더 지불된 23달러에 대해서는 포인트로 다시 돌려받을 것이며, 나머지 27달러를 다음 달에 내게 된다는 사실을 알 수 있다. 따라서 Syfu 씨의 계좌에 발생될 포인트는 (A) $23이다.

❾ 정답 (D)

'저희 고객들이 높은 수준의 서비스를 받는다는 사실을 확인하기 위해, 이 문제에 대한 해결안에 대해 간단한 설문 조사 작성을 정중히 요청합니다.'를 통해 Bates 씨는 Syfu 씨에게 설문지 작성을 위해 웹사이트 방문을 부탁하고 있음을 알 수 있다.

❿ 정답 (B)

'감사의 표현으로, 10월 가스 사용에 대해 50% 할인을 해 드리겠습니다. 이 할인 요금은 귀하의 11월 고지서에 반영될 것입니다.'를 통해 Bates 씨는 Syfu 씨에게 할인된 고지서를 제공할 예정임을 알 수 있다.

11번-15번: 광고-이메일-회람

STARK 의료용 의복

저희는 15년 동안 의료 종사자들을 위해 양질의 의복에 대한 기준을 세워왔습니다.

고객님이 Stark에게 받는 것은:

다양한 색상과 스타일로 이용할 수 있는 내구성 있고 편안한 가장 좋은 소재로 만든 상의와 하의

편안함과 안전성을 주는 신발류

귀사를 위한 맞춤 로고 및 이름 박음질

신규 고객은 첫 구매 시 20% 할인을 받습니다. ⓫ 15벌 이상의 직원용 의류 세트를 주문하는 의료기관은 25%까지 할인을 받을 수 있습니다.

두 곳의 Glendale 매장 중 한 곳을 방문하세요:

839 Niwok 로

1276 Risner 가

오전 10시부터 오후 7시까지

월요일부터 금요일까지 영업

또는 ⓫ 일주일 내내 배송을 제공하는 저희 웹사이트 www.starkhca.com을 방문하세요.

Mr. Ginstein께,

⑫ 오늘 저희 Risner 지점에 방문해 주셔서 감사합니다. 귀하가 원한 의류가 그 지점에 재고가 없어서 유감입니다. 제가 저희 온라인 매장으로 귀하의 주문을 넣어 드려서, 상품을 할인이 표기된 9월 4일 자 영수증과 함께 귀하의 자택 주소로 받아보실 수 있습니다. **⑬** 헌터 그린 셰브런 무늬가 있는 남성용 대 사이즈 의류 2세트를 포함한 배송은 목요일 저녁으로 예정되어 있습니다.

어떤 이유로든, 어느 상품이든 반품하길 원하시면, 구매 30일 이내 Stark의 모든 지점에서 하실 수 있습니다.

저희와 함께 쇼핑해 주셔서 감사 드립니다. 수년 동안 Glendale Chiropractic에 유니폼을 제공해드릴 수 있어 기쁘며, 지속적인 지지에 대해 귀하와 귀하의 동료들께 감사 드립니다.

Heather Stark
창립자, Stark 의료용 의복

회람

날짜: 9월 10일
수산: Glendale Chiropractic 직원들
발산: Isabel Mercedes, 사무 관리자
제목: 복장 규정

⑭ Glendale Chiropractic은 10월 1일부터 유니폼 규정을 바꿀 것입니다. **⑬** 모든 간호사들은 진한 감청색 옷을 착용해야 합니다. 바지와 셔츠 모두 동일한 색상이어야 합니다. 여러분의 이름뿐만 아니라, 우리 병원 로고가 왼쪽 셔츠 주머니 바로 위에 박음질 되어 있어야 합니다. 발가락이 보이지 않는 한, 여러분이 원하는 신발을 계속 신을 수 있습니다. 덧붙여, 병원에서 여러분에게 첫 5벌을 구입해 줄 것인데, 여기에는 셔츠와 바지가 모두 포함됩니다. 직원들은 교체에 대해서는 스스로 책임져야 합니다. 인턴에게는 다른 의복 세트가 제공됩니다.

본점의 Mr. Foxworth가 주문서를 보내줄 것이니, 이메일을 계속 확인해 주세요. 양식에 이름과 사이즈를 기입하고 그에게 다시 이메일로 회신해 주세요. **⑮** Mr. Foxworth가 Stark에 연락해서 우리 16명 전 직원을 위해 주문할 겁니다.

[어휘] garment n. 의류, 의복   a wide range of 다양한   custom adj. 주문 제작한   grateful adj. 감사하는   practitioner n. 의사, 간호사   keep an eye on ~를 계속 지켜보다   fill out 기입하다

⑪ 정답 (A)

첫 번째 지문[광고], 다섯 번째 단락에서 일주일 내내 배송을 제공하는 www.starkhca.com라고 했으므로 (A)가 정답임을 알 수 있다.

⑫ 정답 (B)

두 번째 지문, 첫 번째 단락에서 '오늘 저희 Risner 지점에 방문해 주셔서 감사합니다. 귀하가 원한 의류가 그 지점에 재고가 없어서 유감입니다.'라고 했으므로 (B)가 정답이다.

⑬ 정답 (D)

두 번째 지문, 첫 번째 단락에서 '헌터 그린 셰브런 무늬가 있는 남성용 대형 의류 2세트를 포함한 배송은 목요일 저녁으로 예정되어 있습니다.'라고 했고, 세 번째 지문[회람], 첫 번째 단락에서 '모든 간호사들은 진한 감청색 옷을 착용해야 합니다. 바지와 셔츠 모두 동일한 색상이어야 합니다.'라고 하여 유니폼 규정이 주문했던 색과 달라짐에 따라 Mr. Ginstein이 9월 4일 주문했던 원래 옷을 반품할 것임을 알 수 있으므로 (D)가 정답이다.

⑭ 정답 (D)

세 번째 지문[회람], 첫 번째 단락에서 'Glendale Chiropractic은 10월 1일부터 유니폼 규정을 바꿀 것입니다.'라고 했으므로 (D)가 정답

⑮ 정답 (A)

첫 번째 지문[광고], 두 번째 단락에서 '15벌 이상의 직원용 의류 세트를 주문하는 의료 기관은 25%까지 할인을 받을 수 있습니다.'라고 했고, 세 번째 지문[회람], 두 번째 단락에서 'Mr. Foxworth가 Stark로 연락해서 우리 16명 전 직원을 위해 주문할 겁니다.'라고 하여 주문품 수가 15벌 이상으로 할인을 적용 받을 수 있음을 알 수 있으므로 (A)가 정답이다.

16번–20번: 광고–청구서–이메일

Office Genie
사무실 리모델링
Canberra, Australia

⑯ 20년 이상 동안, Office Genie는 사무실 소유주들이 사무실의 바닥, 창문 장식, 조명 가구에 대한 더 좋은 선택을 할 수 있도록 도와 오고 있습니다.

Office Genie에서는 저희는 장식 결정을 내리는 것이, 특히 이미 사업체를 운영하고 있을 때, 얼마나 힘들 수 있는지를 잘 알고 있습니다. **⑯** 그래서 저희 전문가들이 고객님에게 사무실을 사업을 하기 위한 훨씬 더 멋진 장소로 바꿀 수 있는지를 보여주는 샘플을 직접 가져갈 수 있습니다. 게다가 고객님을 위해 모든 것을 배달도 해드리고 설치도 해드릴 것입니다. **⑱** 저희 팀은 심지어 고객님의 사무실 운영 시간에 지장을 주지 않기 위해서 이른 아침, 늦은 저녁, 주말 시간 약속도 잡아 드릴 수 있습니다.

직접 하는 것을 더 선호하시나요? 저희 카탈로그에서 바닥, 창문 장식, 조명 가구 선택 사항을 봐주세요. 원하는 것을 알게 되면 단지 저희에게 전화를 하던지 온라인으로 주문할 수 있습니다. 모든 표준 제품은 주문 후 일주일 이내에 배달 됩니다. 저희는 또한 맞춤 제작 선택 사항도 제공해 드립니다. 50명이 앉을 수 있는 회의실 탁자가 필요하세요? 저희가 만들어 드릴 수 있습니다. 저희 모든 제품은 국내에서 생산되기 때문에 저희는 구매하시면 맞춤 제작해서 2주일 이내에 배달해 드릴 수 있습니다.

그리고 **⑰** 저희는 이제 최신식 조명 장치를 취급합니다. 저희의 새로운 풀 스펙트럼 LED 조명은 전통적인 조명 시스템보다 더 밝고 상당히 효율적입니다. 그것들은 또한 절대 고장 나지 않습니다.

쿠폰 코드 10–100

Office Genie를 시도해 주셔서 감사합니다. **⑳** 저희에게 한 번도 주문해 본적이 없는 온라인 고객이라면 결제할 때 쿠폰 코드 10–100를 제시하시고 10% 할인을 받으세요.

Office Genie 청구서

고객: Best Office Supplies
날짜: 6월 17일
고객 연락처 정보: 매니저, James Woods, Best Office Supplies
　　　　　　　　　　57 Hortom Street, Canberra 5006 (전화) (08) 0551– 1200

주문 날짜: 6월 16일
예정된 배달 및 설치 날짜: 6월 20일

기존 카페트 제거 및 바닥 표면 준비:	$500.00
타일 구매(Forest Green, 스타일 2492) 및 입구 바닥 설치	$500.00
바닥재 구매(Natural Stain Bamboo, 스타일 A46)	$1,000.00
⑳ 쿠폰(쿠폰 코드 10–100) 적용	–$200.00
총 지불 금액	**$1,800.00**

수산:	William McMillan 〈williamm@officegenie.com〉
발산:	James Woods 〈jwoods@bestos.com〉
제목:	감사합니다
날짜:	6월 22일

안녕하세요, McMillan씨, 타일 작업과 바닥재 설치에 대해 감사 드립니다.

우리 사무실을 리모델링 하는데 바닥 타일은 탁월한 선택이라고 생각해요. 이 바닥재 설치는 우리 사무실에 가치와 아름다움을 더해 줄 뿐만 아니라, 청소하기 너무 쉬워서 사람들이 많이 다니는 구역에 대한 현실적인 해결책이라고 생각해요.

⑳ 당신 회사의 사람들이 제대로 잘 해주었습니다. 또한 전체 금액의 10% 할인에 대해서도 감사 드립니다. **⑲** 나는 타일 작업이나 바닥재 설치가 필요한 사람은 누구든지 당신 회사를 추천할 겁니다.

진심으로
관리팀 매니저
Best Office Supplies

[어휘] light fixtures 조명 기구   cutting-edge 최첨단의   existing 기존의   properly 제대로, 적절히

⑯ 정답 (C)

Office Genie의 서비스로 광고되지 않는 내용에 관한 질문이다. 광고의 첫 번째 단락과 두 번째 단락의 내용을 통해 바닥재 설치, 고객 사업장으로의 샘플 제공, 그리고 이른 오전의 예약 가능이 모두 광고되고 있으므로 (A), (B), (D)는 모두 지문에서 언급된 광고 내용임을 알 수 있다.

⑰ 정답 (D)

Office Genie의 제품 라인에 대한 최근 변화를 묻는 문제이다. 광고의 네 번째 단락에서 최첨단 조명 기구의 새로운 제품을 보유하고 있고 LED 조명은 기존 조명 시스템보다 훨씬 밝고 효율적이라는 내용이 언급되고 있다. 따라서 이를 통해 최근에 LED 조명도 판매하게 되었음을 알 수 있다.

⑱ 정답 (D)

해당 문장은 '이제 최첨단 조명 기구의 최신 제품을 보유하고 있다.'는 내용으로 여기서 cuting-edge는 '최첨단의, 최신식의'란 의미를 지니고 있다.

⑲ 정답 (C)

Woods 씨에 관해 유추할 수 있는 내용을 묻는 문제이다. Woods 씨는 이메일의 마지막 단락에서 일을 잘해주었다는 점을 언급하고 있으며, 또한 누군가 타일 작업 및 바닥재 설치 작업이 필요하다면 귀사를 추천할 것이라고 이야기하고 있다. 따라서 이를 통해 Woods 씨가 설치 작업에 대해 굉장히 만족하고 있음을 유추할 수 있다.

⑳ 정답 (B)

Best Office Supplies 사에 대해 사실 가능성이 높은 내용을 묻는 문제이다. 광고 마지막 단락 이전에 주문을 하신 적이 없는 온라인 고객은 결제할 때 쿠폰 코드 10-100을 제시하면 10% 할인 혜택이 적용된다고 언급하고 있다. 이어서 청구서에 쿠폰에 대한 할인 혜택이 적용되어 전체 비용의 10%, 즉, 200달러가 할인되었음을 알 수 있으므로 이를 통해 Best Office Supplies사는 이전에 Office Genie 사의 서비스를 이용해 본 적이 없음을 유추할 수 있다.

The Mason Center for the Arts

The Mason Center for the Arts는 호주의 공연예술에 대한 주요 기여자 중 하나입니다. **㉓** 1,500명 좌석의 Mason Stage에서의 연중 무대 공연을 하는 다양한 공연자들과 함께 The Mason Center for the Arts는 매체들과 일반 대중들에게 계속해서 점점 인기를 얻고 있습니다. **㉒** 그리고 우리는 이제 확장하고 있습니다. 3월 말에, 우리의 새로운 공연 홀인 Mason Hall이 개관할 예정입니다. **㉓** 그것은 3,000명 이상의 고객들을 수용할 것이고 The Mason Center for the Arts가 훨씬 더 큰 공연들을 특별히 포함하도록 허용해 줄 겁니다.

㉑ 말할 것도 없이, 우리가 관여하는 다른 것들뿐만 아니라 이 프로젝트는 상당한 비용을 필요로 합니다. 더욱이, The Mason Center for the Arts가 주로 대중들의 지원에 의존하고 있기 때문에 The Mason Center for the Arts의 Fan, Friend 또는 Elite 레벨의 회원이 되는 것을 고려해 주세요.

Fan, Friend, 그리고 Elite 레벨의 회원가입비는 각각 80달러, 125달러, 그리고 175달러이고, 각각은 뛰어난 혜택을 제공합니다. Fan 멤버들은 일반 대중들 이전에 티켓을 이용할 권리가 있습니다. 또한 그들은 떠오르는 예술가와의 인터뷰뿐만 아니라 곧 있을 공연 정보를 특별히 포함하고 있는 저희 월간 브로셔인 〈Mason Times〉를 한 부씩 받게 됩니다. Fan 레벨의 이 모든 혜택뿐만 아니라 Friend 멤버들은 공연할 인을 받게 되고 많은 구역 내 가게, 식당, 그리고 극장에서 할인을 받을 수 있습니다. Elite 멤버들은 위의 모든 것 외에도 무료 주차와 그들이 참석하는 어느 공연이든지 무대 뒤 출입증에 대한 자격이 있습니다.

*참여 업체를 보기 위해서는 저희 웹사이트를 보세요.
800-555-6204로 전화 주시거나 membership@mca.org.aus로 이메일 주세요.
오늘 회원이 되세요!

회원 가입 양식

The Mason Center for the Arts의 회원 가입에 감사 드립니다. 모든 빈칸이 정확하게 작성되었는지 확실히 하기 위해서 아래 정보를 검토해 주시기 바랍니다.

귀하의 회원가입은 기부금을 받을 날짜 이후 1년간 유효합니다. 귀하께서는 양식을 온라인으로 제출한 후 몇 분 안에 확인 이메일을 받게 될 것입니다. **㉔** 또한 회원 카드는 저희가 귀하의 지불금액을 받은 후 10일 이내에 우편으로 도착할 것입니다.

———————————— 여기를 잘라 주세요 ————————————

날짜: 2월 22일
이름: Betty Miller   전화번호: 788-552-7897
주소: 176 P. G. Mount Dr., Australia   이메일: bmiller@fastcom.com
지불 상세내역:
■ 저는 The Mason Center for the Arts에 80달러에 해당하는 수표를 동동했습니다.
　(금액을 입력해 주세요.)
□ 신용카드로 청구해 주세요. _____
　카드번호 _____ 유효기간 _____ 금액 _____

㉔ ㉕ 귀하의 기부금이 어떻게 사용되기를 원하십니까?
■ Free tickets for charity organizations   □ Tour expenses
□ Music class scholarship   □ Others
㉔ 다른 질문이 있으시면 membership@mca.org.aus로 저희에게 연락 주세요.
감사합니다.

수산:	Betty Miller (bmiller@fastcom.com)
발산:	Michael Western (mwestern@hartfordstage.com)
날짜:	July 10
제목:	티켓 기부

안녕하세요. Miller 씨. Hartford Stage는 우리 지역사회를 더 살기 좋은 곳으로 만들어 주는 많은 자선단체의 일을 지원해 주시는 것을 자랑스럽게 생각합니다.

㉕ 저희 티켓 기부 프로그램이 시작된 이래로 저희는 10,000달러 가치의 뮤지컬 쇼 티켓을 받아 왔습니다. 저희의 최우선 사항은 비영리 예술 단체들의 활동을 지원하고 대학생들에게 Hartford 지역에서 예술과 문화 공연들을 볼 수 있는 기회를 제공해 주는 것입니다. Miller 씨, 귀하의 작은 기부가 다른 사람들에게는 큰 행복입니다.

Hartford Stage에 관대한 기부에 감사 드립니다.

Michael Western
Hartford Stage 회장

어휘 accommodate 수용하다   **Needless to say** 말할 필요도 없이   **respectively** 각각   **valid** 유효한

㉑ 정답 (A)

발표의 목적을 묻고 있다. 발표의 두 번째 단락에서 프로젝트 경비 조달을 위해 The Mason Center for the Arts의 유료 회원이 되어달라고 요청하고 있다.

㉒ 정답 (A)

The Mason Center for the Arts에 대해 언급된 내용이다. 발표의 첫 번째 단락에서 새로운 공연장이 3월 말에 개장하게 될 예정임을 밝히고 있다.

㉓ 정답 (D)

Mason Hall에 대해 암시되는 내용을 묻고 있다. 발표의 첫 번째 단락에서 언급되는 내용을 통해 새로 개관할 Mason Hall은 Mason Stage 보다 규모가 클 것임을 유추할 수 있다.

㉔ 정답 (C)

두 번째 지문인 회원 가입 양식의 두 번째 단락에서 기관 예산의 사용처, 회원 카드의 수령 시점, 그리고 문의 장소에 대한 정보가 모두 언급되어 있음을 알 수 있다.

㉕ 정답 (D)

이메일 중간에서 Ticket Donation Program이 시행된 이후 1만 달러 가치에 해당하는 뮤지컬 공연 표를 받아왔음을 밝히고 있다. 아울러 Miller 씨의 Mason Center for the Arts 가입을 위한 회원 신청서를 보면 자선 단체를 위한 무료 표에 자신의 기부금이 쓰이길 원하고 있음을 알 수 있다.

1타 강사의 속성 과외!

토익 850+ 벼락치기

10일 완성

LC+RC